JOE NAVARRO

MIT TONI SCIARRA POYNTER

AUSSER GEWÖHNLICH

JOE NAVARRO

MIT TONI SCIARRA POYNTER

AUSSER GEWÖHNLICH

Ein FBI-Agent enthüllt die 5 Eigenschaften, die Menschen erfolgreich machen

Bibliografische Information der Deutschen Nationalbibliothek
Die Deutsche Nationalbibliothek verzeichnet diese Publikation in der Deutschen Nationalbibliografie. Detaillierte bibliografische Daten sind im Internet über http://dnb.d-nb.de abrufbar.

Für Fragen und Anregungen
info@finanzbuchverlag.de

Wichtiger Hinweis
Ausschließlich zum Zweck der besseren Lesbarkeit wurde auf eine genderspezifische Schreibweise sowie eine Mehrfachbezeichnung verzichtet. Alle personenbezogenen Bezeichnungen sind somit geschlechtsneutral zu verstehen.

1. Auflage 2021

Türkenstraße 89
80799 München
Tel.: 089 651285-0
Fax: 089 652096

Übersetzung: Elisabeth Liebl
Redaktion: Silke Panten
Umschlaggestaltung: Marc-Torben Fischer
Umschlagabbildung: shutterstock/Foxstudio
Satz: Helmut Schaffer, Hofheim a. Ts.
Druck: GGP Media GmbH, Pößneck
Printed in Germany

ISBN Print 978-3-95972-475-3
ISBN E-Book (PDF) 978-3-96092-904-8
ISBN E-Book (EPUB, Mobi) 978-3-96092-905-5

In liebendem Gedenken
an meinen Vater Albert

Achte auf deine Gedanken – denn Gedanken werden Worte.

Achte auf deine Worte – denn aus Worten werden Taten.

Achte auf deine Taten – denn Taten werden zu Gewohnheiten.

Achte auf deine Gewohnheiten – denn Gewohnheiten bilden den Charakter.

Achte auf deinen Charakter – denn der Charakter bestimmt dein Schicksal.

Frei nach Laozi

Sei außergewöhnlich!

Inhalt

Bevor wir anfangen

Denke nicht, dass das, was dir Schwierigkeiten bereitet, für Menschen nicht möglich ist. Und wenn es das Menschenmögliche ist, dann kannst auch du es schaffen.

Marcus Aurelius

Was macht einen außergewöhnlichen Menschen aus? Über diese Frage habe ich lange nachgedacht, und Sie vielleicht auch. Ich habe mich über 40 Jahre mit menschlichem Verhalten beschäftigt (davon 25 Jahre beim FBI, wo ich als eines der Gründungsmitglieder des National Security Behavioral Analysis Program, einer Eliteeinheit der Abteilung für Innere Sicherheit, mehr als 10 000 Gespräche mit Zeugen oder Verdächtigen führte; dazu kommen viele Jahre, die ausgefüllt waren von meiner Tätigkeit als Berater für zahlreiche Organisationen weltweit, sowie Recherchearbeiten für meine Bücher über Verhalten und Leistung), und in diesen Jahren hat nichts mich mehr fasziniert als jene Menschen, die außergewöhnliche Charakterzüge zeigen. Solche Personen geben einem das Gefühl, selbst etwas Besonderes zu sein. Ihre Güte, ihre Fürsorge nimmt einen sofort für sie ein. Sie strahlen eine unglaubliche Energie aus, die aus Weisheit und Empathie erwächst. Wenn man sich wieder von ihnen verabschiedet, fühlt man sich stets besser als vor der Begegnung mit ihnen. Und man wünscht sich inständig, sie zum Freund zu haben, zum Nachbarn, Kollegen oder Mentor. Und natürlich wünscht man sich solche Menschen als Lehrer, Vorgesetzte, Vereinsvorstände oder Politiker.

Was aber macht sie zu dem, was sie sind – nämlich einflussreich, effektiv, vorbildlich und führungsbegabt? Die Eigenschaften, die sie zu etwas ganz Besonderem machen, haben nichts mit Bildung, Einkommen oder Talenten zu tun – ob nun im Sport, in der Kunst oder im Geschäftsleben. Nein, was diese Menschen außergewöhnlich macht, ist eine Eigenschaft, die wirklich zählt: Sie scheinen immer zu wissen, was sie sagen und tun müssen, um das Vertrauen bzw. die Achtung anderer Menschen zu gewinnen, um selbst noch die Ausgelaugtesten unter ihnen mit neuer Kraft zu erfüllen und zu inspirieren.

Meine Recherchearbeiten für dieses Buch begannen – eher unabsichtlich – vor mehr als zehn Jahren, als ich an meinem Buch *Die Psychopathen unter uns* arbeitete. Darin untersuchte ich die Eigenschaften von Menschen, die sich und andere enttäuschen, weil sie sich unmöglich verhalten, unkluge Entscheidungen treffen, falsche Prioritäten setzen, ihre Emotionen nicht im Griff haben oder einfach, weil sie sich keinen Deut für andere Menschen interessieren.

Es war ein seltener Glücksfall, dass ich, als ich die charakterlichen Merkmale von Psychopathen untersuchte, auf jene Qualitäten stieß, die deren Gegenstück auszeichnen: die Eigenschaften jener Menschen nämlich, die ihr Leben und das ihrer Mitmenschen einfach besser machen. Jene eindeutige Erkenntnis sowie die Abertausend Beobachtungen, die ich bei meiner Tätigkeit fürs FBI und als Berater machte, fanden schließlich ihren Weg in dieses Buch.

Was also macht Menschen außergewöhnlich? Tatsächlich sind es nur fünf Charakterzüge, durch die sich diese bemerkenswerten Individuen von anderen Menschen unterscheiden. Nur fünf, aber dafür höchst durchschlagende Qualitäten. Ich nenne sie die fünf Grundpfeiler des Außergewöhnlichen.

Die fünf Grundpfeiler des Außergewöhnlichen

Selbstdisziplin: Das Herzstück dessen, außergewöhnlich zu sein

Wir legen die Fundamente für ein Leben als außergewöhnliche Menschen, indem wir unser Studium selbst in die Hand nehmen, uns durch ehrliche Selbsterforschung besser verstehen lernen und grundlegende Gewohnheiten entwickeln, die zu persönlicher Leistungsfähigkeit führen.

Beobachtungsgabe: Sehen, was zählt

Indem wir lernen, die Bedürfnisse, Vorlieben, Absichten und Wünsche anderer Menschen, aber auch ihre Ängste und Sorgen besser zu erkennen, werden wir fähig, Menschen und Situationen schnell und korrekt einzuschätzen. Das gibt uns die nötige Klarheit, um auf die beste, wirkungsvollste und angemessenste Weise zu handeln.

Kommunikation: Von der Information zur Transformation

Unsere verbalen und nonverbalen Ausdrucksmittel erlauben uns, unsere Gedanken so zu artikulieren, dass sie auf bestmögliche Weise sagen, was wir wollen; dass sie Herz und Geist anderer Menschen ansprechen und Bande knüpfen, die auf Vertrauen, Loyalität und sozialer Harmonie beruhen.

Handeln: Rechtzeitig, ethisch und sozial

Wenn wir um die ethischen und sozialen Aspekte des richtigen Handelns wissen, können wir lernen, das Rechte zur rechten Zeit zu tun, wie außergewöhnliche Menschen das machen.

Psychologisches Wohlbefinden: Die größte Stärke, die der Mensch besitzt

Sobald wir die grundlegende Wahrheit erkannt haben, dass der Mensch stets nach Geborgenheit strebt, haben wir erkannt, was alle außergewöhnlichen Menschen ohnehin wissen: Am Ende ist immer der erfolgreich, der anderen Menschen durch mitfühlende Zuwendung ebendieses Wohlbefinden vermittelt.

In den folgenden Kapiteln werde ich praxiserprobte Erkenntnisse, Fallgeschichten und Anekdoten aus meiner langjährigen Erfahrung in Verhaltensanalyse und Unternehmensberatung mit Ihnen teilen, um Ihnen diese fünf Grundpfeiler nahezubringen. Anhand von Beispielen, die ebenso der Geschichte wie der Gegenwart und unserem Alltagsleben entnommen sind, werde ich Ihnen erläutern, wie Sie mithilfe dieser fünf Grundpfeiler Ihr Leben verbessern und sich von anderen abheben können. Vor allem aber werde ich Ihnen zeigen, wie Sie Ihre Mitmenschen auf Ihrem Weg zu einem empathischeren und ethischeren Leben positiv beeinflussen können – einem Leben, das für außergewöhnliche Menschen ganz selbstverständlich Alltag ist.

Das Außergewöhnliche lernen – das funktioniert letztlich nur, wenn wir uns von außergewöhnlichen Menschen beeinflussen lassen, die uns Tag für Tag vor Augen führen, dass man, um außergewöhnlich zu sein, Außergewöhnliches tun muss. Diese fünf lebensverändernden Eigenschaften sind alles, was Sie brauchen, um selbst ein außergewöhnlicher Mensch zu werden. Sobald Sie damit beginnen, diese Eigenschaften in Ihren Alltag zu integrieren, werden Sie ihre Wirkung spüren. Sie werden eher fähig sein, andere positiv zu beeinflussen, und Sie werden zweifellos zu einem besseren Menschen werden – und zu einer erfolgreicheren Führungspersönlichkeit, die nicht nur dann Führung bieten kann, wenn die Umstände günstig sind, sondern die sich dauerhaft als der Führung *würdig* erweist.

Also begleiten Sie mich auf dieser Entdeckungsreise zu dem, was wir sind und was wir sein können. Lassen Sie uns diesen speziellen Bereich erkunden, der jenen Menschen gehört, die wir für ehrenhaft, vertrauenswürdig, entschlossen und unerschütterlich halten. Menschen eben, die außergewöhnlich sind.

KAPITEL 1

Selbstdisziplin

Das Herzstück dessen, außergewöhnlich zu sein

Wir legen die Fundamente für ein Leben als außergewöhnliche Menschen, indem wir unser Studium selbst in die Hand nehmen, uns durch ehrliche Selbsterforschung besser verstehen lernen und grundlegende Gewohnheiten entwickeln, die zu persönlicher Leistungsfähigkeit führen.

Jeder will die Menschheit verbessern, aber niemand denkt daran, sich selbst zu verändern.

Leo Tolstoi

Eine der schwierigsten Entscheidungen, die ich als Leiter eines SWAT-Teams zu treffen hatte, wurde mir vor dem eigentlichen Einsatz abverlangt.

Als Kommandant einer Spezialeinheit ist man für den Einsatzplan verantwortlich und für seine kompetente und sichere Umsetzung. Sobald man für eine Operation grünes Licht hat und voll gerüstet ist mit geladener, wenn auch gesicherter Waffe, sobald man »I have control« sagt – in der Pilotensprache das Signal, dass man am Steuer ist –, verlassen sich eine

Menge Menschen darauf, dass man mit dem Kopf ganz bei der Sache ist. Das erwarten die Öffentlichkeit, die Vorgesetzten und natürlich die Mitglieder des SWAT-Teams: Die eigenen Gedanken müssen glasklar sein und so scharf wie ein Laserstrahl, da sowohl die persönliche Sicherheit aller Beteiligten als auch der Erfolg der Operation davon abhängt.

Die Ereignisse überschlugen sich bei dieser Operation – ein bewaffneter Flüchtiger hatte seine Freundin als Geisel genommen und sich in einem heruntergekommenen Motel in den Außenbezirken von Haines City in Florida verschanzt. Er schwor, sich nicht lebendig zu ergeben. Bei Geiselnahmen sind es im Normalfall die Verhandlungsführer, die bei solchen Operationen das Sagen haben. Hier aber brauchte die Geisel dringend medizinische Hilfe, von der ihr Leben abhing. Es war also keine Zeit mehr zu verlieren, was die Atmosphäre noch mehr aufheizte, und der Flüchtige zeigte sich zu keiner Kooperation bereit. Das Letzte, was ich in dieser Situation brauchte, war, dass einer der Einsatzkräfte seiner Aufgabe nicht gewachsen war. Und der Mann, den ich diesbezüglich speziell im Blick hatte, war nicht so bei der Sache wie sonst. Seine Fragen kamen zu langsam, er klärte die entscheidenden Details nicht mit der üblichen Schnelligkeit. Normalerweise würde er gezielt bestimmte Punkte ansprechen: wie das Gebäude lag (um zu checken, wo ein eventueller Querschläger landen konnte); ob die Tür zum fraglichen Raum nach innen oder außen aufging (was wichtig war, um zu klären, wie wir die Tür aufbrechen und welche Werkzeuge wir dafür brauchen würden); wie nahe wir einen Rettungswagen heranbringen konnten, ohne dass er gesehen wurde; wo die nächste Unfallklinik lag. Und so weiter. Doch all diese Fragen blieben ungestellt. Es war völlig klar, dass er nicht voll konzentriert war. Schließlich sagte ich mir: »Du musst das ansprechen, und zwar schnell.« Es war nicht genug Zeit, um erst lange Ursachenforschung zu betreiben. Ich wusste einfach, dass irgendetwas Merkwürdiges in ihm vorging, und ich musste darauf reagieren.

Meine Vorgesetzten hatten im Eifer des Gefechts davon nichts bemerkt, denn sie waren vollauf mit anderen Dingen beschäftigt – Abstimmung mit dem Hauptquartier des FBI, Änderungen in letzter Minute, die örtlichen Polizeibehörden informieren –, obwohl wir im gleichen Raum waren. Ich aber war der Leiter des Einsatzkommandos, ich konnte das nicht einfach ignorieren. Der SWAT-Operator war einfach nicht er selbst. Das war jetzt der denkbar schlechteste Zeitpunkt, um irgendwelche persönlichen Probleme zu wälzen – vielleicht würde keiner was bemerken, solange ich den Mund hielt und die Operation glattlief. Aber ich hatte nun mal bemerkt, dass der Mann nicht er selbst war, und ich musste reagieren. Ich konnte nicht zulassen, dass einer aus dem Einsatzteam seiner Aufgabe nicht gewachsen war. Nicht bei einer Operation, bei der es in einer städtischen Umgebung höchstwahrscheinlich zu einem Schusswechsel kommen würde und schnelle Entscheidungen getroffen werden mussten. Als Führungskraft kann man andere nicht einem Risiko aussetzen, das leicht hätte vermieden werden können. Dabei ist es völlig nebensächlich, ob der Betreffende unbedingt Teil dieser Operation sein wollte oder – wie in diesem Fall – eine entscheidende Rolle spielte bei der Planung einer komplexen Operation, bei der es darum ging, einen Flüchtigen festzunehmen und eine junge Frau zu retten, die laut Aussage ihrer Familie gegen ihren Willen festgehalten wurde.

Also ging ich zu dem FBI-Beamten, der das Oberkommando über diese Operation hatte. Er informierte gerade das Hauptquartier über die aktuelle Lage. Ich sprach ihn an: »Ich möchte, dass einer unserer Einsatzkräfte aus der Planung herausgenommen wird.« In dem Moment, als ich das sagte, wurde mir bewusst, dass ich in meinen 20 Jahren beim SWAT-Team noch nie eine solche Situation erlebt hatte.

»Sie tun, was Sie für das Beste erachten«, sagte er, und damit war die Sache entschieden. Er vertraute mir, er kannte mich seit Jahren. Dann spürte er vermutlich, dass ich noch mehr zu sagen hatte, denn er nickte mir zu. In diesem Moment sagte ich: »Ich bin derjenige, der aus dieser Operation herausgenommen werden muss, Sir.«

Anfangs starrte er mich eine Sekunde lang nur an, wie um sich zu vergewissern, dass er sich nicht verhört hatte. Er legte die Hand übers Telefon und ließ Washington warten. Er ließ seinen Blick über mein Gesicht wandern. In diesem Augenblick wurde ihm vermutlich klar, was ich an jenem Tag schon alles mitgemacht hatte.

Er hakte nach, ob ich mir sicher sei. Ich sagte Ja. »Tun Sie, was Sie für richtig halten. Tun Sie, was Ihnen als das Beste erscheint«, wiederholte er, ohne zu zögern. »Ich vertraue Ihrem Urteil.«

Und so nahm ich mich ganz aus einer wichtigen SWAT-Operation heraus. Das war keine einfache Entscheidung, denn mein Stellvertreter musste nun meine Rolle übernehmen. Und ich wusste, dass einige aus dem SWAT-Team sich jetzt fragten, was da los war. Trotz alledem war es das, was nötig war. Und als Leiter des Einsatzkommandos war es meine Pflicht gewesen, diese Entscheidung zu treffen.

Die Operation verlief ohne Zwischenfall. Niemand wurde verletzt.

Was war mit mir los gewesen? Nach einigen Momenten der Introspektion kam an die Oberfläche, was mir eigentlich sofort hätte klar sein sollen. Meine Großmutter war erst eine Woche zuvor gestorben, und dieser schwere Verlust belastete mich immer noch. Ich trauerte, ich spürte immer noch diesen Schmerz – obwohl ich gedacht hatte, dass ich damit schon zurechtkommen würde. Auf andere wirkte ich vielleicht ein wenig stoischer als üblich, machte weniger Witze. Aber wenn wir voll gefordert sind, übersehen wir manchmal, was andere emotional gerade durchleben. Meine Gefühle beeinträchtigten meine gedankliche Schärfe. Glücklicherweise hatte ich das noch rechtzeitig bemerkt.

Und der FBI-Beamte, der die Operation leitete, hatte einen wichtigen Punkt angesprochen: »Tun Sie, was Sie für das Beste halten.« Wie aber finden wir heraus, was das Beste ist? Und wie setzen wir es dann um? Das alles beginnt mit der Kunst der Selbstbeherrschung.

Was ist Selbstdisziplin?

Häufig ist die Rede von einer Disziplin, die wir beherrschen. Damit sind letztlich bestimmte Fähigkeiten gemeint. Zu etwas fähig zu sein heißt, dass wir beispielsweise eine Geige von der Qualität einer Stradivari bauen oder eine wunderbare Statue aus einem Holzklotz schnitzen können. Diese Art von Disziplin ist hier jedoch nicht gemeint.

Um in etwas richtig gut zu werden, müssen Sie sich dieser Sache widmen, wie groß die Herausforderung auch immer sein mag. Der entscheidende Punkt dabei ist aber die Kunst der Selbstdisziplin: Konzentration, Hingabe, Fleiß, Neugier, Anpassungsfähigkeit, Selbstwahrnehmung und Entschlossenheit. Und das sind nur einige der Eigenschaften, die zur Selbstdisziplin gehören.

Ich fange mit der Kunst der Selbstdisziplin an, weil sie das Fundament abgibt für die anderen vier Grundpfeiler, die außergewöhnliche Menschen zu etwas Besonderem machen. Das Schöne an der Selbstdisziplin ist, dass sie keineswegs unmöglich ist. Wir können unser Gehirn so umprogrammieren, dass wir alle großen und kleinen Aufgaben im Alltag als bessere Version unser selbst angehen können.

Wenn, wie ich glaube, unser Leben von unserem Denken und Fühlen bestimmt wird – von unseren geistigen Einstellungen und Haltungen, von den Kenntnissen, die wir erworben haben, von den Dingen, die wir Tag für Tag tun –, dann können wir ohne Selbstdisziplin unser volles Potenzial nicht ausleben.

Selbstdisziplin allein bezwingt keine Berge, aber fehlt sie, werden Sie den Aufstieg nie schaffen. Usain Bolt, der schnellste Mensch, der je gelebt hat, verdankt seine Leistung nicht allein seiner sportlichen Begabung. Er hat sie vielmehr durch Selbstdisziplin erbracht: Er lernte, er brachte Opfer, er trainierte fleißig und blieb dabei ständig voll konzentriert. Und dasselbe gilt auch für Michael Jordan, den größten Basketballspieler aller Zeiten. Das sind die notwendigen Voraussetzungen, um jenes Elite-Niveau zu erreichen, das außergewöhnliche Menschen auszeichnet.

Aber zur Selbstdisziplin gehört auch, dass wir uns über unsere Emotionen im Klaren sind, über unsere Stärken und – noch wichtiger – über unsere Schwächen. Wenn wir uns selbst kennen, wissen wir, wann wir besser das Heft aus der Hand geben, weil das einfach nicht unser Tag ist (wie das bei mir bei jener Geiselbefreiung der Fall war), weil wir eine Dosis Demut brauchen. Weil wir uns unseren Dämonen stellen müssen oder mit anderen Mitteln die Kraft unseres besseren Selbst aufrufen. Und genau das ist es, was Selbstdisziplin uns ermöglicht – eine bewusste und ehrliche Selbsteinschätzung, die uns dazu bringt, uns noch mehr anzustrengen und jene feinsten Nuancen des Gewahrseins zu registrieren, die den Unterschied zwischen Versagen und Erfolg ausmachen.

In diesem Kapitel werden wir uns mit der Frage befassen, wie Sie Ihr Leben in den Griff bekommen, indem Sie tägliche Gewohnheiten und Verhaltensweisen einüben und sich darauf konzentrieren, wie Sie die Stufen zur Selbstdisziplin der Reihe nach erklimmen können. Den Abschluss bildet ein Fragenkatalog, der Ihnen hilft, sich selbst einzuschätzen und den Weg hin zu dieser ganz entscheidenden Eigenschaft zu meistern. Sie möchten Ihr volles Potenzial entfalten, mehr Einfluss haben und sich als Marke unverwechselbar machen? Dann müssen Sie die Kunst der Selbstdisziplin erlernen.

Das Selbststudium: Das Rüstzeug des Wissens erwerben

Irgendwann während meiner Highschool-Zeit hatte ich eine ernüchternde Erkenntnis, die mir keineswegs von anderen vermittelt wurde. Niemand hatte sich mit mir hingesetzt und mir diese Dinge erklärt. Es war eher eine sehr private Unterhaltung mit mir selbst, im Laufe derer mein jugendlicher Verstand einsah, dass sich etwas ändern musste.

Mit acht Jahren war ich nach der Revolution in Kuba in die Vereinigten Staaten geflohen, was sich bald als echtes Problem herausstellte. Ich sprach kein Wort Englisch. Ich verstand dieses neue Umfeld mit seinen ungewohnten Regeln, Gepflogenheiten und Normen nicht. Ich war total verwirrt und hinkte überall hinterher. Diese neue Welt war mir immer mehrere Schritte voraus. Darüber hinaus waren wir ohne einen Cent nach Amerika gekommen. (Dafür hatten die kubanischen Soldaten am Flughafen gesorgt.) Nach der gewaltsamen kommunistischen Revolution waren wir zutiefst traumatisiert. Ich musste mich also meiner neuen Umgebung anpassen. Aber das Einzige, was ich mit den amerikanischen Kindern in meinem Alter gemein hatte, war, dass ich gerne lernte und Sport liebte.

Meine Altersgenossen sprachen kein Spanisch und ich kein Englisch. Sie hatten keine verdammte Revolution hinter sich. Sie hatten nicht wie ich während der Invasion in der Schweinebucht draußen auf der Straße gestanden. Sie hatten nicht stundenlang die Schüsse an der *paredón* (Mauer) gehört, vor der die Revolutionäre einfache Bürger aufstellten, um sie zu erschießen, weil sie gegen Fidel Castro waren. Die amerikanischen Kinder kannten Tinkerbell, Bugs Bunny, Road Runner, Disneyland und den Mickey Mouse Club. Für mich hatten diese Namen keine Bedeutung. Ich war gewohnt, in der Schule eine Uniform zu tragen. Die Kids hier hatten Jeans und T-Shirts an. In meiner alten Heimat wurden wir den ganzen Tag lang nur von einem Lehrer unterrichtet. Hier wanderten wir alle 55 Minuten von einem Klassenzimmer zum anderen. Warum das so war, wurde mir nie ganz klar. Ich kannte die Baseballregeln, einen Basketball hatte ich dagegen noch nie gesehen. Ich fand Völkerball toll, aber ich hasste es, wenn der Lehrer mich an die Tafel holte, um eine Matheaufgabe zu lösen.

Das war der klassische Kulturschock, wie der Futurologe Alvin Toffler ihn definiert hatte. Ich gab mir Mühe, all die neuen sozialen Regeln zu erlernen, die hier galten: Man plauderte nicht, wenn man gemeinsam irgendwo in der Schlange stand. Man hielt sich an der Hand, wenn man die Straße überquerte, aber sonst gab es keinerlei Körperkontakt. Man durfte anderen nicht zu nah kommen, nicht herumgestikulieren und nicht zu laut reden. Wenn man aufs Klo musste, hob man die rechte Hand und fragte. Und wenn der Lehrer einen rügte, sah man ihm direkt in die Augen. (Das war ganz das Gegenteil von dem, was ich auf Kuba gelernt hatte. Dort senkte man den Blick, vermied jeden Augenkontakt und bemühte sich um eine zerknirschte Miene.) Eine gewaltige Menge Unterschiede, die ich alle erlernen musste, wenn ich mich anpassen wollte. Und dann war da ja noch der Lernstoff. Während der Revolution war der Schulbesuch nicht sicher und der Schulweg furchterregend, also war ich beim Stoff ohnehin schon hinterher, als wir Kuba verließen. Und nun begriff ich nicht ein Wort von dem, was der Lehrer sagte, einfach weil er Englisch sprach.

Aus reiner Sturheit und schierer Notwendigkeit schaffte ich es irgendwie, innerhalb eines Jahres fließend Englisch zu sprechen. Es geht nichts über Kontakte mit anderen Menschen, wenn man eine Sprache erlernen will. Man hatte mich eine Klasse zurückgestuft, damit ich den Stoff wiederholen konnte. In diesem einen Jahr schaffte ich zwei Klassen auf einmal. Aber das war nur der Anfang.

Da war immer noch die Sache mit meinem Akzent. Ich musste mich mächtig anstrengen, um ihn abzulegen, denn eines war mir schnell klar: Wer in Amerika mit Akzent spricht, fällt auf, und ich wollte doch unbedingt dazugehören. Schließlich hatte ich keinen Akzent mehr, aber eines blieb mir: Die Wirklichkeit um mich herum bestand aus lauter Dingen, die meine Klassenkameraden kannten und ich nicht – all das, was wir von Kindesbeinen an lernen, auf dem Spielplatz, beim Fernsehen, beim Besuch der gleichen Schulen und durch Jahre der Sozialisierung in einer bestimmten Kultur.

Ich kannte zum Beispiel keine Abzählreime, keine Lieder, die man auf dem Spielplatz sang. Wir hatten gut ein Jahr lang kein Radio und keinen Fernseher zu Hause, und so war das einzige Lied, das ich lernte, die Nationalhymne der USA, die wir jeden Morgen in der Schule sangen.

Als ich in die Highschool kam, hatten meine Mitschüler Shakespeare längst gelesen. Ich aber kannte Miguel de Cervantes. Sie lasen Steinbeck, ich Federico García Lorca. Sie kannten Bob Hope, ich den Komiker Cantinflas. Ich wusste die Namen aller Inseln in der Karibik, sie hatten keine Ahnung, wo der Golf von Mexiko lag. Die Kommunisten in Kuba hatten uns Begriffe eingetrichtert wie »Proletariat« oder »Bourgeoisie«. Meine Schulkameraden glaubten, ich würde mir all diese Wörter nur ausdenken. Ich hingegen wusste nicht, was ein Blue-Collar-Worker, also ein Fabrikarbeiter war.

Lange Zeit bildete ich mir fälschlicherweise ein, die anderen Kinder seien einfach klüger als ich. Erst mit der Zeit bekam ich mit, dass sie nicht intelligenter waren. Sie kannten einfach nur viele Dinge besser als ich, weil sie damit regelmäßig zu tun hatten. Es störte mich, dass ich so vieles verpasst hatte. Und ich merkte: Bei dem Tempo, das wir in der Schule vorlegten, würde sich das auch so schnell nicht ändern.

Schnell wurde mir klar, dass ich in der Schule nur lernte, was auf dem Lehrplan stand. Sie brachte mir nicht bei, was mir fehlte oder was ich unbedingt lernen wollte – und das war mehr, als das Schulsystem im Dade County mir bieten konnte. Ich wollte mich nicht in Selbstmitleid suhlen und wusste irgendwie, dass ich die Dinge selbst in die Hand nehmen musste. Ich musste mich meiner persönlichen Wirklichkeit stellen. Und so steckte ich schon als Teenager die Umrisse für mein persönliches Selbststudium ab.

Nehmen Sie sich nun einen Moment lang Zeit, um darüber nachzudenken, was außergewöhnliche Menschen, ob sie Ihnen nun persönlich oder nur aus den Medien bekannt sind, auszeichnet. Wer würde die atemberaubende Sportlichkeit der Turnerin und Rekord-Goldmedaillengewinnerin Simone Biles oder der Basketballlegende Michael Jordan nicht bewundern? Oder das Investmentgenie Warren Buffett, auch bekannt als das Orakel von Omaha? Wäre es nicht toll, zu den großartigen Gesangskünstlern zu gehören wie Frank Sinatra oder Adele, deren Stimmen dir schlicht das Herz brechen können? All diese Menschen sind auf ihre ganz besondere Weise einzigartig. Aber was ist mit uns? Ich werde nie ein Spitzensportler werden oder an der Spitze eines Multi-Millionen-Dollar-Unternehmens stehen. Meine Gesangskünste bewegen nur schlafende Tiere, und zwar zur Flucht. Aber wir können auf andere Weise außergewöhnlich sein. Wir können in dem Geschäft gut werden, in dem wir alle tätig sind: im Umgang mit Menschen. Wie können wir hierin Meister werden und wahrhaft Außergewöhnliches vollbringen?

Indem wir uns selbst bilden: Wir investieren in unser Wissen, unser Wachstum und unser Potenzial, wie alle großen Menschen dies getan haben.

Manche Menschen finden es einfacher, andere wertzuschätzen und sich um sie zu kümmern. Doch so wie wir andere unterstützen können, eine bessere Version ihrer selbst zu werden, müssen wir uns auch dieser Verantwortung uns selbst gegenüberstellen. Sobald Sie akzeptieren, dass die beste Möglichkeit zur Selbstwertschätzung darin besteht, dass Sie mit Eifer daran arbeiten, ein besserer Mensch zu werden, sind Sie auf dem besten Weg, auch ein außergewöhnlicher Mensch zu werden.

Wann immer ich von Menschen lese, die mit über 80 Jahren noch einen Universitätsabschluss machen oder von Giuseppe Paternò, der mit 96 Jahren seinen Collegeabschluss nachholte, weiß ich, dass ich es hier mit jemandem zu tun habe, dessen ursprüngliche Pläne möglicherweise durch Arbeit, Verpflichtungen oder schlicht widrige Umstände durchkreuzt wurden, der aber trotzdem am Ball blieb. Solche Menschen investieren in ihre Ausbildung, weil sie sich selbst zu schätzen wissen. Und das ist ein ganz wunderbares Beispiel für uns alle.

Es ist nie zu spät, sich selbst am Riemen zu reißen und sich um die volle Entfaltung des eigenen Potenzials zu bemühen, um jene Charakterzüge und Verhaltensweisen zu entwickeln, die außergewöhnlichen Menschen eigen sind. Wenn Sie das tun, werden Sie nicht nur ein besseres, erfüllteres Leben führen. Sie werden, wenn es an der Zeit ist, nicht nur zur Führungspersönlichkeit heranreifen. Sie werden vielmehr *würdig* sein, solch eine Rolle zu übernehmen.

Es heißt ja immer wieder, wir sollten uns Mentoren suchen – bewundernswerte Individuen, die uns auf dem Pfad anleiten, der uns zu unseren Zielen führt. Solch ein Mentor ist eine tolle Sache. Nur findet man sie gar nicht so leicht, und wenn, dann haben sie häufig nicht genug Zeit für uns.

Um außergewöhnlich zu werden und vollkommene Selbstdisziplin zu erlangen, müssen wir uns meiner Ansicht nach selbst ein Mentor sein und die Verantwortung für unsere Ausbildung übernehmen.

Die Geschichte liefert uns hier ein wunderbares Vorbild: die Renaissance, jene dynamische Zeit zwischen dem 14. und 17. Jahrhundert, in der Wissenschaften und Künste in Europa aufblühten. Um ein Handwerk zu lernen, schlossen sich junge Männer wie Michelangelo (der später die berühmten Fresken der Sixtinischen Kapelle schaffen sollte) den Besten ihres Faches an. In Michelangelos Fall waren dies Maler und Bildhauer. Die Zünfte brachten die besten Maler, Bildhauer, Zeichner, Kalligrafen, Farbenspezialisten, Töpfer, Architekten, Holzbildhauer, Gießer, Goldschmiede und so weiter zusammen.

Studienaufenthalte waren keineswegs Ferienlager. Die Lehrlinge hatten prall gefüllte Stundenpläne. Ihr Tag war angefüllt mit disziplinierter Konzentration auf ihre jeweilige Aufgabe. Viele lernten ihr Handwerk schon sehr jung. Sie verdienten sich Kost und Logis durch ihre Arbeit, während sie gleichzeitig die für ihr Metier nötigen Fähigkeiten erwarben. Sie wussten schon in jungen Jahren, dass sie für ihr Leben und ihre Arbeit selbst verantwortlich waren. Mit der Zeit vervollkommneten sie ihre Gaben, erwarben Erfahrung und entwickelten einen eigenen Stil. Die harte Lehrzeit stählte sie und zog eine neue Generation von Meistern heran, deren Kunstfertigkeit wir noch heute bewundern.

Das Konzept einer so schwierigen formellen Lehrzeit wird heute so nicht mehr gepflegt, von einigen wenigen Berufen einmal abgesehen. Ärzte brauchen heute eine Ausbildung, die in manchen Fachgebieten 12 bis 16 Jahre dauert, bis sie die komplexen Prozesse der Diagnose und Heilung menschlicher Krankheiten beherrschen. Eine meiner Lektorinnen erzählte mir einmal, ihr Weg in der Verlagswelt hätte mindestens ebenso lange gedauert: zuerst das Studium, dann der Blick über die Schulter der älteren Lektoren, die Buchprojekte kauften und ihnen ihren Stempel aufdrückten, bis sie schließlich nach Jahren selbst solche Projekte bearbeiten durfte. Natürlich durchlaufen Klempner und Elektriker immer noch eine Lehre, aber diese dauert gewöhnlich nicht so lange und konzentriert sich auf ein eng begrenztes Spektrum zu erwerbender Fähigkeiten.

Wenn Sie sich aber einmal gründlich mit außergewöhnlichen Menschen beschäftigen, werden Sie schnell merken, dass diese ihre Lehrzeit selbst gestaltet haben. Freilich müssen auch sie Hilfe suchen und das Fachwissen anderer Menschen zurate ziehen, aber sie übernehmen aktiv Verantwortung für ihren Weg zur Selbstverbesserung. Sie wissen, was uns niemand je lehrt: dass wir, um außergewöhnlich sein zu können, uns selbst in die Lehre begeben müssen.

Dieses Selbststudium kann unzählige verschiedene Formen annehmen – manche offiziell und förmlich, andere eher zwanglos. Manche dieser Wege werden aus schierer Notwendigkeit eingeschlagen, andere aus lodernder Leidenschaft. Und in jedem einzelnen Fall finden diese Menschen ihren Weg, durch Geduld und Willenskraft, durch Versuch und Irrtum, durch harte Arbeit neben anderen Verpflichtungen, zwischen zwei Arbeitsstellen oder gar abends nach der beruflichen Tätigkeit.

Ich, der ich mich seit jeher für das menschliche Verhalten interessierte, fing bereits als Jugendlicher an, ein Tagebuch über Verhaltensweisen zu führen, die ich nicht verstand. Mit der Zeit lernte ich, durch eigene Erfahrungen und Nachforschungen diese Verhaltensweisen zu verstehen. Das machte mich zu einem besseren Beobachter. Etwa um die gleiche Zeit machte ich, noch vor meinem Highschool-Abschluss, den Pilotenschein. Warum ich all das tat? Darauf weiß ich keine andere Antwort als die, dass ich einfach unglaublich neugierig war. Ich glaubte, dass all diese Aktivitäten mir später im Leben zugutekommen würden, und das taten sie tatsächlich. Aber das wusste ich damals noch nicht. Das grundlegende Studium menschlicher Verhaltensweisen, das ich als 15-Jähriger begann, rettete mir in meiner Zeit beim FBI so manches Mal das Leben, wenn ich mit Kriminellen zu tun hatte. Und der Pilotenschein erlaubte mir, meinen Dienst bei der Luftüberwachung von Terroristen zu leisten. Als Junge wusste ich nicht, dass beides Teil meiner Zukunft sein würde. Aber mein Selbststudienprogramm kam mir noch Jahre später zugute.

In jedem einzelnen Fall, den ich studierte, machten außergewöhnliche Menschen es sich zur Gewohnheit, sich Zeit für die Arbeit an sich selbst zu nehmen. Der Drang, besser zu werden, zu lernen und sich mehr Erfahrung anzueignen, war in ihren Augen ein lohnendes, ja unverzichtbares Unterfangen.

Mary Temple Grandin ist berühmt für ihren zutiefst menschlichen Umgang mit Tieren, vor allem solchen, die zum Schlachthof gebracht werden. Dabei stellte man bei ihr schon in jungen Jahren eine Autismus-Spektrum-Störung fest. Heute versteht man diese spezielle Veranlagung besser, in den 1950er-Jahren hingegen blieb diesen Menschen eine Ausbildung meist verwehrt. Gar ein Studium traute man ihnen schlicht nicht zu. Gewöhnlich übten sie nur niedrige Arbeiten aus.

Grandin hingegen entwickelte ihr eigenes Studienprogramm, das auf ihre speziellen Bedürfnisse zugeschnitten war, aber vor allem die ganze Breite ihrer vielfältigen Interessen abdecken sollte. Sie brachte sich die

Dinge so bei, wie sie unterrichtet werden wollte, auf ihre ganz persönliche Weise, in ihrer ureigensten Lerngeschwindigkeit. So machte sie zuerst ihren Master, dann den Doktor. Aber Grandin wollte noch mehr, und dafür musste sie das Klassenzimmer hinter sich lassen. Sie hatte eine Vision von dem, was sie für sich wollte, und eignete sich an, was sie dafür brauchte. Sie entwickelte ein eigenes Lernprogramm, das ihr half, das Verhalten und die Physiologie von Tieren zu studieren. Sie beschäftigte sich mit dem Autismus, damit sie ihre eigenen Bedürfnisse besser verstand. Das half ihr auch, andere Wesen besser zu begreifen. Sie studierte Psychologie, unter anderem die Auswirkung, die Farben auf Mensch und Tier haben. Sie lernte technisches Zeichnen und setzte sich mit Ingenieurwissenschaften auseinander, weil sie den Tieren bessere Haltungsbedingungen verschaffen wollte. Ihre Beobachtungsgabe half ihr zu erkennen, wo die Probleme lagen, wann immer sie einen Hof betrat, auf dem Tiere zum Schlachter geführt wurden. Sie wurde sich selbst zur Mentorin, und dieser Prozess hörte niemals auf. Sie übertraf sich immer wieder selbst, weil sie andere Menschen beeinflussen wollte. Und sie führte ihre Studien fort: auf dem Gebiet des Marketings, des Social Engineering, der Verkaufstechnik, der Pressearbeit, der Verhandlungsführung, der Markenbildung und so weiter.

Im Laufe ihres Lebens ging Grandin nicht bei einem Mentor oder einer bestimmten Denkschule in die Lehre, sondern einzig bei sich selbst. Sie bahnte sich ihren eigenen Pfad, wie das viele außergewöhnliche Menschen tun – ganz egal, wie viele Hürden sich vor ihnen auftun mögen. Und so wurde sie nicht nur zur Vorkämpferin für die bessere Behandlung von Schlachttieren, sondern auch zur Expertin für Autismusformen.

Mehr als 200 Jahre, bevor Grandin sich ihre eigene Nische schuf, begab sich ein Junge in Boston auf seinen Weg zu Wissen und Einfluss. Lange bevor sein Land zu einer Nation zusammenwuchs, zeigte Amerikas berühmtester Unternehmer und Influencer nicht nur seiner, sondern allen nachfolgenden Generationen, was wir zustande bringen können, wenn wir anfangen, uns selbst zu unterrichten.

Benjamin Franklins Vater wollte, dass der Junge Geistlicher wurde, doch Benjamin hatte schon als Kind ganz andere Vorstellungen. Bereits in jungen Jahren beobachtete er seine Umwelt ganz genau. Er sah, wie man bestimmte Dinge erledigte und was nötig war, um erfolgreich zu sein. Seiner Ansicht nach war Bildung der entscheidende Faktor, aber keine Schule in Amerika konnte ihm beibringen, was er suchte und brauchte. Also schuf er sich ein Programm zum Selbststudium in dem unerbittlichen Labor, das wir Leben nennen.

Er verschlang alle Bücher, die er in die Finger bekam. Bald war er ein so guter Schriftsteller, dass seine Werke immer wieder in den Lokalzeitungen abgedruckt wurden. Natürlich musste er dabei als Erwachsener auftreten und ersann deshalb eine ganze Reihe von Pseudonymen. Unter anderem gab er sich als eine Dame mittleren Alters aus.

Mit zwölf Jahren begann er seine Lehre bei seinem Bruder James, der im Druckgewerbe tätig war. Er lernte Schriftsetzen, Buchbinderei, Marketing und alles, was mit dem Verlagswesen zusammenhing. Dabei ging es ihm keineswegs nur darum, irgendwie seinen Lebensunterhalt zu verdienen – er lernte, um die wichtigste Kommunikationsplattform seiner Zeit zu meistern. Als Setzer erlangte er bald Meisterschaft. Er erfand neue Formeln für Tinte und arbeitete mit Druckmaschinen jeder Marke. Er redigierte Manuskripte, schrieb bissige Artikel und machte »Trendthemen« aus, um auf die Menschen einzuwirken und in die Politik einzugreifen. Er las alles, was in die Druckerei kam, wodurch er seine schriftstellerische Begabung weiter perfektionierte. Zu jener Zeit waren Bücher unglaublich teuer, also trieb er einen regen Tauschhandel mit allem, was lesbar war. Niemand trug ihm auf, all diese Dinge zu lesen. Er tat das ganz von selbst. Das aber ist der Kern der Selbstausbildung. Interessanterweise war es eben das Problem, das er als junger Mann hatte, nämlich an genug Lesestoff zu kommen, das ihn später dazu veranlasste, die erste Leihbücherei der Vereinigten Staaten zu gründen.

Nach fünf Jahren hatte Franklin genug gelernt, um sich in diesem Metier selbstständig zu machen. Doch es verlangte ihn nach mehr. Es heißt, er habe mit 15 Cents in der Tasche Boston verlassen und sei nach Philadelphia gegangen, wo andere Druckereien begierig auf seine Fähigkeiten waren. Körperliche Arbeit war zu jener Zeit billig zu haben. Gründliche

Kenntnisse und Geschick aber waren, wie Franklin schnell begriff, wirklich gesucht und nicht allzu verbreitet.

Franklin wusste auch um die positiven Auswirkungen dessen, was wir heute »Netzwerken« nennen. Dazu gehörte auch, dass er Charakterzüge und Gewohnheiten von Menschen nachahmte, die Macht besaßen, Einfluss oder Autorität. Auf diese Weise konnte er sich anpassen und bei diesen Menschen gut ankommen. (Heute nennt man das »Mirroring«, aber dazu später mehr.) So wie die Verhaltensstudien, die ich als Teenager betrieben hatte, mir später beim FBI zugutekamen, konnte Franklin als erster Botschafter Amerikas in Frankreich auf sein feines Gespür für Manieren, Sitten und Gebräuche zurückgreifen.

Mit seiner unglaublichen Neugier, seinen Fähigkeiten und seiner Willenskraft dehnte er seinen Einfluss so weit aus, dass er noch als junger Mann den Gouverneur von Pennsylvania so beeindruckte, dass dieser ihn nach London schickte, um dort seine Ausbildung fortzusetzen. Franklin hatte das Geheimnis des Erfolgs entdeckt: Wissen, Neugier, Anpassungsfähigkeit, Fleiß und die Lust auf noch mehr Wissen können unser Leben entscheidend verbessern.

Als Benjamin Franklin 1790 im Alter von 84 Jahren starb, hatte diese Persönlichkeit, deren formale Ausbildung im Alter von zehn Jahren beendet war, so unglaublich viele Dinge getan und angestoßen, dass es unser Vorstellungsvermögen beinahe übersteigt. Er gehörte zu den Erstunterzeichnern der amerikanischen Unabhängigkeitserklärung. Er übte entscheidenden Einfluss bei der Formulierung der amerikanischen Verfassung aus. Er beriet Thomas Jefferson bei der Abfassung der Grundprinzipien, die die Vereinigten Staaten prägen sollten. Als Botschafter in Frankreich meisterte er zur Zeit des Amerikanischen Unabhängigkeitskrieges die Nuancen französischer Sprache und Lebensart so gut, dass er Frankreich dazu brachte, die noch junge Nation der Amerikaner in ihren Unabhängigkeitsbestrebungen von England finanziell zu unterstützen. Allein diese Hilfeleistung wäre schon mehr als genug gewesen. Doch Franklin erreichte noch mehr.

Er war nicht nur Autor, Zeitungsverleger, Drucker und Kämpfer für die Unabhängigkeit, ein Diplomat von unerreichter Begabung und dazu noch der Mann, der den Blitzableiter erfand. Er war darüber hinaus auch Humorist, Satiriker, Freimaurer, Wissenschaftler, Erfinder, Lehrer, Vorkämpfer bürgerschaftlicher Teilhabe, Forscher, Redner und Begründer der ersten Feuerwehr in Philadelphia und der Akademie von Philadelphia, aus der später die Universität von Philadelphia hervorgehen sollte. Er war auch Staatsmann und Architekt des ersten Kommunikationsnetzwerkes, das die britischen Kolonien in Amerika miteinander verband: Er richtete ein Postsystem ein. Wie Walter Isaacson in seiner Franklin-Biografie schreibt, war er der begabteste und einflussreichste Amerikaner seines Alters. Er war es, der das Denken der Amerikaner seiner Zeit maßgeblich beeinflusste – ein Influencer und Selbsthilfeguru *ante litteram*. Hätte es damals schon TED-Talks gegeben, hätte man sich ein paar Monate Zeit nehmen müssen, um sich all seine Beiträge in einem TED-Marathon anzusehen.

All das erreichte er nur durch eine einzige Gabe, die ihm eigen war: Selbstdisziplin. Er besorgte sich das Rüstzeug des Wissens, erwarb eine Stärke nach der anderen und schrieb sich ein Studienprogramm, das ihn aufgrund seiner unglaublichen Neugier immer weiter nach vorne brachte. Viele hochgebildete Menschen hatten Zugang zu dem, was Franklin unbedingt lernen wollte, und doch sticht er aus allen heraus, weil er entschlossen war, alles zu lernen. Er besorgte sich eine vielseitige und gründliche Ausbildung, die es ihm erlaubte, all diese großartigen Dinge zu vollbringen. Keine Schule, heute wie damals, hätte ihn all das lehren können, wofür er heute bekannt ist.

Franklin war schon zu seinen Lebzeiten eine Legende, und die Welt verdankt ihm viel. Sein bedeutsamstes Erbe ist aber vermutlich das Vorbild, das er für uns alle ist: Ganz egal, aus welch einfachen Verhältnissen Sie stammen, Sie bestimmen Ihr eigenes Leben, Ihre Leidenschaften, Ihren Lernerfolg. Und für all das gibt es keine Grenzen.

Sobald wir die Verantwortung übernehmen, unser Leben umzuwandeln, indem wir unsere Ausbildung selbst in die Hand nehmen, geschehen Zeichen und Wunder.

Als Joseph Campbell in seinem bahnbrechenden Buch *The Power of Myth* davon sprach, man solle seiner Seligkeit folgen, meinte er nicht, dass dazu keine Anstrengung nötig wäre oder alles von selbst gehen würde. Er wollte vielmehr sagen, dass wir unserer Leidenschaft, unserer Liebe, unserer Sehnsucht folgen sollen, ganz egal, welche Schwierigkeiten sich dabei einstellen mögen. Wenn Sie das tun, so Campbell, schlagen Sie einen Pfad ein, der Ihnen die ganze Zeit schon offenstand, der auf Sie wartete und Ihnen das Leben schenken wird, das Sie leben sollen.

Wenn Sie bereit sind, sich dieser Selbstausbildung zu unterziehen, so Campbell, setzen Sie eine Eigendynamik in Gang, die mit der Zeit immer stärker wird. Campbell zufolge lernen Sie plötzlich Leute kennen, die in dem von Ihnen gewünschten Bereich tätig sind. Plötzlich läuft alles. Campbell mahnt daher: Folgen Sie Ihrer Glückseligkeit und fürchten Sie sich nicht. Denn dann werden sich Türen öffnen, die Sie vorher gar nicht gesehen haben. Zumindest war dies so für Benjamin Franklin und Mary Temple Grandin. Auch für mich war es so. Und es wird auch für Sie so sein. Jemand sagte mal, dass Glück das Ergebnis von Fleiß ist. Ich würde eher sagen, dass Glück das Ergebnis der Mühe ist, die wir auf unser Selbststudium verwenden.

1971, als ich im ersten Semester an der Brigham Young University war, gab es nur einige wenige Bücher über Körpersprache. Selbst als Studienfach spielte das Thema kaum eine Rolle. Auf jeden Fall konnte man es nicht als Hauptfach belegen. Aber es war nun mal meine Leidenschaft, weil ich wusste, wie nützlich solche Kenntnisse waren, wenn man mit anderen Menschen in Kontakt trat. Ich hatte das in meiner Jugend erkannt, als ich in die USA kam, ohne auch nur ein Wort Englisch zu sprechen. Als ich meinen Uni-Abschluss machte, schwor ich mir, alles herauszufinden, was es über nonverbale Kommunikation zu wissen gab.

Am Tag meines Abschlusses gönnte ich mir zur Feier des Tages eine Belohnung: Ich ging – ausgerechnet – in die Stadtbücherei und beantragte einen Bibliotheksausweis. Da ich nicht mehr studierte, konnte ich jetzt lesen, was immer ich wollte, nicht nur das, was ich lesen musste. Ich entwickelte meinen Lehrplan über Körpersprache. Am einen Tag studierte ich die Körpersprache der Bewohner der Trobriand-Inseln, am nächsten die Grußgesten der Ureinwohner von Alaska. Die Gesten, die die Konquistadoren beobachteten, als sie Südamerika eroberten, interessierten mich ebenso wie die Farben, die König Heinrich VIII. seine Höflinge tragen ließ. Was Sir Richard Burton über die Körpersprache der afrikanischen Völker schrieb, während er nach dem Ursprung des Nils suchte, faszinierte mich ebenso wie die Sitten und Gebräuche, denen der mittelalterliche Entdecker Ibn Battuta auf seiner 30-jährigen Reise begegnete, die ihn 75 000 Meilen durch Afrika, den Nahen Osten, Indien und Asien führte. Was ich in keinem Seminar hatte lernen dürfen, brachte ich mir nun selbst bei.

Ich studierte alles, was es über Körpersprache und nonverbale Kommunikation zu wissen gab, ob nun auf dem Gebiet der Psychologie, Zoologie, Verhaltensforschung, Anthropologie, Medizin, Ethnologie, Kunst, Fotografie, Primatenforschung, Bildhauerei oder Anatomie. Dieses Programm zum Selbststudium reichte in seiner Wirkung weiter, als ich mir je hatte träumen lassen – und veränderte dabei so ganz nebenher mein Leben. Es kam mir bei den verschiedensten beruflichen Tätigkeiten zugute, zum Beispiel als ich ein international tätiges Unternehmen aufzog. Und ich schloss dabei in den unterschiedlichsten Bereichen die interessantesten Bekanntschaften, die mein Leben bereicherten und mir zahllose Einsichten in die menschliche Natur vermittelten.

Als ich mir den Bibliotheksausweise ausstellen ließ und auf diese Weise den Einstieg in mein Selbststudium der nonverbalen Kommunikation wagte, wusste ich nicht, dass ich einmal die Besten dieses Faches kennenlernen würde: Paul Ekman, Bella DePaulo, Judee Burgoon, Mark Frank, David Givens, Joe Kulis, Amy Cuddy und viele andere. Ich konnte mir nicht vorstellen, dass ich einmal vom FBI rekrutiert werden und mein Wissen einsetzen würde, um Spione, Terroristen und Kidnapper zu fangen. Oder dass ich mehr als ein Dutzend Bücher über menschliches Verhalten schreiben würde, Jahr für Jahr Vorträge an der Harvard Business School halten und Videos online stellen würde, die tatsächlich 35 Millionen Mal aufgerufen werden sollten. Oder dass ich Organisationen und Regierungen in aller Welt beraten würde. Mein Selbststudium, mit dem ich meiner Neigung folgte, öffnete mir Türen, genau wie Joseph Campbell dies vorhergesagt hatte. Türen, von denen ich nicht einmal gewusst hatte, dass es sie gab.

Das war mit viel Anstrengung verbunden. Ich hatte mir geschworen, alles zu lernen, was es über nonverbale Kommunikation zu wissen gab – und diesem Schwur bin ich heute noch treu. Aber sich anzustrengen ist nun einmal der Preis für dieses Geschenk, das wir uns machen, wenn wir unserer Neigung folgen.

Und das Beste daran: Wenn wir unsere Seligkeit gefunden haben, sind wir nicht die Einzigen, die davon profitieren.

Sie müssen nicht versuchen, die Welt und ihre Geschöpfe zu bessern oder zu retten, um sich selbst an eine bessere Art des Daseins und des Lebens zu gewöhnen. Ich denke gerne an den jungen Mann, der im Schwimmbad meines Heimatortes im Becken neben mir seine Bahnen zog. Er übte sich darin, einen möglichst effektiven Schwimmstil wie ein Kampfschwimmer zu entwickeln: seitlich ins Wasser tauchen, die Arme nicht über die Wasseroberfläche heben, um jedes Spritzen zu vermeiden, sich zwischen den Schwimmstößen tragen zu lassen und im Atemrhythmus nur den Mund aus dem Wasser zu heben. Aus dem Internet hatte er sich ein Video heruntergeladen, in dem dieser Schwimmstil genau erklärt wird, weil er unbedingt bei den Navy SEALs aufgenommen werden wollte. Oder an William, einen Mann Anfang 40, der weiß, dass er zu schnell spricht, wenn er aufgeregt ist. Er weiß es, seine Frau weiß es und seine Vorgesetzten wissen es auch, weshalb sie ihn gebeten haben, »doch einen Gang herunterzuschalten«. Also setzt William sich samstagnachmittags hin und spricht in ein Aufnahmegerät. Er hält eine Rede, ruhig, beinahe psalmodierend, wie es Prediger tun. Auf diese Weise bringt er sich selbst bei, wie er seinem Vortrag einen anderen Rhythmus geben kann, damit seine Zuhörer seinen Gedankengängen folgen können. William ist ein erfolgreicher Manager, aber er will eben noch besser sein. Während seine Freunde im Fernsehen Formel-1-Rennen angucken, arbeitet er daran, sich selbst zu verbessern, Vortrag für Vortrag.

Das Selbststudium füllt den Quell unseres Wissens auf. So werden wir besser darin, unsere Optionen abzuwägen und Entscheidungen zu treffen. Das aber sind entscheidende Fähigkeiten, wenn wir Informationen sammeln oder neue Projekte anfangen. Sie schenken uns das Selbstvertrauen, dass wir alles lernen können, was wir brauchen, um im Leben vorwärtszukommen.

Das Selbststudium erfordert Zeit, aber nicht unbedingt Geld. Für mich war die örtliche Bibliothek jahrelang meine wichtigste Ressource beim Studium nonverbaler Kommunikationsformen. Das Internet eröffnet uns heute Zugang zu einem ganzen Universum von Informationen – das reicht von leicht verständlichen Tutorials über kluge Artikel bis hin zu interessanten Podcasts. Wenn du Leute in den sozialen Medien erzählst, wofür du dich interessierst, erhältst du eine Fülle spannender Tipps.

Worin wollen Sie besser werden? Diese Frage ist aufregend, und wir können sie uns zu jeder Zeit stellen. Wenn Sie Ihr eigener Mentor werden, ist das ein Geschenk an Sie selbst. Diese Frage verleiht Ihnen den Schwung, der Sie vorwärtsträgt von Entdeckung zu Entdeckung. Sie bahnen sich Ihren Weg, formen Ihren Charakter und entscheiden, wer Sie sein wollen und wofür Sie stehen.

Wenn Sie wahrhaft außergewöhnlich werden wollen, fangen Sie noch heute mit Ihrer Ausbildung an. Fangen Sie an, sich das Rüstzeug des erforderlichen Wissens zusammenzustellen. Und dann vollziehen Sie den ersten Schritt. Sie übernehmen die Kontrolle! Genießen Sie es herauszufinden, was Sie wissen wollen und müssen und wie Sie sich diese Kenntnisse aneignen können. Es gibt so grenzenlos viele Möglichkeiten des Lernens: lesen, mit anderen Menschen reden, die sich mit einer Materie auskennen, die Ihnen noch nicht so vertraut ist, Podcasts, Video-Tutorials, Volkshochschulkurse, Onlineschulen, E-Learning. Erfreuen Sie sich an dem, wohin Ihre Suche Sie führt. Vertrauen Sie darauf, dass Sie – wie Joseph Campbell schreibt – offene Türen finden werden, von deren Existenz Sie bislang nichts wussten. Werden Sie Ihr eigener Lehrherr. Wenn Sie das tun, werden außergewöhnliche Menschen Sie willkommen heißen, weil sie Ihr Engagement verstehen und respektieren.

Emotionale Balance: Das Rüstzeug der Stabilität

Eine der besten FBI-Agentinnen, mit denen ich je zusammengearbeitet habe, war Terry Halverson Moody. Das Büro konnte in hellem Aufruhr sein – Staatsanwälte, die dies oder jenes wollten, ständig neue Anrufe vom Hauptquartier, Medienanfragen, die sensible Operationen gefährdeten, Bosse, die einem in alles hineinkommandierten, Interviews, die unbedingt geführt werden mussten – Terry aber blieb stets ruhig und gelassen. Ich bewunderte sie dafür und für ihre Fähigkeit, die Kontrolle über ihr Leben zu behalten. Als Ehefrau, Mutter, Special Agent beim FBI und meine dortige Partnerin (was an sich schon nicht leicht war) schien sie schon früh im Leben gelernt zu haben, was allen außergewöhnlichen Menschen gemeinsam ist. Ihr Geheimnis? Emotionen müssen immer im Gleichgewicht sein. Entweder kontrollierst du deine Gefühle oder sie kontrollieren dich.

Obwohl Special Agent Moody zehn Dienstjahre weniger auf dem Buckel hatte als ich, war sie mir doch um Längen voraus, wenn es darum ging, den stressigen FBI-Alltag mit seinen Anforderungen wegzustecken. Der ständige Hochdruck peitscht die Emotionen derart auf, dass wir jederzeit in Aktion treten können. Gleichzeitig aber heißt das auch, dass wir schnell gereizt, hibbelig und manchmal unüberlegt reagieren.

Paradoxerweise wurde ich unter starkem Druck immer ruhiger. Bei Spezialeinsätzen war ich immer gefasst und konzentriert. Ich verließ mich auf mein Training – und schob sämtliche Emotionen beiseite. Ein Flugzeug brannte in 100 Metern Höhe? Kein Problem: Stell die Benzinpumpe ab, schalte auf Schutzfrequenz (121,5), setz einen Notruf ab, leg den Hauptschalter für die Elektrizität um, schau dich nach einem Platz für die Notlandung um, behalte den richtigen Neigungswinkel bei, platziere den Feuerlöscher in der Nähe der Beine (weil dort das Feuer am ehesten durchschlägt), steuere den nächsten Flughafen an, gib alternative Landemöglichkeiten durch (Autobahnen, Zuckerrohrfelder), entriegele die Türen, falls ein Rettungsteam rein muss, achte auf andere Flugzeuge, halte Ausschau nach den Lichtsignalen des Flughafens, die dir einen sicheren Anflug signalisieren – und steuere das Flugzeug so gut du kannst auf eine sichere Landebahn. Das konnte ich, das habe ich getan, als ich in Puerto Rico einen schrecklichen Nachtflug hinter mich brachte. Es war vielmehr der Stress des Tagesgeschäfts, der mich fertigmachte: all die Ärgernisse, Störungen, Ablenkungen und die anstrengende Bürokratie des Alltags. In diesem Umfeld veränderten meine Emotionen den Menschen, der ich war. Sie setzten meine eigenen Verhaltensnormen außer Kraft und machten aus mir einen nicht so angenehmen Zeitgenossen, dem scharfe Worte leicht von den Lippen gingen, wenn man ihm auf den Geist ging. Ich war weniger geduldig. Die Tatsache, dass das Hauptquartier etwas von mir wollte, genügte schon, um mich auf die Palme zu treiben. Das forderte seinen Tribut – von mir und in meinen Beziehungen zu anderen.

Glücklicherweise erschien Special Agent Moody gerade zur rechten Zeit auf der Bühne. Sie saß mir gegenüber und sagte: »Atme erst mal lange aus, bevor du ans Telefon gehst.« Oder: »Konzentrier dich darauf, wie du das Problem lösen kannst, auch wenn der Anrufer ein A****loch ist.« Wenn ich mich aufregte, weil jemand vollkommen unsinnige Dinge von mir verlangte, gab sie mir ein Handzeichen, mit dem sie mir bedeutete: *Leiser!* Wenn ich dann den Hörer aufgelegt hatte, meinte sie: »Und jetzt atme ganz langsam aus. Und noch einmal, noch langsamer.« Und dann: »Jetzt machst du das noch mal.« Und während ich ihr erzählte, was sich da am Telefon abgespielt hatte, ermahnte sie mich: »Hör auf zu fluchen.« Oder: »Steh auf und streck dich mal.« Und: »Komm, gehen wir erst ein paar Schritte spazieren, bevor du mir alles erzählst.«

Wenn sie spürte, dass ich immer noch auf hundertachtzig war, schenkte sie mir einen mütterlichen Blick und sagte: »Joe, bitte geh laufen. Ich rede mit dir erst, wenn du wieder da bist.« Und ich befolgte ihren Rat. Ich kehrte immer viel ruhiger zurück, als ich losgerannt war. Selbst beim Mittagessen spürte sie, dass ich unbedingt zurück an den Schreibtisch wollte. Dann meinte sie: »Dein Mund ist zum Essen da, nicht zum Häckseln von Nahrung.«

Wenn all ihre Ermahnungen bei mir auf taube Ohren stießen, sagte sie nur, sie würde mich nicht wiederbeleben, falls ich einen Herzanfall bekäme, weil ich nicht auf sie hören wollte – ganz unerbittlich. Daher schaltete ich gern einen Gang runter oder auch zwei.

Ich wusste, dass meine Emotionen mich zu übermannen drohten und dass das so ungesund wie unproduktiv war. Ich machte den Menschen in meiner Umgebung das Leben immer nur noch schwerer. Ja, ich arbeitete an einem der größten Spionagefälle in der Geschichte der Vereinigten Staaten, der sich über zehn Jahre hinziehen sollte, aber gerade deshalb konnte ich mir nicht erlauben, emotional von der Rolle zu sein. Andernfalls würde ich den Preis dafür bezahlen müssen, was dann tatsächlich der Fall war. (Mehr dazu in meinem Buch *Allein gegen den Feind*). Drei Tage nachdem in diesem Fall die erste Verhaftung auf US-Boden stattfand, streikte mein Körper. Mein Immunsystem war dermaßen am Ende, dass sich das Epstein-Barr-Virus ungehindert ausbreiten konnte. Ich musste ins Krankenhaus und litt danach unter Angstzuständen und Depressionen, die fast ein Jahr andauerten.

Warum ich Ihnen diese Geschichte erzähle? Zur Warnung. Sie soll Sie daran erinnern, dass wir zwar wichtige, spannende Projekte umsetzen können, die Leben retten oder die Welt verändern – doch wenn wir unsere Emotionen nicht im Griff haben, werden sie uns im günstigsten Fall negativ beeinflussen, im schlimmsten aber auffressen. Wir könnten alle eine Terry Moody brauchen, die uns gute Ratschläge gibt und uns an der Hand nimmt, bevor wir ins Stolpern geraten. Die Erfahrung, die mich ins Krankenhaus brachte, war nicht mein erster Weckruf. Agent Moody hatte mich ja mehr als einmal gewarnt. Aber diese Episode lehrte mich eines: dass ich auf emotionaler Ebene besser mit mir umgehen musste.

So viel in unserem Leben dreht sich um unsere Gefühle. Ich bin wirklich erstaunt, dass wir dem Thema »Emotionen« so wenig Beachtung schenken, vor allem in den Bereichen zwischenmenschliche Beziehungen und Arbeit, die den Großteil unseres Lebens ausmachen.

Wenn wir jung sind, schleift sich emotional rüpelhaftes Benehmen leicht ein, falls es nicht gelingt, das abzustellen. Wir alle kennen ja Kinder oder unzivilisierte Erwachsene, die keinerlei Kontrolle über ihre Emotionen haben. Wutausbrüche, Missgunst, kleinlicher Neid, impulsives Verhalten, absichtliche Zusammenbrüche, um Aufmerksamkeit auf sich zu ziehen, und weitere toxische Verhaltensweisen, die wir anderen Menschen zumuten, können schnell zur Gewohnheit werden. Und diese Gewohnheiten verschlimmern sich oft noch, bis sie schließlich zu Mobbing, zu verbaler und vielleicht sogar physischer Gewalt führen.

Vermutlich kennen Sie oder einer Ihrer Bekannten jemanden, der sich im beruflichen Umfeld aufführt wie ein Kleinkind. Doch diese Einschätzung ist falsch. Solche Menschen benehmen sich vielmehr wie Erwachsene, die nicht gelernt haben, mit ihren Emotionen umzugehen. Die kleinliche Art, die Wutausbrüche, die Schikanen, die diese Leute anderen zumuten, haben ihre Wurzeln in mangelnder Selbstkontrolle.

Wenn wir das Erwachsenenalter erreicht haben, haben die meisten von uns gelernt, ihre Gefühle im Zaum zu halten – mithilfe unserer Eltern und anderer Bezugspersonen wie Lehrer und so weiter. Aber sogar dann steigen manchmal heftige Emotionen an die Oberfläche, wenn wir nicht aktiv gegensteuern. Falls wir nicht aufpassen, überwältigen sie uns – auch wenn wir instinktiv wissen, dass es besser wäre, das nicht zuzulassen. Unsere Emotionen können und werden uns geistig und körperlich beeinträchtigen. Sie beeinflussen unsere persönlichen Beziehungen ebenso wie unsere Leistung und die zwischenmenschlichen Kontakte im Beruf.

Aber warum haben Emotionen diese Macht? Wie wir auf die Außenwelt und auf unsere eigenen Gedanken und Sorgen reagieren, wird gewöhnlich vom *limbischen System* gesteuert – und diese Gehirnregion ist auch für unsere Emotionen verantwortlich, wie ich in meinem Buch *Menschen lesen* erklärt habe. Dieses unglaublich elegante System, das blitzartig unser Umfeld abcheckt und darauf reagiert, ohne dass wir groß nachdenken müssten, ist ganz darauf programmiert, unser Überleben zu sicherzustellen. Es gehört zu den evolutionär ältesten Bereichen des Gehirns, und wir teilen es mit allen Säugetieren. Es kann augenblicklich auf Bedrohungen reagieren; was aber die Langzeitfolgen dieser Reaktion angeht, hat es seine Grenzen.

Sind wir einer akuten Bedrohung ausgesetzt, schaltet sich das limbische System ein. Zunächst erstarren wir, wodurch wir für Beutegreifer nicht mehr so gut wahrnehmbar sind. Gleichzeitig bewerten wir blitzartig die

Lage, um sogleich in den Schutz- und Verteidigungsmodus zu schalten, also zu fliehen oder zu kämpfen.

Angesichts einer derartigen Anspannung – ob sie nun von einem Raubtier verursacht wird oder von einem fremden Menschen, der uns Angst einjagt, von schlechten Nachrichten oder einem launischen Chef – werden unbewusst die physiologischen Ressourcen, die uns das sympathische Nervensystem zur Verfügung stellt, aufgerufen. In Sekundenbruchteilen werden Adrenalin und Glukose ausgeschüttet, was unserem Körper einen Energieschub gibt. Cortisol sorgt dafür, dass unser Blut leichter gerinnt, falls wir gebissen oder sonst wie verletzt werden. Darüber müssen wir nicht groß nachdenken. Es passiert einfach. Gleichzeitig versetzt uns diese Erregung in die Lage, zu brüllen, zu kreischen, zu fauchen und zu kämpfen – es ist also ein emotional total aufgepeitschter Zustand.

Hunderttausende von Jahren waren wir Menschen auf das limbische System angewiesen, um zu überleben. Zorn, Anspannung, Angst, ja Raserei sind nützlich, wenn wir einem Raubtier gegenüberstehen. Im richtigen Moment helfen uns diese extremen Erregungszustände, in einer Welt voller Gefahren am Leben zu bleiben.

Dieses Erbe ist in unserer DNA gespeichert. Wir tragen es also immer noch in uns. Doch in einer Welt, in der wir uns nicht gegen angreifende Bären zur Wehr setzen oder eine Großkatze in die Flucht schlagen müssen, kann sich das limbische System auch gegen uns wenden. Zu viel Adrenalin und Cortisol, verursacht durch zu viel Stress und emotionale Belastung, zermürben uns auf Dauer und schwächen unser Immunsystem. Genau das ist mir passiert. Erschwerend kommt zu dieser Situation hinzu: Wenn wir emotional stark erregt sind (ob durch Raubtiere, einen Streit, einen verpassten Flug, ein unangenehmes Telefonat, Termindruck oder die Tatsache, dass »unser« Kandidat bei den Wahlen verloren hat), bezahlen wir einen hohen Preis: Unser rationales Denken verabschiedet sich und mit ihm unsere Erinnerung.

Wenn dies geschieht, werden wir zur *Geisel unserer eigenen Gefühle*: Die Macht der Emotionen, die für unser Überleben angesichts akuter Bedrohungen so wichtig ist, überlagert unsere Fähigkeit, logisch zu denken.

Das ist nicht gerade das, was wir wollen, wenn es ums Geschäft oder unsere Mitmenschen geht. Wenn wir im Stress stehen, vergessen wir Aufgaben oder Verabredungen, haben mitten in der Prüfung einen Totalaussetzer, können uns nicht mehr an Telefonnummern erinnern oder daran, wo wir den Autoschlüssel hingelegt haben.

Wenn wir unsere Gefühle nicht achtsam regulieren und uns unter Stress selbst im Griff haben, dann fallen unsere Logik, unser rationales Denken und unser gesunder Menschenverstand unseren Emotionen zum Opfer. Und unglücklicherweise werden unsere Emotionen damit, in egal welcher Situation, zu unserer normalen Reaktionsweise. Wir überlassen uns diesen Emotionen wie Kinder, bekommen Wutanfälle, tun impulsive, lächerliche, schädliche Dinge und gehen auf andere Menschen los. Mit der Zeit gehen uns unsere Mitmenschen dann aus dem Weg. Sie haben den Respekt vor uns verloren und das Vertrauen in uns.

Nehmen wir nur mal impulshaftes Verhalten. Im Grunde steckt dahinter die Unfähigkeit, unsere Wünsche zu regulieren und auf unseren Verstand zu hören, der sagt: *Das ist keine gute Idee*, wenn unser impulsives Handeln uns und anderen Schaden zufügen würde. Erinnern Sie sich noch, was mit der Aktie von SpaceX passierte, als Elon Musk, der Gründer des Unternehmens, während eines Podcasts Marihuana rauchte? Über Nacht verloren seine Investoren das Vertrauen in ihn, weil er ja offensichtlich nicht mal in der Lage war, sich selbst in den Griff zu bekommen. Wenn Sie 10 Millionen Dollar in die Vision eines Menschen investieren, dann wünscht man sich doch, dass diese Person zumindest so viel im Kopf hat, um nicht vor aller Öffentlichkeit einen Joint zu rauchen. Solch ein impulsives Verhalten signalisiert der Welt unübersehbar: Vorsicht! Der Typ hat sich nicht unter Kontrolle.

Vielleicht haben ja auch Sie Erfahrungen mit Leuten gemacht, die ihre emotionalen Impulse nicht im Griff haben. Ich hatte Vorgesetzte, die uns anbrüllten, wenn etwas nicht so lief, wie sie sich das vorstellten. Kollegen, die sich zu Rüpeln entwickelten, wenn es im Job mal stressig wurde, und dabei immer auf die Schwächsten losgingen. Ich habe erwachsene Männer gesehen, die mit den Füßen aufstampften, als die Stewardess sie bat, ihr Gepäck doch in einem Gepäckfach abzulegen, das nicht unmittelbar über dem Sitz lag. Und ich habe verbale Anschuldigungen gehört, die so halt- und hemmungslos waren, der Situation völlig unangemessen, dass der Verdacht nahelag, sie sollten nur verletzen statt die Lage klären.

Als Leiter einer Spezialeinheit habe ich sehr viel Wert darauf gelegt, dass die Leute in meinem Team unter Druck ruhig bleiben konnten – vor allem, wenn eine Operation geplant und genehmigt war. Es ist schwierig genug, das Ziel im Auge zu behalten, während Sie mit der Einsatzzentrale reden, mit der Luftüberwachung, den Einsatzkräften hinter einer Mauer, die Sie nicht sehen können, und den Scharfschützen, die auf einen Punkt wenige Zentimeter neben Ihrem Kopf zielen. Und Sie stehen vor dem »tödlichen Trichter«, wie wir die Eingangstür zu Gebäuden nennen, weil dort schon so viele Agenten ihr Leben gelassen haben. Die Frequenzen in Ihrem Headset überlagern sich, irgendwo in der Ferne schreien Zivilisten und Sie haben jemanden im Team, der plötzlich zu hyperventilieren anfängt, eine Frage nach der anderen abschießt, laut Überlegungen anstellt, ob es zu diesem späten Zeitpunkt nicht ein besseres Vorgehen gäbe, oder der irgendeinen anderen Weg gefunden hat, allen klarzumachen, dass er gerade durchdreht. Oder wie General Patton einmal sagte: »Die Zeit, sich mit den eigenen Ängsten auseinanderzusetzen, haben Sie, bevor Sie eine wichtige Gefechtsentscheidung treffen. Da sollten Sie wirklich auf jede Angst hören, die in Ihnen aufsteigt. Wenn Sie alle Fakten beisammenhaben, alle Ängste durchgegangen sind, dann vergessen Sie sie und ziehen die Sache durch.« Sobald Ihre Ängste das Kommando übernehmen, haben Sie die Kontrolle verloren. Wir sollten uns angewöhnen, wie ein guter SWAT-Operator zu handeln: Mitdenken. Fragen stellen. Abwägen. Gewissenhaft sein – und dann, sobald die Entscheidung getroffen ist und es ernst wird, alle Zweifel vergessen und zu innerer Ruhe zurückfinden.

Ich kenne von mir selbst diese Momente, wenn die Emotionen mich überwältigen oder ich kurz davor stehe. Ich persönlich arbeite ständig daran, dem gegenzusteuern. Ich kann den Blick gut nach innen wenden, sodass ich merke, wenn meine Emotionen überkochen, und ganz ehrlich: Ich hasse das. Ich habe gelernt, über das nachzudenken, was ich gesagt oder getan habe, mir zu überlegen, wie ich das nächste Mal verhindern kann, ähnlich zu reagieren, und mich reumütig zu entschuldigen, weil es mir ehrlich leidtut, wenn ich unüberlegt oder verletzend gehandelt habe.

Stress mag als Erklärung herhalten können, wenn man es nicht geschafft hat, seine Emotionen in den Griff zu bekommen, eine Entschuldigung aber ist das nicht. Was außergewöhnliche Menschen auszeichnet, ist nicht die Tatsache, dass sie etwa keine Gefühle hätten. Sie sind schließlich Menschen wie wir. Aber sie haben gelernt, ihre Emotionen zu regulieren. Diese Fähigkeit kann man trainieren wie einen Muskel, und so arbeiten sie ständig daran, sie in Topform zu halten, sogar (vor allem) an stressigen Tagen. Die eigenen Emotionen zu meistern ist für die meisten Menschen schwierig. Mir jedenfalls fällt das schwer, und Ihnen vielleicht auch. Daher habe ich dieses Thema mit ins erste Kapitel aufgenommen, denn bekommen Sie Ihre Gefühle nicht in den Griff, werden Sie vermutlich nie ein außergewöhnlicher Mensch.

Wir alle durchleben Phasen emotionaler Anspannung, ob daran nun zu hohe Anforderungen im Beruf, häuslicher Druck oder traumatisierende Erfahrungen schuld sind. Aber diese ständige Impulsivität, die mangelnde Rücksichtnahme auf andere Menschen und emotionale Ausbrüche lassen uns in den Augen anderer Glaubwürdigkeit und Respekt verlieren. So etwas kann selbst die kreativsten und fähigsten Menschen aus der Bahn werfen.

Bobby Knight, ein hochbegabter Basketballspieler, der später als Trainer an der Universität Indiana arbeitete, war einer der innovativsten und erfolgreichsten Trainer der Basketballgeschichte. Aber Bobby Knight hatte eine dunkle Seite. Er hatte seine Emotionen nicht im Griff. Der brillante Coach, der den »bewegten Angriff« erfunden hatte, der die Verteidiger an den Rand der Verzweiflung trieb, weil sie ständig schneller sein mussten als der Ball, gewann eine Rekordanzahl an Spielen. Aber er wurde auch in Puerto Rico wegen Tätlichkeiten gegen einen Polizeibeamten angeklagt. Er warf bei einem Spiel gegen die Purdue University einen Stuhl aufs Spielfeld und versetzte bei einem anderen Spiel einem Spieler einen Kopfstoß. Er beschimpfte und verfluchte immer wieder Spieler, Trainer, Schiedsrichter, Studenten und Universitätsbeamte.

Schließlich gab es für Knights Verhalten keine Entschuldigung mehr. Sein Lebenswerk wurde massiv abgekürzt, als es dem Präsidenten der Universität Indiana schließlich reichte. Er feuerte Knight im Jahr 2000 wegen seiner aggressiven Art und seinem »nicht akzeptablen Verhalten«. In anderen Worten: Er hatte die Nase voll von einem Trainer, der seine Emotionen nicht im Griff hatte. Punkt.

Manche meinten, diese Sanktion sei zu spät erfolgt und nicht scharf genug gewesen, denn jeder andere wäre schon längst gefeuert worden, hätte er es gewagt, sich auch nur ansatzweise so zu verhalten wie Bobby Knight. Zweifelsohne. Es ist eine gute Lektion für alle, dass unkontrollierte Emotionen unsere ganze Leistung entwerten können. Fehlende emotionale Selbstregulierung kann Karrieren ebenso killen wie Beziehungen.

Warum sollte man einen Erwachsenen respektieren, der Wutanfälle hat, emotional instabil ist oder schnell außer Kontrolle gerät? Warum sollte man so einem Menschen folgen? Ganz richtig, man sollte es nicht. Wo immer ich für Leute arbeitete, die anfingen herumzubrüllen, sobald irgendwas nicht nach ihren Vorstellungen lief, empfanden weder meine Kollegen noch ich die geringste Achtung für sie. Wir zweifelten an ihren Instinkten, und das Ergebnis war, dass unsere Produktivität nachließ.

Der erste Schritt zu einer gesunden emotionalen Selbstregulierung ist zu akzeptieren, dass Emotionen uns beeinflussen können und werden. Daher müssen wir lernen zu erkennen, wann sich eine solche Welle aufbaut. Mit folgenden Fragen können Sie Ihre emotionalen Gewohnheiten analysieren:

- Mit welchen Emotionen werde ich am schwersten fertig? (Sorgen, Angst, Trauer, Ärger)
- Was löst diese emotionalen Wellen aus? (zu enge Termine, zu wenig Schlaf, wenn eine bestimmte Person ein bestimmtes Verhalten zeigt, mehrere solcher Gründe zusammen)
- Wenn mich die Woge der Emotionen überrollt, wie verhalte ich mich dann? (herumbrüllen, anderen Grobheiten an den Kopf werfen, beleidigt sein, mit Sachen herumklappern, totaler Rückzug, ungesunde Ess-, Trinkgewohnheiten, Drogen)

Sobald Sie ein Gefühl dafür entwickelt haben, was Sie emotional »überschwemmt« und wie Sie dann reagieren, bauen Sie Ihre Wellenbrecher auf: Suchen Sie nach Strategien, um mit der Stressbelastung umzugehen. Auch dies ist Teil unseres Selbststudiums, denn es gibt mittlerweile gute wissenschaftliche Studien zum Thema »Stressreduktion«. Aber Sie können sich natürlich auch im unmittelbaren Umfeld umsehen:

- Überlegen Sie: Wen kennen Sie, der gut mit Problemen zurechtkommt, der nie die Ruhe verliert, der auch unter Druck konzentriert bleibt und Entscheidungen treffen kann, der mit anderen immer respektvoll umgeht, selbst wenn seine Geduld auf eine harte Probe gestellt wird?
- Was machen diese Menschen in solchen Situationen? Beobachten Sie genau, sodass Sie exakt beschreiben können, welches Verhalten diese Menschen an den Tag legen.
- Wie können Sie deren Strategien in Situationen anwenden, die Sie emotional »zünden«?
- Lesen Sie Blogeinträge und Bücher und schauen Sie Videos, die sich mit emotionaler Selbstregulierung und Aggressionsbewältigung befassen.
- In puncto Aggressionsbewältigung können Sie sich auch professionelle Hilfe holen. Das ist auf jeden Fall nützlich.

Ich hatte Glück: Mir standen meine Eltern bei, meine Vorgesetzten und ja, auch Special Agent Moody. Manchmal aber brauchen wir professionelle Hilfe von Therapeuten, Psychologen, Aggressionsbewältigungstrainern oder vielleicht auch Persönlichkeiten des religiösen Lebens, denen wir vertrauen. Es gibt keinen Grund, sich dafür zu schämen. Es erfordert einiges an Mut, sich zu sagen: *Ich muss das besser in den Griff bekommen.* Und dann kann man gesunde und nachhaltige Methoden erforschen, um damit umzugehen.

Distanz zu unseren Emotionen zu entwickeln heißt nicht, dass wir sie nicht fühlen sollen. Wir machen nur von unseren rationalen Fähigkeiten

Gebrauch, um emotional die Temperatur zu messen und unsere Gefühle in produktive Bahnen zu lenken. Das Frauen-Volleyballteam der Brigham Young University (BYU) stand 2018 elf Wochen lang bundesweit auf Platz eins. Als Lyndie Haddock-Eppich, die Starspielerin, gefragt wurde, warum das Team so viel Erfolg hätte, antwortete sie: »Wir haben eine ganz starke Arbeitsmoral im Team.« Aber was sie danach sagte, fand ich noch interessanter: »Wir machen einfach keine große Kiste aus dem Ganzen. Wir trainieren und tun, was nötig ist. Ich glaube, das ist es, was uns so stark gemacht hat.«

Nicht, dass die Spielerinnen keine Gefühle hätten. Sie sind sogar *über*leidenschaftlich. Aber sie lenken ihre Emotionen in produktive Bahnen.

Wir müssen einen gewissen Abstand zwischen uns und unsere Gefühle bringen, damit wir klar denken und Probleme lösen können. Oder wie NASA-Flugdirektor Gene Kranz während des Apollo-13-Fluges zu seinen Ingenieuren sagte: »Arbeitet das Problem auf«, damit das Problem nicht uns aufarbeitet.

Ob es nun mahnende Worte Ihres persönlichen Agent Moody sind, ein kurzer Spaziergang, der den Kopf frei macht, Musik, Gebete, ein Anruf bei Freunden, Sport oder Yoga – wie auch immer Ihre Strategie aussehen mag, stellen Sie sicher, dass Sie im Ernstfall darauf zurückgreifen können. Denn wie die Volleyballerinnen der BYU feststellten: Wenn Sie keine große Kiste daraus machen, dann stellen sich Effektivität, Harmonie und (mit der nötigen Portion Fleiß) auch der Erfolg ein.

Ich habe für mich folgende Strategie entwickelt: Ich nehme mich aus einer Konfrontation heraus und verlasse den Ort des Geschehens. Ich mache einen Witz, atme lange und gründlich aus, gehe spazieren, rede mit einem Freund oder lasse meine Reaktion ungefiltert aufs Papier fließen, ohne das Geschriebene je meinem Kontrahenten zu lesen zu geben. Den letzten Trick habe ich von niemand Geringerem als Thomas Jefferson. Er schrieb alles auf, was ihm in einer emotional aufgeladenen Situation durch den Kopf ging, ließ das Geschriebene dann eine Nacht lang liegen und war am nächsten Tag dankbar, dass er es nicht abgeschickt hatte. Also los, setzen Sie Ihre »E(kel)-Mail« auf – aber drücken Sie nicht gleich auf »Senden«. Warten Sie mindestens 24 Stunden. Sie werden froh sein, dass Sie es löschen können, bevor die Situation, die Sie so aufgebracht hat, Ihnen noch mehr schaden kann. Ich weiß das genau – denn dieser Trick hat mich oft genug gerettet.

Eine andere Strategie, die ich gelernt habe, um mich von meinen Emotionen nicht aus der Bahn werfen zu lassen, ist es, sie sofort in eine konstruktive Tätigkeit umzulenken. Etwa in der Mitte meiner beruflichen Laufbahn rief mich Sue Adams an, eine begnadete Agentin des FBI und berühmte Lehrerin in der FBI Academy in Quantico. Sie meinte: »Wir möchten, dass Sie hier künftig auf unbefristete Zeit unterrichten.« Ich antwortete, dass ich das toll fände. Drei Wochen später rief sie mich an und entschuldigte sich: Sie müsse das Angebot leider zurücknehmen, weil ich keinen Master-Abschluss hatte.

Das war eine fantastische Chance für mich, und ich spürte, wie mein Blut kochte. Aber ich hatte ja das Vorbild wirklich außergewöhnlicher Menschen – die nicht in Selbstmitleid zerfließen und nicht jammern –, und so entschied auch ich mich für eine konzentrierte, konstruktive Aktion. Innerhalb von zwei Tagen sprach ich mit dem Büro des Kanzlers der Salve Regina University in Rhode Island, die eines der besten Graduiertenprogramme der USA für »Internationale Beziehungen« anbieten. Schon dieser Schritt half mir, meine Enttäuschung zu überwinden. Und er öffnete mir viele Türen innerhalb und außerhalb des FBI.

Über die Jahre habe ich immer wieder mitverfolgt, wie der große Michael Jordan Basketball spielte. Ich habe von ihm gelernt, was zu tun ist, wenn die Dinge nicht gut laufen. Er machte das nächste Mal einfach ein besseres Spiel: Konzentrierter und engagierter spielte er besser, härter, klüger. Er war dann vollkommen darauf fokussiert, das andere Team zu schlagen und seine persönliche Bestleistung zu erbringen. Der größte Basketballer aller Zeiten verwandelte seinen Frust in konstruktives Handeln.

Emotionale Kontrolle heißt nicht, dass wir uns in Roboter verwandeln und etwaige Rückschläge oder andere emotionale Belastungen nicht spüren. Es geht vielmehr darum, mit diesen Impulsen sinnvoll umzugehen.

Ich habe als Junge Beschimpfungen ertragen müssen, die man mir und meiner Familie entgegengeschleudert hat, weil wir Flüchtlinge waren und kein Englisch sprachen. Oder weil jemand meine Arbeit nicht gut fand. Man hat mir jedes nur erdenkliche Schimpfwort an den Kopf geknallt. Ich habe auf der Beerdigung von FBI-Kollegen geweint, die im Dienst ihr Leben ließen. Ekel und Wut schüttelten mich geradezu, als ein notorischer Kinderschänder mich nach einem milden Urteil offen verhöhnte. Aber ich hatte gelernt, mich abzuwenden und mich auf das zu konzentrieren, was nötig war, damit dies beim nächsten Mal nicht wieder passierte. Und was für meine Selbstdisziplin am wichtigsten war: Ich erfuhr, dass ich loslassen *konnte*, um mich dem nächsten Problem zuzuwenden. Der entscheidende Punkt dabei ist, dass Sie einen Plan haben müssen – einen konzentrierten, konstruktiven Aktionsplan. Vielleicht war es ja das, was Mark Twain meinte, als er uns ermahnte, uns nicht auf eine bestimmte Art von Spöttern – oder Trollen, wie wir heute sagen – einzulassen: »Kämpf nicht mit Schweinen. Die Schweine genießen es, und du wirst dabei dreckig.« Mach weiter. Konzentrier dich auf etwas Positives und Konstruktives.

Vor allem, wenn Sie mit persönlichen Verlusterfahrungen oder Rückschlägen zu tun haben, besteht Selbstdisziplin darin, einzusehen, dass Sie in dem Moment nicht auf der Höhe Ihrer Kräfte sind. Dann treten Sie kurz zurück und arbeiten zuerst an sich selbst, bevor Sie sich dem Problem erneut zuwenden. Wenn Sie sich Zeit nehmen können, um sich wieder aufzurappeln, dann tun Sie das. Wenn Sie 24 Stunden brauchen, um eine Entscheidung zu überdenken, dann sagen Sie das. Nicht alles kann warten, aber doch so manches. Stark zu sein heißt auch, zu wissen, wie Sie mit sich umgehen müssen, wenn der Stress zu massiv wird, damit er weder Ihre Arbeit noch Ihre Beziehungen beeinträchtigt.

Special Agent Moody zog mit ihrer Familie irgendwann weg, und ich fiel tatsächlich wieder in viele schlechte Gewohnheiten zurück. Schließlich aber fasste ich wieder Tritt – mithilfe guter Freunde, meiner Familie und meinen Vorbildern aus dem wirklichen Leben und aus der Geschichte. Ich organisierte mich anders, überdachte alles noch einmal und widmete mich dann meinem Plan zur Regulierung meiner Gefühle.

Ich war dabei nicht immer erfolgreich, aber ich habe mein Selbststudium darauf ausgerichtet, jene ausgeglichenen Persönlichkeiten nachzuahmen, die ich bewundere. Das hilft mir, mit meinen Gefühlen ins Reine zu kommen. Ich darf sagen, dass mir das heute viel besser gelingt als noch vor 30 Jahren. Es ist – ich bin – ein Werk, das nie ganz vollendet sein wird.

Die folgenden Abschnitte werden Ihnen helfen, Ihre Fähigkeit der inneren Ruhe fester zu verankern, indem Sie die enormen kognitiven Möglichkeiten Ihres Gehirns nutzen. Sie werden Alternativen zur limbischen Reaktion für all jene Fälle erlernen, in denen es Ihnen schaden würde, emotional die Kontrolle zu verlieren. Außergewöhnliche Menschen tun, was dafür nötig ist, weil sie wissen, dass niemand gewinnt, wenn sie die Kontrolle verlieren – denn tatsächlich kann sie das selbst am allermeisten kosten.

Gewissenhaftigkeit: *Der* Schlüssel zum Erfolg

Sie können ein außergewöhnlicher Künstler, Unternehmer oder Wissenschaftler sein, aber das macht Sie noch nicht zu einem außergewöhnlichen *Menschen*. Außergewöhnliche Persönlichkeiten sind ja nicht nur meisterhaft in dem, was sie tun oder wissen. Sie sind außergewöhnlich wegen der Art, wie sie ihr Leben anpacken und mit anderen Leuten umgehen. Sie sind einflussreich in dem, was wirklich zählt: darin, welches Gefühl sie uns vermitteln; wie sie sich anderen gegenüber verhalten; wie sie sich für andere zurücknehmen und sich um diese Menschen kümmern. Für Selbstdisziplin ist wesentlich, was für eine Art Mensch wir sind, unabhängig von dem, was wir tun. Und ein Großteil dessen hängt mit einer Eigenschaft zusammen, die wir Gewissenhaftigkeit nennen.

In der Persönlichkeitstheorie gilt Gewissenhaftigkeit als eine der »Big Five« (neben Extraversion, Verträglichkeit, Neurotizismus und Offenheit), jener Persönlichkeitsmerkmale, die darüber bestimmen, wie gut jemand sozial zurechtkommt, zum Beispiel in der Schule oder am Arbeitsplatz. Aber von allen Erfolgsfaktoren, die die Wissenschaft untersucht hat, den IQ beispielsweise oder den familiären Hintergrund, überragt die Gewissenhaftigkeit alle.

Gewissenhafte Menschen können mühelos zwischen der empirischen und der emotionalen Realität umschalten. Sie setzen ihr Wissen und ihre Fähigkeiten ein, wenden beides auf die konkrete Situation an und beziehen dann die Dynamik ihrer eigenen Gefühle und der anderer Menschen mit ein. Diese Fähigkeit verleiht ihnen eine tiefe Einsicht und macht sie enorm effektiv, da sie ihr volles Potenzial abrufen und auch andere dazu motivieren können.

Wenn Sie verstehen wollen, was Gewissenhaftigkeit ist, sollten Sie beobachten, wie gewissenhafte Menschen sich verhalten:

- Sie erledigen ihre Aufgaben, vergessen dabei aber nie ihre Verantwortung gegenüber anderen Menschen, der Gemeinschaft und der Umwelt.
- Sie sind sich stets der Folgen ihres Tuns bewusst.
- Sie können die Befriedigung von Bedürfnissen aufschieben, wenn andere Dinge wichtiger sind.
- Sie besitzen die nötige Bescheidenheit, um einzusehen, dass sie nicht immer recht haben.
- Sie sind verlässlich, diszipliniert und beharrlich. Darüber hinaus meinen sie es immer gut.

Bevor wir weitermachen, lassen Sie sich die obige Liste durch den Kopf gehen und beantworten Sie die folgenden beiden Fragen:

1. Auf welchem der genannten Gebiete bin ich gut?
2. Auf welchem der genannten Gebiete könnte ich mich verbessern?

In der Summe ermöglichen diese Persönlichkeitsmerkmale gewissenhaften Menschen, ihre Planungen und Handlungen gründlich abzuwägen. Sie sind fähig, sich ganz auf Lernen und Studium zu konzentrieren, ja, es macht ihnen Spaß, gut vorbereitet und organisiert zu sein. Sie können Projekte lancieren und beenden und bleiben immer am Ball, ganz egal, welche Hindernisse sich auftun. Die Zukunft scheint ihnen stets voller neuer Chancen zu sein. Sie machen sich einen Plan all jener Dinge, die sie im Leben gerne schaffen oder verwirklicht sehen würden – und das häufig schon in jungen Jahren. Sie achten darauf, wie sie aussehen und wie sie sich verhalten. Gewöhnlich begegnen sie anderen Menschen mit Mitgefühl. Ihre Zuverlässigkeit und ihre Organisiertheit wirkt sich nicht nur für sie selbst positiv aus, sondern auch für die Menschen in ihrem Umfeld.

Haben Sie es bemerkt? Ich habe an keiner Stelle die Intelligenz dieser Menschen erwähnt. Denn bei der Gewissenhaftigkeit geht es nicht um Intelligenz und schon gar nicht darum, welche Schule Sie besucht haben. Es geht vielmehr darum, wie Sie Ihre Versprechen erfüllen und Ihrer Verantwortung gerecht werden – sich selbst gegenüber ebenso wie anderen Menschen gegenüber.

Viele Unternehmensberater und Risikokapitalgeber haben mir erzählt, dass vielversprechende Neugründungen häufig scheitern, aber nicht, weil die Geschäftsidee nicht gut gewesen wäre oder das Produkt. Nein, einzig und allein, weil es den Unternehmern an Gewissenhaftigkeit fehlt. Dazu gehören auch die Unfähigkeit, bei der Sache zu bleiben, die Impulsivität, mit der sie Entscheidungen treffen, und die Erfüllung egozentrischer Bedürfnisse, die sie davon abhält, sich ausreichend um ihr Geschäft zu kümmern. Einer der Investoren meinte dazu: »Die wichtigste Frage, die ich mir stelle, wenn ein Gründer von mir und meinen Mitinvestoren Geld will, ist: Ist diese Person oder diese Gruppe in der Lage, ihre Ziele zu erreichen? Wenn ich spüre, dass es da einen Mangel an Gewissenhaftigkeit gibt – der sich zum Beispiel auch daran zeigt, ob die Verantwortlichen zu unseren Meetings pünktlich erscheinen –, fange ich an zu zögern. Da schleicht sich dann ein gewisser Zweifel ein.«

Gewissenhaftigkeit ist also nicht nur Anzeichen eines guten Charakters oder ein moralischer Imperativ – sie gehört auch zu den Eigenschaften, die erfolgreiche Geschäftsleute auszeichnen.

Hier geht es um einen Realitätscheck. Wenn Sie immer wieder scheitern, dann liegt das vielleicht nicht an den äußeren Umständen, sondern einfach daran, wie ausgeprägt Ihre Gewissenhaftigkeit ist. Haben Ihre

Antworten auf die Fragen oben ergeben, dass es in bestimmten Bereichen noch Entwicklungspotenzial gibt, so stehen Sie damit keineswegs allein auf weiter Flur. Sie wären ganz sicher erstaunt, wie viele Menschen Aufgaben nicht abschließen – kluge, talentierte Leute, die sich nur allzu leicht ablenken lassen. Sie machen sich mit den besten Absichten ans Werk, aber dann schieben sich andere Dinge in den Vordergrund. Und das ist keineswegs ein Problem der heutigen Zeit und ihrer Hektik. Mit diesem Problem hat die Menschheit immer schon gekämpft. Würde Leonardo da Vinci heute leben, wie würden wohl seine Onlineratings ausfallen? Er war unbestreitbar ein Genie, das auf dieser Welt nicht seinesgleichen hat, und doch … er war zwar Perfektionist, verlor aber auch schnell die Konzentration. Er war bekannt dafür, dass er Auftragsarbeiten nicht abschloss, was seine Mäzene einiges an Nerven kostete. Die saßen ihm ständig im Nacken: Er sollte die Arbeit endlich fertigstellen oder sein Honorar zurückerstatten oder zumindest eine Rechtfertigung für die oft jahrelangen Verspätungen liefern. Er brauchte mehr als zehn Jahre, um die *Mona Lisa* zu vollenden. Heute wäre das untragbar. Sein Perfektionismus wurde dabei immer wieder überlagert von seiner bohrenden, beinahe zwanghaften Neugier. Er musste einfach alles erkunden, ob es nun das Verhalten von Wasserwirbeln in Küstennähe war, die Art, wie Vögel fliegen, die Frage, wie lang die Zunge eines Spechts war, oder wie sich der menschliche Körper zusammensetzte. (Er sezierte Leichen.) Er war einfach nicht imstande, an einer Aufgabe dranzubleiben, wie wir heute sagen. Ja, er war über die Maßen brillant, und seinen Talenten verdankte er vielerlei Erkenntnisse. Doch die Menschen verloren schnell die Geduld, wenn sie sich mit ihm auseinandersetzen mussten.

An einer Aufgabe dranzubleiben, Versprechungen und Erwartungen gerecht zu werden und sich nicht durch nebensächliche Fragen oder persönliche Launen ablenken zu lassen, ist ein ganz entscheidendes Persönlichkeitsmerkmal. Man hat gewöhnlich wenig Geduld mit Leuten, die einfach nichts fertigkriegen, immer zu spät sind, nie zurückrufen, keine E-Mail beantworten, Projekte zum Scheitern bringen, weil sie sie nicht gründlich analysieren, sich im Perfektionismus verheddern, ein Drama nach dem anderen produzieren und ihre Macht missbrauchen. Wenn Sie etwas leisten wollen – ob es nun um eine Unternehmensgründung oder einen Bauernhof, um Kindererziehung oder Management auf höchster Ebene geht –, dann ist Gewissenhaftigkeit unverzichtbar. Konzentrieren Sie sich aber auf die fünf Grundpfeiler des Außergewöhnlichen, dann werden Sie Gewohnheiten entwickeln, die einen gewissenhaften Lebensstil fördern.

Ohne Schranken: Wie Sie die Grenzen neu ziehen

Auf einer Geschäftsreise in San Francisco fragte mich der Fahrer des Chauffeurdienstes, ob es mich störe, wenn er das Radio anstelle, um die Nachrichten zu hören. Es ging um einen Läufer aus Ostafrika, der gerade einen Marathon gewonnen hatte. Als der Name des Siegers fiel, sagte mein Fahrer: »Ich gehöre zum selben Stamm wie dieser Mann.«

»Sie müssen sehr stolz sein«, entgegnete ich.

»Ja, das bin ich.« Er warf mir im Rückspiegel einen Blick zu, lachte in sich hinein und meinte: »In meiner Jugend war ich auch ein guter Läufer.«

Es hatte mich schon immer interessiert, warum so viele gute Marathonläufer aus Äthiopien oder Kenia kamen, also fragte ich ihn danach. Ich war auf alles Mögliche gefasst gewesen – Genetik, gesunde Ernährung, Physiologie, die Hochebenen, Disziplin –, nicht aber auf das, was dann kam.

»Als ich aufwuchs, hatten wir weder Radio noch Fernsehen, ja noch nicht einmal eine Zeitung«, erklärte er mir.

Das war nun eine merkwürdige Antwort, die ich noch nie gehört hatte, also hakte ich nach.

»Nun, als ich aufwuchs«, sagte er, »sind wir überall hingelaufen, immer und so schnell wie möglich. Wir hatten schließlich unsere Pflichten.«

Ich begriff immer noch nicht. Der Mann zeigte ein breites, sympathisches Lächeln und erklärte geduldig: »Niemand hat uns je gesagt, wo der Weltrekord lag. Wir kannten als Kinder einfach keine Grenzen. Wir haben uns nie welche auferlegt. Wir sind einfach immer so schnell gelaufen, wie wir konnten. Es gab ja keine Zäune, keine Stoppschilder, keine Ziellinie. Wir hatten noch nicht mal Schuhe. Unser einziges Bemühen war, schneller am Ziel zu sein als das Kind neben uns. Den Berg hinauf – kein

Problem. Ins nächste, 13 Kilometer entfernte Dorf – kein Problem. Kalte Tage – kein Problem. Stundenlang laufen – kein Problem. Niemand hat uns gesagt, dass wir uns ausruhen müssten, dass wir nicht einfach weiterlaufen konnten, dass es zu weit war.«

»Wow«, dachte ich, »das hätte ich nicht erwartet.« Aber das waren seine Worte, seine Gedanken über ihre Zeit als Kinder, als er und seine Freunde einfach immer weiter liefen. Ohne selbst gesetzte Grenzen, ohne Auszeitregeln, ohne Grenzen von außen. So erlaubten sie sich ihre Bestzeiten.

Wir werden vermutlich nie vollständig herausfinden, warum so viele große Läufer aus diesen Ländern kommen. Ich bin sicher, die Genetik und das Training in großer Höhe entfalten auch ihre Wirkung – aber was der Mann sagte, ist sicher ein entscheidender Faktor. Wie meinte er doch? Es habe keine »Ziellinie« gegeben und keine zeitlichen Begrenzungen. Das hat sicher etwas mit diesen Erfolgen zu tun. Wie sollte es auch anders sein?

Wir saugen die Botschaften und Regeln unserer Gesellschaft und unserer Institutionen ein. Wir verinnerlichen Grenzen anderer Leute. Ich bin davon überzeugt, dass es möglich ist, diese Selbstbeschränkung aufzugeben. Durch unser Tun, Denken und Verhalten können wir unser Gehirn neu verkabeln. Damit ändern wir, wer wir sind und was wir vollbringen können. Wir öffnen uns für neue Möglichkeiten.

Nehmen Sie sich also Zeit, folgende Fragen ehrlich zu beantworten:

- Was erwarten andere Menschen von mir?
- Erdrücken mich diese Erwartungen oder spornen sie mich an?
- Wo decken sie sich mit meinen eigenen Zielen und Interessen?
- Welche Erwartungen habe ich an mich selbst?
- Ist es möglich, dass ich mein Potenzial beschränke?
- Welche Ausbildung, welche Informationen, welches Wissen und welche Fähigkeiten würde ich brauchen, um meine Ziele zu erreichen und meine Interessen zu verfolgen?
- Gibt es etwas, was mich zurückhält? Was könnte ich tun, um weiterzukommen?

Lassen Sie sich nicht von fremden Erwartungen einschränken, ob nun körperlich oder emotional. Setzen Sie Ihrem Selbststudium und Ihrem Lernwillen keine Grenzen. Stutzen Sie Ihrer Vorstellung davon, was Sie erreichen können, nicht die Flügel. Überlassen Sie nicht anderen die Entscheidung, wozu Sie fähig sind – machen Sie sich vielmehr bewusst, dass es keine vorgegebene Ziellinie gibt. Experimentieren Sie, geben Sie sich Mühe und finden Sie selbst heraus, wo Ihre Ziele liegen.

Können wir uns tatsächlich so massiv verändern, dass es für uns keine Grenzen gibt? Ja, und es gibt zumindest ein Beispiel, das beweist, dass wir nicht nur unser Gehirn neu verdrahten, sondern auch unsere Physiologie und Anatomie entsprechend transformieren können. Wenden wir unseren Blick doch einmal dem Volk der Bajau in Südostasien zu.

Wissenschaftliche Beobachtungen haben gezeigt, dass diese Seenomaden 60 Prozent ihrer Zeit im Wasser verbringen. Sie tauchen nach Fischen, Seeigeln, Nacktkiemenschnecken, Tintenfischen und Muscheln. Und das ohne Sauerstoffgeräte. Da sie seit Generationen daran gewöhnt sind, tief zu tauchen und lange unter Wasser zu bleiben, haben sie eine stärker vergrößerte Milz als ihre nicht tauchenden Nachbarn in Malaysia (oder andere Nichtseenomaden). Ihre vergrößerte Milz kann mehr sauerstofftragende rote Blutkörperchen speichern, sodass die Bajau bis in eine Tiefe von 60 Metern vordringen und 13 Minuten lang unter Wasser bleiben können. Die meisten Menschen schaffen es nicht einmal, den Atem 45 Sekunden lang anzuhalten. Selbst ein Walkalb muss alle drei bis fünf Minuten auftauchen, um Luft zu holen.

Die Wissenschaft geht nun davon aus, dass die Bajau sich über die Jahrhunderte ihren speziellen Bedürfnissen als Seenomaden angepasst haben, und zwar nicht nur in ihrer Einstellung gegenüber dem Wasser, sondern auch ganz konkret in ihrem Körperbau. Natürlich waren sie zum Teil durch schiere Notwendigkeit dazu gezwungen. Andererseits aber trug vermutlich auch die Tatsache dazu bei, dass sie frei von selbst auferlegten Grenzen waren. Dieses Seenomadenvolk hatte keine Angst vor dem Meer. Das erlaubte ihnen, sich zu Supertauchern zu entwickeln, deren Körper sich entsprechend anpasste. Diese außergewöhnliche Gabe ist nun in ihrer

DNA verankert, sozusagen dauerhaft eingebrannt. Was das Apnoetauchen angeht, sind die Bajau die absolute Spitze.

Die Frage ist also absolut legitim: Was könnten Sie schaffen, wenn Sie sich keine Grenzen auferlegen?

Dämonologie: Wie man Schwächen in Stärken verwandelt

Wenn ich einen Vortrag halte, bitte ich meine Zuhörer häufig, doch aufzuschreiben, welche Schwächen sie haben oder was sie bei sich gerne verbessern würden. Manchen fällt dazu gar nichts ein, während andere sofort eine lange Liste von Fehlern erstellen, die anmutet wie ein Einkaufszettel. Im einen wie im anderen Fall frage ich mich, wie realistisch unser Selbstbild ist. Kann ein Mensch wirklich so wenig Fehler haben oder auf der anderen Seite so viele? Können wir uns so sehen, wie wir tatsächlich sind? Und wenn ja, was fangen wir dann mit diesem Wissen an?

Der Dichter und Diplomat James Russell Lowell sagte einmal: »Niemand kann Großes leisten, der nicht bereit ist, sich aufrichtig mit sich selbst auseinanderzusetzen.« Außergewöhnliche Menschen aber üben konstruktive Selbstkritik. Es ist ihnen wichtig, wie sie zu besseren Menschen werden, die Besseres leisten. Dazu gehört zuallererst eine gründliche Selbstanalyse, die ich als *Dämonologie* bezeichne. Der Umgang mit ihren Dämonen erlaubt diesen Menschen, ihr Leben neu und besser auszurichten. Vielleicht ist dies ja auch die Erklärung, warum Sie überhaupt erst zu diesem Buch gegriffen haben. Wie alt Sie auch sein mögen und wie Ihre bisherige Lebenserfahrung auch aussehen mag: Auf Sie wartet eine bessere Welt, wenn Sie nur bereit sind, folgende Aufgaben in Angriff zu nehmen:

- Betrachten Sie sich realistisch.
- Überlegen Sie, wie Sie sich ändern können.
- Überprüfen Sie, wie Sie sich selbst sehen und wie Sie mit Ihrem Umfeld umgehen.
- Unternehmen Sie konstruktive Schritte, um Ihr Verhalten zu korrigieren und zu verbessern.

Warum aber sollten wir uns überhaupt diese Mühe machen? Weil wir, wenn wir uns zum Positiven verändern, nicht nur konstruktiv auf uns selbst und unser Leben einwirken, sondern auch das Leben anderer Menschen besser machen können. Und eben das ist die Grundlage für jegliche Form von Einfluss.

Es gibt zwei Wege, wie wir eine solche Selbstverbesserung erreichen können: Entweder werden wir selbst aktiv, richten den Blick auf uns selbst und arbeiten daran, uns durch Selbstdisziplin zu verändern … oder wir warten, bis uns das Leben die notwendige Lektion auf die harte Tour erteilt. Was der bessere (also der weniger schmerzhafte) Weg ist, liegt auf der Hand. Aber denken Sie nur mal daran, wie viele Menschen erst einen Herzinfarkt erleiden müssen, um endlich mit Sport anzufangen und sich gesund zu ernähren. Es ist schon erstaunlich, wie sehr der Mensch die Dinge oft schleifen lässt, bevor er sich mit der Frage auseinandersetzt, warum er sein Leben nicht in die Hand nimmt. Manchmal bringt selbst eine ernste Krise den Menschen nicht dazu, den Blick nach innen zu richten und dauerhafte Veränderungen einzuleiten.

Das ist der Punkt, in dem sich außergewöhnliche von normalen Menschen unterscheiden. Erstere nehmen ihr Scheitern, ihre Fehler und Schwierigkeiten zum Anlass, um mehr über sich selbst zu erfahren. Und sie korrigieren sich, wenn nötig, damit es das nächste Mal besser läuft. Schmerzliche Erfahrungen liefern uns wichtige Lektionen. Sie erschüttern uns so, dass wir aktiv werden und den Wunsch nach Verbesserung entwickeln.

Tief in unserem Gehirn gibt es zwei identische Strukturen, die die frühen Anatomen an Seepferdchen erinnerten, weswegen sie ihnen den lateinischen Namen dieses Tieres gaben: Hippocampus. Dort werden unter anderem unsere negativen Erfahrungen in Erinnerungen umgewandelt – deshalb müssen Sie auch nur einmal die lehrreiche Erfahrung machen, dass Sie eine heiße Herdplatte besser nicht anfassen sollten.

Misserfolge lehren uns, unsere Fehler nicht zu wiederholen, wenn wir auf die Erinnerungen des Hippocampus zurückgreifen. Fehler und Versagen erfüllen aber noch einen weiteren Zweck: Sie lehren uns Bescheidenheit. Was wiederum dazu führt, dass wir unseren eigenen Kämpfen und Leiden sowie denen anderer Menschen mit Mitgefühl begegnen können. Doch natürlich liegt es an uns, ob wir aus unseren Defiziten und Unzulänglichkeiten etwas lernen.

Wenn Leute mir erzählen, dass sie ständig Ärger haben, nie lange an einer Arbeitsstelle bleiben, immer mit den falschen Männern ausgehen und so weiter, dann weiß ich: *Ich habe einen Menschen vor mir, der zwar viele Gelegenheiten hatte zu lernen, sich aber nie selbst verändert hat.* Bestimmte Erlebnisse können frustrierend, ja schmerzhaft sein, aber außergewöhnliche Menschen lernen eben nicht nur: Sie unterziehen sich einer Selbstkorrektur. Wieder und immer wieder. Sie hören ihr Leben lang nicht auf, sich selbst zu korrigieren.

Warum denn immer auf die nächste Katastrophe warten? Kommen Sie ihr zuvor: Fangen Sie an, sich Ihrer selbst gewahr zu werden.

Dazu braucht es nur eines – nehmen Sie sich Zeit, sich zu fragen: *Gibt es etwas in mir und meinem Verhalten, was zu dieser Erfahrung beiträgt? Und wie kann ich das zum Besseren verändern?* Niemand wird je Ihre Probleme lösen. Niemand wird Sie vor sich selbst retten. Das müssen Sie schon selbst tun.

Werfen Sie einen Blick in Ihr Inneres und fragen Sie sich, warum Sie sich auf eine bestimmte Art und Weise verhalten. So finden Sie heraus, welche Dämonen Sie ausbremsen.

»Warum sind Sie so zornig?«

Das war die erste Frage, die ich dem Postbeamten hinter dem Schalter stellte.

Ich war bei meiner örtlichen Postfiliale, um die Post abzuholen, die ich während meines Urlaubs hatte lagern lassen. Ich wartete also in der Schlange, und dabei fiel mir auf, wie Michael, so hieß der neue Postangestellte, jeden einzelnen Kunden vor mir mit Ungeduld und Spott behandelte. Manchmal benahm er sich sogar offen aggressiv. Zum Beispiel blaffte er einen Kunden an: »Ich werde nicht bezahlt, um Ihre Entscheidungen zu treffen.«

Für Grobiane habe ich gewöhnlich nur Verachtung übrig, und das lasse ich mir auch deutlich anmerken. Nachdem die Vorgesetzten hier nicht eingriffen, wollte ich das tun. Als ich an der Reihe war, ließ ich das übliche »Ein glückliches neues Jahr« weg und fragte ihn rundheraus: »Warum sind Sie so zornig?«

Er starrte mich an. Das war okay. Mich haben schon richtige Psychopathen mit Blicken fixiert. Gegen die war der hier ein Schoßhündchen. Ich starrte zurück und fixierte dabei einen Punkt unmittelbar über seinen Augen. (Diese Technik erbost Grobiane und Psychopathen gleichermaßen, weil sie wollen, dass man ihnen in die Augen schaut – aber damit würde ich sie ja belohnen. Und ich belohne Grobiane und Psychopathen nicht. Ich sehe einfach durch sie hindurch.) Zugleich machte ich ein möglichst gelangweiltes Gesicht, das sagen sollte: *Ich warte auf Ihre Antwort.* Als er nicht reagierte, sagte ich: »Briefmarken für fünf Dollar bitte.« Er löste seine Augen von mir und knallte ein Briefmarkenheft vor mir auf den Schalter. Ich ignorierte sein kindisches Gehabe, bezahlte meine Marken, dankte ihm und ging.

Ein paar Tage später sah ich, wie Michael am Seiteneingang der Postfiliale half, einen Postwagen zu entladen, und ging hinüber. Ich tat das, weil wir uns in dieser Filiale noch wer weiß wie viele Jahre begegnen würden. Ich hoffte immer noch, dass wir miteinander auskommen konnten.

Dieses Mal sah ich ihm in die Augen und lächelte ihn an. Ich lehnte mich neben ihm an die Wand, als würde ich ihn schon ewig kennen, und stellte ihm dieselbe Frage wieder: »Warum sind Sie nur so zornig?«

Ich glaube, er spürte, dass ich nicht auf Konfrontation aus war. Während er die Boxen mit den Briefen entlud, entschuldigte er sich nicht nur, sondern entspannte sich sichtlich. Und es stellte sich heraus, dass es in seinem Leben einiges gab, was ihn wütend machte. Ich werde hier nicht ins Detail gehen, aber in schwierigen Familien hapert es meist nicht nur an einem Punkt, sondern an mehreren zugleich – und bei Michael waren dies keine Lappalien.

Während Michael erzählte, merkte ich, wie angespannt er war. Seine Brust hob und senkte sich, er stieß den Atem mit aufgeblasenen Backen aus (kathartisches Ausatmen) und sein Mund war offensichtlich trocken. Ich fragte ihn, ob irgendjemand in der Filiale von seinen Schwierigkeiten wusste. Er verneinte, und da er keinen Urlaub mehr hatte und auch nicht mehr krank werden durfte, konnte er sich nicht um seine häuslichen Probleme kümmern. Wir unterhielten uns also, und er konnte Dampf ablassen.

Ich weiß nicht, wie lange wir da so standen. Es kann nicht allzu lange gewesen sein, denn mein Piepser ging nicht los. (Ja, damals hatten wir noch Piepser – keine Handys.) Und das war bei mir normalerweise gut 20-mal am Tag so. Ich sagte zu Michael, dass anormale Situationen anormale Reaktionen hervorrufen, und dass er an dem Tag, an dem wir uns erstmals begegnet waren, wirklich unfreundlich gewesen sei. Er entschuldigte sich nochmals. Ich dankte ihm und meinte, dass wir schließlich alle schlechte Tage hätten.

Aber da gab es noch etwas. Ich bat ihn, doch mal darüber nachzudenken, wie er gesehen werden möchte. Als Ekel, mit dem niemand zu tun haben wollte? Oder als der nette Typ vom Postamt, mit dem jeder gern ein paar Worte wechselte und dem die Kunden an Feiertagen auch mal ein kleines Geschenk mitbrachten?

Michael hielt inne. Ich weiß nicht, was er empfand, aber einen Augenblick lang sah er aus, als würde er gleich anfangen zu weinen. Dann machte er mit seiner Arbeit weiter. Ich bat ihn noch einmal, über diese Frage nachzudenken, denn jetzt stünde er am Anfang seiner beruflichen Laufbahn, daher sei jetzt auch die richtige Zeit, sich diese Frage zu stellen.

Als ich im Begriff war, mich von ihm zu verabschieden, sagte er etwas, das ich nie vergessen werde. Er meinte: »Niemand hat uns in der Ausbildung je gesagt, wir sollten mal darüber nachdenken, wie wir gesehen werden möchten.«

»Ja, beim FBI hat man mir das auch nicht gesagt«, entgegnete ich.

Tatsache ist, dass dieser Aspekt in keiner Ausbildung thematisiert wird. Dies ist eine der Fragen, die nur außergewöhnliche Menschen sich stellen.

Wie also möchten Sie gesehen werden? Wahrscheinlich werden Ihnen nur wenige Leute diese Frage stellen, wenn überhaupt. Dabei ist das die einzige Frage, die zählt. Weil das Einzige, worauf Sie im Leben wirklich Einfluss haben, ist, wie Sie wahrgenommen werden.

Wie wollen Sie gesehen werden? Es gibt eine ganze Reihe von Adjektiven, unter denen Sie die Auswahl haben: *effizient, präzise, einfallsreich, kompetent, aufgeweckt, klug, fleißig, kreativ, gütig, fröhlich* – und das sind nur ein paar Beispiele. Ganz sicher würden Sie sich nicht für Eigenschaften wie *gleichgültig, sarkastisch, kleinlich, patzig, bissig, jammerselig* oder *faul* entscheiden.

Wer Sie sind, hat nichts damit zu tun, welche Schulen Sie besucht haben, wie viel Sie verdienen oder welchen Beruf Sie haben. Vielleicht räumen Sie die Tische im Fast-Food-Restaurant ab, was ich getan habe, als ich anfing, mein eigenes Geld zu verdienen. Vielleicht streichen Sie ja auch Häuser (was ich auch schon gemacht habe) oder Sie sind Vorgesetzter von sechs bestausgebildeten Mitarbeitern. (Auch das trifft auf mich zu.) Ihr Beruf ist das, was Sie tun. Aber Sie sind so viel mehr als nur das, was Sie tun. Und wer wollen Sie *sein*? Wenn uns all das nicht egal ist, wenn wir außergewöhnlich sein wollen, als Menschen wie als Führungspersönlichkeiten, dann müssen wir uns diese Frage stellen: Wie möchte ich gesehen werden?

Ich weiß nicht, wie Michael das angestellt hat und was er genau tat – aber ich bin mir sicher, es war ein Kampf für ihn. Mit der Zeit jedoch fing dieser einst so sauertöpfische Mensch an zu lächeln, wenn er mich sah. Und er zeigte dieses Lächeln auch bei anderen Kunden. Die Anspannung in seiner Stimme war verschwunden. Er begegnete den Menschen mit Freundlichkeit und Geduld. Ich freute mich regelrecht darauf, ihm bei meinen Postbesuchen zu begegnen. Es stellte sich heraus, dass wir einiges gemeinsam hatten.

Weil er seine Kunden zuvorkommend behandelte, taten sie dasselbe mit ihm. Ein Jahr später, als ich an den Schalter trat, um ein paar Päckchen für Weihnachten aufzugeben, bemerkte ich neben Michaels Computer einen Teller mit Plätzchen. Wir grüßten uns und sein Blick wanderte zu den Leckereien, als wolle er sagen: *Sehen Sie, das hat mir jemand zu Weihnachten geschenkt.*

Wie also möchten Sie gesehen werden? Gibt es Dinge, die Sie ändern wollen? Sind Sie: ungeduldig, intolerant, rastlos, schlecht vorbereitet, jähzornig, gedankenlos, herrisch, rüde, passiv-aggressiv? Neigen Sie zum Trödeln, spielen Sie gern den Märtyrer? Was ist Ihre Schwachstelle? Daran können Sie arbeiten. Schließlich spielt sich all das in Ihrem Kopf ab und nicht in weiter Ferne. Sie können beschließen, sich Mühe zu geben und die Sache anzugehen. Oder Sie tun nichts und bleiben, wie Sie sind. Sie müssen bereit sein, sich wirklich zu hinterfragen und energisch vorzugehen, wenn Sie sich ändern wollen. Nur Sie können sich vor Ihren Dämonen retten. Nur wenn ein Mensch seine Dämonen zähmt, sagt Joseph Campbell sinngemäß in seinem Klassiker *Der Heros in tausend Gestalten*, wird er König seiner selbst oder gar der Welt.

Einen meiner Dämonen möchte ich Ihnen hier vorführen: Ich bin ungeduldig. Ich arbeite ständig an dieser Schwäche, vor allem, wenn sie sich bemerkbar macht. Ein anderer Dämon, den die meisten Menschen bei mir nicht vermuten würden, ist: Ich bin ein total introvertierter Typ und in vielerlei Hinsicht schüchtern. Obwohl ich die ganze Welt bereist und vor Hunderten, ja Tausenden Menschen gesprochen habe, zerren ebensolche Situationen immer noch an meinen Nerven. Große Menschenansammlungen mag ich nicht. Ich habe Probleme mit Small Talk und treffe mich lieber nur mit wenigen Freunden. Es erfüllt mich, anderen Menschen etwas beizubringen, aber Vorträge zu halten ist für mich Schwerstarbeit und laugt mich wirklich aus. Was habe ich getan, um dies anzugehen? Immerhin wollte ich ein Unternehmen aufbauen, das mir erlaubte, andere Menschen in die Geheimnisse der nonverbalen Kommunikation und des menschlichen Verhaltens einzuweihen. Also musste ich etwas gegen diesen meinen Dämon unternehmen. Ich fing damit an, vor kleinen Gruppen zu sprechen (weniger als ein Dutzend Leute), das jedoch wieder und wieder. Ich bot mich sogar freiwillig dafür an. Anfangs fiel mir das unglaublich schwer. Aber weil ich es immer wieder machte, sah ich, dass ich es schaffen konnte, obwohl es mich nervös machte. Schritt für Schritt entwickelte ich so das Selbstvertrauen, um vor größeren Gruppen zu sprechen. Verstehen Sie mich nicht falsch: Es macht mich immer noch nervös, was man in den ersten Minuten meiner Präsentation auch bemerkt. Aber das ist in Ordnung. Es gehört zu meinen Dämonen, aber ich habe Strategien entwickelt, um damit umzugehen. Ich gleiche meine Nervosität aus, indem ich mich akribisch vorbereite. Ich weiß, was ich sagen will, und bleibe stets auf dem neuesten Stand, was einschlägige Forschungsarbeiten angeht. Außerdem nutze ich pädagogische Techniken, die mir bislang nützlich waren. Ich unterhalte mich mit den Zuhörern und achte darauf, immer neue und interessante Fakten zu präsentieren. Diese Strategie gibt mir Sicherheit, auch wenn ich nervös bin. Im Laufe des Vortrags löst sich die Nervosität dann auf und ich genieße den Austausch mit dem Publikum.

Sie wissen nicht, wie Ihre Dämonen aussehen? Dann überlegen Sie, auf welche Fehler Angehörige, Freunde, Kollegen oder Chefs Sie vielleicht hingewiesen haben. Lassen sich da bestimmte Themen erkennen? Gehen Sie Situationen durch, bei denen, aus Ihnen unerfindlichen Gründen, Beziehungen plötzlich abkühlten, Kunden abgeworben wurden oder man Ihnen gegenüber zwar sehr höflich war, Sie aber trotzdem nicht mehr eingeladen hat. Falls Sie solche Erfahrungen öfter machen, dann ist vielleicht die Zeit zur Selbstkorrektur gekommen. Das aber setzt voraus, dass wir uns Zeit nehmen und darüber nachdenken, wie wir mit anderen kommunizieren und umgehen, wie wir die Bedürfnisse, Schwächen und Vorlieben anderer Menschen wahrnehmen und wie wir darauf reagieren. Wie gehen wir mit anderen Tag für Tag um? Auf soziale und verträgliche Weise oder eher nicht? Diesen Fragen werden wir in den folgenden Kapiteln nachgehen, um Ihnen den Weg zu zeigen, den alle außergewöhnlichen Menschen gegangen sind.

Diese Fragen sind auch deshalb so wichtig, weil sich in den letzten 20 Jahren im Geschäftsleben ein Wandel vollzogen hat. Heute wird von Unternehmen und Organisationen nicht mehr akzeptiert, dass jemand sich launisch, zügellos, angeberisch, undiszipliniert oder in anderer Form toxisch verhält. Ich bin für Unternehmen in aller Welt beratend tätig und höre immer wieder, dass es heute einfacher sei als früher, anhand spezieller Fragebögen über toxisches Verhalten bereits im Vorfeld zu erkennen, ob ein potenzieller Mitarbeiter ins Team passt oder das Betriebsklima stört.

Außerdem steht fest, dass Produktivität, Arbeitsmoral und das Bild des Unternehmens in der Öffentlichkeit leiden, wenn man an solchen problematischen Mitarbeitern festhält – von den möglichen rechtlichen Folgen ganz abgesehen. Entweder Sie verhalten sich diszipliniert oder Sie sind schnell weg vom Fenster. Verfolgen Sie nur mal die Nachrichten: Sie werden feststellen, dass viele Kündigungen wegen unprofessionellen Verhaltens erfolgen.

Einen genauen Blick auf das eigene Verhalten zu werfen ist aber nicht nur im Berufsleben von Bedeutung. Auch unsere zwischenmenschlichen Beziehungen profitieren davon. Gerade in Beziehungen schleifen sich schnell schlechte Gewohnheiten ein, die irgendwann korrigiert werden müssen. Dummerweise nehmen viele Menschen an, dass ihre Umgebung ihnen schon Bescheid sagen würde, wenn sie sich falsch verhalten. Und wenn sich keiner beklagt, müsse folglich mit ihnen alles in Ordnung sein. Andere wissen zwar, dass sie sich falsch verhalten, aber es ist ihnen gleichgültig – sie erwarten Nachsicht und fordern diese auch ungeniert ein: Fristverlängerungen, eine zweite Chance, die andere Wange und immer wieder Vergebung. Sie verlangen, dass man ihnen entgegenkommt, auch wenn dieses Entgegenkommen zulasten anderer Personen geht. Und dann gibt es ja auch noch den Typ, der ständig behauptet, was passiert ist, sei ja nicht sein Fehler. Nein, natürlich sind immer die anderen schuld.

Die Wahrheit ist, dass wir unsere persönliche Verantwortung durchaus ignorieren können, dass wir uns selbst belügen und so tun können, als seien wir etwas, was wir nicht sind – aber letzten Endes werden wir immer am eigenen Leib zu spüren bekommen, wie wir auf andere wirken. Unsere Wirkung auf andere Menschen zeigt uns, wer wir wirklich sind. Bemühen wir uns nicht um Selbstkorrektur, werden wir die Folgen tragen müssen. Denn irgendwann werden wir mit der Botschaft konfrontiert: »Entweder du änderst dich oder es ist Schluss.«

Daher werfen wir besser heute als morgen einen fragenden Blick auf uns selbst. Beginnen Sie jetzt gleich mit dem Kassensturz in puncto Dämonologie. Was sind Ihre Schwachstellen? Was lässt Sie nicht vorwärtskommen?

Fassen Sie den festen Entschluss zur Selbstkorrektur. Identifizieren Sie Ihre Handicaps. Erstellen Sie eine Liste. Dann bearbeiten Sie jeden Schwachpunkt einzeln. Das kann durchaus Jahre dauern. Ich jedenfalls bin immer noch mit meiner Liste beschäftigt, aber ich tue das, weil ich weiß, dass es einen Unterschied macht. An manchen Tagen gelingt es mir besser als an anderen. Aber heute sind die guten Tage in der Mehrzahl. Das Ganze ist ein andauernder Prozess. Einer, der sich lohnt, wenn es unser Ziel ist, zu den außergewöhnlichen Menschen zu gehören.

Wir alle haben unsere Dämonen. Das Einzige, was letztlich zählt, ist der Wille, sich mit ihnen auseinanderzusetzen. Es ist ganz in Ordnung, wenn wir uns unsere Schwachstellen eingestehen und damit all das, was uns behindert, frustriert oder schachmatt setzt – ganz egal, wie clever, erfolgreich oder leistungsfähig wir sonst sind. Wir müssen diese Punkte angehen und korrigieren. Das ist die Eintrittskarte zu einem außergewöhnlichen Leben. Wie war das noch gleich mit Leonardo da Vincis Unfähigkeit, Projekte zum Abschluss zu bringen? Stellen Sie sich vor, was er alles hätte zustande bringen können, wenn er seine Dämonen bezwungen hätte.

Außergewöhnliche Menschen haben einen realistischen Blick auf ihre Unvollkommenheiten und gehen diese ohne Zögern an. Suchen Sie sich zu diesem Zweck geeignete Hilfen: Coaching, Therapie, einen Mentor oder Bücher und Seminare. Dort finden Sie Tipps für Strategien, die Sie bei dieser Arbeit unterstützen. Ob es nun darum geht, Ihre Freunde besser zu wählen, Vorträge zu halten, weniger aufbrausend zu reagieren oder sich besser zu organisieren – es gibt Mittel und Wege, mit solchen Herausforderungen fertigzuwerden.

Aber vielleicht möchten Sie nur kein Risiko eingehen. Was, wenn Sie scheitern sollten? Aber Scheitern ist nur dann ein Problem, wenn Sie nichts daraus lernen. Wie viele erfolgreiche Führungspersönlichkeiten Ihnen versichern werden, werden sich Ihnen stets neue Chancen eröffnen, wenn Sie sich um Verbesserung Ihrer Persönlichkeit bemühen, selbst wenn Sie da und dort keinen Erfolg haben. Wie sagte doch Sunzi, der chinesische Philosoph und Stratege? »Je mehr Chancen ich ergreife, desto mehr Möglichkeiten tun sich vor mir auf.«

Werfen Sie einen Blick auf Ihr Leben, akzeptieren Sie Ihre Dämonen und nehmen Sie – Schritt für Schritt – den Kampf auf. Vor allem aber: Seien Sie ehrlich zu sich selbst. Es gab Augenblicke in meinem Leben, da ich mir eingestehen musste: *Joe, du bist dem Ganzen nicht gewachsen. Reiß dich am Riemen.* Dabei geht es nicht darum, dass Sie sich fertigmachen. Aber wenn Sie sich dieser Wahrheit stellen, haben Sie auch die Kraft, sie zu ändern. Wenn Sie also tatsächlich außergewöhnlich werden wollen, dann packen Sie die Dämonen-Challenge an. Stellen Sie sich Ihren Schwachpunkten. Korrigieren Sie, was korrigiert werden muss. Widmen Sie sich voller Energie dem Weg zu einem besseren Selbst. Was Sie dadurch jetzt und hier gewinnen? Sie werden ein besserer Mensch. Welche Chancen sich sonst noch auftun? Grenzenlose.

Selbstdisziplin: Das Rüstzeug zum Erfolg

Als ich an der Universität von Tampa Kriminalistik unterrichtete, lernte ich Dr. Phil Quinn kennen, der an der Universität sowohl mein Vorgesetzter als auch mein Mentor war. Er war der Leiter der Fakultät, hatte aber auch eine psychologische Praxis. Seinem früheren Leben als Priester verdankte er darüber hinaus tiefe Einsichten ins Leben.

Als wir uns mal darüber unterhielten, warum so viele Menschen ihre Angelegenheiten nicht auf die Reihe bekommen, sagte er: »In meiner Praxis begegnen mir immer wieder Menschen, die das Gefühl haben, ihr Leben sei ein einziges Chaos. Wenn wir dann daran arbeiten, stellt sich heraus, dass sie ihr Leben nicht in den Griff bekommen, weil sie nicht mal ansatzweise die Disziplin aufbringen, Dinge zur rechten Zeit zu tun. Dann wird natürlich alles andere auch immer schwieriger.«

Phil hatte Jahre damit zugebracht, Patienten und Studenten zu beraten, wie sie ihr Potenzial entfalten konnten. Seiner Ansicht nach ist das Scheitern schon bei kleinen Aufgaben ein verlässlicher Indikator, der auf tiefer sitzende Probleme hinweist, häufig auf der zwischenmenschlichen Ebene. Auch ich habe in meiner Laufbahn beim FBI und als Unternehmensberater immer wieder die Erfahrung gemacht, dass das Unvermögen, kleine Aufgaben ordentlich und fristgerecht zu erledigen, der Grund ist, warum viele Menschen erst recht in wichtigen Dingen keinen Erfolg haben.

Dr. Quinns Worte fielen mir wieder ein, als ich einem außergewöhnlichen Menschen lauschte, der eine Antrittsrede hielt, die aufgrund ihrer tief empfundenen Einfachheit und Aussagekraft später ein Riesenerfolg im Internet wurde. Der Sprecher war William H. McRaven, Admiral der US Navy. Er hatte als Kommandant der Navy SEALs den Angriff auf Osama bin Laden geleitet. Später wurde er zum Kanzler der gesamten University of Texas. Dieser Mann ist mit Sicherheit qualifiziert und würdig genug, um anderen Ratschläge zu erteilen. Seine Rede handelte davon, was Menschen tun sollten, wenn sie andere führen und die Welt verändern wollen.

Und das waren McRavens Worte: »Wenn Sie die Welt verändern wollen, fangen Sie damit an, Ihr Bett zu machen.« Man hörte, wie die Studenten kicherten, aber das Kichern hielt nicht lange an. McRaven fuhr fort und erklärte, dass man es bei den Navy SEALs nicht weit bringen würde, wenn man nicht jeden Morgen sein Bett korrekt machen würde, so wie es das Reglement der Marine vorsah – gleichgültig, wie sehr Müdigkeit, Muskelkater oder Verletzungen auf einem lasteten. Jeden Tag. Ohne Ausnahme.

Allem Anschein nach ist die zuverlässige Erfüllung kleiner, unbedeutender Aufgaben ein sicherer Indikator für künftige Erfolge. Zumindest ist es das, was die Forschung über Gewissenhaftigkeit besagt. Warum aber wurde von diesen Elitesoldaten erwartet, dass sie neben ihrer strapaziösen Ausbildung auch ihr Bett machten? Ganz einfach: Wenn Sie solche scheinbar unwichtigen Aufgaben mit Hingabe erledigen, beweisen Sie, dass Sie sich selbst etwas wert sind. Und Sie entwickeln einen gewissen Stolz darauf, wie Sie Ihre Aufgaben im Leben anpacken. Wenn Sie es sich zur Gewohnheit machen, mit Engagement Tag für Tag Ihre kleinen Pflichten zu erledigen, schaffen Sie geistig eine positive Tendenz. Und solch eine Tendenz kann, richtig gepflegt, zum Schicksal werden.

Die Fähigkeit, ihren Alltag im Griff zu haben, ermöglicht außergewöhnlichen Menschen, das Rüstzeug des Wissens und der emotionalen Stabilität zu erwerben, mit dem wir uns in diesem Kapitel auseinandergesetzt haben. Sie ermöglicht ihnen, weiter ihr Selbststudium zu verfolgen, während sie gleichzeitig ihre sonstigen Pflichten erfüllen. Sie hilft ihnen, ihr Leben selbst dann noch im Griff zu behalten, wenn sie emotional zu kämpfen haben. Sie macht ihre Präsenz in der Welt fühlbar. Denn um »die Welt zu verändern«, wie Admiral McRaven sagte, müssen wir zuerst unsere Gewohnheiten ändern. Und der Admiral fügte hinzu: »Wenn Sie die kleinen Dinge nicht richtig tun, werden Sie auch nie fähig sein, Großes richtig anzupacken.«

Disziplin und ein Augenmerk auf die kleinen Dinge sind es, was außergewöhnliche Menschen auszeichnet. Sie nehmen keine Abkürzungen und schneiden keine Kurven. Es ist tatsächlich verlockend, das zu tun, wenn uns niemand sieht. Aber immer wenn der Sirenengesang der Versuchung mich umweht (und sei es nur, dass ich mein Work-out um fünf Minuten abkürzen möchte), dann erinnere ich mich an die Ermahnung meiner Trainer, mich nicht selbst zu betrügen. Es gibt noch einen bedeutsameren Grund, im Leben keine »Abkürzungen« zu nehmen: Diese Gewohnheit lässt uns schließlich auch größeren Versuchungen widerstehen.

Während ich dieses Buch schreibe, geht eine Nachricht um die ganze Welt: Staatsanwälte erheben Anklage gegen eine ganze Reihe von Personen, darunter auch TV-Stars wie Felicity Huffman (*Desperate Housewives*) und Lori Loughlin (*Full House*), weil sie Schmiergelder bezahlt haben, um ihre Kinder an den besten Universitäten unterzubringen. Die Eltern dieser Kinder haben einen bedauerlichen Fehler begangen. Indem sie ihren Kindern diese Abkürzung ermöglicht haben, haben sie sie der tiefen Befriedigung beraubt, die sich einstellt, wenn sie mit Feuereifer all die kleinen Dinge tun, die nötig sind, um sich an der Universität, im Sport oder im Dienst am anderen schließlich ihres wohlverdienten Erfolges zu erfreuen.

Ordnung und Prioritäten

Wir üben uns Tag für Tag in Gewissenhaftigkeit, um unser Leben auf die Reihe zu bekommen. Das beginnt bereits damit, dass wir Prioritäten setzen.

Peter F. Drucker, Autor des Bestsellers *The Effective Executive: Effektivität und Handlungsfähigkeit in der Führungsrolle gewinnen*, drückt dies am besten aus: »Nichts zeichnet effiziente Führungskräfte mehr aus als ihr liebevoller Umgang mit der Zeit.«

Reich oder arm, der Tag ist für uns alle gleich lang – wir haben 1440 Minuten, um alles, was getan werden muss, zu erledigen. Was wir mit jeder einzelnen dieser Minuten anfangen, bestimmt über unser ganzes Leben. Und da liegt der Unterschied. Während die meisten Menschen sich fragen, was sie den ganzen Tag lang so anstellen sollen, betrachten außergewöhnliche Menschen jede Minute als wertvollen Rohstoff. Ihre Zeit bemisst sich nach Minuten.

Außergewöhnliche Menschen rechnen ganz bewusst mit ihrer Zeit. Sie fragen sich: »Was kann und sollte in diesen kostbaren Minuten getan werden, damit ich mehr erreiche, meine Arbeit erledige oder meine persönlichen Ziele realisiere und mehr Zeit für meine Familie habe?« Sie besitzen die Fähigkeit, dem Wichtigsten den Vorrang einzuräumen und es als Entscheidungskriterium zu verwenden, wenn sich die Umstände verändern oder komplexer werden. Eine sogenannte Triage, die Priorisierung einer Vielzahl unterschiedlicher Optionen, zwischen denen eine Entscheidung zu treffen ist, können sie in kürzester Zeit vornehmen.

Im Rahmen von Erste-Hilfe-Maßnahmen erfolgt eine Triage anhand der ABC-Regel: *Airway* (Atemwege, müssen frei sein), *Breathing* (Atmen mit oder ohne Unterstützung), *Circulation* (Kreislauf: das Herz schlägt, eventuell unregelmäßig, der Verletzte braucht dabei Unterstützung oder nicht). Diesen Grundsatz vergisst man nicht mehr so leicht, sogar Kinder können sich das merken. Bei einer großen Anzahl Verletzter, bei massivem Blutverlust oder Organversagen wird die Triage schwierig. Und doch wird sie durchgeführt und gelehrt, ob nun beim Erste-Hilfe-Kurs für den Führerschein oder im Medizinstudium.

Für unser normales Leben allerdings gibt es keinen solchen Unterricht. Wir müssen selbst herausfinden, wie wir unsere Alltagstriage durchführen und das Dringende, Wichtige ebenso identifizieren wie das weniger Wichtige, aber Interessante, oder das vollkommen Unwichtige. Und das lernen wir nur durch regelmäßige Übung, durch Versuch und Irrtum. Wenn wir ganz bewusst mit den Anforderungen des Tages Triage treiben, dann legen wir ein Fundament, auf das wir auch dann bauen können, wenn die Anforderungen komplexer werden. Darüber nachzudenken, was uns am wichtigsten ist und was wir der Reihe nach erledigen sollten, erfordert Anstrengung. Doch Prioritäten zu setzen fällt uns mit der Zeit und mit zunehmender Übung immer leichter.

Bei der Priorisierung geht es nicht darum, dass wir die ankommenden Anrufe oder E-Mails der Reihe nach abarbeiten oder dafür sorgen, dass am Ende des Tages nichts mehr in unserem (digitalen oder analogen) Postfach liegt. Wenn wir Prioritäten setzen, dann übernehmen wir die Kontrolle über unser Leben, weil wir bewusst entscheiden, wann, wofür und wie wir unsere Aufmerksamkeit und Energie einsetzen.

Im College hatte ich das Glück, einen Lehrer zu haben, der uns Ratschläge gab, wie wir Prioritäten setzen können, und der damit mein Leben veränderte. Er erzählte uns, dass er jeden Abend, bevor er zu Bett ging, auf einer A7-Karteikarte festhielt, was er am nächsten Tag zu tun gedachte. Beim Frühstück sah er sich die Liste noch einmal an und änderte sie, falls nötig. Damit hatte er seinen Marschbefehl für den Tag in der Hand. Aber natürlich ließ dieser sich im Laufe des Tages auch mal abändern.

Dieser kluge Lehrer war Stephen R. Covey, der seinerseits zum Bestsellerautor wurde. Er schrieb: *Die 7 Wege zur Effektivität.* 1972 allerdings, als ich das College besuchte, war er noch nicht weltberühmt, aber er war damals schon bekannt als guter Vortragsredner. Er erzählte uns, dass allein diese Maßnahme – über seine Prioritäten nachzudenken und sie niederzuschreiben – mehr zu seinem Erfolg beitrug als irgendetwas sonst. Und das galt auch für die Führungskräfte, die er coachte.

Und so beschloss ich, dass das, was für Dr. Covey gut war, auch mir helfen würde. Seitdem trage ich immer eine Karteikarte bei mir, auf der ich nach Priorisierung geordnet alles aufführe, was ich am jeweiligen Tag zu tun habe. Ich glaube so sehr an diese einfache Methode, dass ich mir Karten mit meinem Namen darauf habe drucken lassen. Sie erinnern mich daran, dass das, was darauf steht, in meiner Verantwortung liegt und meine Prioritäten und Werte widerspiegelt. Das ist ein täglicher Vertrag mit mir selbst, den ich zu erfüllen habe – wie jeder andere Vertrag, den ich unterzeichne.

Wenn ich Präsentationen halte, fragt man mich oft über meine »Tägliche Aktionsliste« aus. Und ich zeige meine Karten gerne und erläutere, wie sie funktionieren. Das war ursprünglich nicht meine Idee, aber ich habe wirklich sehr davon profitiert. Und das gilt auch für viele Führungskräfte, die sie zu einem Bestandteil ihrer täglichen Routine gemacht haben.

Warum? Weil es funktioniert und letztlich nicht schwer ist. Mit diesen Karten gewöhnt man sich an, darüber nachzudenken, was getan werden muss und in welcher Reihenfolge. Allein das Nachdenken darüber setzt mein Unbewusstes in Gang, sodass es meine Gedanken besser organisiert und mir Einfälle vermittelt, wie ich meine Ideen umsetzen kann. Diese Gewohnheit hat meinen Geist diszipliniert, sodass ich mehr zustande bringe, und das zusätzlich in der richtigen Reihenfolge.

Die eigenen Prioritäten handschriftlich festzuhalten hat eine ganz eigene Magie, die ihnen mehr Bedeutung verleiht. Auch ich verwende das Smartphone oder andere elektronische Hilfsmittel, um mich an meine Pflichten zu erinnern, doch wenn es um die Prioritätenliste des Tages geht, finde ich Karten besser. Sie sind zuverlässiger und ich kann ihren Inhalt mit einem Blick erfassen. Außerdem halte ich meine persönlichen Verpflichtungen in meiner Handschrift fest. Das ist fast wie eine Unterschrift unter das, was ich mir für diesen Tag vorgenommen habe.

Ich weiß, dass diese simple, absolut untechnische Methode funktioniert, weil ich an Tagen, an denen ich absolut nichts auf die Reihe kriege, unweigerlich auf mein Kartenspiel verzichtet habe. Das Leben aber ist viel zu komplex, um dem Tag ohne Plan zu begegnen. Ohne diese Liste lasse ich mich und meine Mitmenschen im Stich, weil ich mich zu leicht ablenken lasse. Nur wenn ich meine Prioritäten auf meiner Karte aufliste und sie den Tag über auch mal verschiebe, schaffe ich, was ich mir vorgenommen habe, und kann mein Potenzial voll entfalten.

Zudem ist es ein regelrechtes Vergnügen, abends die Liste zu lesen und festzustellen, dass ich alles erledigt habe. Das ist mein Freudensprung. Wie der Neurowissenschaftler Joseph LeDoux uns in seinem Buch *Das Netz der Persönlichkeit* erzählt, hat das Gehirn einen Belohnungsmechanismus, wenn wir eine Aufgabe gemeistert haben. Vielleicht stiehlt sich deshalb für gewöhnlich auch ein Lächeln auf meine Lippen, wenn ich feststelle, dass ich alles gemacht habe, was auf meiner Karte stand.

Prioritäten zu setzen und diese nicht aus den Augen zu verlieren, führt zu Selbstdisziplin. Denn es gibt Ihnen Kontrolle über Ihr Leben, wenn Sie ganz bewusst Tag für Tag und Stunde für Stunde entscheiden, worauf Sie Ihre Energie und Ihre Mühe richten. Unsere Prioritäten definieren, wer wir sind. Wenn Sie nichts oder nur wenig priorisieren, dann ist das eine Entscheidung, die Sie durchaus treffen können, aber wundern Sie sich nicht, wenn Sie nicht die gleichen Resultate erzielen.

Wenn Sie keine Prioritäten setzen, werden andere das für Sie tun. Wenn Ihnen diese Vorstellung nicht gefällt, können Sie hier und jetzt anfangen, das künftig anders zu machen, indem Sie schon mal aufschreiben, was Ihnen für den Rest des Tages wichtig ist. Und das wiederholen Sie dann morgen und übermorgen und jeden weiteren Tag.

Übung, Übung, Übung: Die Macht der Myelinscheiden

Am dritten Tag nach der Ankunft in der Ausbildungsstätte des FBI begannen wir mit dem Schusswaffentraining. Das war 1978. Wir waren eine kleine Klasse, nur 21 von ungefähr 8000 Bewerbern. Die erste Frage, die unser Trainer uns stellte, war: »Wer von Ihnen hat schon früher ein Schusswaffentraining durchlaufen?« Acht von uns hoben die Hand, ich eingeschlossen. Wir hatten schon bei der Polizei oder beim Militär schießen gelernt.

Ich fühlte mich toll, weil ich zu diesen acht gehörte. *Da habe ich den anderen etwas voraus*, dachte ich. Vielleicht dürfen wir das Schießtraining sogar überspringen.

Da lag ich nun vollkommen falsch.

Wir alle hatten ganz unterschiedliche Formen der Ausbildung an der Waffe erhalten. Und wie wir schnell lernen sollten, hatten wir uns schlechte Gewohnheiten angeeignet, die uns zu höchstens mittelmäßigen Schützen machten.

Wir sollten lernen, auf FBI-Art zu schießen: reaktionsschnell und effektiv auf ungefähr 55 Meter Distanz. Wir benutzten eine Smith & Wesson Modell 10-8. Wir sollten schnell und sicher schießen. Und wir mussten eine Trefferquote von 92 Prozent erreichen, um ein »bestanden« zu bekommen.

Aber zuerst mussten wir uns die schlechten Gewohnheiten abtrainieren, die sich in unser Gehirn und unseren Körper eingeschliffen hatten.

Deep Dive – das Einüben kleiner Abschnitte eines Bewegungsablaufs bis hin zur Perfektion – gilt mittlerweile als wichtigstes Trainingselement im Sport und auch in künstlerischen Disziplinen. Rachel Cossar, Autorin von *When You Can't Meet in Person: A Guide to Mastering Virtual Presence* und ehemalige Balletttänzerin, erklärte mir in einem Interview: »Beim Ballett wird jede Kleinigkeit hundertfach geübt, und sei es nur die Handhaltung, wenn du und dein Partner von einer Stellung zur nächsten übergehen. Sie muss mit absoluter Perfektion ausgeführt werden. Etwas, was für das Publikum zunächst unerheblich und belanglos erscheint, ist für die Darsteller von eminenter Bedeutung, weil es die technische Ausführung und den künstlerischen Ausdruck erleichtert.«

Wenn Sie Sportkurse zur Vorbereitung aufs College belegen, wie ich das tat, dann sehen Sie da zum Beispiel Läufer, die sich auf ihren Sprint vorbereiten: wie sie in die Hocke gehen, ihren Fuß exakt an den verstellbaren Fußstützen am Startblock positionieren. Wie sie ihre Hände unmittelbar vor der Startlinie platzieren (nicht darauf), die Finger dehnen und spreizen. Wie sie den Druck der Sohle ihres Laufschuhs gegen die Plastikschiene spüren. Wie sie den Neigungswinkel des Rückens verändern – das Hinterteil hoch, den Kopf tief und unnatürlich über die Startlinie gereckt. Wie die Spannung in den Unterschenkeln, der hinteren Oberschenkelmuskulatur und den Gesäßmuskeln ansteigt. Die Schultern bereit, um die Kraft der Arme einzusetzen, die ihnen einen starken Start ermöglicht.

Diese Läufer werden das wieder und wieder üben, auch wenn ihnen unter der heißen Sonne Floridas der Schweiß in Strömen von der Stirn rinnt, bevor sie überhaupt loslaufen. Sie wissen, dass Rennen heute von Tausendstelsekunden entschieden werden und dass deshalb die Perfektion und der Fluss der Bewegung zählen. Wenn man das jedes Mal richtig macht, so erklärte mir einer der Läufer, dann »hat man einen guten Start. Und ohne einen guten Start kannst du nicht gewinnen. Das geht einfach nicht.«

Egal, in welchem Bereich Sie heute mit Experten sprechen: Jeder wird Ihnen sagen, dass Talent etwas ist, an dem man arbeiten muss. Diese Männer und Frauen haben vielleicht Talent zum Laufen. Aber mit der Perfektionierung ihrer Praxis können sie diesem überhaupt erst Ausdruck geben.

Dabei schärfen sie eine Gabe, die jeder von uns besitzt. Der Mensch ist auf Selbstverbesserung ausgelegt. Unser Gehirn erledigt dies so effektiv, dass unsere Handlungen zu Automatismen werden, die das bewusste Denken umgehen. Der Geist ist dabei frei, um ganz im Augenblick zu sein, während der Körper tut, was er zutiefst verinnerlicht hat.

Wann immer die Sprinter die Ausgangshaltung am Startblock üben, geschieht etwas, was Neurowissenschaftler als *Myelinisierung* bezeichnen. Einfach gesagt verstärkt die Myelinisierung die schnellen Verbindungen zwischen Gehirnzellen (Neuronen), sodass Impulse die Synapsen, den Raum zwischen diesen Zellen, besonders schnell überwinden können. Die Nervenfasern des Gehirns sind elektrische Leitungsbahnen, in denen Impulse fließen. In den Raum zwischen den Nervenzellen werden Neurotransmitter wie Acetylcholin und Serotonin ausgeschüttet. Diese wiederum bewirken etwa physiologische Aktivitäten, zum Beispiel tiefe Atmung und schnelle Herzschläge, oder körperliche Bewegungen (ein guter Start) und Verhaltensweisen (die unsere Stimmung verdeutlichen).

Je öfter wir etwas einüben, desto stärker werden die beteiligten neuronalen Pfade myelinisiert. Je mehr die Myelinscheiden um die entsprechenden Leiterbahnen anwachsen, desto klarer, konzentrierter und zielgenauer ist das darin transportierte Signal. Und desto unwahrscheinlicher ist es, dass ein solcher Kreislauf unterbrochen und mit der Zeit vergessen wird. Aus diesem Grund vergessen wir nie mehr, wie Fahrradfahren geht, wenn wir es als Kind gelernt haben, nicht einmal Jahrzehnte später.

Der gleiche Prozess läuft ab, wenn Weltklassegitarristin Ana Vidović auf ihrer Akustikgitarre übt. Sie wählt einen winzigen Teil eines Musikstücks aus, vielleicht nicht mehr als fünf Noten, und übt diese wieder und immer wieder ganz langsam. Mit jeder Wiederholung baut ihr Gehirn in Kombination mit ihren Fingern die nötige Myelinisierung auf, die ihr hilft, sich an diese Abfolge zu erinnern und sie in Perfektion auszuführen. Dass ihr das Publikum dann applaudiert, ist nur einer der Vorzüge der Myelinisierung, und keineswegs der einzige: Denn diese erlaubt es der Künstlerin, sich neben der komplexen, automatisierten Bewegung ganz auf den künstlerischen Aspekt zu konzentrieren, weil sie über die Griffe nicht mehr bewusst nachdenken muss.

Die Myelinisierung liefert das wunderbare neurologische Rüstzeug, das uns ermöglicht, unsere Fähigkeiten zu entwickeln und unser Potenzial bis zur Meisterschaft zu entfalten. Aus diesem Grund üben Chirurgen unzählige Stunden lang, eine Wunde sicher zu verschließen. Dieses Üben ist es, das außergewöhnliche Menschen auszeichnet, denn es versetzt sie in den Stand, schwierige und heikle Abläufe immer und immer wieder effizient zu wiederholen. Deswegen sind guter Unterricht, gute Ratschläge und gute Eltern – idealerweise von klein auf – so wichtig, wenn man egal welche Fähigkeiten richtig erlernen und ausüben will.

Die Myelinisierung funktioniert nur, wenn wir Abläufe auf winzige Schritte herunterbrechen, die wir diszipliniert bis zur Perfektion einstudieren. Leonardo da Vinci brachte Stunden damit zu, noch die kleinsten Pinselstriche zu üben, bis er die natürliche Lockenpracht einer Dame auf seinen Bildern perfekt wiedergeben konnte. Leonardo war Linkshänder. Seine häufig mit nur einem einzigen Pinselhaar gemalten Locken sind so einzigartig, so perfekt, dass man daran sogar die Echtheit von Leonardos Werken überprüft.

Unglücklicherweise trainiert man sich schlechte Gewohnheiten genauso leicht an wie gute – wie man an meinen anfänglichen Schießkünsten sieht. Aber wir können unser Gehirn so trainieren, dass es uns bei unseren Bemühungen, das zu verbessern, was uns wichtig ist, unterstützt – sei es unsere Reaktion auf Stress und schwierige Situationen, unsere Leistung am Arbeitsplatz oder unser Umgang mit Angst oder mit anderen Menschen.

Einer meiner chinesischen Kunden in der Stadt Tianjin hatte ein Hotel gegründet, in dem er Personal aus ganz China beschäftigte. Die Hotellerie ist mittlerweile einer der größten Arbeitgeber der chinesischen Wirtschaft. Dadurch, dass seine Mitarbeiter aus ganz China kamen, ergab sich eine ähnliche Situation wie hier in den USA: Man sieht sich mit unglaublich vielen kulturellen und regionalen Unterschieden konfrontiert. Die Leute kleiden sich anders, reden anders, haben eine andere Mimik und Gestik.

Es gab diesbezüglich eine Menge Unterschiede, auf die wir schnell reagieren mussten, damit das Hotel rechtzeitig eröffnen konnte. Ich beschloss, dass wir zu diesem Zweck auf die Kraft der Myelinisierung setzen sollten. Wir entschieden uns für eine einfache Geste, die die Mitarbeiter bewusst einüben und dann erfolgreich ausführen sollten. Mit dieser Methode würden sie später auch andere Dinge, die zu ihrem Aufgabenbereich gehörten, einüben können.

Zum Einstieg bat ich alle, zuerst auf die Uhr und dann auf mich zu zeigen. Dann schlug ich den künftigen Mitarbeitern vor, etwas Neues zu versuchen. Sie sollten die eben gemachte Geste wiederholen, nur dieses Mal nicht mit dem Zeigefinger (wie wir alle das gern tun, wenn wir auf etwas zeigen), sondern mit der offenen Hand. Die Finger sollten dabei geschlossen bleiben und leicht angewinkelt.

Keinem der Teilnehmer fiel auf, dass sie lächelten, wenn sie mit der offenen Hand auf mich oder aufeinander zeigten.

Ich erklärte ihnen daraufhin, dass ich während meiner jahrelangen Studien herausgefunden hatte, dass Menschen es lieber mögen, wenn man mit der offenen Hand auf sie zeigt und nicht mit ausgestrecktem Zeigefinger.

Gerade im Hotelgewerbe ist dieses Wissen wichtig, denn da geht es schließlich darum, den Aufenthalt für die Gäste zu einer angenehmen und positiven Erfahrung zu machen – und das Personal leistet hierzu ständig einen wichtigen Beitrag. Wie wir in den folgenden Kapiteln noch öfter feststellen werden, sind es eben diese kleinen, entscheidenden Details, die auf allen Managementebenen sicherstellen, dass man auf andere einen positiven Einfluss ausübt.

Wir übten dann noch ein wenig weiter. Die Leute sollten so tun, als würden sie einem Gast den Weg zum Aufzug, zu den Toiletten, zu einer Sitzgelegenheit, zum Swimmingpool zeigen, andeuten, wohin jener Herr eben gegangen war oder wo am Empfang die Broschüren lagen. Wir übten diese simple Geste wieder und wieder ein, und ich empfahl den Mitarbeitern, dass sie später für sich allein üben sollten, auch in der Pause, wenn sich dazu die Gelegenheit ergab. Am Ende des Tages beherrschten alle die korrekte Handbewegung, und nicht wenige zeigten fröhlich auf mich, wenn sie mir auf dem Flur begegneten.

Eine ganz einfache Geste – und doch kann sie, richtig ausgeführt, anderen ein positives Gefühl vermitteln. Ich empfand es als zutiefst befriedigend, als ich einige Monate später zurückkehrte und feststellte, dass alle – vom Pförtner über das Empfangspersonal bis hin zu den Zimmermädchen – diese Geste machten, wenn sie jemandem etwas zeigen wollten. Und diese kleine Bewegung zeitigte große Wirkung, denn dieselbe Technik wurde später eingesetzt, um auch andere Gesten einzustudieren: wie man sich am Telefon meldet, wie man einem Gast die Autotür öffnet, wie man ankommende Gäste begrüßt und am Swimmingpool Handtücher aushändigt. Ein klarer Beweis, dass eine einfache Übung und die damit verbundene Myelinisierung Ihnen hilft, einfache Aufgaben, die jeder erledigen kann, in eine gute Performance zu verwandeln – die wiederum andere positiv beeinflusst.

Ich habe schon erzählt, wie Special Agent Terry Moody mir half, mit meiner Ungeduld und dem Stress, den der Job so mit sich brachte, besser klarzukommen. Doch riet sie mir nicht nur einfach, mich zu entspannen. Sie gab mir kleine Aufgaben, die ich erledigen sollte: tief ein- und ausatmen, langsam essen, spazieren oder laufen gehen. Es dauerte einige Zeit, aber mithilfe dieser Techniken und durch ständiges Üben gelang es mir schließlich, meine Emotionen besser in den Griff zu bekommen. Anfangs zwar nur bei kleinen Störungen, zum Beispiel wenn ich unterbrochen wurde oder wenn etwas länger dauerte, als dies meiner Ansicht nach gerechtfertigt war. Dann begann ich, die Technik auf schwierigere Probleme anzuwenden. Unsere Gefühle sind stark, aber wir können besser mit ihnen umgehen, wenn wir uns entsprechend schulen.

Gibt es eine schlechte Angewohnheit, die Sie ablegen möchten, oder eine gute, die Sie sich gerne aneignen wollen? Überlegen Sie, wie Sie Ihren Vorsatz in kleine Schritte herunterbrechen können, die Sie dann der Reihe nach einstudieren. So legen Sie neue, starke neuronale Pfade im Gehirn an.

Nehmen wir mal an, Sie kommen jeden Abend von der Arbeit nach Hause, streifen die Schuhe ab, schnappen sich ein Bier, verrollen sich aufs Sofa und schalten den Fernseher ein. Drei Bier und eine Netflix-Doku später (eventuell noch mit einer Pizza als Zwischenspiel) sind Sie bettreif. Am nächsten Tag stehen Sie auf und am Abend wiederholt sich das exakt gleiche Szenario. Das Paradebeispiel für einen sitzenden Lebensstil, vor dem die Ärzte warnen. Sie möchten das jetzt ändern? Und wie stellen Sie das mit der oben beschriebenen Methode an?

Sie können die alte, in Ihrem Gehirn verankerte Verhaltensweise überschreiben, indem Sie Ihr Verhalten in kleine Schritte zerlegen. Dann arbeiten Sie an jedem dieser Schritte einzeln.

Sie nehmen sich Zeit, darüber nachzudenken, wie Sie sich verhalten, wenn Sie abends nach Hause kommen. Dann machen Sie einen Plan, wie Sie den Ablauf Ihres Feierabends künftig anders gestalten. Was muss verändert werden?

Zum Beispiel streifen Sie Ihre Schuhe nicht mehr ab, wenn Sie schon auf dem Sofa sitzen. Sie ziehen sie schon im Flur aus, gehen dann ins Schlafzimmer und legen Ihre Sportkleidung an. Und Sie ziehen die Laufschuhe über. Diese Aktion erfordert Planung, bevor Sie ausgeführt wird. Doch wenn Sie sich daran einmal gewöhnt haben, haben Sie damit die Bühne für Ihre restliche Abendgestaltung bereitet. Sie verlagern Ihre automatische, unbewusste Verhaltensweise ins Bewusstsein, wo Sie Kontrolle darüber haben.

Dann öffnen Sie statt der Flasche Bier eine Flasche Wasser oder nehmen einen Energy Drink zu sich. Ihr Körper genießt die Flüssigkeit, denn vermutlich kommen Sie schon dehydriert zu Hause an. Auch hier heben Sie Ihr Verhalten ins Licht des Bewusstseins, um es dann zu verändern. Anfangs finden Sie das vielleicht nicht so toll. Schließlich brechen Sie mit einer alten Gewohnheit. Aber wir wollen ja Ihr Gehirn neu verkabeln, und das erfordert Einsatz.

Sie belohnen sich, indem Sie auf dem Smartphone die neuesten Nachrichten aufrufen (wenn Sie auf so etwas stehen) oder Podcasts, Hörbücher oder Musik, die Sie gern mögen. Und dann verlassen Sie das Haus mit der festen Absicht, sich zu bewegen, sei es nun ein leichtes Joggen oder Walking.

Jeden Tag danach spielen Sie jeden Schritt dieser neuen Routine durch, während Sie Ihre Schaltkreise neu programmieren. Stück für Stück dehnen Sie die Zeit aus, die Sie Ihrem Work-out widmen. Bald sehnen sich Ihr Körper und Ihr Geist nach dieser neuen körperlichen Aktivität. Bei jedem einzelnen Schritt dieses Prozesses verstärken Sie den neuronalen Pfad (die Myelinisierung), bis er selbst zur Belohnung wird. Sie verbrennen Kalorien, kräftigen Ihre Muskeln, erhöhen Ihre Herzfrequenz durch aerobes Training und Ihre Gelenke werden biegsamer. Sie sitzen weniger und fühlen sich nach jedem Training großartig. Schließlich (wie lange das dauert, ist von Person zu Person unterschiedlich) müssen Sie über diesen Ablauf nicht länger nachdenken – Ihr Unbewusstes hat die Kontrolle übernommen. An diesem Punkt haben Sie die alte Verhaltensschleife erfolgreich mit einem neuen, effektiveren Code überschrieben. Das ist die Macht der Myelinscheiden, die sich um Ihre neuronalen Pfade legen.

Meine Kommilitonen und ich brauchten eine Weile, bis wir beim Schießtraining die schlechten Techniken ablegten, die durch häufiges Schießen nach einer gut gemeinten, aber doch schlechteren Ausbildung verstärkt worden waren. Wir schossen häufig schlechter als jene angehenden Agenten, die keine solche Ausbildung gemacht hatten. Wir mussten alles ganz neu lernen und jede Bewegung durch konzentriertes Üben neu myelinisieren.

Man gab uns rot lackierte Trainingswaffen, mit denen wir in unserer Unterkunft üben konnten. Wir sollten keinesfalls den Abzug betätigen. Wir übten nur, die Waffe aus dem Holster zu ziehen.

Dabei lernten wir, mit einer fließenden Bewegung das Jackett zu öffnen, dessen Front mit dem Ellbogen des Schussarms beiseitezuschieben, dem Feind die Schmalseite des Körpers zuzukehren (um ein kleineres Ziel abzugeben), sich leicht nach vorne zu beugen und den Griff so zu umfassen, dass der Daumenballen die Waffe stabilisiert. Dann wird die Waffe aus dem Holster gezogen, die Kimme auf Augenhöhe angehoben, 35 Zentimeter vor dem Gesicht. Der Waffenarm ist im Ellbogen leicht gebeugt, um den Rückstoß abzufedern. Die zweite Hand umfasst die Schusshand seitlich, um sie zu stabilisieren. Und bei all dem liegt der Zeigefinger noch nicht mal am Abzug der Waffe.

Anfangs war es schon schwierig, die Waffe überhaupt aus dem Holster zu ziehen, denn diese war ganz anders als jene, die ich bislang benutzt hatte. Wir übten jede einzelne Bewegung eine Stunde lang ein, in extremer Zeitlupe. Dann wurden die einzelnen Bewegungen aneinandergefügt. Schließlich übten wir rein auf Schnelligkeit. Am Ende wurde aus der fließenden Bewegung auch eine schnelle, bis wir die ganze Abfolge in weniger als einer Sekunde hinbekamen. Kein Zögern, kein Herumfummeln. Und es gab keine andere Art, die Waffe zu ziehen – nur die FBI-Art. Wir konnten uns darauf verlassen, dass wir alle auf diese Weise korrekt ziehen würden, im Regen, im Schnee, im Halbdunkel, im Auto, auf Befehl, bei Verhaftungen, auf dem Boden liegend oder wenn plötzlich ein Zielobjekt auftauchte – immer und überall. Die Übung perfektionierte diese Bewegung. Ein unschätzbares Training – in meinem Fall ein Neutraining, das mich in den 25 Jahren meiner Tätigkeit für das FBI nicht einmal im Stich gelassen hat.

Die Myelinisierung tat ihre Wunder und half uns, schlechte Gewohnheiten abzulegen. Für die Agenten, die noch nie zuvor eine Waffe abgefeuert hatten, legte sie im Gehirn jungfräuliche, starke, schnelle neuronale Pfade von großer Bandbreite an, sodass sie diese so entscheidende Aktion immer und überall richtig ausführen konnten.

Was ich damit sagen will: Konzentrieren Sie sich auf eine Gewohnheit, die Sie ändern oder perfektionieren möchten. Zerlegen Sie diese Gewohnheit in kleine Schritte, die Sie üben und verbessern können. So geben Sie der Myelinisierung Gelegenheit, für Sie aktiv zu werden. Unser Gehirn verfügt, wie wir mittlerweile wissen, über genug Plastizität, um unser Verhalten in jedem Alter zu verändern oder zu perfektionieren. Dieser Prozess vollzieht sich durch gezielte Übung und das Wunder der Myelinisierung.

Beharrlichkeit

Was aber treibt uns dazu, auf die oben beschriebene Weise zu üben? Beharrlichkeit. Es reicht nicht, sich für einen Kurs anzumelden, das Buch zu kaufen, das Webinar zu buchen oder das Video anzugucken, das Ihnen vorführt, wie Sie eine bestimmte Fertigkeit erlernen können. Sie müssen in den Kurs gehen, die Hausaufgaben machen, Ihre Fehler korrigieren und das Buch (wieder und wieder) lesen.

Außergewöhnliche Menschen besitzen diese Beharrlichkeit. Sie legen vielleicht mal eine Pause ein, um nachzudenken, um die Informationen zu verarbeiten, die sie gesammelt haben. Aber sie verlieren ihr Ziel nicht aus den Augen. Sie stolpern vielleicht mehr als nur einmal, aber sie machen weiter. Das tat Thomas Alva Edison, der Tausende – nicht Hunderte – Male scheiterte, als er ohne Erfolgsgarantie an der Erfindung der Glühbirne arbeitete. Schließlich versuchte er, etwas zu erfinden, was es bislang noch nicht einmal ansatzweise gab. Aber er gab nicht auf. Und das Gleiche galt für die Gebrüder Wright – ja, die beiden Fahrradmechaniker, die ohne jede Universitätsausbildung oder Erfahrung im Fliegen Motorflugzeuge erfanden und perfektionierten. Die Welt wird erhellt und Menschen und Güter werden transportiert aufgrund der Arbeit dieser drei Männer, die die Verkörperung von Gewissenhaftigkeit, Selbststudium und vor allem Beharrlichkeit darstellen.

In den letzten 30 Jahren war es James Dyson, der die gleichen Eigenschaften besaß und unbedingt die Welt verbessern wollte. Der stets neugierige Dyson war unzufrieden mit den Staubsaugern der 1970er-Jahre, die bei häufiger Verwendung immer schlechter funktionierten, weswegen man stets neue Staubsaugerbeutel nachkaufen musste. Und so machte er sich daran, wie seine erfinderischen Vorgänger etwas zu ersinnen, was es so noch nicht gab. Er tüftelte, testete, verbesserte und justierte nicht weniger als 5127 Prototypen, bis am Ende der erste Dyson-Staubsauger Produktionsreife erreichte. Heute werden Dyson-Geräte – vom Händetrockner über den Fön bis zum Staubsauger – in aller Welt eingesetzt. Aber dafür gab es lange Zeit keine Garantie, und leicht war es auch nicht. Wir dürfen uns heute über diese ausgereiften Produkte freuen, die Sir James Dyson zum Milliardär machten, weil dieser eine Eigenschaft besaß, die letztlich zum Triumph führen würde – er, Edison und die Brüder Wright besaßen Beharrlichkeit.

So viele Dinge, die wir heute genießen dürfen, wurden entdeckt, geschaffen, verbessert und erneuert von Menschen, die vor den gleichen Herausforderungen standen wie so viele andere. Nur dass sie eben beharrlich bei der Sache blieben.

Nachdem ich Tausende Gespräche geführt habe, kann ich mit Fug und Recht behaupten, dass außergewöhnliche Menschen eine Eigenschaft besitzen, die sie von anderen unterscheidet: ihre Beharrlichkeit.

Der Lohn der Selbstdisziplin

Winston Churchill führte England in seiner dunkelsten Stunde, als das britische Volk mit der größten Gefahr zu kämpfen hatte, die die Welt bis dato erlebt hatte – dem Zugriff von Nazideutschland auf das westliche Europa. Dass Churchill in dieser Zeit zum Führer der Nation wurde, obwohl er als Kriegstreiber und Säbelrassler verschrien war, hat mit einer Entscheidung zu tun, die er mit 21 Jahren traf. Sein Entschluss machte ihn Jahre später zum einzigen Menschen in England, der in der Lage war, die Nation zu retten.

Churchill durchlief eine strenge Erziehung im Elite-Internat Harrow und später an der Militärakademie in Sandhurst. Aber schon bei seinem ersten Übersee-Einsatz in Indien wusste er, dass ihm das nicht genügte. Schon als jungem Mann war ihm klar, dass er in der Politik seines Landes eine bedeutende Rolle spielen würde. Nun war er im Ausland stationiert und hatte unglaublich viel Zeit zur Verfügung. Er las alles, was er in die

Finger bekam. Seine Mutter unterstützte ihn, indem sie ihm ständig neuen Lesestoff schickte. So begann Winston Churchill sein Selbststudium.

Er vertiefte sich zuerst in das Thema »Ethik«, was er vorher noch nie getan hatte. Dann beschäftigte er sich mit den griechischen Philosophen (Sokrates und Platon waren seine Lieblingsautoren), aber auch mit Wirtschaftswissenschaften. Bücher verschlang er geradezu: Edward Gibbons *Verfall und Untergang des römischen Imperiums* oder Thomas Babington Macaulays zwölfbändiges Werk über die Geschichte Englands. Churchill selbst berichtete, er habe immer drei bis vier Bücher auf einmal gelesen, um »Langeweile« zu vermeiden. Er las Adam Smiths *Der Wohlstand der Nationen*, Charles Darwins *Der Ursprung der Arten*, John Bartletts *Familiar Quotations*, Samuel Laings *Modern Science and Modern Thought*, Henry Hallams *Geschichte der englischen Verfassung* und vieles andere mehr. Es war nicht unbedingt der Lesestoff des Durchschnittsbürgers.

Churchill lernte Gedichte auswendig, die er Jahre später auf Kommando wiedergeben konnte. Er entwickelte eine wahre Vorliebe für Worte und wusste um ihre Macht. In seinen Schriften heißt es: »Natürlich ist das *Annual Register* nur wertvoll wegen der darin enthaltenen Fakten. Aber deren Kenntnis gab mir ein scharfes Schwert in die Hand. Macaulay, Gibbon, Platon und so weiter haben die Muskeln trainiert, die es braucht, um dieses Schwert bestmöglich zu handhaben.« Sein Wissen und seine Liebe zu den Worten machten Churchill zu einem außergewöhnlichen Menschen. Und sein außergewöhnlicher Geist rettete England.

Als der Krieg ausbrach, wandte sich das Land an den einzigen Menschen in ganz England, der die nötigen Referenzen, aber auch die Vorbereitung, Ernsthaftigkeit, Entschlossenheit, Stärke und Weisheit besaß – alles, was man von einem Führer in Kriegszeiten erwartete –, um die Herausforderungen eines Weltkriegs zu meistern.

Edward R. Murrow, amerikanischer Kriegsberichterstatter, war in England, als Churchill Premierminister wurde. Er schrieb: »Nun ist die Stunde gekommen, in der er die englische Sprache mobilisieren und in die Schlacht führen kann, als Speerspitze der Hoffnung für Großbritannien und die Welt … Sie erhob die Herzen jener Menschen auf der Insel, die zunächst allein dastanden.« Churchills Gewissheit, die auf Erfahrung und Training fußte und in bemerkenswerten Worten Ausdruck fand, beeinflusste die Engländer und schenkte ihnen Hoffnung. Seine ganz eigene Sprache brachte auch US-Präsident Roosevelt dazu, etwas zu unternehmen, auch wenn es sich dabei zunächst nur um das Leih- und Pachtgesetz von 1941 handelte, das es den USA erlaubte, kriegswichtige Güter an jene Staaten zu liefern, die gegen die Achsenmächte kämpften.

Churchill erwies sich als der Aufgabe gewachsen, weil er als junger Mann von 21 Jahren in Indien sein Selbststudienprogramm durchgezogen hatte. In den mehr als 40 Jahren, in denen er seinem Land diente, studierte, Recherchen durchführte, sich dem Schreiben und seiner intellektuellen Neugier widmete, erwarb er dieses außergewöhnliche Rüstzeug – Wissen, emotionale Stärke und Selbstdisziplin –, das er einsetzen konnte, als England seine dunkelste Stunde erlebte. Das war die Quelle seiner unglaublichen inneren Kraft, die schließlich die Geschicke wendete. Sein beharrliches Studium öffnete ihm den Blick für den Weg durch diese Prüfung, und das zu einer Zeit, als viele seiner Politikerkollegen für Frieden mit Hitler und Mussolini plädierten.

Churchill widmete sich seinem Selbststudium zu einem ganz bestimmten Zweck – er wollte seinem Land bestmöglich dienen. Wann sich dazu die Gelegenheit ergeben würde, konnte er kaum vorhersehen. Aber sind außergewöhnliche Menschen nicht immer bestmöglich vorbereitet? Nicht weil sie die Garantie haben, dass sie ihre Fähigkeiten irgendwann einmal einsetzen können, sondern weil es einfach das Richtige ist.

Selbstdisziplin ist zum einen die Grundlage, zum anderen der Lohn für ein Leben, das man gut und weise lebt. Ich habe diesen Weg eingeschlagen. Genau wie Sie – sonst hielten Sie dieses Buch nicht in der Hand. Während wir unser volles Potenzial entfalten, können wir voneinander lernen, so, wie ich von vielen Menschen gelernt habe. Natürlich können nur Sie selbst Ihrer Zukunft den Stempel aufdrücken und sich jenes einzigartige Rüstzeug beschaffen, das Ihre Ziele und Interessen widerspiegelt. Doch weil wir beide auf dem Weg zur Meisterschaft der Selbstdisziplin sind, möchte ich

Ihnen hier einige Fragen an die Hand geben, die sich mit allen Bereichen beschäftigen, die bisher angesprochen wurden.

Selbststudium

- Gibt es etwas in Ihrem Leben, über das Sie gerne mehr wissen würden? Etwas, das Sie vertieft studieren möchten?
- Brauchen Sie dazu eine formelle Ausbildung? Oder können Sie einfach mehr lesen, Onlinekurse belegen oder von einem Mentor mehr erfahren?
- Haben Sie sich schon mal überlegt, ob Sie es sich erlauben könnten, Kurse zu belegen, einen Expertenrat einzuholen oder Ihr Wissen anderweitig zu erweitern?
- Wenn nicht, setzen Sie sich das als Ziel. Recherchieren Sie, wer Ihnen helfen könnte und wann Sie mit Ihrem Projekt anfangen könnten.
- Welche Gewohnheiten könnten Sie kultivieren, die Ihnen bei Ihrem Selbststudium helfen würden, sodass Sie die Früchte des Lebens reicher als bisher ernten könnten? Vielleicht gönnen Sie sich jeden Tag eine halbe Stunde für Ihre Lektüre. Oder für die Recherchen zu Ihrem Interessensgebiet. Gehen Sie mal ins Museum statt ins Kino. Schauen Sie sich statt Actionfilmen Dokumentationen an. Machen Sie mal Bildungsurlaub. Unterhalten Sie sich mit Ihrem neuen Nachbarn. Bemühen Sie sich um winzige Änderungsschritte, die Ihnen beim Aufbau dieser Gewohnheiten helfen – Gewohnheiten, die Ihr Selbststudium stützen, sodass Sie das Leben in vollen Zügen genießen können.

Emotionale Ausgeglichenheit

- Was tun Sie gewöhnlich, wenn irgendetwas Sie belastet? Ist dies ein sinnvolles oder ein schädliches Verhaltensmuster oder liegt es vielleicht irgendwo dazwischen?

- Haben Sie je in einer Situation überreagiert, sodass Sie am Ende damit alles andere als glücklich waren? Wenn dies des Öfteren vorkommt, sollten Sie sich für Sie passende Strategien überlegen, die Ihnen helfen, auf ausgewogenere Weise zu reagieren.
- Wenn Sie häufig frustriert sind, wütend, niedergeschlagen, deprimiert, gestresst und verängstigt: Haben Sie schon mal überlegt, sich einen Therapeuten oder eine Therapeutin zu suchen? Nichts spricht dagegen, sich in schwierigen Zeiten um professionelle Hilfe zu bemühen.

Gewissenhaftigkeit

- Glauben Sie, Sie könnten sich im Hinblick auf Güte, Verlässlichkeit, Ehrlichkeit und Vertrauenswürdigkeit verbessern?
- Was müssten Sie tun, um in dieser Hinsicht besser zu sein und auch als besser wahrgenommen zu werden?
- Fangen Sie noch heute damit an und sagen Sie sich: »Ich werde das ____________________________
  und das ____________________________
  tun, um mehr ____________________________«
  Und falls Sie denken sollten, dass Sie perfekt sind: Fragen Sie andere, worin Sie sich verbessern könnten.

Ohne Schranken

- Wo erkennen Sie Grenzen, die andere Ihnen gezogen haben und die Ihre Fähigkeiten und Ihr Potenzial einengen?
- Gehen Sie einfach raus und tun Sie, was Ihnen wichtig ist.

Dämonologie

- Wie sehen Ihre Dämonen aus? Oder anders gesagt: Was sind Ihre Schwächen? Erstellen Sie davon eine Liste.

- Wenn Ihre Dämonen Sie stören oder beeinträchtigen, was können Sie tun, um mit ihnen besser fertigzuwerden? Welche Strategien könnten Sie zu diesem Zweck einsetzen?
- Gehen Sie Ihre Liste des Öfteren durch. Hat sich etwas verändert?
- Wie möchten Sie gesehen werden? Notieren Sie Ihre Antwort jetzt sofort auf diesen Zeilen:

  ____

  ____

  ____

- Und nun führen Sie Ihr Leben so, als wäre es Ihnen mit Ihren Vorsätzen wirklich ernst.

Selbstdisziplin

- Auf welchen Gebieten fehlt es Ihnen an Disziplin? (Auch hier gilt: Wenn Ihnen dazu nichts einfällt, fragen Sie jemanden, der Sie gut kennt, in welchen Situationen Sie sich in puncto Disziplin verbessern könnten.)
- Wie würden Sie das Schritt für Schritt ändern?
- Was wäre ein nachhaltiges Ziel für Sie?
- Würde es einen Unterschied machen, wenn Sie jeden Tag 15 Minuten früher aufstünden? Oder jeden Tag zwei Seiten in einem Buch läsen? Mit einem Kumpel zum Sport gingen? Kleinere Portionen zu sich nähmen? Ein Erfolgstagebuch für jene Ziele führten, die Sie sich gesetzt haben? Regelmäßig Ihr Bett machten, das Wohnzimmer aufräumten oder die Küche? Die Schubladen besser sortierten? Fangen Sie mit kleinen Schritten an.

Ordnung und Prioritäten

- Welcher Ihrer täglichen Aktivitäten sollten Sie eine höhere Priorität einräumen?

- Fangen Sie mit Ihrer »Täglichen Aktionsliste« an. Schreiben Sie Ihren Namen in dicken Lettern über die Karteikarte. Das ist der Vertrag, den Sie täglich mit sich selbst schließen.
- Auf Ihrer »Täglichen Aktionsliste« für heute schreiben Sie auf, was Sie heute erreichen wollen.
- Führen Sie Ihre »Tägliche Aktionsliste« eine Woche lang, einen Monat, ein Jahr. Überprüfen Sie nach jedem dieser Zeiträume, ob dieser Trick etwas daran ändert, wie viel Sie jeden Tag auf die Reihe bekommen.

Übung, Übung, Übung (Myelinisierung)

- Überlegen Sie sich, in welchen Dingen Sie besser werden möchten. Präsentationen halten? Rückwärts einparken? Ihr Sprungwurf, Ihr Torschuss, Ihre Schwimmtechnik? Verlangsamen Sie den entsprechenden Gesamtablauf so weit wie möglich, bis Sie einzelne Komponenten ausmachen können. So kommen Sie auf kleine Schritte, die Sie einzeln üben. Gehen Sie nicht zum nächsten Schritt über, bevor Sie den vorangehenden nicht perfekt beherrschen. Am Ende können Sie dann an der Schnelligkeit des Bewegungsablaufs arbeiten.
- Wenn Sie Angst vor öffentlichen Vorträgen haben, üben Sie, wie Sie selbstsicher das Podium betreten. Stellen Sie Augenkontakt her, halten Sie kurz inne, um sich zu orientieren. Warten Sie, bis das Publikum sich an Sie gewöhnt hat. Fangen Sie dann mit einem einfachen »Guten Tag« an. Diesen Ablauf üben Sie wieder und wieder, bis Ihr Gang und Ihre Haltung vollkommene Selbstsicherheit ausstrahlen. Oder wie Dame Helen Mirren einmal sagte: »Die schwierigste Aufgabe eines Schauspielers ist es, die Bühne oder die Szene zu betreten.« Arbeiten Sie daran.

Beharrlichkeit

- Haben Sie etwas aufgegeben, was Sie wirklich gerne gemacht haben? Zum Beispiel: Tagebuch schreiben, Sport treiben, mit Freunden in Kontakt bleiben, aktuelle Ereignisse verfolgen, sich freiwillig engagieren, Ihre Arbeitsleistung oder die familiären Beziehungen verbessern, mehr Geld sparen? Was auch immer es ist, widmen Sie sich dieser Aufgabe wieder, und sei es nur für 15 Minuten täglich. Oder tun Sie täglich einen kleinen Schritt in diese Richtung.
- Beharrlichkeit zeigt sich nicht in großen Schritten, nach denen Sie unweigerlich an Schwung verlieren. Beharrlichkeit bedeutet, dass Sie langfristig dranbleiben. Oder wie eine berühmte Persönlichkeit einmal sagte, dass sich selbst das größte Schiff einmal um sich selbst drehen lässt, wenn du das Steuerruder nur um ein Grad bewegst.
- Pausen sind in Ordnung, aber lassen Sie sich nicht ablenken. Kehren Sie danach zu Ihrer Aufgabe zurück.

Albert Einstein war ein kluger Mann. Er sagte: »Versuchen Sie nicht, ein erfolgreicher Mensch zu sein, sondern ein Mensch, der sich für seine Werte starkmacht.« Selbstdisziplin heißt nicht, dass Sie alles richtig machen und kurzfristig Erfolg haben. Das ist Glück, keine Selbstdisziplin. Selbstdisziplin entsteht, wenn Sie Tage, Wochen, Monate und Jahre arbeiten, nachdenken, studieren und sich das zur Gewohnheit machen. Sie entsteht, wenn wir dranbleiben, obwohl wir Fehler gemacht haben. Wenn wir – symbolisch gesprochen – unser Bett so machen, wie es sich gehört. Wenn wir jeden Morgen unsere Füße in den Startblock stellen. Wenn wir den Atem anhalten und tief eintauchen, auch wenn wir nicht sicher sind, ob wir es schaffen werden.

Selbstdisziplin zu entwickeln und zur Gewohnheit zu machen ist einer der grundlegendsten und lohnendsten Wege, um sich selbst Wertschätzung zu erweisen. Sie sind nie zu alt, um die Kunst der Selbstdisziplin zu erlernen. Wenn Sie Selbstdisziplin über sich selbst erlangen, meistern Sie unzählige andere Aspekte Ihres Lebens – vom Geist über den Körper bis hin zu Ihren edelsten Absichten.

Die einzelnen Schritte hin zur Selbstdisziplin sind nicht immer leicht, vor allem im Auf und Ab unseres Alltags. Aber das macht die Anstrengung und den Sieg am Ende umso kostbarer. Das Schöne an der Kunst der Selbstdisziplin ist ja, dass sie Ihnen nicht auf dem Silbertablett serviert wird. Sie müssen sich ihre Früchte vielmehr Tag für Tag verdienen. Haben Sie es jedoch erst einmal zur Meisterschaft gebracht, kann Ihnen niemand dieses Verdienst mehr wegnehmen. Diese Mission kann Ihr ganzes Leben verändern. Und wenn Sie sich darauf einlassen, geschieht etwas noch Bemerkenswerteres.

Die Kunst der Selbstdisziplin sichert Ihnen das Vertrauen, die Kooperation und Bewunderung anderer Menschen – sie ist das wichtigste Instrument, auf das Unternehmer setzen können, und das mit dem größten Return on Investment. Niemand sagt schließlich: »Ich möchte so sein wie der größte Durchschnittsmensch, den ich kenne.« Wir halten Ausschau nach außergewöhnlichen Menschen, damit wir ihnen nacheifern können. Wir suchen nach Menschen, die sich selbst meistern, weil sie uns dazu inspirieren, unser Leben zu verbessern. *Das* ist echte Macht. Das ist es, was außergewöhnlich zu sein bedeutet. Und all das beginnt mit der Kunst der Selbstdisziplin.

KAPITEL 2

Beobachtungsgabe

Sehen, was zählt

Schulen wir uns darin, die Bedürfnisse, Vorlieben, Absichten und Wünsche anderer ebenso zu erkennen wie ihre Ängste und Sorgen, so befähigt uns das, schnell und genau Menschen und Situationen zu lesen. So verfügen wir über die erforderliche Klarheit, um das zu tun, was in der jeweiligen Lage am angemessensten und effektivsten ist.

Sie sehen wohl, aber Sie beobachten nicht.

Sherlock Holmes, *Ein Skandal in Böhmen*

Die Cessna 150 hatte gerade eine Höhe von 760 Metern erreicht, wie ich vom Höhenmesser ablesen konnte. Ich genoss die Aussicht aus dem Cockpit, als Bob Lloyd, mein Fluglehrer, mir mit seinem Klemmbrett eins überzog.

»Wo sind wir jetzt relativ zum Flughafen?«, bellte er.

Ich spähte nach dem Flughafen. Wieder traf mich das Klemmbrett.

»Was ist unser Kurs?«

Mein Blick flog übers Armaturenbrett, wo ich den Kurskreisel suchte. Wieder das Klemmbrett.

»Dein Motor hat sich gerade ausgeschaltet«, verkündete Bob und schaltete absichtlich die Vergaservorwärmung aus – was unsere Maschine in ein schweres, ineffizient gleitendes Flugobjekt verwandelte. »Wo kannst du jetzt eine Notlandung hinlegen? *Jetzt sofort!*«

Bob zog wiederholt die Maschine nach links und rechts, während er den Sprechfunk des Opa-locka-Flugplatzes voll aufdrehte. Im winzigen Cockpit der schlingernden Maschine hallte das Stakkato der Durchsagen an alle Flugzeuge wider, die sich gerade im Landeanflug befanden.

Während ich noch versuchte, mich mitten in dem Krach und den schwindelerregenden Trudelbewegungen daran zu erinnern, was in einer solchen Situation getan werden musste, drückte Bob mir das Mikro in die Hand und sagte: »Setz einen Notruf ab! Was wirst du der ATC [Air Traffic Control; Flugsicherung] sagen?«

Er hätte mir genauso gut einen Ziegelstein in die Hand drücken können, denn mittlerweile befand ich mich in einem Zustand, in dem ich zu nichts zu gebrauchen war. Ich schwitzte, in meinem Kopf drehte sich alles, mir war leicht übel, meine Brustmuskeln hatten sich verkrampft und mein Herz hämmerte wie wild gegen den Schultergurt. Ich konnte nicht einmal die wenigen Worte herauspressen, die fast jeder Mensch kennt: »Mayday, Mayday, Mayday!« Ich erinnerte mich nicht mal an unsere Luftfahrzeugkennung – dabei hätte ich sie ganz einfach vor mir vom Armaturenbrett ablesen können.

Wie jeder gute Fluglehrer hatte Bob Lloyd mich mit einer komplexen Notsituation konfrontiert: eine Reihe angstauslösender Vorkommnisse, die meine Fähigkeit testen (und schärfen) sollte, unter Stress zu beobachten, zu denken und zu handeln. Er prüfte, ob ich fähig war zu fliegen, zu navigieren und zu kommunizieren – oder wie Piloten sagen: *to aviate, navigate, commmunicate.*

»Wenn du Pilot werden willst, dann musst du selbst in bewusstlosem Zustand noch wissen, wo du dich gerade befindest, wohin du fliegst, was dir hier oben passieren kann und wo du jederzeit einen Platz zum Landen findest«, brüllte Bob und übertönte dabei mühelos den Fluglärm des Lycoming-Motors, während er die Kontrolle übernahm und volle Kraft voraus steuerte. »Du brauchst ständig die volle situative Wahrnehmung!«

Und er warf mir diese Vokabel noch zwei weitere Mal an den Kopf, jedes Mal lauter, während er das Funkgerät leiser stellte. »Situative Wahrnehmung! Situative Wahrnehmung! Du musst *wissen*, wo du bist. Du musst *wissen*, was um dich herum vorgeht.«

Als ich diese Worte von Bob Lloyd zum ersten Mal hörte, war ich noch in der Highschool und gerade mal in der elften Klasse. Doch ich sollte sie nie vergessen. Sie wurden für mich zur Mahnung, zur Herausforderung, zum Mantra und auch zu einer Metapher: sich stets gewahr sein, stets zu wissen, was in jeder Situation um einen herum vorgeht, vor allem, wenn es Spitz auf Knopf steht. Damals war mir nicht bewusst, dass ich, während ich schwitzte und versuchte, mich nicht ins Cockpit zu übergeben, eine wichtige Unterscheidung lernte: Sehen und Gewahrsein sind zwei Paar Schuhe. Um sich einer Situation gewahr zu sein, müssen Sie beobachten. Und wenn Sie im Leben Erfolg haben wollen, ob nun als Vater oder Mutter, als Partner, in einer anspruchsvollen beruflichen Tätigkeit oder als Führungspersönlichkeit, müssen Sie exakt beobachten können. In diesem Kapitel werden wir die Kunst der Beobachtung in lauter kleine Schritte zerlegen. Wir werden untersuchen, inwiefern diese Gabe dazu beiträgt, dass Sie Außergewöhnliches leisten. Und Sie werden Übungen kennenlernen, die Ihnen helfen, Ihre Beobachtungsgabe zu schulen und diese angeborene Fähigkeit optimal zu nutzen.

Beobachtung: Wie aus Informationen Einsichten werden

Wir alle schauen. Ständig. So gehen wir durchs Leben. Wir gucken, ob wir sicher über die Straße kommen … ob wir einen Schirm mitnehmen sollen … welche Schlange im Supermarkt sich am schnellsten verkürzt … was unser Nachbar macht. Wir schauen also den lieben langen Tag.

Das Schauen ist eine passive Erfahrung, die zwar nützlich ist, die uns aber keineswegs vollständig Aufschluss über eine Situation gibt. Das Beobachten hingegen ist eine aktive Tätigkeit. Sie erfordert Anstrengung – aber die Erkenntnisse, die wir so bekommen, sind aussagekräftiger und nützlicher.

Wenn Sie beobachten, dekodieren Sie die Welt um sich herum in Echtzeit, und zwar auf allen Ebenen der sinnlichen Wahrnehmung. Wenn Sie beobachten, sind sämtliche Sinnesorgane aktiv – vor allem natürlich Ihr Gesichtssinn, aber Sie horchen auch auf Geräusche, Töne und Worte; Sie »wittern« Gerüche; Ihre Haut erzählt Ihnen alles über Temperatur und Wind; die Millionen Neuronen in Ihrem Darm schicken Signale an Ihr Hirn über Ihre Ganzkörperwahrnehmung der Umgebung – ein außergewöhnlicher, nicht abreißender Strom der unterschiedlichsten Eindrücke, die uns wichtige Informationen liefern. Diese Eindrücke erzeugen auf bewusster wie auf unbewusster Ebene ein 3-D-Bild der Lage, eine nuancierte Wahrnehmung jeder Situation. Passanten gehen auf der Straße an Ihnen vorbei, und Sie bemerken ihre Hände: Manche verbergen sich in Taschen, andere tragen etwas, wieder andere kleben fast am Körper, manchmal schwingen sie auch im Takt der Schritte. Sie nehmen wahr, wer müde aussieht, wer sich nur mit seinem Handy beschäftigt, wer angespannt oder aufmerksam wirkt. Sie registrieren, wer es eilig hat, wer etwas abliefern will oder wer Zeit totschlagen möchte. Sie sehen, was die Menschen anhaben, und das sagt schon einiges über sie aus: Der eine trägt einen Blaumann, die andere ein Nadelstreifenkostüm. Manche Leute signalisieren mit ihrer Kleidung, welchen Sport sie lieben und welches Team sie unterstützen. Bei anderen erkennt man, ob sie sich von der Mode beeinflussen lassen oder ob sie auf soziale Normen pfeifen.

Im Restaurant bemerken Sie die Teenies am Nebentisch, die den Blick kaum vom Handy lösen können, während die Eltern beim Kellner die Bestellung aufgeben. Sie wissen, welche Bedienung im Stress ist und kaum den Wünschen ihrer Gäste nachkommen kann.

Im Supermarkt richten Sie Ihren Blick auf ein in Plastik verpacktes Hähnchen und haben das Gefühl, dass es nicht mehr ganz frisch ist. Also prüfen Sie genauer und beschließen, es lieber liegen zu lassen.

Sie sehen nicht einfach nur, wie Ihre Nachbarin ins Auto steigt und in die Arbeit fährt. Sie bemerken, wie sie das tut. Langsamer als üblich? Ging sie vielleicht gebückt?

Das sind die Unterschiede zwischen Schauen und Beobachten.

Die Welt sendet uns ständig Informationen. Die wirklich scharfsinnigen Menschen – die außergewöhnlichen – nehmen sie auch interessiert auf.

Vielleicht denken Sie jetzt: *Wie soll das gehen, wo ich sowieso schon unter Reizüberflutung leide?*

Da gibt es durchaus Mittel und Wege. Anfangs ist ein bisschen Training nötig, um die eigene Beobachtungsgabe zu schärfen und alle damit verbundenen Fähigkeiten zu entwickeln – aber eben dabei will dieses Kapitel Ihnen helfen. Und ich verspreche Ihnen: Mit der Zeit wird die Sache deutlich einfacher.

Die Welt ist voll von Menschen, die nicht die geringste Spur von situativer Wahrnehmung besitzen. Achten Sie nur mal darauf, wie Menschen aus Aufzügen oder Flugzeugen steigen. Sie bleiben erst einmal abrupt stehen – weil sie auf jemanden warten, ihr Smartphone auf Textnachrichten checken oder den Blick schweifen lassen, wo es langgeht – mit dem Effekt, dass alle Nachfolgenden um sie herumgehen müssen, um ihren Anschlussflug zu erwischen oder die Treppe nicht zu blockieren.

Auf YouTube gibt es Tausende Videos von Leuten, die vor lauter Unaufmerksamkeit gegen eine Glastür oder eine Parkuhr rennen oder sogar einem Bären in die Arme laufen und was es dergleichen Missgeschicke noch gibt. Wir lachen darüber, wir lachen auch über uns selbst, wenn uns so etwas passiert. Aber dieser Mangel an Achtsamkeit hat ernsthafte Konsequenzen. Viele Autounfälle sind passiert, weil einer der Fahrer mit seinem Handy Textnachrichten schrieb. Deswegen beschlagnahmt die Polizei mittlerweile bei Verkehrsunfällen oft die Handys der Beteiligten.

Was steht hinter derartiger Gedankenlosigkeit? Eine schnelllebige Gesellschaft? Reizüberflutung? Unser neurologisches Bedürfnis nach Neuem, das früher durch die Veränderungen in unserer Umgebung befriedigt wurde, sich heute aber ausschließlich auf digitale Reize richtet? Vermutlich spielen all diese Gründe und noch ein paar mehr zusammen.

Es scheint auf den ersten Blick unlogisch, doch Beobachtung – nicht bloßes Schauen – ist letztlich ein höchst wirksames Gegengift gegen Reizüberflutung, weil es uns zwingt, das blinkende, ablenkende, überwältigende weiße Rauschen des Lebens auszufiltern, damit wir uns auf jene Informationen konzentrieren können, die uns einen tieferen Einblick ermöglichen. Das ist letztlich die Essenz von Daniel Kahnemans außerordentlichem Buch *Schnelles Denken, langsames Denken.* Wenn wir beobachten, schärfen wir unser Auge für die Informationen, die unseren Zwecken am besten dienen. Daher kommt es nicht zur Reizüberflutung, wenn Sie beobachten, denn dann genügt schon ein kurzer Blick, um alles zu wissen, was Sie wissen müssen – weil Sie wissen, wonach Sie Ausschau halten müssen.

Eine gute Beobachtungsgabe schützt uns auch davor, in komplexen Situationen unsere Handlungsfähigkeit einzubüßen – so wie ich damals im Cockpit der Cessna. Denn mit einer guten Beobachtungsgabe verlieren Sie auch unter Druck nicht die Nerven, da Sie die entscheidenden Faktoren in einer Situation sicher erkennen und angemessen darauf reagieren.

Und schließlich ermöglicht eine gute Beobachtungsgabe uns, angemessen und produktiv zu handeln. Sie können besser auf die Bedürfnisse anderer eingehen, während Sie gleichzeitig die Aspekte verfolgen können, die Ihnen wichtig sind.

Ob Sie nun Vater oder Mutter sind, Lehrer, Manager oder Angestellte: Mangelt es Ihnen an Beobachtungsgabe, sobald die Umstände dies erfordern, dann sind Sie wie der junge Pilot in der Ausbildung – echt im Nachteil, wenn es rundgeht und die Lage unübersichtlich wird. Die Folgen können vielfältig sein: Unannehmlichkeiten, peinliche Situationen, mangelnde Pflichterfüllung oder Gefährdung von Menschenleben, Unternehmen, Organisationen oder der eigenen Person. Ohne Beobachtungsgabe können wir weder uns noch andere führen; wir verstehen Veränderungen nicht; wir erkennen die Bedürfnisse, Wünsche, Neigungen, Absichten, Vorlieben, Sorgen und Ängste anderer Menschen nicht. Ellen DeGeneres wurde 2020 angegriffen, weil sie übersah, was den Gästen in ihrer Show – zum Beispiel dem Schauspieler Brad Garrett – sehr wohl auffiel: dass sich rund um ihre Sendung ein toxisches Arbeitsumfeld aufgebaut hatte. In der Folge war DeGeneres gezwungen, sich öffentlich bei ihren Mitarbeitern zu entschuldigen. Diese Erfahrung sollte Managern in aller Welt als Lehrstück dienen: Es zeigt, was passieren kann, wenn wir es versäumen zu beobachten, was sich in unserer Umgebung abspielt.

Die gute Nachricht ist, dass wir alle eigentlich geborene Beobachter sind. Wir verlieren nur den Kontakt zu dieser Gabe, wenn wir erwachsen werden und das Leben mit all seinen Anforderungen unsere ganze Aufmerksamkeit beansprucht. Aber es gibt wirklich genug wissenschaftliche Studien, die belegen, dass wir unser Gehirn verändern können, wenn wir wieder mehr beobachten. Unser Gehirn ist dieser Herausforderung nicht nur gewachsen, es ist für solche neuroplastischen Veränderungen wie geschaffen.

Neuroplastizität ist das mittlerweile sehr bekannte Phänomen, dass das Gehirn ständig neue neuronale Pfade anlegt und das Netz von Pfaden und Verbindungen so einrichtet, dass wir nicht nur Neues lernen können, sondern dies obendrein noch schneller tun. Je mehr Aufgaben wir unserem Gehirn stellen, je mehr wir es neuen Erfahrungen aussetzen, desto effizienter arbeitet es daran, neue synaptische Verbindungen zu erzeugen und diese zu verstärken. Je mehr wir also unsere Umwelt beobachten und dekodieren, desto leichter fällt uns das.

Oder wie der berühmte spanische Neurologe Santiago Ramón y Caja sagt, der als einer der ersten Forscher am Thema »Neuroplastizität« arbeitete: »Jeder Mensch kann, wenn er dies will, zum Bildhauer seines eigenen Gehirns werden.«

Wir können diese Verbindungen aktivieren und verstärken und schaffen so die notwendige Infrastruktur, um umfassender und schneller zu beobachten. Und genau diese Fähigkeit ist für den Erfolg und den Einfluss außergewöhnlicher Menschen zentral. Und das ist noch längst nicht alles.

Die Kunst der Beobachtung zu beherrschen, bereichert unser Leben und wertet unsere Arbeit und unsere Beziehungen auf. In welchem Beruf auch immer Sie tätig sind, Sie werden feststellen, dass bessere Beobachter gewöhnlich erfolgreicher sind, weil ihre Gabe ihnen erlaubt, Dinge zu sehen, die anderen nicht auffallen – das ist es, was diese Menschen auszeichnet.

Eine angeborene Fähigkeit zurückerobern

Von dem Augenblick an, da wir aus dem Mutterleib in die Welt entlassen werden und dem Blick eines anderen Menschen begegnen, werden wir zu Beobachtern. Das Auffälligste im Gesicht eines Babys sind seine Augen. Wenn diese sich aufs Gesicht der Eltern richten, sammelt es Informationen und füttert damit das faustgroße Areal im Gehirn, das wir als *visuellen Kortex* bezeichnen. Wann immer das Baby wach ist, folgt sein Blick den Bewegungen, die es wahrnimmt, und baut dabei neuronale Verbindungen auf. Mit der Zeit lernt das Baby, selbst die feinsten Nuancen in Gesichtern zu erkennen. Innerhalb weniger Monate kann so ein Kleinkind Personen unterscheiden und ahmt Verhaltensweisen wie das Runzeln der Stirn nach, wie die berühmte Kinderpsychologin Ellen Galinsky in ihrem Buch *Mind in the Making* schreibt. Kinder können in diesem frühen Alter bereits die Stimmung anderer Menschen richtig einschätzen.

Von da an wird die Grundlage für die Verarbeitung visueller Informationen gelegt, die sich stetig verbessert, wenn wir aktiv und neugierig bleiben. Neue Synapsen werden gebildet und verstärkt, andere werden eliminiert. Anders ausgedrückt: Wenn wir unser Gehirn brachliegen lassen, wenn wir nicht den unterschiedlichsten Erfahrungen ausgesetzt sind, lösen sich diese Verbindungen aus ökonomischen Gründen wieder auf. Je mehr wir unserem Gehirn zu tun geben, desto größer ist die Anzahl der neuronalen Verbindungen. Je weniger es zu tun hat, desto mehr neuronale Pfade verschwinden praktisch ganz.

Unsere Augen sammeln zwar Unmengen von Informationen, jedoch sind sie keineswegs unser einziges Organ, das Input aufnimmt. Da wir als

Babys kaum Kontrolle über den eigenen Körper haben, ist es die Hauptbeschäftigung unserer wachen Stunden, unsere Sinnesorgane zu beschäftigen. Daher stecken Babys auch alles in ihr unbestreitbar zweitwichtigstes Sinnesorgan: den Mund, der sich sogar für Zehen interessiert. Wir kennen die Gesichter unserer Eltern und fangen an, sie mit Gefühlen zu assoziieren, mit einer Stimme und deren Tonfall und mit Gerüchen. Noch im Mutterleib lernen Babys im dritten Trimester der Schwangerschaft, die Prosodie der mütterlichen Stimme zu erkennen – ihren Rhythmus, ihre Melodie, ihre Kadenz, ihren Akzent. Wenn die Kinder dann zur Welt kommen, ahmt ihr Weinen die mütterliche Stimmmelodie nach. Daher weint ein deutsches Baby anders als ein französisches. Ein Kind bildet noch im Mutterleib die Synapsen aus, die ihm helfen, in seinem unmittelbaren Umfeld zu überleben.

Der Drang zu überleben und zu gedeihen ist es auch, der uns die übrigen Sinnesinformationen nutzen lässt. Der Riechkolben, eine entwicklungsgeschichtlich alte Formation unseres Gehirns, entdeckt den spezifischen Geruch der mütterlichen Haut. Der Nacken, der Warzenhof und die Brustwarze strömen unterschiedliche Gerüche aus, die das Baby mit Geborgenheit und Nahrung assoziiert. Sein Mund, der voller Nervenenden steckt, registriert die Wärme der mütterlichen Haut und den Geschmack ihrer Milch. Die winzigen Finger und Hände – die ständig greifen, ziehen und drücken – sammeln taktile Eindrücke, die das Kind mit den Wangen der Eltern oder der Sahne auf dem Geburtstagskuchen in Verbindung bringt.

Dieser Prozess von intensiver Beobachtung, synaptischer Verbindung und neurologischer Verstärkung setzt sich fort, während wir heranwachsen. Das Kleinkind jagt einen Schmetterling durch den Hof oder ein immer viel zu flinkes Eichhörnchen. Eine entsorgte Schachtel wird mit ihren exakt geformten Ecken und Kanten zum faszinierenden Gegenstand forschender Neugier.

Wenn wir dann in die Schule kommen, haben wir die Menschen in unserem Umfeld so lange beobachtet, dass wir genau sagen können, wer nett ist und wem man besser aus dem Weg geht. Unsere Beobachtungen haben uns gezeigt, wer zu unserer Gemeinschaft gehört – die sich anfangs auf die Familie beschränkt, aber langsam größer wird, während wir in die Welt hineinwachsen und Freunde gewinnen.

Auch wenn wir lernen, neue Dinge einüben, uns ein Hobby zulegen oder eine Sportart erlernen, beobachten wir exakt. Richten wir unseren Blick auf eine uns liebe Person oder ein Baby, gehen wir unbewusst vom bloßen Schauen in den Beobachtungsmodus über. Wir bemerken all die anziehenden Facetten dieses Gesichts: die zauberhaften Augen mit ihren vor Interesse geweiteten Pupillen, die Falten, die Farbe und die Poren der Haut. Denn was tun wir eigentlich, wenn wir beobachten? Wir nehmen alle Informationen über dieses hochgeschätzte Wesen in uns auf, damit wir später sofort erkennen, ob das geliebte Wesen krank, besorgt oder wütend ist oder einfach unsere Aufmerksamkeit braucht. Unsere Beobachtungsgabe bereitet uns auf die Verantwortung außergewöhnlicher Menschen vor, die darin besteht, Mitgefühl zu haben und sich um andere zu kümmern.

Unsere Jäger-Sammler-Vorfahren haben ihre Umgebung genauestens beobachtet. Sie wussten, wo genau sie in jedem Augenblick waren, wo die nächste Wasserstelle war, wo sie den Fluss überqueren konnten, wo Heilpflanzen wuchsen, wo sich jagdbare Wildtiere aufhielten und wo es Beeren, Nüsse, Wildgetreide und Honig gab. Sie wussten, wo Gefahren lauerten, und hatten mögliche Verstecke vor den einzelnen Beutegreifern auf dem Radar. Sie suchten ihren Weg nach frischen Spuren ab, nach merkwürdigen Bewegungen im Gebüsch, nach Pfotenabdrücken, und sie registrierten, wenn im unmittelbaren Umfeld Tiere Warnrufe ausstießen. Nachts orientierten sie sich an den Sternen oder an Pflanzen, die ihre Haut streiften. Ihre Nasenlöcher waren stets geweitet, damit sie den moschusartigen Geruch, die Duft- und Urinmarken von Tieren wahrnehmen konnten. Damit verfügten sie über Informationen, die ihnen die Augen nicht geben konnten, die sie aber warnten, wenn sie durch Gebiete zogen, die ihnen menschenfeindlich erschienen.

Tief im Regenwald des Amazonas gibt es immer noch Menschen, die auf diese Art leben, unberührt von der modernen Welt, aber auf wunderbare Weise an ihr spezielles Habitat angepasst und damit vertraut. Für sie ist eine gute Beobachtungsgabe überlebenswichtig. Würde man sie aber danach fragen, würden sie mit Sicherheit antworten, dass all diese Informationen nicht schwer zu bekommen seien, wenn man weiß, wonach man sucht. In gewisser Weise haben sie – wie Santiago Ramón y Caja sagte – ihr Gehirn bildhauerisch so aufgebaut, dass es ihren speziellen Bedürfnissen gehorcht.

Man muss sich nur einmal die Höhlenmalereien ansehen, die sich in ganz Europa finden und teils auf ein Alter von 44 000 Jahren geschätzt werden (die Höhlen von Lascaux und Chauvet in Frankreich sowie die Altamira-Höhle und weitere Höhlen in der spanischen Provinz Kantabrien). Die Tiere sind mit einer erstaunlichen Detailgenauigkeit dargestellt. Die frühen Künstler vermochten dies nur, weil sie unter den Tieren lebten und ihre Bewegungen, ihre Muskulatur, ihre Verhaltensmuster kannten. Voller Ehrfurcht sahen, hörten, berührten, schmeckten und rochen sie diese Tiere. Sie lebten buchstäblich in ihrer Haut. Diese Nähe erlaubte ihnen, die Vitalität und Schönheit der Tiere mit großer Treffsicherheit und Anmut wiederzugeben. Sie erlernten diese Fähigkeiten nicht in der Kunstakademie, sondern in der Schule des Lebens. Ebendiese erlaubt uns den Rückgriff auf etwas, was tief in unser Gehirn eingebettet ist: die Kunst der intensiven, ausgedehnten Beobachtung.

Auch der Zeitbegriff erschloss sich den Menschen nur durch Beobachtung. Die Mayas zum Beispiel beobachteten die Bewegungen der Sterne und Planeten. So entwickelten sie einen Kalender, der genauer ist als der, den Sie und ich heute verwenden.

Die Kunst der Beobachtung steht auch hinter den Fortschritten in Wissenschaft und Medizin. In vielen Teilen der Welt (China, Indien und Afrika) machte man um 1400 die Entdeckung, dass die Viehhüterinnen, die sich mit Kuhpocken ansteckten, später nicht die gefürchteten Blattern bekamen, die zu jener Zeit mehr als 35 Prozent der Infizierten töteten.

Neugier, Beobachtung und Überprüfung der Ergebnisse versetzten diese Menschen in die Lage, sich gegen die tödlichen Blattern zu impfen, indem sie ihre Haut ritzten und sich mit den weniger tödlichen Kuhpocken infizierten. Wir denken immer, das Impfen sei eine moderne Errungenschaft, aber kluge Gesellschaften griffen zu diesem Mittel, lange bevor Christoph Kolumbus die neue Welt entdeckte.

Gründliche Beobachtung gibt uns die größten Chancen auf Fortschritt, Erfindungsreichtum, Innovation, Einsicht und Einfluss. Beobachten, Fragen stellen, forschen, erproben und unsere Umwelt entschlüsseln – so haben wir nicht nur überlebt, sondern sind zur erfolgreichsten Gesellschaft aller Zeiten herangereift.

Und wenn wir nur ein wenig üben, können wir uns diese angeborene Gabe zurückerobern.

Das limbische System und die Achtsamkeit

Wo aber haben Beobachtung und situative Wahrnehmung ihren Ursprung? Sie sagen jetzt vielleicht: in den Augen. Oder in den fünf Sinnen. Ich möchte Ihnen eine andere Antwort vorstellen.

Ich habe schon mehrfach über die großartige Arbeit von Paul Ekman, Joseph LeDoux, David Givens und Gavin de Becker geschrieben. (Sie finden alles darüber in der Bibliografie am Ende dieses Buches.) Diese Forscherpersönlichkeiten haben herausgefunden, dass unsere Gefühle und unsere Reaktion auf die Welt von unserem so unglaublich ansprechbaren limbischen System gesteuert werden – das eher reagiert als denkt. Dessen blitzschnelle Reaktionen sind der Schlüssel zu unserem Überleben.

Die Strukturen, die zum limbischen System gehören – der Thalamus, der Hypothalamus, der Hippocampus und die Amygdala – sind Teil unseres Stammhirns, des entwicklungsgeschichtlich ältesten Teil des Gehirns, das wir mit Reptilien gemeinsam haben. Diese Strukturen nehmen Informationen über die Sinnesorgane auf, speziell durch Nase und Augen. Und sie reagieren auf diese Informationen: Sie beschleunigen den Herzschlag, wenn wir körperlich unter Druck stehen, aktivieren die Schweißdrüsen, damit wir es schön kühl haben, oder lassen uns im Totstellreflex erstarren, wenn wir Gefahr wittern. Das geschieht, ohne dass wir darüber nachdenken müssen. Es handelt sich um einen reaktiven Prozess – was das limbische System so effizient macht und die authentischsten Informationen über uns offenbart.

Das limbische System sorgt dafür, dass wir uns einem Abgrund nur zentimeterweise nähern, statt verwegen an seinen Rand zu treten. Das verbietet uns das limbische System ganz einfach. Ebenso wie es uns plötzlich zur Salzsäule erstarren lässt, wenn wir einen lauten Knall hören – denn eine Bewegung unsererseits hätte den Jagd- und Beißinstinkt von Beutegreifern ausgelöst, vor allem jener Großkatzen, die heute seit Jahrtausenden ausgestorben sind. Die limbischen Reaktionen sind fest in unserer DNA verankert: Kinder, die blind zur Welt kommen, zeigen limbische Reaktionen, obwohl sie diese Verhaltensweisen nie gesehen haben. Unsere Bedürfnisse, Gefühle, Gedanken und Absichten werden vom limbischen System verarbeitet und drücken sich in unserer Körpersprache aus. Diese Reaktionen sind unmittelbar, zuverlässig, lange bewährt und universell.

Das limbische System hilft uns, miteinander schweigend zu kommunizieren. Wie wichtig das für unser Überleben war, ist kaum zu unterschätzen. Frühe Hominiden, ja selbst der Homo sapiens, zu dessen Gruppe auch wir gehören, überlebten, indem sie Bewegungen und Geräusche vermieden, wenn Beutegreifer in der Nähe waren. Wenn jemand in der Gruppe eine Löwin erspähte, reichte sein unmittelbar einsetzender Totstellreflex und der ängstliche Blick schon aus, um auch die anderen erstarren zu lassen – auch ohne dass er ein Wort sagte und so das Versteck verriet. Dieses System war so zuverlässig und für unsere Art derart nützlich, dass die nonverbale Kommunikation unser wichtigster Kanal ist, obwohl wir längst sprechen gelernt haben. Wir wählen unsere Freunde aus, signalisieren unsere Gefühle, zeigen unsere Liebe und viele anderen Dinge mehr mit durchweg nonverbalen Mitteln.

Unsere limbischen Impulse zeigen sich – vor allem wenn sie mit Gefühlen wie Wohlbefinden oder Unbehagen, Zu- und Abneigung, Vertrauen oder Misstrauen und Ähnlichem zu tun haben – üblicherweise auf der nonverbalen Ebene, und dies unmittelbar und sehr genau. Wenn wir versuchen, zur Ruhe zu kommen, und jemand macht ein lautes Geräusch, runzeln wir unwillkürlich die Stirn und kneifen die Augen zusammen, um unser Missfallen auszudrücken. Diese unmittelbare mimische Reaktion spiegelt ganz exakt wider, wie wir uns fühlen, und verleiht diesen Gefühlen Ausdruck.

Als ich zum FBI kam, hatte ich solche nonverbalen Signale schon seit mehr als zehn Jahren studiert. Für einen Ermittler ist es von unschätzbarem Wert, wenn er nonverbal in Echtzeit erkennen kann, ob sein Gegenüber zufrieden oder beunruhigt, locker oder angespannt, vertrauensvoll oder misstrauisch ist. Damit hatte man sozusagen ein Panoramafenster mit direktem Blick in den Kopf des Verdächtigen. Ich konnte sehen, welche Fragen den Leuten angenehm waren und welche sie unter Druck setzten. Die meisten Menschen können eine einfache Frage wie: »Wo waren Sie letzte Nacht?« problemlos beantworten. Sie löst gewöhnlich keinen Stress aus. Wer jedoch etwas zu verbergen hatte, der zeigte eine ganze Reihe von Signalen im Gesicht (die Person mahlte mit dem Kiefer oder verzog die Lippen nach unten). Wenn ich diese Signale beobachtete, war es für mich als Ermittler Grund, weiter nachzubohren oder zumindest eine Erklärung zu finden, weshalb die betreffende Person sich unwohl fühlte. Diese nonverbalen Signale gaben mir Antwort auf meine Fragen, noch bevor überhaupt Worte fielen: Die Zunge drückte sich gegen die Wange. Die Lippen wurden aufeinandergepresst. Die betreffende Person schluckte schwer und das Kinn senkte sich – all das machte deutlich, dass die von mir gestellte Frage irgendwie als problematisch empfunden wurde. Für den Ermittler sind diese Signale eine Goldgrube. Das ist ein bisschen so, als würde man nach einem Gewitter einen dunklen Fleck an der Zimmerdecke entdecken – wer diesem Hinweis nachgeht, findet gewöhnlich die undichte Stelle im Dach, durch die es hereintropft.

Diese Kenntnisse sind auf alle Menschen anwendbar, ganz egal, aus welchem Milieu sie stammen. Und weil die Körpersignale für Wohlbefinden oder Unbehagen universell sind und in allen Kulturen eine Rolle spielen, ermöglichen sie dem gewieften Beobachter Einsicht in die Gefühlslage anderer Menschen. Im Geschäftsleben ist dies unverzichtbar. Eine allseits begehrte Brautmodenverkäuferin in London erzählte mir einmal, sie verdanke ihren Erfolg einzig ihrer Fähigkeit, die Körpersprache ihrer Kunden zu lesen. Die Begeisterung einer künftigen Braut für ein bestimmtes Kleid passte manchmal nicht zu dem, was Eltern und erwachsene Geschwister durch ihre nonverbalen Signale enthüllten. Jenes magische Kleid zu finden, das alle bezauberte, hatte viel mit Körpersprache zu tun. Und die Körpersprache zu lesen war keineswegs einfach, da Verbales und Nonverbales einander häufig widersprachen. Zu beobachten, was die ganze Gruppe tatsächlich empfand, half dieser Frau, sich sicher auf dem Minenfeld zwischen persönlichem Geschmack, Modetrends, Familientraditionen und Geldbeutel zu bewegen.

Die universelle Sprache nonverbaler Signale zu beherrschen und so zu erkennen, was andere Menschen denken, ist häufig eine unschätzbare Hilfe. Ein Baby, das bestimmte Nahrungsmittel nicht mag, schürzt sowohl in Großbritannien als auch in Borneo die Lippen und zieht sie dabei manchmal sogar nach unten. Wenn wir schlechte Nachrichten bekommen, pressen wir unsere Lippen auf eine Art zusammen, die diesem ablehnenden Schürzen sehr ähnelt. Wenn wir unseren Flieger verpassen, reiben wir uns instinktiv den Nacken oder die Stirn – was wiederum die Bewegung nachahmt, mit der Eltern ihr Kleinkind beruhigen. Wenn man uns bittet, ein weiteres Wochenende durchzuarbeiten, verengen wir die Augen zu Schlitzen und ziehen die Mundwinkel nach unten, was deutlich Missbilligung signalisiert.

Im Gegensatz dazu zeigen Babys in aller Welt ihre Freude, indem ihre Pupillen sich erweitern, wenn sie die Mutter erblicken. Wenn wir jemanden sehen, den wir wirklich mögen, wölben sich unsere Augenbrauen nach oben (gegen die Schwerkraft), unsere Gesichtsmuskeln entspannen sich und unsere Arme fallen locker herunter. Manchmal strecken wir sie der Person sogar entgegen, was klar auf Zuneigung hindeutet. In Gegenwart eines geliebten Menschen spiegeln wir dessen Verhalten wider (was man Spiegelung nennt). Wir neigen den Kopf und entblößen so den verwundbaren Hals. Unsere Lippen werden stärker durchblutet, wodurch sie voller und wärmer werden. Unsere Pupillen erweitern sich, damit wir von dieser tollen Person oder Situation mehr mitbekommen.

All diese Signale für Wohlbefinden oder Unbehagen offenbaren, wie wir empfinden oder was wir denken – mit einer Präzision, die unser limbisches System über Jahrmillionen perfektioniert hat. Unsere Gesten sind zwar stumm, aber aussagekräftig.

Auch wenn wir unsere Beobachtungsgabe und unsere situative Wahrnehmung im Laufe des Lebens haben verkümmern lassen, so kann es doch keinen Zweifel geben: Die Welt spricht laut und deutlich zu unserem limbischen System, falls wir uns für das Zuhören entscheiden.

Wenn Ihr Mitarbeiter also sagt: »Ja, natürlich kann ich dieses Wochenende arbeiten«, dabei aber die Augen mit den Fingern bedeckt und den Kopf sinken lässt, können Sie sicher sein, dass es da eine unausgesprochene Botschaft gibt. Wie die lautet? Nun, das kann alles Mögliche sein: Vom *Das ist ja eine schöne Überraschung, die meine Pläne fürs Wochenende abschießt* bis hin zu *Ich habe es satt, jedes Wochenende arbeiten zu müssen, während andere es sich gemütlich machen.* Was genau zutrifft, können Sie nicht wissen. Aber klar ist, dass Ihre Frage Unbehagen ausgelöst hat – vor allem, wenn bei der Antwort der Blick verdeckt wurde, was auf massives Unwohlsein hinweist.

Was Sie mit solchen nonverbalen Signalen anfangen, liegt an Ihnen. Wir werden uns damit in den weiteren Kapiteln auseinandersetzen. Für den Augenblick zählt nur, dass Sie es bemerken, wenn das limbische System anderer Unwohlsein signalisiert, vor allem, wenn es im Kontrast zu den geäußerten Worten steht. Weiter unten werde ich Ihnen zwölf solcher Verhaltensweisen vorstellen, die sehr exakt psychisches Unbehagen signalisieren. Solche Anzeichen zu sehen und zu erkennen, verschafft Ihnen einen klaren Vorteil, weil Sie andere besser verstehen und so Problemfelder eher identifizieren können.

Situative Wahrnehmung: Beobachtung trifft auf Erfahrung

Ich verlasse das Haus, um mit dem Hund Gassi zu gehen. Ich sauge die Luft ein. Trocken und frisch. In Florida heißt dies gewöhnlich, dass eine Kaltfront heranzieht.

Ich überquere die Straße, sehe mich nach Autos um und nach anderen Leuten auf der Straße. Weiter unten erkenne ich ein paar Jogger. Im ersten Haus zu meiner Linken brennt Licht. Da ist jemand früher aufgestanden als sonst.

Ich komme an einem alten Volvo vorbei, der nicht vor dem Haus, sondern zwischen zwei Häusern steht. Hmm – merkwürdig. Jeder in unserer Straße parkt gewöhnlich in der Einfahrt. Blätter und Zweige haben sich rund um die Reifen gesammelt. Die Windschutzscheibe ist schmutzig. Auf Vorder- und Rücksitz liegt allerhand Müll. Der Wagen scheint nicht genutzt zu werden. Aber warum steht er dann hier?

Weiter vorne bemerke ich, dass jemand in einem Auto sitzt und den Motor laufen lässt. Im Licht des Handys dieser Person erkenne ich, dass es eine Frau ist. Sie richtet den Blick auf die Vordertür des Hauses, vor dem sie steht, dann wieder auf ihr Handy. Sie sieht mich, wendet den Blick ab. In dem Haus wohnen Kinder im Schulalter. Vielleicht wartet sie, um sie mitzunehmen. Eine Katze hält inne und duckt sich zu Boden, als sie mich sieht. Glücklicherweise entdeckt der Hund sie nicht.

Das ist ein Morgenspaziergang mit situativer Wahrnehmung. Eine situative Wahrnehmung besteht aus drei wesentlichen Komponenten:

1. Wahrnehmung der Umgebung: Was sehen Sie, spüren Sie, riechen Sie, hören Sie usw.?
2. Wahrnehmung dessen, was die Menschen in dieser Umgebung tun
3. Wahrnehmung Ihrer Wissensbasis (Lebenserfahrung, Berufsausbildung, Schule, Selbststudium)

Die ersten beiden Funktionen erschließen wir uns durch Beobachtung. Die dritte stützt sich auf unsere natürliche Neuroplastizität, die vergangene Erfahrungen heranzieht, um die Gegenwart zu verstehen und die Zukunft vorwegzunehmen – alles zur selben Zeit, in der Sie das staubige Auto entdecken. In Echtzeit finden alle drei Wahrnehmungsfunktionen zugleich statt. Damit das passieren kann, müssen wir uns Gelegenheit geben, diese drei Punkte zu verbinden, anstatt sie zu ignorieren.

Wenn ich morgens mit dem Hund rausgehe, lasse ich zu, dass meine Umgebung zu mir spricht. Alles, was in diesem Augenblick wichtig ist, nehme ich auf und entschlüssle es. Das Wetter, meine Sicherheit (Wo gehe ich über die Straße? Was tun die anderen Fußgänger?), wo so wenig Verkehr ist, dass ich meinen Hund ausführen kann, was auf der Straße passiert, was meine Nachbarn üblicherweise tun und was sie heute anders machen. All das ist wichtig für mich. Meine Ausbildung als Polizist und die Tatsache, dass ich an diesem Ort schon seit Jahren lebe, lässt mich Einzelheiten und Unregelmäßigkeiten erkennen, die andere vielleicht nicht sehen – wie den Volvo, um dessen Reifen sich Blätter sammeln, was möglicherweise bedeutet, dass das Auto unerlaubt entsorgt wurde. Meine situative Wahrnehmung fußt auf meinen Echtzeitbeobachtungen und auf meiner Wissensbasis. Ich blende das Rauschen aus und konzentriere mich auf die Details.

Außergewöhnliche Menschen nehmen die Informationen, die das Leben ihnen gibt, bewusst und planvoll auf. Das ist für sie nicht mühselig. Es ist keine Extra-Arbeit. Diese Information ist schließlich da, damit wir sie wahrnehmen und entschlüsseln. Aber außergewöhnliche Menschen gehen noch einen Schritt weiter: Sie gleichen ihre Beobachtungen mit ihrem Wissen ab. Dies erst erlaubt ihnen, die Lage besser einzuschätzen und bessere Entscheidungen zu treffen.

Was, wenn die Umstände es Ihnen unmöglich machen, Beobachtungen anzustellen? Dann tun Sie das Nächstbeste. Der Vorstand eines etablierten Bekleidungsunternehmens nahm mich eines Tages mit zur Laderampe und sagte: »Um erfolgreich zu sein, muss ich wissen, wohin ich mit dem Unternehmen will. Aber ich muss auch in Erfahrung bringen, was meine Mitarbeiter wissen. Diese Leute …«, und dabei zeigte er auf die Arbeiter, »… wissen Dinge, die für mich wichtig sind: ob die Lieferungen funktionieren, ob es unzuverlässige Fahrer gibt, ob die Polizei Strafzettel ausgestellt hat, weil jemand in zweiter Reihe geparkt hat. Sie sind meine Augen und Ohren. Ich zähle darauf, dass sie mir berichten, was ich nicht selbst sehen kann.« Auf die ein oder andere Weise finden außergewöhnliche Menschen immer eine Möglichkeit zu beobachten. Was wiederum zu Erfolg führen kann.

Schritte zu einem außergewöhnlichen Leben

Vielleicht wären Sie nie auf die Idee gekommen, dass Ihre Beobachtungsgabe einem winzigen Ausschnitt Ihres Lebens – wie einem Morgenspaziergang – besondere Bedeutung verleihen kann. Vielleicht dachten Sie, dass dies nur geschulten Beobachtern möglich sei.

Tatsächlich haben wir unsere Beobachtungsgabe ausgelagert. Wir wollen, dass unser Zahnarzt uns warnt, wenn unser Zahnfleischschwund gefährliche Ausmaße annimmt. Ein Streifenpolizist sollte bemerken, dass um 2 Uhr morgens ein Auto in der Straße hinter dem Geschäft parkt, das gewöhnlich nicht da ist. Wir wollen, dass der Lehrer uns sagt, wenn unsere Tochter Bücher zum Lesen auf Armeslänge vor sich hinhält, was vermutlich bedeutet, dass sie Probleme mit den Augen hat. Manchmal verlagern wir unsere Beobachtungen auch ins Digitale: Ich frage Alexa oder Siri, wie das Wetter ist, statt einfach den Blick nach draußen zu richten. In der Absicht, unsere Arbeitsbelastung zu verringern, haben wir uns durch solche Dinge selbst einen Bärendienst erwiesen – wir beobachten weniger und ungern.

Das ist es, was den Durchschnittsbürger von außergewöhnlichen Menschen unterscheidet. Außergewöhnliche Menschen betrachten es als das A und O, dass sie dieses erhöhte Gewahrsein ihrer selbst, ihrer Mitmenschen und ihrer Umgebung haben. Sie ragen aus der Menge heraus, weil sie bereit sind, tiefer zu blicken, nachzuforschen, zu überprüfen und die Lage zu bewerten – im Wissen, dass sie auf diese Weise mehr über sich, andere Menschen und die Welt in Erfahrung bringen.

In Unternehmen ist die Kunst der Beobachtung unverzichtbar, schon weil sie einen Wettbewerbsvorteil darstellt, der sich in Zahlen und Aktienkursen nicht messen lässt.

Früher beherrschte Nokia die Mobiltelefonsparte. Bis auf einmal Schluss damit war. Wie Stephen Elop, der CEO von Nokia, 2013 sagte, als man die Mobilfunksparte an Microsoft verkaufte: »Wir haben nichts falsch gemacht. Und trotzdem haben wir irgendwie verloren.« Sechs Jahre früher stammte gut die Hälfte aller weltweit verkauften Mobiltelefone von Nokia. Innerhalb von sechs Jahren stürzte der Wert des Unternehmens um 90 Prozent ab.

Wie kann so etwas passieren?

Jemand hätte den Managern ein Klemmbrett auf den Kopf hauen sollen und sagen: »Schaut euch um!« Immerhin haben die Nokia-Manager ja gewusst, dass es Apple-Telefone gab. Sie hatten es nur versäumt, sich in der Welt umzusehen und herauszufinden, was da gerade ablief: nämlich der Übergang von einer Mensch-Maschine-Schnittstelle zu einer anderen – vom Drücken von Tasten und Scrollen auf einem kleinen Bildschirm zum wesentlich eleganteren Touchscreen.

Sicher machte Nokia auch andere nicht zu übersehende Fehler (zum Beispiel die Abneigung, sich von etablierten Lieferanten zu trennen; die Fixierung auf Hardware statt auf Software). Doch letztlich verantwortlich für das Scheitern war, dass man es versäumte, sich damit zu befassen, was im wirklichen Leben jenseits des Nokia-Hauptquartiers vor sich ging: die Tatsache, dass die Benutzer lieber einen Touchscreen berührten als auf Knöpfe zu drücken.

Außergewöhnliche Menschen forschen aktiv nach der Wahrheit. Jeder, der die Verantwortung akzeptiert, andere zu führen, hat diese größere Verantwortung inne – sei es als Manager in einem Unternehmen, als Vorstand eines Vereins oder als Leiter einer Schule, als Trainer einer Sportmannschaft, als Chefarzt in einer medizinischen Abteilung oder schlicht als Haushaltsvorstand. Und jeder muss aktiv werden und die Wahrheit auf den Prüfstand stellen. Und das geschieht durch Beobachtung.

Wenn Ihnen diese Herausforderung zu groß erscheint, denken Sie einmal darüber nach, welcher Preis zu zahlen ist, wenn Führungspersönlichkeiten den Kopf in den Sand stecken, sich nicht um die Wahrheit bemühen oder ihr gar aus dem Weg gehen. Das kann für ein Unternehmen leicht den

Ruin bedeuten. Und häufig sind wir es, die diesen Preis bezahlen, die Menschen, die sich auf eine gute Führung verlassen – die Aktienbesitzer, Anteilseigner, Angestellten, Studenten, Sportler, Patienten, Freunde und Angehörigen.

Wir wollen, dass unsere Kollegen und unsere Vorgesetzten – deren Entscheidungen über unsere Sicherheit und unser Wohlbefinden bestimmen – die Kunst der situativen Wahrnehmung möglichst vollkommen beherrschen. Überlegen Sie nur mal: Würden Sie sich in ein Flugzeug setzen, dessen Pilot eine situative Wahrnehmung auf dem Niveau meines Teenie-Selbst in der Cessna hat? Natürlich nicht. Sie vertrauen darauf, dass der Pilot seine situative Wahrnehmung in vielen Stunden eingeübt hat, ob nun im Flugsimulator oder real im Cockpit. Sie vertrauen darauf, dass er auf Notfälle eingerichtet ist. Es tut unserem Seelenfrieden gut, wenn wir wissen, dass der Pilot hochqualifiziert ist. Daher bewegt uns die Geschichte von Pilot Chesley B. Sullenberger zutiefst: »Sully«, wie er von Freunden genannt wird, landete seinen havarierten Airbus A320 auf dem US Airways Flug 1549 auf dem Hudson River und rettete alle 155 Leben an Bord. Wir lesen diese Geschichte immer wieder und sie nötigt uns Bewunderung ab. Wir fühlen uns von ihr ermutigt und inspiriert. Sie ist ein umwerfendes Beispiel für eine absolut virtuose situative Wahrnehmung – und wir empfinden Menschen, die diese Eigenschaft besitzen, als angenehm, weil sie stets gut vorbereitet sind und alle notwendigen Fähigkeiten besitzen, so auch die Kunst der Beobachtung.

Wie aber gelingt dies außergewöhnlichen Menschen? Sie nehmen Informationen in sich auf und wandeln sie erfolgreich um. Weil sie etwas besitzen, das ich erleuchtetes Gewahrsein nenne.

Erleuchtetes Gewahrsein: Der Pfad zu außergewöhnlichem Verständnis

Wir sitzen in ihrem bescheidenen Heim in Caruaru, einer Stadt im brasilianischen Staat Pernambuco. Sie ist zurückhaltend, anmutig. Ihre alte Haut ist dünn wie Papier, die Adern zeichnen sich auf ihren zarten Händen ab. Sie ist berühmt für ihre außergewöhnlichen Stickereien – Ausschnittstickerei oder *point coupé* auf Französisch, eine mühselige Tätigkeit, denn dazu müssen die Fäden erst aus feinem Leinen gelöst werden. Für diese akribische Arbeit braucht es viel Akkuratesse und Geduld. Für ihre bestickten Taufkleider kommen Bestellungen aus ganz Brasilien. Wenn Sie diese feine Spitze sehen, dann wissen Sie, dass ihre Schöpferin von den Engeln geküsst ist. Denn Dona Severina ist von Kindesbeinen an blind.

Ihre Finger sind derart feinfühlig, dass sie mit der Nadel Fäden abzählen, sie von anderen Fäden trennen und sie ganz oder teilweise aus dem Gewebe herausziehen kann, je nachdem, wie es für die Herstellung dieser feinen Spitze erforderlich ist. Jeder würde sofort verstehen, wenn Sie für eine derart fummelige Arbeit eine Lupe verlangen würden. Ich jedenfalls konnte kaum nachverfolgen, wie sie mit ihren Fingern diese feinen Fäden zog und winzige, beinahe chirurgische Knoten schlang. Doch Dona Severina fertigt ihre Meisterstücke ausschließlich mithilfe ihres äußerst feinen Tastsinns.

»Meine Finger sind meine Augen«, sagt sie und lächelt. Vermutlich kennt sie überraschte Reaktionen wie die meine nur zu gut.

Als Dona Severina erfuhr, dass meine Frau und ich den ganzen weiten Weg von den Vereinigten Staaten hierher gemacht hatten, nur um sie zu sehen, lud sie uns zu sich nach Hause ein. Wir merkten schnell, dass sie nicht nur wegen ihrer unglaublichen Stickereien als außergewöhnlicher Mensch bezeichnet werden kann. Sie hatte 16 Kinder zur Welt gebracht, von denen zwölf überlebten. Und sie versorgte sie zeit ihres Erwachsenenlebens ganz ohne Hilfe. Wir konnten ihre Liebe für ihre beiden erwachsenen Töchter spüren, die immer noch bei der Mutter lebten und ihr zur Seite standen. Als eine Tochter von ihrem Stuhl aufstand, erkannte Dona Severina nur am Gang, welches ihrer Mädchen es war, und bat sie, doch nach dem Kaffee zu sehen. Zu uns sagte sie, wir sollten es uns gemütlich machen. Sie hat wohl gespürt, dass wir uns unwillkürlich vornübergebeugt haben, weil wir helfen wollten.

Als der Kaffee kommt, hört sie, wie der kleine Löffel, mit dem ich den Rohrzucker verrührt habe, gegen die Untertasse klingt, und sagt sofort:

»Minha filha traz um guardanapo para ele« – und schon bringt das Mädchen eine handbestickte Serviette, damit ich den Löffel geräuschlos auf dem Unterteller ablegen kann. Dona Severina erspürt die Welt um sich herum mit einer Leichtigkeit, dass ihre Fähigkeiten mich geradezu in Ehrfurcht versetzen.

Ich habe mit vielen geschulten Beobachtern zusammengearbeitet, aber diese bescheidene Frau, die trotz so vieler Schwierigkeiten eifrig für andere sorgt, indem sie ihre Gaben perfektioniert hat, zeigte ein situatives Gewahrsein, wie ich es nur selten erlebt habe. Während unserer kurzen Begegnung im Jahr 1984 begriff ich, dass es eine Form der Wahrnehmung gibt, die über die bloße Aufmerksamkeit hinausgeht. Dona Severina besitzt erleuchtetes Gewahrsein. Wenn Beobachtungsgabe, situative Wahrnehmung, Neugier und Fürsorge Hand in Hand gehen, entsteht das, was ich erleuchtetes Gewahrsein nenne – ein Zustand, den nur außergewöhnliche Menschen je erreichen.

Erleuchtetes Gewahrsein ist die Fähigkeit, die Welt um uns herum im Kontext – möglichst unvoreingenommen – zu beobachten und zu entschlüsseln, indem wir uns all unserer Sinne bedienen. Nehmen wir dazu noch unsere Erfahrung und das, was wir gelernt und an Wissen angesammelt haben, so können wir zu aussagekräftigen Schlussfolgerungen gelangen, die uns Zugang zu spontanen Einsichten, tieferen Bedeutungen und wichtigen Hinweisen verschaffen. So bekommen wir gezeigt, welchen Weg wir einschlagen sollten, um für uns und andere das Beste zu bewirken.

Dabei ist erleuchtetes Gewahrsein keineswegs New-Age-Alchemie, sondern eine altbewährte, erprobte Methode. Sully Sullenberger vermochte dank ihr, in Sekundenbruchteilen seine Optionen abzuwägen. Jahrzehnte der Flugerfahrung flossen dabei in diese Blitzentscheidungen über Leben und Tod ein, die ihn den Airbus unter Kontrolle bekommen ließen, als der buchstäblich aus dem Himmel plumpste, und mit ihm 155 Menschenleben. Erleuchtetes Gewahrsein war es, das die berühmte Primatenforscherin Jane Goodall dazu inspirierte, in einem malariaverseuchten Dschungel Abertausende von Stunden mit friedlicher Beobachtung von Affen zuzubringen und damit ein für alle Mal unser Bild von unseren nächsten Verwandten zu verändern. Es war erleuchtetes Gewahrsein, das Thomas Alva Edison, der die Schule mit sechs Jahren verlassen hatte, in die Lage versetzte, mehr als 1000 Patente zu erwerben für seine Erfindungen auf dem Gebiet der Elektrizität, der Stromleitungstechnik, des Phonographen, der Tonaufzeichnung, der Bergwerktechnik, der Zementproduktion, der Filmaufnahmen und der Telegrafie, um nur ein paar zu nennen. All das, indem er unermüdlich beobachtete, experimentierte und testete. Erleuchtetes Gewahrsein war es, das Marie Curie besaß, die mit ihrem Mann Pierre die radioaktiven Isotope Radium und Polonium entdeckte und mit den Röntgenstrahlen auch gleich eine Nutzanwendung fand, die heute in der Krebstherapie eingesetzt wird. Erleuchtetes Gewahrsein brachte die in Ohio lebenden Brüder Orville und Wilbur – beide Fahrradmechaniker – dazu, sich zu fragen, wie Vögel fliegen, um dann in Jahren gefährlicher und mühevoller Arbeit das erste lenkbare Motorflugzeug zu erfinden, das den Menschen von der Erde in den Himmel aufsteigen ließ. Und erleuchtetes Gewahrsein war es auch, das eine ältere Stickerin in Brasilien ein an sich bedeutungsloses Geräusch, den Klang eines Löffels in einer Porzellantasse, sofort richtig interpretieren ließ.

Wir sind die Nutznießer dessen, was Menschen von erleuchtetem Gewahrsein leisten und geleistet haben – wobei diese uns natürlich entgegnen würden, dass sie von uns profitieren. Wie auch nicht? Genau darum geht es nämlich. Erleuchtetes Gewahrsein ist keine Bürde, sondern ein Geschenk, das wir uns machen – und der Welt. Das erklärt vielleicht, warum die sozial engagierte Eleanor Roosevelt einmal sagte: »Wenn eine Mutter eine gute Fee bitten könnte, ihrem neugeborenen Kind die nützlichste aller Gaben in die Wiege zu legen, dann würde die Fee diesem Kind vermutlich die Anlage zur Neugier schenken.«

Erleuchtetes Gewahrsein ermöglicht Ihnen, alles aufzunehmen, was man wissen und erfahren kann, das Alte ebenso wie das Neue. Es versetzt Sie in die Lage, Ihr Verständnis zu vertiefen, indem Sie mit Hingabe und Beharrlichkeit und frei von Vorurteilen Ihre Interessen verfolgen. Sie werden darin nicht gleich perfekt sein, zumindest am Anfang nicht, aber mit fortschreitender Übung gelingt dies immer leichter und besser.

Kurz zusammengefasst sieht das so aus:

- Sie widerstehen der Versuchung, schnell Muster erkennen zu wollen und einfache Erklärungen zu suchen. Hier geht es nicht darum, dass Sie Klassenprimus werden und bei jeder Frage sofort den Finger in die Luft recken. Sie halten vielmehr inne und lassen zu, dass das, was vor Ihren Augen ist, zu Ihnen spricht.

- Sie machen sich frei von Vorurteilen und stellen neutrale Fragen über das, was Sie beobachten:
  - Was beobachte ich da gerade?
  - Was könnte das bedeuten?
  - Welche Rolle spielen Kontext und Umfeld?
  - Habe ich Ähnliches schon einmal gesehen/erlebt?
  - Inwiefern kann diese Beobachtung für mich wichtig und nützlich sein?
  - Wie passt sie zu dem, was ich bereits weiß?
  - Brauche ich mehr Wissen oder Informationen?
  - Lässt sich das verbessern?
  - Erfordert hier etwas meine Aufmerksamkeit?
  - Fühlen sich alle Beteiligten wohl?
  - Muss ich hier aktiv werden?

Wenn Sie ein Unternehmen leiten oder vielleicht sogar gründen wollen, müssen Sie Fragen stellen; manche davon sind naheliegend, manche weniger. Außergewöhnliche Menschen fragen eher mehr als weniger. Alles stets infrage stellen zu können, neugierig zu sein und die eigene Einschätzung immer wieder zu überprüfen, ist das Herzstück erfolgreichen Unternehmertums.

Was wäre gewesen, hätte Nokia sich um ein tiefergehendes Verständnis bemüht – um erleuchtetes Gewahrsein? Was, wenn das Management sich weniger von der Begeisterung für das eigene Produkt hätte leiten lassen und stattdessen Trendforschung betrieben hätte? Wenn man sich gefragt hätte, ob es andere Möglichkeiten gibt, ein Mobiltelefon zu bedienen? Womöglich bessere?

Keine Führungspersönlichkeit kann Einfluss ausüben, Chancen und Trends zum eigenen Vorteil nutzen oder mögliche Hindernisse umschiffen, wenn sie nicht über das bloße Beobachten hinausgeht und in den Bereich des erleuchteten Gewahrseins vorstößt.

Erleuchtetes Gewahrsein kann viele Formen annehmen. In meiner Zeit beim FBI musste ich häufig hinter die Fassade der Worte blicken, bisherige Erkenntnisse infrage stellen, alte Informationen neu bewerten und neue Wege zur Wahrheit finden. In einem Spionagefall geriet eine Frau in Verdacht, die als Schreibkraft für die US Army in Europa arbeitete. Sie hatte die notwendige Sicherheitsfreigabe, und man verdächtigte sie, weil viele fehlende Dokumente aus ihrer Abteilung stammten. Als ich zum ersten Mal mit ihr sprach, erzählte sie eine durchaus glaubwürdige Geschichte. Und da das Beweismaterial bereits in sowjetischer Hand war, konnten wir nicht nachprüfen, ob sie die Wahrheit sagte.

Wir konnten glauben, was uns da erzählt wurde. Oder wir konnten andere Aspekte, die wir noch nicht untersucht hatten, unter die Lupe nehmen.

Wenn es um Spionage geht, haben nur sehr wenige Personen den nötigen Zugang zu geheimen Informationen und einen so miesen Charakter, dass sie willens und fähig sind, ihr Land zu verraten. Also stellten wir uns eine andere Frage: Gab es im Rahmen dieser Ermittlung eine Person, die sowohl über die Gelegenheit als auch die Persönlichkeit, die entsprechende Vorgeschichte und die Bereitschaft verfügte, das Gesetz zu brechen?

Diese Fragestellung verfolgten wir dann systematisch. Wer besaß Zugang zu den geheimen Dokumenten? Wer wusste, welche Dokumente am wertvollsten waren? Wer konnte ohne Einschränkung reisen und die Dokumente über die Grenze schaffen? Wer brauchte Geld für Drogen, Alkohol oder einen luxuriösen Lebensstil? Wer hatte schon früher gegen Bestimmungen verstoßen, Anforderungen nicht erfüllt oder immer wieder kleinere Gesetzesübertretungen begangen? Wer war ein guter Lügner und zeigte auch andere, für Psychopathen typische Charakterzüge – Gefühllosigkeit, das Fehlen von Reue, die Bereitschaft, andere in Gefahr zu bringen?

Es ergab sich, dass diese Beschreibung nur auf eine einzige Person passte. Nur eine Person war derart kalt und berechnend, dass sie ihr Land für Geld verkaufen würde. Also bohrten wir nach und siehe da, die Geschichte der Frau begann allmählich zu zerbröseln, bis sie schließlich ihr Verbrechen eingestand. Aus ihren Aussagen wurde deutlich, dass es sich bei ihr um eine Person handelte, die keinerlei Moral besaß, kein Urteilsvermögen und keine Achtung vor dem Gesetz. Oberflächlich betrachtet hatte ihre Geschichte noch glaubhaft geklungen, aber erleuchtetes Gewahrsein sagte uns, dass man, um wiederholt Spionage zu begehen, bestimmte Persönlichkeitsmerkmale haben musste. Und diese Frau vereinte sie alle in sich: einen Lebensstil, als gäbe es kein Morgen; Drogenmissbrauch, die Gewohnheit, Regeln zum eigenen Vorteil auszulegen, Lügen, Betrügen und noch einige mehr. Weil wir uns auf unsere Erfahrung verließen, konnten wir die richtigen Fragen stellen. Und mit dieser Methode kamen wir schließlich der Wahrheit auf die Spur.

Erleuchtetes Gewahrsein stellt sich immer dann ein, wenn Sie Ihre Aufmerksamkeit korrekt ausrichten. Wir alle besuchen Meetings. Sie sind – eine häufig sogar gefürchtete – Routine. Der Ablauf ist gewöhnlich der, dass der Meetingleiter hereinkommt, checkt, wer da ist, und dann mit seinem Vortrag oder der Tagesordnung anfängt.

So geht allerdings unglaublich viel an Information verloren.

Ich gehe zu allen meinen Meetings mit dem Vorsatz, auf alles zu achten, was abläuft. Das beginnt schon vor der Tür zum Besprechungsraum. Was tun die anderen denn so? Unterhalten sie sich in kleineren Grüppchen über ernsthafte Themen? Oder hält die ganze Gruppe einen munteren Plausch? Sieht jemand gestresst oder besorgt aus? Wer betritt den Raum zuerst? Wer hat es eilig und möchte das Ganze schnell hinter sich bringen? Wer beschäftigt sich lieber mit seinem Handy als mit den Kollegen?

Haben alle den Raum betreten, gibt es noch mehr Informationen: Wer steht oder sitzt bei wem? Wer schickt noch schnell eine E-Mail raus oder runzelt die Stirn, während er eine liest? Gibt es Anzeichen, dass mit Problemen, Streitigkeiten oder Ängsten zu rechnen ist? Hinweise hierauf geben etwa zusammengepresste Lippen oder verschränkte Arme. Sehe ich Menschen, die jeden Blickkontakt vermeiden (und wenn ja, mit wem)? Sitzen Personen nebeneinander, ohne sich einander zuzuwenden? Blickt jemand Aufmerksamkeit heischend drein, als wolle er gleich etwas sagen? Gibt es ungelöste Probleme aus der letzten Besprechung?

Selbst virtuelle Meetings liefern uns viele Informationen, wenn wir Gesten und Gesichtsausdrücke gründlich studieren. Da sind die Ruhelose und der Abgelenkte, manche pressen die Lippen fest aufeinander, andere legen eine kleine Halsmassage ein (indem sie die Haut am Hals oder unter dem Kinn berühren). All das weist auf Spannungen hin und auf Sorgen. Wer zudem noch mit dem Kiefer mahlt, signalisiert zunehmendes Unbehagen. Virtuelle Besprechungen fordern von uns als Beobachter noch mehr als persönliche Treffen, weil unser Gehirn, bewusst oder unbewusst, Überstunden schiebt und jedes Detail registriert, das sich auf dem Bildschirm zeigt. Wir lesen ja nicht nur die anderen Menschen. Unser Gehirn versucht auch zu entschlüsseln, warum Philip sich so nah an der Kamera platziert, warum das Bild im Hintergrund schief hängt, weshalb Lennie drei Tage nacheinander dasselbe T-Shirt trägt und warum Susan ein Poster von Barry Manilow an der Tür hängen hat. Unser Unbewusstes ist quasi gezwungen, Extraarbeit zu leisten, wenn es die Orte und Bilder zu dekodieren versucht (Wohnzimmer, Büro, Küche usw.), während es gleichzeitig die Worte und Gesten aller Teilnehmer registriert. Kein Wunder, dass mir Leute immer wieder sagen, dass Onlinemeetings sie wirklich anstrengen.

Leite ich selbst ein Meeting, so habe ich, wenn ich solche Details wahrnehme, mehrere Möglichkeiten zur Auswahl, wie ich darauf reagiere. Ich habe die Chance, mehr über einen bestimmten Menschen oder eine bestimmte Situation zu erfahren. Ich kann schon während des Meetings um Feedback bitten, um zu sehen, ob die Personen, die sich offensichtlich unwohl fühlen, die Probleme zur Sprache bringen. Wenn nicht, kann ich die Betreffenden immer noch direkt ansprechen. Oder ich hake später in einem Einzelgespräch nach, um zu erfahren, was vorgeht. Die jeweilige Entscheidung hat viel mit erleuchteter Beobachtung zu, denn sie muss im Augenblick getroffen werden. Wir gründen sie auf das kontextuelle Gewahrsein des Umfelds, wie es uns durch unsere Beobachtungsgabe, unser Wissen über die Situation und die beteiligten Akteure vermittelt wird. Wir wollen ja zurückhaltende Menschen nicht in Verlegenheit bringen, indem wir sie auffordern, ihre Bedenken vor der ganzen Gruppe zu äußern. Und wir achten auf eine persönliche Dynamik zwischen den Beteiligten, zum Beispiel wenn der Betreffende wegen seiner Kritik ausgelacht und ausgegrenzt wird. Doch natürlich geben wir auch den anderen die Chance, ihre Gedanken offen darzulegen. Manchmal ist es wichtig, dass die Gruppe kritische Punkte gemeinsam durchdiskutiert. Für solche Probleme gibt es keine allgemeingültige Antwort, denn jede Situation ist so einzigartig wie der neue Tag, der sich am Horizont ankündigt. Aber je mehr Sie Ihre Beobachtungsgabe dazu verwenden, solche Dynamiken zu erkennen, desto mehr gewinnt sie an Schärfe und desto besser können Sie die Lage in Echtzeit einschätzen, sodass Sie immer verlässlich darauf zurückgreifen können. Auf diese Weise lernen Sie, Ihr Wissen, Ihre Fähigkeiten und Ihr situatives Gewahrsein einzusetzen, um Ihre Ziele zu erreichen.

Später in diesem Kapitel finden Sie eine kurze Liste von verräterischen Gesten, die Unwohlsein und Anspannung signalisieren (s. Seite 133) Aber es ist nicht nur bedeutsam, wenn jemand mit seinen Bedenken nicht herausrücken will. Auch das, worüber jemand als Erstes spricht, sagt eine Menge über die Gefühle und Prioritäten des Betreffenden aus. Oder ob eine Person für ihre unterdurchschnittlichen Leistungen immer eine Entschuldigung parat hat. Oder wie ein Arzt in einer Klinik im schicken Coral Gables mir erzählte: »Ich wusste, dass es mit der Büroleiterin Probleme gibt, als sie mir allerlei Ausreden unterbreitete, weil sie die Finanzdaten nicht liefern konnte, die ich angefordert hatte.« Der Kieferchirurg war dahintergekommen, dass die Büroleiterin Gelder unterschlug. Sie konnte die geforderten Daten nicht vorlegen, weil sie Zeit brauchte, um sich eine plausible Lüge auszudenken. Etwas an sich Unschuldiges, nämlich dass es zu einer Verzögerung kam – die keineswegs die erste war –, gab dem Arzt den ersten Hinweis, dass da etwas nicht stimmte.

Erleuchtetes Gewahrsein erlaubt mir zu erkennen, was wirklich abläuft – nicht mit absoluter Sicherheit, aber mit einem deutlich schärferen Blick, als wenn ich einfach nur meine Ziele umsetzen will, ohne darauf zu achten, was mein Umfeld mir signalisiert. Unachtsamkeit verstärkt die Disharmonie im Unternehmen und ist Grund für die in manchen Fällen berechtigte Kritik, dass das Management kein Interesse an den Mitarbeitern hat oder einfach nichts kapiert.

Kommt es dann zu Problemen, die das Personalbüro lösen muss, liegt es häufig daran, dass das Management tatsächlich nicht aufmerksam genug war. So erzählte mir der Vertreter eines großen Serviceunternehmens für Fotokopierer, dass der frühere Manager seiner Abteilung immer wieder zwei Servicemitarbeiter auf Tour schickte, die einfach nicht miteinander auskamen, was ständig zu Schwierigkeiten führte. Der neue Manager hingegen sah genauer hin und merkte, dass das keine glückliche Kombination war. Das Problem ließ sich ganz einfach lösen: Man stellte den beiden jeweils einen anderen Kollegen zur Seite, mit dem sie künftig zu Kunden fuhren. Und schon ließ die Anspannung im Büro nach und es gab weniger Beschwerden von Kunden. Diese beiden Kundendienstmitarbeiter waren fähige Monteure, aber sie kamen einfach nicht miteinander aus – und das würde sich auch nicht ändern. Der neue Manager entschied aufgrund seiner Erfahrung, die beiden nicht zu zwingen, miteinander auszukommen. Er fand stattdessen eine machbare und nachhaltige Lösung. Drei Jahre später funktionierte das immer noch gut.

Alvin Toffler gab einmal die folgende Zukunftsprognose: »Die Analphabeten des 21. Jahrhunderts werden nicht jene sein, die weder lesen noch schreiben können, sondern die, die nicht lernen, verlernen und neu lernen können.« Je intensiver wir beobachten können, desto schneller lernen wir. Und das Lernen ist umso wichtiger, je komplexer unser Umfeld sich darstellt. Denn das Leben von heute ist nun mal vor allem eines: komplex und chaotisch. Jeden einzelnen Tag ereignen sich in der Schule, in unseren immer stärker belasteten Städten und in unserer digital vernetzten globalen Welt eine Menge unterschiedlichster Dinge. Wir müssen ständig beobachten und dekodieren, was vorgeht, ob es nun um die Wünsche unserer Kunden, eine nationale Krise oder globale Veränderungen geht. Damit wir erkennen, was sich unsere Gesellschaft wünscht und was sie braucht. Wir müssen uns im Klaren darüber sein, was sich um uns herum abspielt, damit wir im Wettbewerb bestehen und von einem Moment auf den anderen in einen anderen Gang schalten können.

In meiner Jugendzeit reichte es, wenn man sich mit den Lokalnachrichten auseinandersetzte und vielleicht noch die neuesten Meldungen von der Wall Street kannte. Diese Tage sind längst vergangen. Da ich als Consultant international tätig bin, muss ich wissen, was in Sydney, Peking, Athen, Rom, Berlin, Amsterdam, London und Quebec passiert. Das sind ganz neue Anforderungen an unser Verständnis und unser Wissen – die von uns eben jenen weiten und doch konzentrierten, unvoreingenommenen Blick verlangen, der der Grundstein des erleuchteten Gewahrseins ist.

Das hört sich vielleicht hochtrabend an. Aber erleuchtetes Gewahrsein beginnt dort, wo wir auf etwas setzen, das jeder Einzelne von uns besitzt und nutzt, seit er auf der Welt ist – etwas, das, wie Sie noch sehen werden, auch ein grundlegendes Merkmal außergewöhnlicher Menschen ist.

Neugier: Das Tor zum erleuchteten Gewahrsein

Wie kommen denn diese großen Eier aus dem Bauch eines Huhns? Das war die Frage, die sich die fünfjährige Jane Goodall stellte. Sie erzählt, dass sie einfach in den Hühnerstall ging und stundenlang wartete, bis sie es sehen konnte. (Ohne ihrer Mutter Bescheid zu sagen, die sich schon fragte, ob sie nicht besser die Polizei rufen und ihre Tochter vermisst melden sollte.) Dieses Streben nach Wissen führte natürlich zu noch mehr Fragen und allem, was dazugehört. Jane Goodalls Neugier war und ist grenzenlos.

Ihre unermessliche Neugier führte Goodall von ihrem Hinterhof in den Londoner Zoo weiter ins Britische Museum und schließlich mit Anfang 20 nach Afrika. Dort war der berühmte Anthropologe Louis Leakey von ihrer Neugier und Beobachtungsgabe so beeindruckt, dass er sie auf der Stelle engagierte, obwohl sie noch nicht mal einen Uni-Abschluss besaß.

Jane Goodalls Neugier ließ sie entdecken, dass Affen Werkzeuge anfertigen, Emotionen zeigen und mitunter eifersüchtig sind. Sie können böse sein, aber auch liebevoll, loyal und fürsorglich. Und sie beweinen ihre Toten tagelang. Nur durch ihre Neugier veränderte Goodall unseren Blick auf Primaten ein für alle Mal. Und dabei veränderte sie auch die Art, wie wir Wissenschaft betreiben und wie Menschen sich selbst sehen.

Jane Goodalls Geschichte ist inspirierend, weil sie für uns alle Vorbild ist. Neugier ist nämlich an sich schon wertvoll. Benjamin Franklins Neugier war ebenso grenzenlos. Sie ließ ihn herausfinden, dass Blitze elektrische Energie sind. Diese Beobachtung führte zur Erfindung des Blitzableiters, der diese Energie in den Boden leitet, weg von den hölzernen Balken der Häuser. Ganze Viertel gingen in Flammen auf, weil niemand wusste, wie man der Blitze Herr werden konnte – bis Franklins Neugier dieses Mysterium löste. Franklin schenkte seine Entdeckung der ganzen Welt, weil er sie zu einem sichereren Ort machen wollte. Als er Jahre später als Botschafter Amerikas nach Frankreich kam, machte ihn allein diese Entdeckung zum Rockstar seiner Zeit – und all das nur, weil seine Neugier immer stärker war als alles andere.

Während das Schiff ihn nach Frankreich brachte, fragte er sich, warum wohl die Flüsse in diesen Breitengraden zufroren, während das Meerwasser vergleichsweise warm blieb. Er tauchte jede Stunde ein Thermometer ins Wasser und stellte so fest, dass die warme Strömung aus dem Süden kam. Franklins Neugier führte zur ersten wissenschaftlich untermauerten Beobachtung des Golfstroms – jenes Wasserkreislaufs, der in der Karibik beginnt, die Ostküste der USA hinaufströmt und dann an den Britischen Inseln vorbei in den Nordatlantik mündet. Die Neugier eines Mannes erklärte nicht nur den Zug der Fische, sondern auch die tödlichen Stürme, die sich so häufig im Nordatlantik bilden.

Auch ich betrachte meine Neugier als Segen. Ohne sie würde ich nicht nur keine Bücher über Körpersprache schreiben können, ich wäre auch kein erfolgreicher FBI-Agent geworden. Meine kindliche Neugier ließ mich fragen, warum Leute, wenn sie ins Kino wollen, sich immer in ungefähr demselben Abstand in eine Schlange einreihen. Oder warum Vögel sich im weitgehend gleichen Abstand auf die Drähte der Hochspannungsleitungen setzten. Dies wiederum führte mich zur Frage, wieso es zu Problemen zwischen den Leuten kam, wenn der persönliche Raum verletzt wurde. Mich interessierte alles, was mit nonverbalen Äußerungsformen zu tun hatte, und so studierte ich diese Frage schon im College. Und ich blieb die nächsten 45 Jahre dabei, was dazu führte, dass ich über dieses Thema zahlreiche Bücher verfasste und Vorträge hielt.

Glücklicherweise bestärkten meine Eltern mich in meiner Neugier. Und ich ließ das Thema nie aus den Augen, auch wenn Sport, Arbeit oder gesellschaftliche Ereignisse mich in Beschlag nahmen. Das geht uns allen so. Neugier ist etwas, das wir schon in jungen Jahren entwickeln und das uns zum Lernen anregt. Allerdings verlieren viele Menschen diese Gabe mit der Zeit, weil sie durch ihre Pflichten, ihre Ausbildung (auch wenn das merkwürdig ist) oder ihre Umwelt davon abgehalten werden, ihrer Neugier wirklich freien Lauf zu lassen.

Doch diese tief verwurzelte Gabe kann jederzeit wiederbelebt werden. Wissenschaftliche Untersuchungen zeigen, dass Neugier auf das Gehirn die gleiche Auswirkung zeigt wie die Erwartung eines größeren Geldbetrags, eines saftigen Steaks (bei Fleischessern) oder der Genuss einer Droge. Das Gehirn setzt dann den Botenstoff Dopamin frei. Dieser gibt uns ein gutes Gefühl, wenn wir eine Belohnung in Aussicht haben oder wenn wir unserer Neugier nachgeben. Die Natur belohnt uns also, wenn wir neugierig sind.

Neugier schafft eine perfekte Rückkopplungsschleife fürs Lernen. Neugier bringt uns dazu, Fragen zu stellen. Fragen wiederum lassen uns Sachverhalte erforschen. Zu forschen wiederum ermöglicht es uns, neue Dinge zu entdecken oder zu erfinden. Alles Neue speist unsere Wissensbasis und führt daher zu mehr Neugier und mehr Fragen. Dieser Zyklus setzt sich endlos fort. Verständnis und Einsicht bauen sich im Gehirn zu einem wertvollen Rüstzeug auf. Und mit den Jahren erklimmen wir forschend immer weitere Höhen.

Selbst in schwierigen Zeiten ist die Neugier Teil unseres Alltags. 1941, mitten im Zweiten Weltkrieg, als die Menschen mit ganz anderen Problemen zu kämpfen hatten, fiel dem Ingenieur Georges de Mestral auf einer Wanderung auf, wie Klettfrüchte an seinen Socken und im Fell seines Hundes hafteten, und zwar so stark, dass er sie kaum entfernen konnte. Was de Mestral da auffiel, hatten über die Jahrhunderte sicher schon Millionen Menschen beobachtet. Sie vielleicht auch, wenn Sie im Wald spazieren gingen. De Mestral aber war neugierig.

Er legte eine Klettfrucht unter das Mikroskop und sah, dass an den »Stacheln« der Frucht winzige Haken saßen, die sich an allem festkrallten, was nach Haaren oder Stoffschlaufen aussah. De Mestral wandte sein Ingenieurswissen auf diese Beobachtung an und beschloss, dieses Naturwunder nachzubauen. Acht Jahre lang suchte er nach einem geeigneten Materialmix, bis er schließlich den Klettverschluss erfand, der vom Kinderschuh bis zur schwerelosen Werkzeugtasche von Astronauten im Weltraum alles schnell und sicher verschließt.

Ein neugieriger Mensch, den niemand dazu drängte, ging mit seinem Hund spazieren und erfand etwas, was mittlerweile jeder Mensch gebraucht. Millionen Menschen haben Kletten an Stoffen und Hundehaar haften sehen. Nur de Mestral aber hat beobachtet. Und diese Neugier führte ihn zum erleuchteten Gewahrsein: Er erforschte, entschlüsselte und verstand schließlich. Das Resultat: Innovation. Sie können nicht innovativ sein, wenn Sie nicht beobachten können.

Bedauerlicherweise steht Neugier nicht auf dem Stundenplan der Wirtschaftswissenschaftler, obwohl das eigentlich der Fall sein sollte. Schließlich kann sie verborgene Chancen eröffnen, die niemand sich vorher vorstellen kann. Außergewöhnliche Menschen forschen, weil die Neugier sie antreibt. Goodall, Franklin, de Mestral, Edison, Pasteur, Curie, Galileo und zahlreiche andere Geistesgrößen haben ihre Meisterleistungen vollbracht, nicht weil sie klüger, sondern weil sie neugieriger als andere waren.

Seiner Neugier nachzugeben fühlt sich wundervoll an. Auch Sie können Ihre Neugier für Ihre Zwecke dienstbar machen. Als FBI-Agent musste ich darauf vorbereitet sein, mit Menschen aus aller Welt zu sprechen – das liegt nun mal im Wesen der Spionageabwehr. Sie wissen nie, wer da gleich zur Tür hereinspaziert kommt. Eine Filipina, die ein Chinese einstellt, um in einer Forschungseinrichtung in den USA zu arbeiten. Oder ein Überläufer aus Russland, der hier Asyl sucht. So beschloss ich schon zu Anfang meiner Karriere, dass ich meine kommunikativen Fähigkeiten schulen wollte – durch eine positive Neugier, ohne Vorurteile und vollkommen unvoreingenommen. Ich wollte möglichst viel über andere Menschen lernen, und das tue ich noch heute.

Ich versuchte stets, andere Leute zu verstehen. Ich wollte, dass sie sich mir öffneten. Menschen tun das, wenn Sie ihnen mit freundlicher Neugierde begegnen. Wenn sie dagegen das Gefühl haben, dass sie von Ihnen verhört, verurteilt oder in eine Schublade gesteckt werden, wenn sie glauben, dass man auf sie herabschaut, dann machen sie dicht. In meiner Rolle als Special Agent war dies das Letzte, was ich wollte.

Immer wieder setzte ich auf gutes Essen, um Wohlbefinden und eine positive Verbindung herzustellen. Ich gewann das Vertrauen anderer Menschen, indem ich ihnen zuhörte. Ich war ehrlich neugierig darauf, was sie zu erzählen hatten, woher sie kamen, wie ihr Leben aussah. Als ich in den Reservaten der Native Americans in Arizona tätig war, wurde ich quasi ins kalte Wasser geworfen: Ich musste mich intensiv mit ihrer Kultur beschäftigen, um mich einfühlen und sinnvoll kommunizieren zu können. Aber nichts, was ich lesen konnte, und schon gar nicht die Informationen aus Film und Fernsehen halfen mir, das Havasupai-Volk so gut zu verstehen, wie es unsere gemeinsamen Mahlzeiten taten. Als ich mit palästinensischen Flüchtlingen in Jordanien sprach, begriff ich, was für sie die *Naqba* (die Katastrophe) ist – womit der Massenexodus der Palästinenser bei der Gründung des Staates Israel gemeint ist. Ich hörte zu, als ein Sportler aus Armenien mir vom Völkermord an den Armeniern erzählte, begangen zwischen 1915 und 1917 von den Türken des Osmanischen Reichs. Nie habe ich besser verstanden, was Menschen ihren Mitmenschen antun können. Ich habe diesen Menschen zugehört, und sie haben mich akzeptiert. Die Informationen, die sie mir gaben, würden ganze Regale voller Ordner füllen.

In vielen Fällen konnte ich ihre leidvolle Erfahrung aus der Vergangenheit nicht ändern: Ich konnte nicht viel tun gegen den grassierenden Alkoholismus in den Reservaten der Native Americans oder gegen ein Todesurteil, das gegen einen der ihren ausgesprochen worden war. Aber ich konnte ihre Sicht der Dinge begreifen, zumindest ansatzweise. Weil ich mir Zeit genommen hatte, ihnen zuzuhören und ohne Vorurteile herauszufinden, wie sie die Dinge erlebten. Damals wie heute ist es nicht meine Aufgabe, andere von etwas zu überzeugen. Aber es ist meine Aufgabe als denkendes und fühlendes menschliches Wesen, mich in positiver Neugierde zu üben, damit ich sie besser verstehe. In meinem Beruf konnte ich durch diese Art freundlicher Neugierde immer etwas Wertvolles herausfinden, selbst wenn mein Gesprächspartner mir misstrauisch, ja feindselig gegenübertrat. Ich habe Stunden damit zugebracht, mit einem Verdächtigen über sein Leben zu reden, bevor ich das Verbrechen, dessen er bezichtigt wurde, auch nur anschnitt. Positive Neugierde, ein von Freundlichkeit getragener Ansatz, nur zu versuchen zu verstehen, hat in den meisten Fällen dazu geführt, dass sich die Menschen so wohlfühlten, dass sie sich mir geöffnet haben.

Dabei kann der Alltag uns zum Klassenzimmer werden. Selbst eine Taxifahrt kann uns lehren, wie wir freundliche Neugierde üben. Ich fange häufig mit einer netten Frage an: »Na, wie war denn Ihr Tag heute?« Je nachdem, wie die Antwort ausfällt, fahre ich dann fort: »Wie lange fahren Sie denn heute schon?« Wenn der Fahrer in Plauderlaune ist, frage ich meistens, wie er überhaupt zu diesem Beruf gekommen ist. Wenn das in Ordnung scheint, erkundige ich mich nach der Familie, zum Beispiel, wo sie herkommt. Und natürlich erzähle ich dann meistens, dass ich als Flüchtling in die USA kam. Interessanterweise hat sich noch niemand geweigert, meine Fragen zu beantworten.

Die Menschen erzählen beispielsweise von den Nahrungsmitteln, die sie im neuen Land vermissen, von den Dingen, die ihnen wichtig sind, zum Beispiel von der Erziehung ihrer Kinder oder von ihren Großeltern. Das ist immer sehr aufschlussreich, und ich fühle mich danach stets besser. Vielleicht ist es der Dopaminschub, der sich einstellt, wenn wir etwas Neues erfahren.

Vielleicht fragen Sie sich ja jetzt, warum das wichtig sein soll. Ich werde diesen Menschen schließlich nie wiedersehen. Vielleicht nicht. Doch wenn

Sie so denken, dann übersehen Sie das Eigentliche. Wenn Sie sich für andere Menschen interessieren, bringen diese im Gegenzug Ihnen Interesse entgegen. Und so kommen Sie in den Genuss von freundlichen Gesten und Privilegien, die Ihnen andernfalls entgangen wären. Man hat mir schon wohlgehütete Familienfotos gezeigt, Süßigkeiten aus dem Libanon angeboten (sehr lecker!) und Gebete für meine Rückenschmerzen. Man hat mich zu großartigen Restaurants gefahren, die ich sonst nie entdeckt hätte. Man hat mich zum Abendessen eingeladen, zum Kaffee, zu künstlerischen Darbietungen und einigem mehr, und all das nur, weil ich mich für Menschen interessiere. Ich habe ausnahmslos Freunde gewonnen, wenn ich mich mit jemandem längere Zeit unterhalten habe. Und noch etwas: Ich schärfe eine meiner wichtigsten Fähigkeiten – positive Neugierde in Kombination mit einem Gespräch, womit wir uns in den Kapiteln 3 und 5 näher beschäftigen werden. Und diese Doppelgabe hat mir immer dann gute Dienste geleistet, wenn ich sie am nötigsten brauchte.

Dale Carnegie veröffentlichte 1936 sein Meisterwerk *Wie man Freunde gewinnt: Die Kunst, beliebt und einflussreich zu werden* (Originaltitel: *How to Win Friends and Influence People*). Fast 100 Jahre später halten viele Leute dieses Buch für überholt. Aber in Carnegies Worten liegt doch eine gewisse Weisheit. Wenn Sie für andere interessant sein wollen, dann bringen Sie anderen Interesse entgegen. Oder wie mein Freund Robin Dreeke in seinem Buch *It's Not All About Me* schreibt: Wenn es nicht um Sie geht, sondern um die Menschen, mit denen Sie zusammen sind, werden Sie schnell Freunde gewinnen.

Freundliche Neugierde vermittelt Ihnen, was keine Universität Ihnen beibringen kann: Wie Sie sich anderen zuwenden, wie Sie sich anpassen können, wie Sie interagieren, Meinungsverschiedenheiten klären, Ängste überwinden, einen Verdacht ausräumen, Vertrauen erwecken, schnell Menschen kennenlernen oder sich einfach mal zurücklehnen und zuhören und lernen können. General Norman Schwarzkopf jr. erläuterte einmal einer Gruppe von FBI-Agenten, zu denen auch ich gehörte, was sein Vater ihm gesagt hatte, nachdem er in den 1940er-Jahren im Iran stationiert war: »Je mehr du mit Menschen unterschiedlicher Gruppierungen und Stämme sprichst, desto einfacher wird die Kommunikation.« Das gilt vor allem für Leute, die Sie zukünftig kennenlernen. Für die Geschäftsleute in unserer vernetzten Welt gilt dies mehr als je zuvor. Was wir jetzt tun – das heißt, wenn wir uns die Zeit nehmen, um mit anderen zu reden –, bereitet uns auf all jene Menschen vor, die wir in Zukunft kennenlernen werden.

Wenn Sie außergewöhnlich sein wollen, sollten Sie der Neugier einen Platz in Ihrem Leben einräumen, an dem sie wachsen und gedeihen kann. Und das nicht nur in einem einzigen Bereich, sondern in vielen verschiedenen – in jedem Bereich, der Sie interessiert oder vielleicht interessieren könnte, und zwar gerade so viel, dass Sie einen Blick darauf werfen und gucken, was sich da abspielt.

Dazu braucht es nur ein paar neugierige Schritte, und dafür haben Sie sogar beim Spazierengehen Zeit. Wie kürzlich bei mir. Ich hielt die Hand meiner Nichte Aja, während wir auf dem Steg über dem See standen. Wir hielten Ausschau nach Schnappschildkröten, die auftauchen, um Luft zu holen. Wir aktivierten die Stoppfunktion meiner Uhr und sahen uns um. Wir übten uns in geduldiger Beobachtung und in wissenschaftlicher Methodik. Schließlich, nach 47 Sekunden, hob die Schildkröte ihren Kopf aus dem Wasser. Es gab kaum Wellen. Wir bewunderten, wie leise sie sich bewegte. Vermutlich, um besser überleben zu können. Oder weil sie so leichter Beute findet. Später schlugen wir nach, wie lange Schnappschildkröten unter Wasser bleiben können, ohne atmen zu müssen.

Das führte zu weiteren neugierigen Fragen: Wie stellt ein Alligator es an, ins Wasser zu tauchen, ohne Wellen zu machen (gut fürs Beuteschlagen)? Ein weiterer Spaziergang verführte Aja und mich zu der Frage, wie eine Hummel, die so groß ist wie mein erstes Daumenglied, in der Luft schweben, ja sogar rückwärts fliegen kann. Wie ist das möglich? Und schon beugten wir unsere Köpfe wieder über Bücher und Fotografien. Auf diese Weise nährt die wunderbare Rückkopplungsschleife der Neugier jenen Aspekt des Menschseins, der uns seit jeher dazu bringt, weiter zu forschen, weiter zu reisen, weiter zu erkunden und unsere Vorstellungskraft anzukurbeln. Und Aja erzählte ihrer Familie, dass wir ein »Lernabenteuer« gehabt hätten, immer noch aufgeregt ob des neu erworbenen Wissens.

Wird dieses Wissen die Probleme der Welt lösen? Nein. Aber das ist auch nicht der Grund, weshalb wir Dinge tun, wie ich sie mit Aja getan habe. Wir haben uns einige Augenblicke lang erlaubt, zu beobachten, Fragen zu stellen, zu spekulieren, unserem Geist Nahrung zu geben – die eine mit sechs, der andere mit 66 Jahren. Es ist die schiere Begeisterung des Staunens, die uns antreibt. Doch indem wir uns dieses Staunen erlauben und es befriedigen, bauen wir das neurologische Netzwerk auf, das uns ein Leben lang begleiten wird, beim Lernen, beim Beobachten, beim Wahrnehmen noch so feiner Nuancen. Denn Neuheiten und Veränderungen werden uns in die Zukunft begleiten.

Die Beobachtung nonverbaler Signale

Vor Jahren leitete ich ein Verhaltenstraining im Ritz Carlton, einem wunderbaren Hotel mit großartigem Blick auf die Sarasota Bay an der Westküste Floridas. Der Manager und ich standen in der Lobby und besprachen, wie wir das Seminar am besten organisieren konnten. Plötzlich entschuldigte er sich höflich. Ein Paar war aus dem Aufzug getreten, und er hatte sofort gesehen, dass die Herrschaften etwas wollten, denn sie sahen sich um, die Lippen fest aufeinandergepresst und ganz offenkundig unzufrieden. Die Umstehenden sahen das vielleicht auch, der Manager aber reagierte sofort.

Allein diese nonverbalen Signale ließen ihn tätig werden. Er brachte das Paar zur Rezeptionsleitung, die die beiden dann durch die Lobby geleitete.

»Das war aber fix«, sagte ich beeindruckt, als der Manager zurückkam. Seine Antwort zeigte mir, dass auch er zu den außergewöhnlichen Menschen gehörte: »Wenn ich sehe, dass jemand ein Anliegen hat, und dann aber warte, bis die Person auf mich zukommt, habe ich versagt. Unser Personal wird geschult, jeden Gast zu bemerken, der Unterstützung braucht, und nicht erst zu warten, bis der Betreffende zu uns kommt. Wir kommen vielmehr zu ihm.«

Denken Sie doch über diesen Grundsatz einmal kurz nach. Ja, natürlich geht es hier ums Gastgewerbe, man kann also aufmerksamen Service erwarten. Aber erinnern Sie sich nur an die Hotels, in denen Sie schon waren und die diesem Standard nicht gerecht wurden. Vermutlich ist das sogar der größere Teil.

Wenn Sie auf nonverbale Signale achten, erschließt sich Ihnen eine Fülle an Informationen, die Ihnen helfen kann, Ihre Fähigkeiten, Ihren Einfluss und Ihre Effizienz zu steigern. Wenn Sie sehen, wie jemand einen Fuß Richtung Tür dreht, während Sie sich noch mit ihm oder ihr unterhalten, dann wissen Sie, dass diese Person gehen muss oder möchte, auch wenn sie das noch nicht mit Worten kundgetan hat. Wenn Sie auf eine Gruppe von Menschen zugehen, die sich keinen Millimeter von der Stelle bewegen und sich weiter unterhalten, obwohl Sie danebenstehen, können Sie davon ausgehen, dass diese Herrschaften nicht gestört werden wollen. Ein dergestalt höheres Gewahrsein kann Ihnen gute Dienste leisten.

Es gibt eine Unmenge an Büchern über Körpersprache (siehe die Bibliografie am Ende des Buches), auch einige aus meiner Feder. Trotzdem möchte ich Ihnen hier zwölf Verhaltensweisen vorstellen, die in jedem Kontext von Nutzen sind, sei es nun beruflich, im Freundeskreis oder in der Familie. Von den mehreren Hundert Gesten, die ich in meinem Lexikon der Körpersprache (mit dem Titel *Sehen, was andere denken*) beschrieben habe, habe ich diese zwölf herausgepickt, weil ich sie für besonders aussagekräftig halte. Sie signalisieren zuverlässig, wenn etwas nicht stimmt, wenn jemand Probleme hat oder Sorgen. Außergewöhnliche Menschen wollen andere Menschen verstehen und gehen auf solche Signale ein. Und nichts kann uns schneller Aufschluss über das Befinden eines Menschen geben als die Botschaften, die sein Körper aussendet und die in Lichtgeschwindigkeit bei uns ankommen. Es sind Botschaften, die uns in Echtzeit Einblick in die Gedanken, Zweifel und Wünsche anderer Menschen geben. Zudem können sie die Spannungen aufzeigen, unter denen diese Menschen stehen. Wenn Sie diese zwölf Verhaltensweisen kennen, haben Sie bereits den Grundstein gelegt, um das umfassendere Gewahrsein zu erlangen, das außergewöhnliche Menschen auszeichnet, sei es nun im Beruf oder im Privatleben.

1. **Die Augenbrauen runzeln:** Der Raum zwischen den Augenbrauen und unmittelbar über der Nase heißt Glabella. Falten in der Glabella sind ein Hinweis auf Besorgnis, Missfallen oder Konflikte. Häufig ist dies ein Signal, das sich nur sehr schnell und kurz zeigt, sodass man seiner kaum gewahr wird, aber es gibt Ihnen klaren Aufschluss über die Gemütsverfassung Ihres Gegenübers. Manche Menschen runzeln die Brauen, wenn sie besorgniserregende Nachrichten erhalten oder versuchen, sich auf das eben Gehörte einen Reim zu machen.
2. **Das Augenlid berühren:** Wenn jemand sein Augenlid berührt, erfüllt dies häufig eine doppelte Funktion, nämlich den Augenkontakt zu blockieren und Spannungen abzubauen. Wenn jemand eine unangebrachte Äußerung macht, dann kann man diese Geste häufig bei den Umstehenden beobachten – sie berühren oder reiben das obere Augenlid. Man kann dies häufig bei Politikern sehen, wenn ein Redner sich verspricht und die Zuhörer das merken. Je länger der Finger auf dem Lid ruht, desto größer der empfundene Stress. Die Augenlider zu berühren wirkt beruhigend und lässt uns Anspannung abbauen.
3. **Die Augen bedecken:** Wenn jemand seine Augen mit der Hand oder den Fingern bedeckt, will er sich beruhigen, nachdem er etwas Negatives erlebt hat, zum Beispiel, wenn er schlechte oder alarmierende Nachrichten erhalten hat. Dann koppelt die Person sich von der Umwelt ab. Diese Geste deutet auch auf negative Emotionen, Besorgnis oder fehlendes Selbstvertrauen hin. Daher sieht man sie häufig bei Menschen, die bei einem Vergehen ertappt werden. Interessanterweise bedecken auch blind geborene Kinder die Augen und nicht etwa die Ohren, wenn sie etwas erfahren, das ihnen missfällt. Dieses Verhalten ist also entwicklungsgeschichtlich tief verankert: Man blockiert (visuell) an-

kommende Informationen und beruhigt sich gleichzeitig durch Bedecken der Augen.

4. **Die Nase rümpfen (Häschennase):** Diese Geste signalisiert Abscheu. Dabei wird die Haut am Nasenrücken vom Musculus nasalis angezogen, während sich gleichzeitig die Nasenspitze hebt. Die Nase ist für negative Sinneseindrücke sehr empfänglich. Häufig verengen sich dabei auch noch die Augen. Diese Geste ist schon bei drei Monate alten Säuglingen zu beobachten, wenn sie etwas Unangenehmes riechen. Diese Geste des Ekels bleibt uns ein Leben lang erhalten. Wenn wir etwas riechen, ja selbst wenn wir etwas sehen, was uns widerstrebt, dann zieht der Musculus nasalis sich unwillkürlich zusammen und signalisiert so unsere wahren Gefühle.
5. **Die Lippen aufeinanderpressen:** Im Laufe eines Tages pressen wir des Öfteren die Lippen zusammen, wenn uns negative Ereignisse oder Gedanken beschäftigen. So verraten wir unsere wahre Gemütsverfassung, und sei es nur für Sekundenbruchteile. Dies ist ein klarer Indikator, dass etwas nicht in Ordnung ist. Das Aufeinanderpressen der Lippen kann blitzartig geschehen, aber auch eine gewisse Dramatik annehmen, wenn die Lippen so stark zusammengepresst werden, dass sie blutleer werden und kaum noch zu sehen sind.
6. **Die Lippen schürzen:** Wir schürzen die Lippen, indem wir sie kräuseln und nach vorne schieben. Das tun wir, wenn wir mit etwas nicht einverstanden sind oder über eine Alternative nachdenken. Dieses Körpersignal zeigt sich häufig, wenn das Publikum mit dem, was der Vortragende sagt, nicht einverstanden ist oder weiß, dass die vorgetragenen Behauptungen falsch sind. Je weiter sich die Lippen vorwölben, desto negativer oder kontroverser ist das damit verbundene Gefühl. Das gilt ganz besonders, wenn die geschürzten Lippen noch zur Seite verzogen werden (siehe folgenden Punkt).

7. **Die Lippen schürzen und seitlich verziehen:** Bei diesem Körpersignal werden die geschürzten Lippen massiv nach rechts oder links verzogen und verändern damit den ganzen Gesichtsausdruck der Person. Diese mimische Geste zeigt sich meist nur wenige Sekunden lang und signalisiert dabei deutlich: »Ich habe hier echt ein Problem. Mir passt nicht, was man von mir will, was ich gehört habe oder die Richtung, in die sich dieses Gespräch entwickelt.« Ergo signalisiert diese Geste schnell und genau, dass ernsthafte Probleme im Raum stehen. Je dramatischer die Geste ausfällt oder je länger sie gehalten wird, desto größer sind das Unbehagen und der Stress.
8. **Mit dem Kiefer mahlen:** Häufiges Kiefermahlen ist eine sehr effektive Beruhigungsgeste. Bei manchen Menschen handelt es sich dabei um zwanghaftes Verhalten. Achten Sie also darauf, ob es häufig auftritt, und halten Sie Ausschau nach anderen Gesten, die Ihren Eindruck bestätigen oder korrigieren. Wenn jemand nicht gewohnheitsmäßig mit den Kiefern mahlt, dann ist das ein klares Signal, dass es etwas gibt, das diese Person belastet, dass sie Zweifel hat, nicht überzeugt ist oder etwas nicht glauben kann.
9. **Die Kehle bedecken:** Wenn man die kleine Vertiefung zwischen den Schlüsselbeinen berührt (die sogenannte Drosselgrube), kommuniziert man Besorgnis, Unsicherheit oder Angst. Männer bedecken diese sensible Region gerne mit der ganzen Hand, indem sie die Krawatte oder den Hemdkragen zurechtrücken. Frauen berühren die Drosselgrube öfter als Männer und auch sachter, meist nur mit den Fingerspitzen. So oder so, wenn jemand die größte Schwachstelle des Körpers bedeckt, kann man davon ausgehen, dass er ein Problem hat. Dass wir instinktiv den Hals bedecken, wenn wir uns bedroht fühlen, ist vermutlich ein Relikt aus Urzeiten, als unsere Vorfahren sich noch gegen räuberische Großkatzen zur Wehr setzen mussten, die üblicherweise ihre Beute durch einen Biss in den Hals erlegen.

10. **Die Finger verschränken:** Wenn wir Stress, Nervosität oder Angst empfinden, beruhigen wir uns, indem wir die Finger verschränken und die Spitzen aneinanderreiben. Das Reiben stimuliert die Nervenenden und löst so Anspannung. Diese Geste ist einer der besten Indikatoren dafür, dass jemand sich gestresst fühlt. Wir behalten uns diese Geste nämlich nur für Situationen vor, in denen enormer Stress angezeigt ist. Den Rest der Zeit wringen wir die Hände oder reiben sie aneinander.
11. **Sich Luft machen:** Wenn jemand uns um etwas bittet oder eine Frage stellt und wir uns dann erst mal automatisch Luft machen – indem wir das Sakko ablegen, den Finger in den Hemdkragen stecken, an den Socken zupfen usw. –, kommunizieren wir, dass uns etwas stört. Unsere Hauttemperatur kann sich in weniger als einer Viertelsekunde ändern. Wir verschaffen uns Abkühlung, indem wir die Kleidung lockern, ohne groß darüber nachzudenken. Das offenbart, dass es uns an etwas fehlt oder uns etwas Sorgen bereitet.
12. **Auf die Außenkante des Fußes rollen:** Manche Menschen machen dies gewohnheitsmäßig; sie rollen die Fußsohle seitlich ab, sodass sie das Gewicht auf die Außenkanten der Füße verlagern – manchmal mehr, manchmal weniger. Dieses Verhalten zeigt Ruhelosigkeit, Feindseligkeit, Gereiztheit oder Nervosität. Gewöhnlich steht die betreffende Person dabei, weswegen der ganze Körper hin und her schwankt. Andere Menschen registrieren das schnell, auch wenn die betreffende Person sich dessen nicht bewusst ist.

Während Sie Ihre Beobachtungsgabe schärfen, um solche nonverbalen Signale besser wahrzunehmen, sollten Sie Folgendes im Gedächtnis behalten:

› **Nonverbale Signale sagen viel, aber nicht alles.** Vielleicht kommen wir nie dahinter, was ein bestimmtes Verhalten wirklich bedeutet. Aber es lässt sich beobachten und wir können es mit dem unmittelbar vorausgehenden Ereignis in Verbindung bringen. Das gibt uns Gelegenheit, weiter zu beobachten, nachzufragen und, wenn nötig, einzugreifen, wie es der Manager des Ritz Carlton tat.

› **Im Zweifelsfall sollten Sie dem Körper vertrauen.** In meinen mehr als 40 Jahren Erfahrung mit Körpersprache habe ich eines gelernt: Wenn Worte und nonverbale Signale nicht zusammenpassen, sollten Sie dem Körper vertrauen. Er ist schlicht das ehrlichere Kommunikationsmittel. Warum? Wir haben schon auf Körpersprache gesetzt, als wir noch nicht sprechen konnten. Das war jahrtausendelang unser wichtigster kommunikativer Kanal. Wenn wir also bei der Frage, ob wir Überstunden machen könnten, erst mal zusammenzucken, dann aber versichern, dass wir das natürlich gern tun, dann ist die körperliche Schreckreaktion ehrlicher als die anschließende mündliche Versicherung, die aus Fügsamkeit erfolgt.

› **Was zählt, ist: Wohlbefinden oder Unbehagen.** Die Sache mit den körperlichen Signalen kann anfangs verwirrend sein. Sie nehmen vielleicht unterschiedliche Signale wahr und wissen nicht, wie Sie diese einschätzen sollen. Versuchen Sie, sich von Vorurteilen frei zu machen, und registrieren Sie erst einmal nur, was Sie sehen. Dann fragen Sie sich: Erkenne ich darin Wohlbefinden oder Unbehagen? Konzentrieren Sie sich zunächst nur auf diese Frage. Wenn Sie erkennen, ob Ihr Gegenüber sich wohlfühlt oder nicht, haben Sie schon viel gewonnen, denn für gewöhnlich herrscht in unserer Kommunikation eine dieser beiden Befindlichkeiten vor.

Sobald Sie das entsprechende Gespür entwickelt haben, können Sie als Nächstes an ein oder zwei nonverbalen Signalen arbeiten – zum Beispiel am Lippenschürzen und dem Berühren des Halses. Irgendwann müssen Sie gar nicht mehr groß nachdenken. Sie erkennen sofort, wenn etwas nicht stimmt oder Ihr Gegenüber mit dem Kopf woanders ist.

Dabei bleibt Ihr Grundsatz: Ob in beruflichem Umfeld, in der Familie oder generell in zwischenmenschlichen Beziehungen – fragen Sie sich stets, ob Ihr Gegenüber sich wohlfühlt oder nicht. So sind Sie immer schnell im Bild. Das ist der entscheidende Punkt beim Entschlüsseln der Körpersprache.

Sobald Sie mit einiger Sicherheit vorhersagen können, wie sich ein anderer Mensch fühlt, gehen Sie über zum nächsten Schritt: Versuchen Sie herauszufinden, was Ihr Gegenüber denkt oder beabsichtigt und welche Bedeutung eine bestimmte Situation hat. Auf diese Weise können Sie schnell Erkenntnisse wie die folgenden gewinnen:

- **Gefahr:** Geht diese Person wieder hinter mir her?
- **Legitimation:** Ja, der Mann trägt eine UPS-Uniform und es steht ein UPS-Wagen vor dem Haus.
- **Unsicherheit:** Harry sieht besorgt aus. Er wringt die Hände.
- **Hierarchie:** Wer sitzt heute neben dem Chef?
- **Sorge:** Seine geschürzten Lippen sagen mir, dass wir den Termin nicht halten können.
- **Ängste:** Viele Studenten kauen sich vor einem Examen sicherlich die Fingernägel ab.
- **Ansprechbarkeit:** Viel Glück, wenn Sie ein persönliches Gespräch mit dieser Frau wollen. Ihre Bürotür bleibt stets fest verschlossen.
- **Respekt:** Wann immer jemand anderer Meinung ist, verdreht sie die Augen.
- **Verlangen:** Schau mal, wie die beiden sich angucken. Die himmeln sich ja förmlich an.
- **Herausputzen:** Er spielt ständig mit seiner Uhr und ruckelt an der Manschette seines Hemds – er legt wohl viel Wert auf sein Aussehen.
- **Körperpflege:** Er kann gar nicht anders, er achtet stets darauf, ob seine Frisur auch sitzt.

- **Nachdenklichkeit:** Ich würde jetzt nicht hingehen. Sie streicht mit dem Finger übers Kinn. Das heißt, dass sie vermutlich über dem Arbeitsplan für nächste Woche brütet.
- **Besorgnis:** Sie fasst sich dauernd an den Hals. Vermutlich braucht sie in der Prüfung eine wirklich gute Note.

Stellen Sie sich vor, wie Sie Ihre Wissensbasis weit über diese kurze Liste hinaus immer weiter ausbauen. Das können Sie! Die Leute sagen doch immer, dass Wissen Macht ist. Und was sollte Wissen anderes sein als ein Ansammeln von Beobachtungen, aus denen unser Verständnis erwächst?

Und ein immer größeres Verständnis ist eben das, woran außergewöhnliche Menschen arbeiten, damit sie jederzeit und ohne langes Nachdenken darauf zurückgreifen können. Und das Mittel dazu? Erleuchtetes Gewahrsein, das im Beobachten wurzelt.

Übungen, um Ihre Beobachtungsgabe zu schärfen

Waren Sie je an einem unbekannten Ort unterwegs oder haben endlos nach einem Parkplatz gesucht? Vermutlich waren Sie einigermaßen gestresst, ja vielleicht sogar erschöpft? Vielleicht haben Sie einfach nicht gemerkt, dass Sie deshalb so erschöpft waren, weil Sie aufmerksam beobachten mussten – also nicht nur gucken, sondern über längere Zeit Ihre situative Wahrnehmung aufrechterhalten mussten. Und die meisten von uns können das nur ein paar Minuten lang.

Selbst mit einiger Übung kann es anstrengend sein, in einer neuen Situation einen Panoramablick aufrechtzuerhalten. Ich kann mich noch gut an meine erste Woche im FBI-Büro von Manhattan erinnern. Ich war damals 25 Jahre alt und kam aus Yuma in Arizona, wo hohes Verkehrsaufkommen hieß: vier Autos, die an einer roten Ampel warteten. New York City mit seinen damals sieben Millionen Einwohnern stellte meine Beobachtungsgabe auf eine harte Probe.

Glücklicherweise nahm mich ein älterer Agent unter seine Fittiche und zeigte mir, wie ich die Reizüberflutung durch bloßes Sehen hinter mir lassen und beobachten lernen konnte.

Eines Tages gingen wir die East Fifty-First Street hinauf, wo er mir beibrachte, wie man Taschendiebe erkennt. Sie arbeiteten immer im Team, und jedes Mitglied der Bande war anders gekleidet. Einer blieb abrupt stehen, sodass der Passant hinter ihm auf ihn auflief. In diesem Moment der Verwirrung kam ein anderer von hinten herzu und stahl, was in der Handtasche oder der hinteren Hosentasche leicht zu greifen war. Die Taschendiebe in der U-Bahn hingegen arbeiteten allein. Sie konzentrierten sich auf Anzugträger, die Zeitung lasen. Sie stellten sich ganz dicht hinter sie und taten so, als wären sie beschäftigt. Wenn dann die U-Bahn hielt und viele Fahrgäste aus- und einstiegen, schoben sie die Brieftasche in der hinteren Hosentasche mit einem Finger etwas hinaus, während sie sie mit der anderen Hand herausfischten.

Sobald ich wusste, wonach ich Ausschau halten musste, wäre es fast unmöglich gewesen, ein derartiges Verhalten zu übersehen, auch wenn es auf den ersten Blick völlig unverdächtig wirkte. Auf Erfahrungen wie diesen konnte ich aufbauen, als ich lernte, das Verhalten von Spionen zu entschlüsseln. Das war nun ein völlig neues Niveau, auf das ich meine Beobachtungsgabe und meine situative Wahrnehmung heben musste. Nichts schult die Wahrnehmung kleinster Details so gut wie die Arbeit in der Spionageabwehr: zum Beispiel, wenn ein Verdächtiger auf der Straße sich immer möglichst an der Wand entlangbewegt, um nicht die Blicke auf sich zu ziehen. Oder wenn er ständig auf die Uhr sieht, weil er nun mal exakt zu einer bestimmten Zeit an einem bestimmten Ort sein muss, wenn er en passant einen USB-Stick übergeben soll. Oder wenn er den Rücken ein bisschen mehr durchdrückt als andere, weil sein überaktives limbisches System einen Ansatz von Kampf-Flucht-Instinkt zeigt.

Lernen, scharf zu beobachten, ist eine Sache, die eigenen beobachterischen Fähigkeiten aufrechtzuerhalten, eine ganze andere. Denn eine gute Beobachtungsgabe ist ein recht flüchtiges Talent, das ständig geübt und weiterentwickelt werden muss. Oder wie eine Unfallchirurgin einmal mir gegenüber sagte: »Bekomme ich ein Unfallopfer herein, das schwere innere Verletzungen hat, habe ich nur wenige Minuten, um sein Leben zu retten. Wie schnell ich dabei bin, hängt davon ab, ob ich die entsprechenden Anzeichen richtig erkenne und wie schnell ich die entsprechende Behandlung einleiten kann. Nach meiner Babypause war ich am ersten Tag in der Notaufnahme noch ziemlich langsam. In diesen wenigen Monaten waren meine Fähigkeiten eingerostet.« Und das kann natürlich auch in Unternehmen geschehen. Auszeiten oder Ablenkung schwächen unsere Beobachtungsgabe.

Situative Wahrnehmung erschöpft uns, wenn wir nicht daran gewöhnt sind oder sie ohne Vorbereitung krampfhaft über einen längeren Zeitraum aufrechterhalten wollen. Doch durch tägliches Üben wird sie Ihnen immer leichter fallen – als hätten Sie Ihre Beobachtungsmuskeln trainiert.

Einige der Übungen, die ich Ihnen im Folgenden vorstelle, kommen Ihnen vielleicht merkwürdig vor, aber sie sind es wirklich wert, dass Sie Zeit und Energie in sie investieren. Vermutlich werden Ihnen einige Übungen leichter fallen als andere, wie das ja bei anderen Dingen im Leben auch der Fall ist. Doch Übung macht den Meister. Genügend Geduld und Spucke vorausgesetzt, gibt es keinen Grund, warum Sie es nicht schaffen sollten, Ihre Beobachtungsgabe zu schärfen.

Also, krempeln Sie die Ärmel hoch. Vergessen Sie aber vor lauter Eifer nicht den Spaß an der Sache. Hier kommen ein paar hilfreiche Tricks.

Übung: Wie weit reicht Ihr Gesichtsfeld?

- **Machen Sie diese Übung im Freien oder in einem großen Raum.** Richten Sie den Blick nach vorne auf ein Objekt in der Ferne oder auf die gegenüberliegende Wand. Atmen Sie ein paarmal tief durch und versuchen Sie, Ihre Gesichtsmuskeln zu entspannen, vor allem die Augenpartie. Halten Sie den Blick konzentriert auf das entsprechende Objekt gerichtet.
- **Nun strecken Sie die Arme seitlich gerade aus, sodass Ihr Körper ein T bildet.** Vermutlich verspüren Sie eine sachte Be-

wegung der Augen, die sehen wollen, was sich rechts und links befindet. Das ist anfangs ganz normal, aber konzentrieren Sie sich weiter auf das von Ihnen gewählte Objekt.

- **Halten Sie den Blick weiter nach vorne gerichtet.** Nun führen Sie die Arme nach vorne. Bewegen Sie dabei sanft die Finger.
- **Halten Sie inne, sobald Sie Ihre Hände sehen können, obwohl Sie immer noch auf Ihr Objekt gucken.** Das ist das *periphere Sehen*. Der Bereich zwischen den Händen bis zu dem Objekt vor Ihnen ist Ihr *Gesichtsfeld*. Sie werden staunen, wie weit Sie seitlich sehen, obwohl Sie den Blick nach vorne richten.

Anfangs wird Ihr peripheres Sehen nicht sonderlich differenziert sein, aber Bewegungen innerhalb Ihres Gesichtsfelds können Sie auf jeden Fall ausmachen, und schon das kann sehr nützlich sein: Stehen Sie und drei andere Personen vor einem Imbiss, mag zunächst nicht klar sein, wer als Erstes dran ist. Ihr peripheres Sehen aber lässt Sie mühelos erkennen, wer zuerst da war oder wer schneller dran ist als die anderen.

Im Zentrum Ihres Gesichtsfelds sehen Sie schärfer als an seinen Rändern. Das ist ganz und gar natürlich, wenn man nur das bewusste Sehen betrachtet. Doch Ihr Unbewusstes verarbeitet auch Informationen, die unterhalb Ihrer Wahrnehmungsschwelle liegen.

Wiederholen Sie diese Übung ungefähr eine Woche lang ein oder zwei Mal pro Tag. So wächst Ihr Vertrauen in Ihre Fähigkeit, auch aus dem Augenwinkel so einiges erkennen zu können. Ich jedenfalls habe mir antrainiert, die Person direkt vor mir anzusehen, vielleicht sogar mit ihr zu sprechen, aber mir trotzdem all dessen gewahr zu sein, was sich innerhalb meines Gesichtsfeldes abspielt. Auf diese Weise können Sie auch einen Raum schneller scannen, ohne dass andere gleich merken, dass Sie etwas oder jemanden beobachten.

Übung: Scannen

- **Entspannen Sie Ihre Gesichtsmuskulatur und richten Sie den Blick auf ein Objekt, das sich in gerader Linie vor Ihnen in der Ferne befindet.** Nun heben Sie wieder seitlich die Arme, sodass Ihr Körper ein T bildet.
- **Bitten Sie jemanden, eine Karte, auf der ein oder mehrere Wörter stehen, an den Rand Ihres Gesichtsfeldes zu halten.** Sie werden den Impuls verspüren, Ihren Blick direkt auf die Karte zu richten. Widerstehen Sie ihm und entspannen Sie sich. Die Augen bleiben nach vorne gerichtet.
- **Sie schauen unverwandt geradeaus und bitten die Person, die Karte Stück für Stück weiter in Ihr Gesichtsfeld zu bewegen.** Wenn Sie die Karte einwandfrei entziffern können, sagen Sie: »Stopp!« Ab wann das gelingt, hängt auch davon ab, ob die Karte ein Wort, mehrere Wörter oder ein Bild zeigt.

Sie werden feststellen, dass Sie die Buchstaben umso besser erkennen, je entspannter Augen und Körper sind. Objekte, die sich am Rand unseres Gesichtsfelds befinden, sehen wir nie vollkommen scharf. Diese Übung ermöglicht Ihnen aber, einen größeren Bereich im Blick zu behalten, ohne Objekte direkt ansehen zu müssen.

Darüber hinaus veranschaulicht Ihnen diese Übung, wie eng unser Blickfeld – also der Bereich, in dem wir bewusst wahrnehmen – im Vergleich zu unserem Gesichtsfeld tatsächlich ist. Das Bild, das unsere Augen uns liefern, ist häufig unscharf – und das ist völlig in Ordnung. Unser Gehirn nimmt trotz dieser Unschärfe vieles wahr. Wir steuern durchs Leben und sehen häufig nur verschwommene Bilder – doch unser Unbewusstes ordnet sie trotzdem eifrig. Es erlaubt uns, vieles nur aus dem Augenwinkel wahrzunehmen – damit wir funktionieren können. Wollen wir aber beobachten, müssen wir scharf stellen.

Wie aber geht das, vor allem, wenn sich ein weites Areal vor uns öffnet, zum Beispiel in der freien Natur? Nun, wir scannen.

Nach Informationen scannen

Unsere Fähigkeit zu scannen versetzt uns in die Lage, umfassend zu beobachten, wenn unser Blick auf etwas fällt, was eine Vielzahl visueller Informationen bereithält – ob Sie nun Pilot sind, der nach einem kleinen Flugzeug im weiten Ozean sucht, oder eine Rednerin, die vor Hunderten Menschen einen Vortrag hält. Beim Scannen nehmen Sie mit einem kurzen Blick viele Informationen auf, ohne direkt auf etwas zu fokussieren, wie wir das gewöhnlich tun.

Wenn Sie die vorhergehende Übung gemacht haben, wissen Sie nun, dass wir mit peripherem Sehen viele Informationen vom Rand unseres Gesichtsfelds aufnehmen können. Unsere Augen registrieren Verhaltensweisen, wenn Sie Ihrem Publikum gegenüberstehen. Oder sie melden dem Piloten ein Wrackteil, während er den Ozean überfliegt. Wenn wir scannen, nehmen wir Informationen schneller auf als mit bewusst fokussiertem Sehen. Das ist vor allem für unsere situative Wahrnehmung wichtig.

Die Kunst beim Scannen ist es, die Augen in Bewegung zu halten. Das kann bedeuten, dass Sie den Kopf bewegen müssen, um einen größeren Bereich abzudecken. Sie glauben vermutlich, Sie müssten Ihre Zuhörer der Reihe nach fixieren, wenn Sie vor einer Menschenmenge einen Vortrag halten. Aber das ist kein Scan. Beim Scannen bleiben die Augen in Bewegung. Sie lassen den Blick locker schweifen – ob nun von oben nach unten, von rechts nach links oder von hinten nach vorne. Das macht jeder Mensch anders.

Während Sie das Publikum scannen, registriert Ihr Unbewusstes die Körpersprache und die Mienen der Zuhörer. Ihr Gehirn hat die dazu nötige Kapazität.

Nachdem Sie den Raum einige Male gescannt haben – gehen wir mal von einer kleinen Gruppe Zuhörer aus –, können Sie sich entspannen und einen Gang herunterschalten, damit die innere und äußere Augenmuskulatur nicht überanstrengt wird und Sie nicht langsam ein merkwürdiges Gesicht aufsetzen. Sie lassen den Blick also ganz langsam schweifen. Dabei nehmen Sie noch mehr Informationen auf. Ihr Gehirn gleicht nun ab, was sich zwischen zwei Scandurchgängen geändert hat.

Üben Sie das Scannen vor unterschiedlicher Kulisse, zum Beispiel wenn Sie in einem Flur sitzen und Menschen an Ihnen vorübergehen, wenn Sie einen Termin haben oder wenn Sie warten müssen, bis eine Besprechung beginnt. Vor allem zu Anfang werden Sie feststellen, dass Ihnen Informationen entgehen und Sie mehrmals scannen müssen. Sie werden aber auch feststellen, dass Ihre Augen viel mehr Informationen aufnehmen, als Ihnen bewusst ist.

Sie können sich auch im Scannen üben, wenn sich nichts bewegt, zum Beispiel wenn Sie mit einem Kollegen sprechen, der direkt vor Ihnen steht. Hier müssen Sie den Blick nicht schweifen lassen. Reden Sie mit ihm, halten Sie Augenkontakt, aber stellen Sie sich Fragen wie diese: Welche Farbe haben seine Schuhe? Bewegt er die Füße? Was macht er mit den Händen? Spielt er mit irgendetwas herum? Was für eine Uhr trägt er? Hat er einen Stift in der Sakkotasche stecken und wenn ja, welcher Art? Wenn es sich um eine Kollegin handelt: Trägt sie ein Tuch und welches Muster hat es? Wenn Sie scannen, ohne dabei Ihre Augen zu verkrampfen, müssen Sie den Blick nicht nach unten richten, um die Schuhe zu sehen, oder auf den Arm schauen, um die Uhr zu erkennen. Sie konzentrieren sich, um bestimmte Bereiche in den Blick zu nehmen (zu scannen), die Sie vor sich oder aus den Augenwinkeln sehen, ohne die Augen selbst zu bewegen. Machen Sie diese Übung ruhig mit Ihren Kollegen und Kolleginnen, um immer mehr visuelle Informationen zu sammeln, während Sie sich gleichzeitig zwanglos unterhalten. Lockert Ihr Gegenüber den Hemdkragen (will sich Luft verschaffen), wenn es um ein bestimmtes politisches Thema geht, das er lieber vermeidet, oder fängt in einer Gruppe jemand plötzlich an, mit dem Kiefer zu mahlen, wenn man ihm eine Frage stellt, können Sie sich überlegen, ob Sie nachhaken wollen, weil diesen das Thema offensichtlich Unbehagen bereitet. Unterhalten Sie sich mit Ihrer Kollegin und sie dreht dabei die Füße Richtung Tür, dann wissen Sie, dass sie wegwill, und können das Gespräch zu Ende bringen.

Bei den Übungen zum Scannen sollten Sie sich nicht auf ein bestimmtes Objekt fixieren (außer natürlich, Sie müssen). Gestehen Sie sich die Freiheit zu, unterschiedslos alles auf sich wirken zu lassen. Bald werden Sie erstaunt feststellen, wie viele Informationen Sie aufnehmen können, wenn Sie Ihr Umfeld zwei oder drei Mal scannen. Wenn Sie draußen unterwegs sind und etwas sich bewegt oder auf Sie zukommt, können Sie besser reagieren, selbst wenn alles sich nur an den Rändern Ihres Gesichtsfelds abspielt. Ihre Augen scannen die Umgebung wie ein Radargerät.

Das Scannen im Alltag zu üben ist einfach und macht Spaß. Wenn Sie im Restaurant sitzen oder irgendwo sonst, wo sich Menschen treffen, können Sie einen schnellen Scan machen und dann spaßeshalber schätzen, wie viele Leute im Raum sind.

Anfangs liegen Sie vermutlich weit daneben – vielleicht sind es nur zwölf Personen, Sie aber haben ihre Zahl auf 20 geschätzt. Aber wenn Sie weiter üben, lernt Ihr Gehirn, mit den Augen zu rechnen, ohne dass Sie zählen müssten. Nein, Sie raten nicht. Sie überlassen es Ihrem Unbewussten, die Rechenarbeit zu erledigen.

Mit der Zeit wird Ihnen ein schneller Blick genügen, um zu erkennen, wie viele Menschen anwesend sind, ohne dass Sie erst durchzählen müssen. Versuchen Sie es ruhig. Wenn Ihr Gehirn sich allmählich an diese neue Art gewöhnt, die Welt zu betrachten, werden Ihre Augen zusammen mit Ihrem Gehirn immer mehr Details wahrnehmen.

Menschen scannen

Immer wieder wird mir eine Frage gestellt: Wie machen Sie das? Woher wissen Sie, was in einem Kreis von Kollegen jeder Einzelne gerade tut? Meine Antwort: Das ist nicht schwer, sobald Sie gelernt haben, locker zu scannen, statt die Leute anzustarren. Scannen Sie nach Gesichtszügen, Bewegungen, Fußhaltungen oder nach anderen aussagekräftigen nonverbalen Signalen.

Das Tolle am Scannen ist, dass Sie Menschen beobachten können, ohne aufdringlich zu wirken. Wenn ich Sie zu oft oder zu lange anschaue, wird das Ihre Haltung mir gegenüber beeinflussen und damit auch Ihr Verhalten. Wenn jemand das Gefühl hat, angestarrt zu werden, reagiert er natürlich mit Misstrauen und Anspannung. Wir vermeiden also diese übergriffige Beobachtung, indem wir unseren Blick nicht direkt auf die Menschen richten, sondern sie schlicht scannen: Wir sehen an ihnen vorbei und lassen den Blick wandern, ohne uns lange auf etwas zu fokussieren.

Üben Sie diese Technik zuerst mit Menschen, die Sie gut kennen, zum Beispiel in der Familie. Wenn Sie das Scannen richtig beherrschen, bemerkt Ihr Gegenüber gar nicht, dass Sie irgendwie anders schauen. Spürt die Person jedoch, dass sie beobachtet wird, müssen Sie Ihr Verhalten korrigieren. Es sollte vollkommen natürlich wirken, wie Ihr Blick von einem Menschen zum anderen wandert.

Oder Sie üben das Scannen wie folgt: Lassen Sie einen Freund eine Szene aus einem Film auswählen, den Sie noch nie gesehen haben. Dann spielen Sie ihn mit doppelter Geschwindigkeit ab. Ich verwende dafür gewöhnlich kurze Szenen, in denen Menschen Lösungen für ein Problem suchen, schlechte Nachrichten oder eine überraschende Mitteilung erhalten. Dann schildern Sie Ihrem Freund, was Sie glauben, gesehen zu haben. Anschließend sehen Sie sich die Szene nochmals in normaler Geschwindigkeit an. Machen Sie ein Spiel daraus. Vielleicht können Sie sich ja abwechseln. So kann jeder an seiner Scanfähigkeit arbeiten und Sie finden heraus, wer von Ihnen der genauere Scanner ist.

Wenn Sie das immer wieder mit den unterschiedlichsten Szenen aus verschiedenen Filmen machen, werden Sie merken, dass Sie aufhören, die Gesichter zu betrachten, und stattdessen zu scannen beginnen. Wenn Sie diese Fähigkeit vervollkommnen, werden Sie bald nicht nur die Gesichter lesen können, sondern auch alle anderen auffälligen Details dieser Szene wahrnehmen. Und natürlich können Sie Ihre Beobachtungen präziser formulieren.

Übung: Farbordnungsspiel

Probieren Sie es mal mit der folgenden Übung, wenn Sie nächstes Mal auf einen Parkplatz fahren:

› **Scannen Sie, welche Farben die rechts und links abgestellten Fahrzeuge haben, ohne sie direkt anzusehen.**

- **Nachdem Sie Ihr Auto abgestellt haben, fragen Sie sich:** Welche Farbe hatten die ersten drei Autos links und die ersten drei Wagen auf der rechten Seite? Welche Reihenfolge hatten die Farben?

Anfangs haben Sie vermutlich damit noch Schwierigkeiten, aber mit der Zeit liefert Ihr peripheres Sehen immer genauere Eindrücke. Üben Sie, bis Sie nach einem einzigen Scan die Farben der ersten sieben Autos auf jeder Seite erkennen können. Üben Sie weiter, auch wenn Sie das geschafft haben. Sonst büßen Sie Ihren Wettbewerbsvorteil wieder ein.

Übung: Beobachten, ohne zu sehen

- **Suchen Sie sich irgendwo draußen in der freien Natur ein Plätzchen, wo Sie sich hinsetzen können.** Achten Sie darauf, dass Ihre Arme unbedeckt sind. Schließen Sie die Augen.
- **Fangen Sie an zu lauschen.** Vielleicht sind Sie anfangs noch angespannt, aber das legt sich. Sie können nun keine visuellen Eindrücke aufnehmen, und das sorgt erst mal für Unruhe im System, weil der visuelle Kortex im Gehirn, der etwa faustgroß ist, ständig nach Futter verlangt. Doch diesen Bereich blenden wir jetzt aus. Atmen Sie tief ein und wieder aus.
- **Horchen Sie auf das Geräusch Ihres Atems.** Richten Sie Ihr Gewahrsein erst einmal nur darauf.
- **Wenn Sie spüren, dass die Entspannung einsetzt, halten Sie die Augen weiter geschlossen und richten Sie Ihre Aufmerksamkeit auf die Umgebungsgeräusche.** Können Sie alle Geräusche zuordnen? Können Sie orten, aus welcher Richtung sie kommen? Scheinen bestimmte Geräusche immer denselben Ursprung zu haben? Bald werden Sie nicht mehr das Bedürfnis verspüren, die Augen zu öffnen. Dann sind Sie in der Lage, Geräusche zu identifizieren und ihren Ursprung festzustellen. Atmen Sie wieder aus. Und halten Sie die Augen geschlossen.

› **Richten Sie nun Ihre Aufmerksamkeit auf die Bewegung der Härchen in Ihrem Gesicht, am Hals, auf dem Kopf und an den Armen.** Diese feinen Haare spüren den Wind auf Ihrer Haut, die Temperatur, ja selbst vorbeigehende Menschen oder vorüberfahrende Fahrzeuge. Spüren Sie nach, ob Sie Unterschiede erkennen können – das langsame Vorüberstreichen des Windes im Gegensatz zu dem kurzen Luftstoß eines Lastwagens. Mit der Zeit werden Sie spüren, ob jemand an Ihnen vorübergeht oder sich in Ihre Nähe setzt, wenn Sie sich erlauben, mit geschlossenen Augen zu beobachten.

Ja, Sie haben ganz richtig gelesen: Sie können mit geschlossenen Augen beobachten. Sie haben Sensoren in Form von Nervenenden am ganzen Körper. Damit können Sie Feuchtigkeit, Wärme, Geräusche, Gerüche, Druck, Luftbewegungen und Vibrationen wahrnehmen – alles Mögliche also. Das erlebte ich mit außergewöhnlicher Stärke, als ich eines Tages während eines Erdbebens in einem Aufzug stand. Meine Sinne wurden mit Reizen förmlich überflutet. Vibrationen, Schall, die Bewegung der Kleidung am Körper – all das stimulierte meine Nervenenden auf nie gekannte Weise. Die Schwingungen der Erdstöße erreichten mich über die Fußsohlen. Meine Füße vibrierten, während der Aufzug schnell nach unten fuhr. Der Luftzug, der durch kleine Öffnungen rund um die Tür hereindrang, steigerte diese Empfindungen noch. Auf mich stürmte eine wahre Informationsflut ein, sodass ich auf der Stelle erstarrte, um herauszufinden, was vorging. All meine Sensoren schienen zur selben Zeit anzuschlagen, und das auf mir unvertraute Weise. Vielleicht kennen Sie eine derartige Reizüberflutung ja auch aus eigener Erfahrung.

Wie bei den anderen Übungen auch können Sie das Beobachten mit geschlossenen Augen im Alltag trainieren. Wenn Sie im Restaurant auf jemanden warten, gucken Sie doch mal nicht aufs Handy. Senken Sie die Lider und horchen Sie auf Ihre Umgebung. Welche Geräusche können Sie identifizieren? Woher kommen sie? Was nehmen Sie in der Arztpraxis wahr? Oder im Museum, wenn Sie auf einer Bank Platz nehmen? Wie nehmen Sie vertraute Orte wahr, denen Sie längst keine Aufmerksamkeit mehr schenken? Zum Beispiel Ihr Büro? Ihr Schlafzimmer, kurz nach dem Aufwachen? Ihren Garten?

Wann haben Sie Ihre Nase zum letzten Mal gefordert? Was erschnuppern Sie, wenn Sie ins Auto steigen? In den Aufzug? Im Hotelzimmer? Was riechen Sie, wenn Sie den Supermarkt betreten, ein Bekleidungsgeschäft, einen Eisenwarenladen, eine Tankstelle, eine Apotheke? Welche Gerüche erkennen Sie? Sind sie stark oder schwach? Riechen Sie, ob das Wetter umschlägt? Sie wären erstaunt, was Sie alles wahrnehmen können, wenn Sie nur aufmerksam genug sind.

Sobald Sie mit diesen Beobachtungsübungen und -spielen beginnen, stärken Sie die synaptischen Bahnen im Gehirn, die Sie beim Sammeln von Informationen unterstützen. Sie trainieren Ihre Fähigkeit, die Umgebung zu scannen und nach Aktivitäten und nonverbalen Signalen zu sondieren. So lernen Sie, den vielfältigen Input, den jede Situation liefert, richtig einzuschätzen. Zum Beispiel auf der Straße: Welche Tageszeit haben wir? (Ohne dass Sie auf Ihre Uhr oder Ihr Telefon gucken!) Wo steht die Sonne im Verhältnis zu Ihnen? Wer befindet sich in Ihrer Nähe? Wie viele Autos sind unterwegs?

Auf der Arbeit werden Sie bald die Gesichter der Leute lesen können, die sich zum nächsten Meeting treffen: Wer lacht und wirkt fröhlich? Wer sieht besorgt oder müde aus? Wer vermeidet Augenkontakt? Dabei geht es nicht darum, dass Sie diese Menschen verurteilen. Sie nehmen nur einfach die Botschaften auf, die diese Menschen aussenden. Auch hier sollten Sie das Prinzip der positiven Neugier anwenden. Wir halten nach aussagekräftigen Informationen Ausschau, verwenden diese aber nicht für ein abschließendes Urteil. (In Kapitel 5 werde ich Ihnen ein Modell vorstellen, wie Sie sich im Austausch mit anderen Menschen ein klares Urteil bilden können.) Scannen Sie Ihre Umgebung und nehmen Sie die nonverbalen Signale Ihrer Mitmenschen auf. Mit der Zeit werden Sie solche Zeichen immer besser und besser deuten können.

Je mehr Sie Ihre Beobachtungsgabe schärfen, desto kompetenter werden Sie. Um aber an diesen Punkt zu kommen (und dort zu bleiben), müssen Sie üben. Sonst läuft es wie beim Klavierspielen oder Bällewerfen: Sie büßen Ihre Fertigkeiten wieder ein, wenn Sie sie nicht trainieren.

Also prüfen Sie sich selbst und üben Sie. Machen Sie ein Spiel daraus. Eröffnen Sie sich ein Universum von Informationen, indem Sie die Welt verstehen, wie sie Ihnen im Alltag gegenübertritt: Meistern Sie die wunderbare Gabe der Beobachtung.

Freundliche Beobachtung

Zu guter Letzt möchte ich Ihnen noch den folgenden Gedanken nahebringen: Außergewöhnlich zu sein bedeutet nicht nur, dass Sie von Ihrer Beobachtungsgabe Gebrauch machen mit dem Zweck, maximale Effektivität zu erreichen. Es geht auch darum, *wie* Sie Ihre Gaben einsetzen.

Wie wir die Welt sehen und unsere Mitmenschen beobachten, ist von entscheidender Bedeutung. Wir können das mit Freundlichkeit und Güte tun oder kühl und unbeteiligt. Jane Goodall beobachtete ihre Affen nicht, wie viele Wissenschaftler vor ihr, von oben herab mit dem Gefühl kalter Überlegenheit. Sie betrachtete die Tiere voller Güte, Wertschätzung und Sorge – mit dem erleuchteten Gewahrsein ihres einzigartigen Wesens. Das Resultat war, dass sie Details wahrnahm, die niemand vor ihr je gesehen hatte: die einzigartige Bindung zwischen Schimpansenmutter und -baby; die Tatsache, dass der Affennachwuchs alles durfte – spielen, fallen, seine Persönlichkeit zum Ausdruck bringen; die Tändeleien, ja die Frechheiten der älteren Affen, wenn sie Beziehungen begründeten; die Fähigkeit, Werkzeuge herzustellen, die selbst Wissenschaftlern neu war; die Tatsache, dass sie diese Fähigkeiten an den Nachwuchs weitergeben; ihre Trauer um geliebte Gefährten; ihre Eifersüchteleien und Aggressionen, die mitunter erschreckend ausfielen; und ihre Wärme und ihr Bedürfnis nach Umarmungen und ja, auch Küssen, die wohlabgewogen verteilt wurden, um die soziale Hierarchie nicht zu gefährden.

Kein Wissenschaftler hatte Affen je mit dem Blick betrachtet, den Jane Goodall ihnen schenkte. Und das Interessanteste ist vermutlich, dass die Affen ihre gütige und mitfühlende Herangehensweise spürten und sie deswegen näher an sich herankommen ließen als je einen Menschen zuvor. Goodalls freundliche Beobachtung stiftete das Vertrauen, das es ihr erlaubte, mehr Informationen zu sammeln als andere, weil sie die Tiere aus einem durch und durch intimen Blickwinkel beobachten durfte.

Dieser Prozess, anderen Vertrauen zu schenken, beginnt gleich nach der Geburt: Jemand ist da und wirft nicht nur mal einen Blick auf uns, sondern beobachtet uns, um uns zu verstehen. Sehen Sie nur mal Eltern zu, die ihr Neugeborenes betrachten. Sie bewundern ihr Kleines nicht nur. Sie sind vollkommen auf das Kind konzentriert. Jedes noch so kleine Detail des Babys wird registriert und abgespeichert: die kleinen Händchen, die greifen und zupfen; die Lippen, die sich verziehen, wenn ihm etwas nicht passt; die winzigen Adern, die durch die hauchdünnen Lider sichtbar sind; das sanfte Glucksen. Diese Beobachtungen werden in den kommenden Wochen und Monaten unzählige Male wiederholt. Sie sagen den Eltern, ob das Baby hungrig ist oder friert und was es besonders mag (Kuscheln nach dem Gefüttertwerden oder sanftes Wiegen vor dem Einschlafen). Während die Eltern all diese Dinge tun, beobachtet sie wiederum das Baby und baut sein neuronales Netzwerk des Wissens aus. Es liest seine Eltern, schätzt sie ab – und wird, wenn die Eltern sich weiter liebevoll um es kümmern, zu ihnen Vertrauen entwickeln. Das Baby wird mit seinen Eltern kommunizieren und eine Bindung aufbauen, indem es weint, wimmert, Gesichter schneidet, lächelt, kichert und die Ärmchen hebt, wenn es hochgenommen werden will.

Wir sind einfach darauf ausgelegt, uns um unsere Mitmenschen zu kümmern. Aber zu diesem Zweck müssen wir in der Lage sein, die Bedürfnisse, Wünsche, Vorstellungen und Vorlieben anderer wahrzunehmen. Und wir müssen den *Wunsch* dazu haben.

Wir alle kennen Leute, die keine Ahnung haben, was andere brauchen. Sie hören Sie husten, bieten Ihnen aber kein Glas Wasser an. Sie telefonieren und sagen laut und vernehmlich: »Einen Moment bitte, das muss ich mir aufschreiben.« Aber keiner der Umstehenden reicht Ihnen Papier und

Stift. Sie betreten einen Laden mit einem Kinderwagen oder mehreren Paketen und niemand hilft Ihnen an der Tür. Ein Kollege tritt auf Sie zu und verwickelt Sie in ein Gespräch, wobei er geflissentlich übersieht, dass Sie gerade eine komplexe Aufgabe zu erledigen haben.

Vielleicht sind wir deshalb so positiv beeindruckt, wenn jemand erkennen lässt, dass wir ihm nicht egal sind – indem er uns das Leben erleichtert, genau darauf achtet, was uns wichtig ist, oder uns »einfach versteht«. Solche Menschen haben etwas gemeinsam: Sie besitzen die Fähigkeit zu beobachten und zu entschlüsseln, was vor sich geht, und begreifen, was im Moment nottut. Das ist situatives Gewahrsein mit der Absicht der fürsorglichen Zuwendung.

Ein von aufmerksamer Beobachtung erfülltes Leben ist lohnender, interessanter und einfach glücklicher. Kein Wunder! Sich der Bedürfnisse und Gefühle anderer bewusst zu sein, schafft stärkere Bindungen.

Ist es nicht nett, wenn ein Ehemann seiner Frau, die im Homeoffice arbeitet, ihr Lieblingsgetränk serviert, weil sie sich schon seit drei Stunden nicht mehr vom Schreibtisch wegbewegt hat, ja, sich gelegentlich seufzend den Nacken reibt, weil sie unbedingt eine Frist einhalten muss? Oder wenn Ihnen jemand an der Kasse den Vortritt lässt, bevor Ihr Kind, das schon zu zappeln anfängt, losweint? Oder wenn Ihr Chef, der bemerkt hat, dass Sie bei der Besprechung stiller waren als sonst, bei Ihnen vorbeischaut und fragt, was los ist?

Wenn ich mich mit Führungskräften treffe, dreht sich das Gespräch irgendwann immer um den Faktor Mensch. Aus welcher Branche sie kommen, ist dabei völlig egal. Wir sind alle im Menschen-Geschäft. Denn der Umgang mit dem Faktor Mensch ist der größte Posten in jedem Zeitkonto, vor allem bei Führungskräften: die Gespräche mit ihren Mitmenschen, um etwas über ihre Bedürfnisse, Probleme oder Sorgen zu erfahren. Mensch zu sein heißt, dass wir uns um andere kümmern. Und wenn wir uns um andere kümmern wollen, müssen wir unser Bewusstsein entsprechend schärfen. Wir müssen in der Lage sein, zu beobachten und zu verstehen.

Ich werde häufig gefragt, wonach ich Ausschau halte, wenn ich beobachte. Nach allem, was wichtig ist, gebe ich dann meist zur Antwort.

Und was ist wichtig? Alles, was mit den Bedürfnissen, Wünschen, Ängsten oder Absichten der Menschen zu tun hat. Alles, was an einer Situation anders, neu oder ungewohnt ist. Alles, was innerliches Unbehagen auslöst oder umgekehrt dazu beiträgt, dass ein anderer sich wohlfühlt und entspannt.

Sie müssen kein Benjamin Franklin sein, kein Thomas Alva Edison, nicht die Gebrüder Wright oder Marie Curie, um ein meisterlicher Beobachter zu werden. Sie müssen nur einfach sehen können, was wichtig ist, und daraus Ihre Schlüssel ziehen.

Die Gabe der Beobachtung ist überall einsetzbar, aber wenn Sie sie nicht pflegen, geht sie wieder verloren – doch dieser Aufgabe sind Sie gewachsen. Sie haben es in der Hand. Beginnen Sie jetzt sofort, auf der Stelle, sich darin zu üben. Denn eine gute Beobachtungsgabe ist Ihnen immer von Nutzen, ob Sie nun eine Reise in eine noch unbekannte Stadt machen, eine Beziehung beginnen oder ein Unternehmen gründen. Wenn Sie Ihre Beobachtungsgabe täglich schulen, wird sie Ihnen zur zweiten Natur. Sie werden der Mensch, den wir bewundern, weil er interessant ist und interessiert. Ihr Einfluss wächst, wenn Ihre wohlwollende Neugier zunimmt. Sie beobachten schärfer und üben Ihr Gewahrsein.

Wollen Sie ein außergewöhnlicher Mensch werden? Dann tun Sie, was außergewöhnliche Menschen täglich tun. Beobachten Sie die Welt voller Güte, Neugier und aufrichtigem Interesse. Dann wird die Welt es Ihnen danken. Sie wird Ihnen bei Ihren Überlegungen helfen, Ihnen eingeben, was Sie in einer bestimmten Situation sagen müssen, und Ihnen signalisieren, wie Sie anderen helfen können oder Ihr eigenes Leben verbessern, das sich vor Ihren Augen entrollt wie ein Bilderbuchteppich.

Jane Goodall hat dies wohl am besten ausgedrückt, als sie sagte: »Nur wenn wir verstehen, können wir uns kümmern. Nur wenn wir uns kümmern, werden wir helfen …« So einfach ist das. Außergewöhnlich zu sein beginnt mit dieser entscheidenden und notwendigen Fähigkeit, die den Weg zum Verständnis eröffnet, zu Einsicht und Fürsorge: der Gabe der Beobachtung.

KAPITEL 3

Kommunikation

Von der Information zur Transformation

Unsere verbalen und nonverbalen Ausdrucksmittel erlauben uns, unsere Gedanken so zu artikulieren, dass sie auf bestmögliche Weise vermitteln, was wir sagen wollen; dass sie Herz und Geist anderer Menschen ansprechen und Bande knüpfen, die auf Vertrauen, Loyalität und sozialer Harmonie beruhen.

Kommunikation ist die wichtigste Fähigkeit in Ihrem Leben.
Stephen R. Covey, *Die 7 Wege zur Effektivität*

Jeden Freitagmorgen versammelten sich die FBI-Agenten in Ausbildung – und Außendienst-Agenten wie ich, die regelmäßig zur Fortbildung an die FBI-Akademie in Quantico zurückkehren –, um laufen zu gehen, bevor dann um 8.15 Uhr der Unterricht losging. Manchmal liefen wir in kleinen Gruppen, manchmal allein.

Kaum waren wir auf der »Hoover Road« (benannt nach dem ehemaligen FBI-Direktor J. Edgar Hoover), bemerkten wir, dass plötzlich jemand hinter uns auftauchte. Die Person holte zu uns auf, grüßte mit »Guten Morgen« und schloss sich uns für den Rest der Strecke an.

Wer uns da einen guten Morgen wünschte, war kein anderer Lehrgangsteilnehmer, auch kein Ausbilder. Es war Louis Freeh, der damalige Direktor des FBI – mein Boss und der Mann, der für 30 000 Mitarbeiter die Verantwortung trug.

Man hätte ihn für einen Agenten halten können, so jugendlich kam er daher mit seinem Bürstenhaarschnitt und dem flotten Tempo. Freeh kam uns regelmäßig besuchen, immer freitags. Wir fragten uns anfangs, was er hier wollte, 120 Kilometer von Washington entfernt. Gut, er würde vielleicht später am Tag der Abschlussprüfung der Agenten beiwohnen. Und er mochte Washington und den Politzirkus dort nicht. Darum machte er gerne einen Bogen. Aber der eigentliche Grund, wie wir später erfuhren, war, dass er wissen wollte, was uns im Kopf herumging. Und das wollte er nicht von den Abteilungsleitern, Lehrern oder stellvertretenden Direktoren im Hauptquartier hören.

Das gesamte Hauptquartier hatte von Direktor Freeh Anweisung bekommen, nicht mitzukommen, wenn er laufen ging. Er wusste, die beste Möglichkeit, ungefilterte Reaktionen seiner Agenten zu bekommen, bekam er, wenn er mit der Truppe sozusagen »im Schützengraben« lag.

Und wir hielten mit unseren Ansichten und Erfahrungen nicht hinter dem Berg: dass die Agenten in New York den Dienst kündigen mussten, weil die Stadt für sie zu teuer war. Dass die Agenten oft lange warten mussten, bis sie eine Stelle am gewünschten Einsatzort bekamen – das ist wichtig für die Lebensplanung der Mitarbeiter, und ganz besonders jener Mitarbeiter, die Kinder haben, welche auf die Highschool gehen. Dass die Scheidungsraten deswegen beträchtlich stiegen. Und dass die Ehefrauen die ständige Umzieherei nicht mehr länger hinnehmen wollten – nicht zuletzt, weil viele von ihnen besser verdienten als die Agenten.

Nicht wenige Klagen drehten sich darum, dass Vorgesetzte nie mit ihren Leuten redeten oder dass aus dem Hauptquartier hanebüchene Vorschriften kamen, so zum Beispiel, dass man links und auf keinen Fall rechts zu sitzen hatte, wenn man eine FBI-Maschine landete. (Für einen qualifizierten Piloten macht das keinen Unterschied.) Oder dass die neuen Abhörvorrichtungen viel zu klotzig waren und damit nutzlos, weil jeder Verdächtige sie unter der Kleidung erkannte.

Von diesen Alltagssorgen der FBI-Mitarbeiter hätte Freeh nie erfahren, hätte er sich nur auf die höheren Ränge verlassen. Natürlich erwarteten wir nicht, dass jeder Missstand sofort beseitigt wurde. Für uns war wichtig, dass er sich die Zeit nahm, uns zuzuhören. Er war bei uns, ungefiltert. Kein Direktor vor oder nach ihm hat das je getan. Dementsprechend hoch war unsere Loyalität.

Kommunikation ist das Schmiermittel, das die Gesellschaft zusammenhält. Sie ist unverzichtbar, um Beziehungen zu beginnen und zu pflegen. Sie erlaubt uns, sinnvolle Bande zu anderen Menschen zu knüpfen, ob wir nun den Tag mit unserem Partner verbringen, einem Kind bei den Hausaufgaben helfen oder mit einem Geschäftspartner zusammenarbeiten, der elf Zeitzonen entfernt lebt. Wir kommunizieren ständig. Informationen, Anweisungen, Anforderungen, Ideen, Erkenntnisse und Entdeckungen – all das ist Kommunikation. Aber auch Bedürfnisse, Vorlieben, Emotionen oder Wünsche werden kommuniziert: »Zwei Fahrkarten, bitte!«, »Ich brauche das eine Nummer größer.«, »Ich brauche diesen Bericht für die Besprechung am Montag.«, »Und wenn wir es mal auf diese Weise versuchen?«, »Mir ist da etwas aufgefallen.«, »So hatte ich mir das nicht vorgestellt.«, »Es ist dringend.«, »Du siehst ja richtig glücklich aus.«, »Ich vermisse dich.«

Und doch nehmen wir Kommunikation als etwas ganz Selbstverständliches, bis sie fehlschlägt oder gleich ganz ausbleibt: Wenn ein verletztes Kind ruft und niemand reagiert; wenn jemand uns mit Schweigen straft; wenn Anweisungen vollkommen unverständlich sind; wenn es keine Straßenschilder gibt, die uns den Weg zeigen; wenn die Regierung uns über die Gefahr einer Pandemie im Unklaren lässt.

Wir sind eine zutiefst kommunikative Spezies. Findet keine Kommunikation statt oder ist sie unverständlich, reagieren wir zuerst verwirrt, dann enttäuscht und schließlich frustriert und wütend. Doch gerade weil es uns längst in Fleisch und Blut übergegangen ist, dass wir ständig kommunizieren, denken wir manchmal, dass wir uns unmissverständlich ausgedrückt haben, und sind bestürzt, wenn wir feststellen müssen, dass dem nicht so war. Oder wie George Bernard Shaw einmal sagte: »Das größte Problem mit der Kommunikation ist die Illusion, dass sie stattgefunden hat.«

In diesem Kapitel geht es um jene Art der Kommunikation, die über die bloße Mitteilung von Fakten hinausgeht. Hier steht die transformative Kommunikation im Mittelpunkt, die von außergewöhnlichen Menschen ausgeübt wird und unsere Beziehungen auf ein anderes Niveau hebt, weil sie Zusammenarbeit ermöglicht und bei allen Beteiligten das Beste hervorruft. Weil sie uns inspiriert und manchmal auch unser Leben verändert. Wie gut außergewöhnliche Menschen diese Ziele erreichen, hängt von der Situation ab, denn bei der transformativen Kommunikation kommt es ganz darauf an, sich auf die unmittelbaren Umstände und Emotionen einzulassen. Deshalb möchte ich Ihnen hier auch keine komplizierten Strategien vorstellen, die man gleich wieder vergisst oder die sich kaum an die eigenen Bedürfnisse anpassen lassen. Stattdessen habe ich drei Verhaltensleitlinien zur Kommunikation und zum Aufbau von Beziehungen entwickelt, die Sie flexibel in egal welchem Bereich anwenden können. Es sind starke, bewährte Prinzipien, die außergewöhnliche Menschen in ihrer Kommunikation mit anderen anwenden, seien es alltägliche oder ungewöhnliche Situationen. Es sind dies:

1. Zuwendung: ständig geübtes Mitgefühl, das sich auf unser gemeinsames Menschsein gründet
2. Bestätigung: die Fähigkeit, dieses Mitgefühl auszudrücken, indem Sie die Erfahrungen, Wahrnehmungen und Emotionen anderer würdigen
3. Rechtschaffenheit: Leben Sie Ihr Leben so, dass Sie andere durch Ihr Beispiel inspirieren. Dazu gehört, dass Sie glaubwürdig und verlässlich wirken und dass Sie sich an die Regeln der Moral und Ethik halten.

Wir kommunizieren ständig

Wir kommunizieren schon im Mutterleib, wenn wir durch Tritte mitteilen, dass wir da sind. Menschen sind lebende Informationstransmitter. Bereits durch unser bloßes Dasein kommunizieren wir, und zwar noch bevor wir den Mund öffnen oder zu unserem Smartphone greifen: Wir teilen unsere Herzfrequenz durch unsere Atmung mit, unsere Körpertemperatur durch Veränderung unserer Haut oder unsere Gefühlslage durch unsere Augen. Tatsächlich senden wir *ununterbrochen* Informationen aus. Selbst im Schlaf teilen wir noch Dinge über uns selbst mit (zum Beispiel in den REM-Phasen). Wenn Sie atmen, dann kommunizieren Sie.

Wir sind die kommunikativste Spezies der Erde. Doch jeder Therapeut oder Manager wird Ihnen bestätigen, dass trotz unserer unvergleichlichen Ausdrucksfähigkeit die Kommunikation das größte Problem in zwischenmenschlichen Beziehungen ist, und das gilt auch für das Geschäftsleben.

Die meisten Menschen wollen wirklich konstruktiv und genau kommunizieren. Aber unseren größten Bemühungen zum Trotz vermasseln wir es immer wieder. Beispiele für Kommunikationsprobleme gibt es zuhauf, von der Fehlinterpretation einer Mitteilung bis zum versehentlichen Versenden einer E-Mail mit sensiblen Daten an den falschen Empfänger.

Es gibt auch Kommunikationsprobleme von größeren Ausmaßen, die Schlagzeilen machen. Das war zum Beispiel bei der Mars-Climate-Orbiter-Sonde der Fall, die 1999 verloren ging. Das Wissenschaftlerteam von Lockheed Martin in Denver hatte für die Navigationssoftware englische Maße (Inches) verwendet, während die NASA in Pasadena mit den in der Wissenschaft üblichen metrischen Einheiten (Millimeter) gearbeitet hatte. Dieser Kommunikationsfehler kostete die NASA und damit den Steuerzahler 125 Millionen Dollar.

Im März 2019 flog eine Maschine der British Airways, die vom London City Airport nach Düsseldorf unterwegs war, versehentlich nach Edinburgh in Schottland, womit das Ziel um deutliche 800 Kilometer verfehlt wurde. Bald war der Fehler gefunden: Es war zu einer »fehlerhaften Kommunikation« gekommen, weil jemand den falschen Flugplan eingegeben hatte.

Auf solche Kommunikationsfehler reagieren wir mit Staunen oder mit Lachen, aber nur, wenn wir selbst nicht betroffen sind.

Und die Beherrschung kommunikativer Fähigkeiten ist nie wichtiger als in einer Krise. Stellen Sie sich vor, Sie sind CEO eines multinationalen Konzerns, und elf Ihrer Mitarbeiter werden am selben Tag getötet. Elf Leben vernichtet, die Familien zerstört, nur weil in dem von Ihnen geführten Unternehmen etwas schiefging. Sie tragen dafür die Verantwortung. Sie sind der Mensch, auf den sich bei dieser Tragödie alle Blicke richten. Stellen Sie sich weiterhin vor, Sie ließen erst einmal mehrere Tage verstreichen, bevor Sie sich bei den elf Familien melden. Und wenn Sie es endlich tun, dann sagen Sie nur: »Ich möchte mein Leben zurückhaben.« Und das ist Ihre ganze Reaktion auf die Katastrophe. Was haben Sie damit kommuniziert?

Vermutlich sagen Sie jetzt, dass eine Geschichte wie diese frei erfunden sein muss. Aber nein. Genau das ist passiert, als 2010 Tony Hayward, der Vorstandsvorsitzende von BP, nach Louisiana reiste, wo er ebendiese Worte von sich gab: »Ich möchte mein Leben zurückhaben.« Wenige Worte, die seine Reaktion auf die von der *Deepwater Horizon* verursachte Ölpest zusammenfassten – die schlimmste in der Geschichte der USA. Bei der Explosion auf der Förderplattform starben elf Mitarbeiter. Es ergossen sich geschätzt 800 Millionen Liter Öl in den Golf von Mexiko. Die Flora und Fauna des Meeres wurden derart gründlich geschädigt, dass es Jahrzehnte dauern wird, bis sie sich wieder erholen. Doch Hayward sah nur die Probleme, die er mit dieser Katastrophe haben würde. Seine Unfähigkeit, schnell, effektiv und mitfühlend zu reagieren, kostete Hayward den Job, ruinierte den Ruf von BP und wird vermutlich noch jahrelang in den Business Schools der Welt als Negativbeispiel zitiert werden.

Glücklicherweise kommen die wenigsten Menschen in eine Situation, in der sie derart katastrophale und teure Kommunikationsfehler begehen können. Doch weil wir nun einmal Menschen sind, werden solche Fehler immer wieder vorkommen. Und ob die Konsequenzen eine Bagatelle sind oder zur Katastrophe ausarten, Kommunikationsfehler sind nun einmal Fehler, und daran lässt sich nicht rütteln.

Ich habe Jahrzehnte damit zugebracht, das Kommunikationsverhalten außergewöhnlicher Menschen zu studieren. Ihre Begabung liegt weniger in der perfekten Kommunikation als in der Fähigkeit, uns zu motivieren. Sie bemühen sich aktiv, sich verbal und nonverbal klar, ehrlich und überzeugend auszudrücken. Das meinen wir, wenn wir sagen, dass etwas »von Herzen kommt«. Sie wissen, dass ihre Worte und Taten Konsequenzen haben. Daher versuchen sie, andere zu trösten, ihre Zweifel auszuräumen, ihre Beziehungen zu stärken und ihre Mitarbeiter zu motivieren. Ihre Worte fallen auf fruchtbaren Boden, weil sie die eine zentrale Botschaft aussenden, die produktive Kommunikation erst möglich macht: dass andere Menschen ihnen wichtig sind.

Zuwendung

Ich denke immer noch häufig an Direktor Freeh zurück, wie er freitagmorgens mit uns laufen war und sich unsere Beschwerden anhörte. Aber nie hatte man den Eindruck, als würde ihm das auf die Nerven gehen. Warum? Weil ihm unsere Rückmeldungen wichtig waren. Das ist es, was außergewöhnliche Führungskräfte ausmacht.

Wir glauben immer, dass diese Form der Anteilnahme etwas ist, das manchen Menschen liegt und anderen nicht. Aber wir können unsere Kommunikation auf Basis freundlicher Anteilnahme genauso verbessern wie unsere Beobachtungsgabe.

Was genau tat Direktor Freeh, um uns zu zeigen, dass er sich um unsere Anliegen kümmern wollte? Und wie können *wir* das Gleiche tun?

Wenn Sie nun antworten, dass er uns halt einfach zuhörte, dann bleiben Sie damit an der Oberfläche. Nehmen wir sein Verhalten doch mal genauer unter die Lupe, damit wir besser verstehen, wie außergewöhnliche Menschen zuhören.

Sich Zeit nehmen

In erster Linie nahm Direktor Freeh sich Zeit. Zeit ist – mehr noch als Geld – unser kostbarster Rohstoff. Jeder von uns hat nur eine begrenzte Menge Zeit. Was wir mit ihr anfangen, spiegelt unsere Werte wider.

Dass Direktor Freeh sich die Zeit nahm, trotz seines vollen Terminkalenders mit uns laufen zu gehen, signalisierte uns, dass wir ihm wichtig waren – dass er sich kümmern wollte. Er widmete uns etwas, was ich in meinen Vorträgen immer »Angesichtszeit« nenne. Die Zeit, die wir von Angesicht zu Angesicht mit jemandem verbringen, gibt uns die Möglichkeit, nuancierter zu kommunizieren. Je mehr Angesichtszeit wir miteinander verbringen, desto besser kommunizieren wir und desto höher ist die Wahrscheinlichkeit, dass wir eine erfolgreiche Beziehung aufbauen. Kein Wunder also, dass wir uns auf Plattformen wie WhatsApp oder Zoom verlassen – sie bieten uns die Möglichkeit, einander von Angesicht zu Angesicht zu begegnen.

Die Zeit, die wir mit Menschen verbringen, die uns wichtig sind, ist ungeheuer wertvoll. Direktor Freeh stand um 4.30 Uhr morgens auf und kam von Washington nach Quantico, wo seine Agenten ihr morgendliches Lauftraining absolvierten. So zeigte er uns, dass wir ihm wichtig waren.

Gelegenheit und Nähe schaffen

Direktor Freeh schuf sich die Gelegenheit, uns sein Interesse an unseren Rückmeldungen zu zeigen. Er bat uns nicht etwa, unsere Beschwerden per E-Mail einzureichen. Er schickte keinen Onlinefragebogen. Er beraumte kein Meeting an und forderte uns nicht auf, »alle Fragen zu stellen, die Sie vielleicht haben mögen«. Er beobachtete vielmehr unsere Gewohnheiten und bemühte sich, dort zu sein, wo eine offene Kommunikation möglich war. Auch in der Spionageabwehr bemühten wir uns darum, feindliche Nachrichtendienstoffiziere (Spione) persönlich zu treffen, um mit ihnen reden zu können. Wir eruierten, wo sie zum Essen gingen und wann sie Sport machten. Und dann trafen wir sie ganz »zufällig« im Restaurant oder auf dem Tennisplatz. Genauso schaffen sich außergewöhnliche Menschen im Geschäftsleben Gelegenheiten, um ungefilterte Informationen von einer Quelle zu erhalten, die bestens mit dem Bereich vertraut ist, um den es geht. Dazu gehört auch die Kunst, eine Beziehung aufzubauen.

Direktor Freeh machte den ganzen Weg von Washington nach Quantico, um mit uns sprechen zu können. Das war ein deutliches Signal, dass ihm am Wohlergehen seiner Agenten etwas lag. Er traf uns auf unserer Spielwiese, wo wir uns wohlfühlten und daher bereit waren, offen zu sagen, wo uns der Schuh drückte. Wir wurden nicht ins Hauptquartier beordert. Niemand bestellte uns ein in sein Büro zu einem Gespräch unter vier Augen. Es wurden keine Akten darüber geführt, wer wann was gesagt hatte. Freeh stellte vielmehr sicher, dass es keinerlei Einmischungen von dritter Seite gab. Diese Gespräche waren inoffiziell, persönlich und höchst intim: Wir waren zusammen beim Laufen. Das gab uns das Gefühl, dass wir an einem Strang zogen, gemeinsam einer starken Organisation angehörten. Wo andere Direktoren Barrieren errichteten (Protokoll, Formulare, Befehlskette, offizielle Gesprächstermine), riss Direktor Freeh sie ein. Er war »einer von uns«, in jedem Sinne.

Im Grunde ist dies dasselbe, was kluge Eltern tun, wenn sie mit ihrem Teenager über ein heikles Thema reden wollen. Sie wissen, dass ihr Sprössling kaum eine ehrliche Antwort geben wird, wenn man ihn am runden Tisch ausfragt oder in sein Zimmer, sein Allerheiligstes, eindringt. Ein echter Austausch ist wahrscheinlicher, wenn er auf neutralem Boden stattfindet. Oder dann, wenn der Junior etwas tut, was er gerne macht – Bälle kicken, zum Shoppen fahren oder ins Lieblingslokal zum Essen gehen. Macht das mehr Mühe? Allerdings. Aber wenn Ihnen dieser Mensch und das, was ihn beschäftigt, wichtig ist, dann ist es das doch wert?

Fragen stellen

Direktor Freeh kam nicht etwa mit Antworten zu uns. Er stellte Fragen. Und zwar Fragen, die man gerne beantwortete, wie: »Von welcher Dienststelle kommen Sie?« Oder: »Wie läuft es da denn so?« Oder: »Wann sind Sie das letzte Mal versetzt worden?« Und: »Wie kommt Ihre Frau mit dem Umzugsstress zurecht?« Vielleicht hatte er diese Fähigkeit gelernt, als er Stellvertretender Staatsanwalt im berühmten »Southern District« von New

York war. Noch wichtiger war wohl, dass er ein Familienmensch war. Er selbst hatte häufig umziehen müssen, und seine Frau machte keinen Hehl daraus, wenn sein Beruf das Familienleben beeinträchtigte. Ihm war klar, dass seine Agenten bessere Arbeit machten, wenn die Familie hinter ihnen stand. Daher stellte er uns wohlüberlegte Fragen zu jenen Themen, die uns auf den Nägeln brannten.

Wann hat Ihr Chef sich das letzte Mal die Zeit genommen, um Sie zu fragen, wie es Ihrer Familie geht oder ob Sie Verbesserungsvorschläge haben, um Arbeitsabläufe effizienter zu gestalten? Interesse an der Meinung anderer zu zeigen ist keineswegs eine verbreitete Angewohnheit, wie man meinen möchte. Und nein: Ein Briefkasten für Verbesserungsvorschläge oder eine Rundmail an alle Beschäftigten sind nicht dasselbe. Sowohl unser Ohr als auch unser Intellekt registrieren es mit Wohlgefallen, wenn jemand wissen will, was wir denken oder ob wir einen Vorschlag haben, oder wenn wir einfach nur gefragt werden, wie es uns geht. Wann ist Ihnen in jüngster Zeit jemand so gegenübergetreten? Wann sind Sie das letzte Mal in dieser Form auf jemanden zugegangen? Ich frage deshalb, weil eben das die Art außergewöhnlicher Menschen ist.

Hat es etwas gebracht, dass wir mit Direktor Freeh sprechen konnten? In manchen Fällen schon. In anderen konnte auch er nichts machen, zum Beispiel wenn der Kongress es wieder mal nicht geschafft hatte, einen Haushaltsplan rechtzeitig zu verabschieden oder uns das nötige Budget zu bewilligen. Aber es war auch nicht wichtig, dass alles klappte. Für uns zählte vielmehr, dass uns jemand zuhörte, ungefiltert unsere Meinung aufnahm. Denn durch diese Art fürsorglicher Anteilnahme signalisierte Direktor Freeh etwas, was nur wenige andere tun: Er nahm unsere Sorgen ernst und gab uns so Bestätigung.

Bestätigung

Wenn ich auf dem Weg zur Schwimmhalle an einem bestimmten Spielplatz vorbeikomme, beobachte ich immer wieder erstaunt, wie viele Kinder sich bemühen, die Aufmerksamkeit ihrer Eltern oder Aufsichtspersonen zu erregen. Dummerweise interessiert es die Erwachsenen meist so gar nicht, wenn Andrea gerade ein perfektes Rad geschlagen oder Noah seinen ersten Klimmzug geschafft hat. Sie heben kaum den Blick vom Smartphone, um irgendeine, vermutlich unwichtige, Nachricht zu lesen. Schlimmer noch, manchmal sagen sie einfach: »Gut gemacht!«, ohne das Kind auch nur anzusehen. Und das so monoton, dass das Kind sofort erkennt, dass der Erwachsene sich kein bisschen für seine Meisterleistung interessiert. Dann gibt es entweder gleich auf oder es greift zu drastischeren Mitteln, um Aufmerksamkeit zu bekommen.

Solche Eltern oder Aufsichtspersonen können dem Kind keine Bestätigung vermitteln. Natürlich lässt jeder Erwachsene es manchmal an Aufmerksamkeit fehlen. Wiederholt sich das aber oft genug, dann brauchen wir uns später über Probleme nicht zu wundern, weil unser Kind sich damals verletzt fühlte. Beweisen Sie als Vorgesetzter immer wieder solches Desinteresse, sollten Sie sich ebenfalls nicht wundern, wenn Ihre Mitarbeiter bei der erstbesten Gelegenheit den Arbeitsplatz wechseln. Menschen wünschen sich Anerkennung, weil anerkannt zu werden zu ihrem Selbstwertgefühl beiträgt.

Ich weiß, was es heißt, wenn man bis zum Hals in Arbeit steckt und bei allem Multitasking dennoch hyperkonzentriert bleiben soll – man muss da sein, ist aber doch nicht da. Aber ich weiß auch aus unzähligen Gesprächen, dass Anerkennung und Bestätigung ausnahmslos für jeden Menschen wichtig sind. In vielen dieser Gespräche ging es darum, dass jemand immer vollen Einsatz gezeigt hatte und doch so gut wie nie Anerkennung erfuhr. Oder dass ein Kind um die ungeteilte Aufmerksamkeit seiner Bezugsperson wetteifern musste. Der Schmerz darüber wird noch Jahrzehnte später empfunden.

Uns nur im selben Raum aufzuhalten reicht nicht, wenn wir zeigen wollen, dass uns an anderen Menschen etwas liegt. Physische Präsenz ist das absolute Minimum. Das ist Teil der Stellenbeschreibung – ob nun in der Beziehung zu Ihren Kindern oder im Beruf. Das kann man erwarten. Wollen wir aber außergewöhnlich sein, müssen wir unser Interesse ausdrücken, indem wir Mitgefühl beweisen – durch bewusste Bestätigung.

Bestätigung heißt, dass wir unserem Gegenüber unsere ungeteilte Aufmerksamkeit schenken, dieser Person zuhören und anerkennen, was sie geleistet hat, was sie tut oder sagt. Wir müssen uns mit unserem Gegenüber auf eine Weise austauschen, dass dieser Mensch sich gewürdigt, verstanden, getröstet fühlt. Damit er spürt, wie wichtig er uns ist. Damit er weiß, dass zumindest ein Mensch – nämlich Sie – sich für ihn interessiert, ihm zuhört und ihm seine Anerkennung zeigt.

Bestätigung kann viele Formen annehmen. Manchmal kann sie ganz konkret erfolgen, zum Beispiel, wenn ein Kind eine Schramme oder einen gebrochenen Arm hat. Dann sprechen wir es darauf an, wie weh das wohl getan hat und wo und wann das passiert ist. So etwas ist ganz selbstverständlich, wenn wir uns wirklich um unser Gegenüber kümmern wollen. Manchmal hat Bestätigung auch einfach damit zu tun, dass wir einer Person unsere ungeteilte Aufmerksamkeit schenken. Wir leihen ihr unser Ohr, wenn Sorgen sie plagen oder sie etwas Schlimmes erlebt hat. Im Beruf geht es häufig darum, dass wir die Leistung anderer anerkennen, ihre Ideen, ihre Loyalität zum Unternehmen. Jede Kultur, mit der ich vertraut bin, hat Riten für eine solche formelle Anerkennung, und sei es ein Tanz ums Lagerfeuer, um den besten Jäger zu ehren.

Bestätigung zu geben heißt auch, aktiv zu kommunizieren, was wir beobachten. Um zu signalisieren, dass wir zuhören, verstehen und dem, was unser Gegenüber sagt, Wert beimessen. Das ist ein ganz entscheidender Punkt, denn wir zeigen damit, dass wir die Lage aus dem Blickwinkel des anderen sehen können. Und genau das ist es, was mit »mitfühlen« gemeint ist. Bestätigung heißt, dass wir uns dafür interessieren, was der andere getan, erfahren oder zu sagen hat. Auf diese Weise bestätigen wir dem anderen seinen Wert. Zahllose wissenschaftliche Untersuchungen belegen, dass Menschen in Unternehmen Bestätigung suchen: Sie wollen respektiert werden. Und meist ist es nicht Geld, das die Leute motiviert, sondern eben das Streben nach Anerkennung.

Jemandem Bestätigung zu schenken ist nicht immer einfach. Selbst unter Paaren, die sich lieben, gibt es eine Tendenz, dem anderen nicht uneingeschränkt zuzuhören. Wir lassen uns ablenken, weil wir denken: »Ich weiß genau, worauf das jetzt hinausläuft.« Oder: »Ich will das nicht schon wieder hören.« Auch im Geschäftsleben gibt es viele Dinge, die verhindern, dass wir andere bestätigen: andere Prioritäten, Themen, die man im Augenblick für wichtiger hält. Für außergewöhnliche Menschen ist es keine Option, anderen die verdiente Betätigung zu versagen. Häufig kündigen Mitarbeiter, nicht weil sie nicht gerne in diesem Unternehmen arbeiten würden, sondern weil ihr unmittelbarer Vorgesetzter sich nie die Zeit nimmt, ihnen zuzuhören.

Vielleicht ist es etwas Unangenehmes, was wir zu hören bekommen, mitunter ist es sogar etwas Peinliches. Aber wenn Sie ein außergewöhnlicher Mensch sein wollen, müssen Sie lernen, anderen zuzuhören. Denn wenn Sie anderen Bestätigung versagen, machen Sie sie klein. Und wenn Sie Ihre Mitarbeiter kleinmachen, nehmen Sie ihnen damit ihren Wert.

Als FBI-Agent habe ich immer wieder mit Opfern von Verbrechen gesprochen, die mir erzählten, wie entwertet sie sich gefühlt haben, weil niemand, nicht einmal die Familie, ihren Aussagen glaubte. Als ein Junge erzählte, dass der Pfarrer seiner Gemeinde ihm zwischen die Beine gefasst hatte, glaubten die Eltern ihm nicht. Sie weigerten sich, als wahr anzuerkennen, was er erlebt hatte. 49 Jahre später als Erwachsener erinnert sich dieser Junge immer noch an diesen körperlichen Übergriff. Noch leidvoller allerdings war für ihn die Tatsache, dass seine Eltern ihm nicht geglaubt hatten und der Sache nicht nachgegangen waren. Dass man seine Wahrheit entwertete, schmerzte ihn mehr als alles andere.

Doch nicht nur der Einzelne versagt, wenn es darum geht, Bestätigung zu geben. Auch Gruppen, Institutionen, ja Regierungen enttäuschen da. Wenn eine Regierung sich nicht dazu durchringen kann zuzugeben, dass ihr Land Leid verursacht hat und für Todesfälle, ja selbst für Völkermord verantwortlich ist, dann wird damit nicht nur die Wahrheit eines historischen Ereignisses geleugnet. Dann signalisiert sie damit auch, dass ihr Menschenleben gleichgültig sind, denn das Leid dieser Menschen zählt für sie offenkundig nicht. Das hinterlässt eine ewig schwelende Wunde, die niemals heilen wird. Vor allem, wenn für Verbrechen oder sich über Gesetze hinwegsetzende Inkompetenz keinerlei Entschuldigung erfolgt. Es gibt vermutlich keinen schnelleren Weg, Menschen zu marginalisieren, als sich unempfindlich für ihr Leid zu zeigen. Geht es bei der Black-Lives-Matter-Bewegung nicht genau darum?

Elie Wiesel, dessen Romane sich intensiv mit Antisemitismus auseinandersetzen, sagte einmal: »Das Gegenteil von Liebe ist nicht Hass, sondern Gleichgültigkeit.« Als Jude hatte er das Konzentrationslager der Nazis überlebt. Er wusste, was es heißt, als menschlicher Müll betrachtet zu werden. Er wusste, wie es sich anfühlt, wenn Regierungen und Menschen damals wie heute das Leid von sechs Millionen ermordeten Juden leugnen und ihnen so noch im Nachhinein jede Anerkennung versagen.

Bestätigung zu geben ist mehr als bloßes Zuhören. Letzteres kann schließlich jeder, und trotzdem geht er hinterher vielleicht unberührt seines Weges. Durch Bestätigung signalisieren wir, dass wir uns anderen mit ungeteilter Aufmerksamkeit zuwenden. Wir geben ihnen die Zeit und den Raum, um ihre Erfahrungen voll auszudrücken. Wir sorgen dafür, dass dies auch am richtigen Ort geschehen kann. Wir können nicht mitfühlen, ohne aktive Schritte zu unternehmen, mit denen wir anderen unsere Bestätigung signalisieren. Oder wie Stephen R. Covey meinte: »Der innigste Wunsch des menschlichen Geistes ist der nach Anerkennung.« Bestätigung ist Anerkennung, hier und jetzt.

Als Larry Nassar, der medizinische Betreuer des Verbandes amerikanischer Turnerinnen, wegen fortgesetzten sexuellen Missbrauchs verurteilt wurde, war dies für viele seiner Opfer der Augenblick, auf den sie lange gewartet hatten: Endlich fanden all ihr Leid, ihre Ängste, ihre Traumatisierung vor Gericht Bestätigung. Sie wurden anerkannt. Ein Triumph nach Jahrzehnten des Leids. Endlich hatte ihnen jemand zugehört, endlich hatte das Verhalten dieses Mannes Konsequenzen. Das Gleiche geschieht, wenn die katholische (und evangelische) Kirche den Missbrauch von Kindern durch ihre Priester anerkennt. Diese Jungen und Mädchen sind heute erwachsen. Erst jetzt aber erhalten sie die Bestätigung, die sie so lange Zeit gesucht hatten. So findet das Leid von damals ein Ende.

Der frühere Hollywood-Produzent Harvey Weinstein wurde 2020 verurteilt, weil er unzählige Frauen sexuell missbraucht hatte. Auch seine Opfer fanden Anerkennung für ihr Leid, für das die #MeToo-Bewegung ins Leben gerufen wurde. Ein genauerer Blick zeigt uns, dass es dabei letztlich um die Bestätigung der Tatsache geht, dass mächtige Männer ihre Macht missbrauchen, um sich sexuell an Frauen zu vergehen. Und wie die Gesellschaft davor die Augen verschloss. Dieses Wegschauen – von Einzelpersonen oder Gruppen, von einem Berufsstand oder einer ganzen Nation – raubt den Betroffenen die Chance auf Anerkennung. Die Wut, die sich nun Luft macht, das angespannte Klima resultieren aus dem Wissen, dass etwas Schreckliches passiert war und niemand zuhören wollte. Und wir haben diesen Zorn verdient.

Menschen öffnen sich, wenn sie Bestätigung erfahren. Bestätigung erleichtert einen sinnvollen Dialog über wichtige und heikle Themen. Das kann ein kathartischer, ein therapeutischer Prozess sein, der Herz und Geist zugleich heilt. Im Arbeitsleben jemandem Bestätigung zu geben heißt, dass sein Einsatz, seine Zuwendung oder andere Leistungen, die er erbracht hat, die gebührende Anerkennung finden. Und dies wiederum lässt ein positives Umfeld entstehen, in dem die Menschen gerne zusammenarbeiten. Dazu aber muss sich die Führungsebene – ob nun in Institutionen, Unternehmen, Gemeinden, Schulen oder im übertragenen Sinne zu Hause – aktiv darum bemühen. Natürlich wollen wir, dass unser bester Freund uns ein offenes Ohr schenkt. Aber das allein reicht nicht. Häufig brauchen wir Bestätigung von höherer Ebene, um unser Leid endlich hinter uns lassen zu können.

Bestätigung und Anerkennung aber sollten nicht nur bei traumatischen Erfahrungen eine Rolle spielen. Auch wenn wir eine Aufgabe gut erledigt haben, wenn wir uns unserem Beruf mit Begeisterung widmen, haben wir Anerkennung verdient. Manchmal brauchen Menschen einfach nur Bestätigung für das, was sie täglich stemmen – das Kind, wenn es auf dem Spielplatz gehänselt wird; der Mitarbeiter, der sich wirklich reinkniet. Außergewöhnlichen Menschen entgeht dergleichen nicht: Sie beobachten und registrieren solche Dinge. Und sie besitzen die inneren Ressourcen, die es ihnen ermöglichen, anderen zu glauben, sie zu respektieren und anzuerkennen.

Bleiben Sie ansprechbar: Der erste Schritt zur Bestätigung

Bestätigung verlangt aktiven Einsatz. Sie verlangt die Bereitschaft, sich zu engagieren, ein Umfeld zu schaffen, in dem eine offene Kommunikation stattfinden kann. Manchmal ergibt sich die Gelegenheit dazu von selbst oder jemand klopft aus einem tief empfundenen Bedürfnis heraus an Ihre Tür. Manchmal aber müssen Sie solche Gelegenheiten erst schaffen, wie Direktor Freeh das tat.

Auf CBS wird schon seit vielen Jahren eine Sendung ausgestrahlt, die *Undercover Boss* heißt. Jede Woche geht ein Geschäftsführer oder CEO undercover und arbeitet unerkannt auf irgendeiner untergeordneten Position im eigenen Unternehmen. Jede einzelne Sendung belegt, wie wichtig es ist, auf dieser Ebene präsent zu sein und eigene Beobachtungen anzustellen. Für einen Vorgesetzten bringt dies drei entscheidende Pluspunkte: 1) Er kommt an Informationen, auf die er anders keinen Zugriff hätte. 2) Er kann zeigen, dass er die Sorgen und Nöte seiner Mitarbeiter wirklich ernst nimmt. 3) Er lässt seine Mitarbeiter wissen, dass sich auf der Führungsebene jemand um sie kümmert.

Ausnahmslos ist der Eigentümer oder CEO nach dieser Erfahrung zufriedener als vorher. Er hat danach einen besseren Draht zu den Angestellten, ist dankbar für die Erfahrung und sieht vieles klarer. Und wir, die Zuschauer, freuen uns auf den Moment, in dem die Angestellten merken, mit wem sie da die ganze Zeit gearbeitet haben. Wir finden das gut, weil wir uns im Grunde wünschen, dass auch jemand aus unserer Führungsetage diesem Beispiel folgt – aber das ist leider viel zu selten der Fall. Was daran liegt, dass nur außergewöhnliche Menschen nicht mit Bestätigung und Anerkennung geizen.

George Logothetis ist Präsident und CEO der Libra Group, einem globalen Konzern, der mit erneuerbaren Energien, Flugzeug- und Schiffsleasing, Immobilien, Hotels und Gaststätten zu tun hat. Ich kenne George nun schon seit 20 Jahren und habe miterlebt, wie er als Mensch, Vater, Unternehmer und Menschenfreund aufblühte. Was mir an George von Anfang an auffiel – tatsächlich lernten wir uns so überhaupt erst kennen –, war die Tatsache, dass er effektiv kommunizieren wollte. Er wollte das Beste in den Menschen hervorbringen und dafür sorgen, dass sie offen mit ihm redeten. George bereist die ganze Welt, um die Büros und Außenstellen der Libra Group zu besuchen. »Ich schaue dort immer wieder vorbei«, sagt George, »nicht etwa, weil ich müsste. Aber für mich ist es wichtig, persönlich zu hören, was die Leute in unserem Team zu sagen haben. Ihnen in die Augen zu sehen und sicherzustellen, dass jeder in unserem Unternehmen eine Stimme hat.«

Lassen Sie sich diese Aussage nur mal kurz durch den Kopf gehen. Schließlich könnte George genauso gut bei der nächsten Videokonferenz sagen: »Hallo, ihr alle! Toll, euch zu sehen. Wenn Ihr Fragen oder Kommentare habt, schickt mir eine E-Mail.« Aber nein! Seine Gattin Nitzia ist selbst eine bemerkenswerte Frau und Psychotherapeutin, die das Seleni Institute gegründet hat, ein weltweit bekanntes Institut, dessen Tätigkeitsgebiet das seelische Wohlergehen von Frauen, unter anderem nach einer Entbindung, ist. Sie bestätigt ihn in seinem Tun: »George muss einfach an diese entlegenen Orte reisen, weil das seine Art ist. Anders ginge das nicht.«

Vor Ort spricht George dann mit allen, vom frisch Eingestellten über die Praktikantin bis hin zum Parkwächter und zum erfahrenen, mehrsprachigen Manager mit einem MBA-Abschluss. Am Ende dieser Gespräche steht entweder das Vertrauen, dass alles so läuft, wie es soll, oder das Wissen, was anders gemacht werden muss. Jeder hat eine Stimme, jeder kann sich wichtig und gehört fühlen.

So sieht es aus, wenn man seine fürsorgliche Anteilnahme kommuniziert und andere in ihrem Sein bestätigt. Im Gegenzug erhält George wichtige Informationen, die mitunter – wie er mir kürzlich erzählte – »außerordentlich positiven Einfluss« auf den Unternehmenserfolg zeitigen. Diese persönliche, interaktive, praxisorientierte Kommunikation hat unmittelbar Konsequenzen, bringt aber auch längerfristig Vorteile. Daher steht auch Nitzia voll dahinter: »Weil der Puls einer Organisation nur im Gespräch von Angesicht zu Angesicht, von Person zu Person fühlbar wird.« Nicht in E-Mails.

Keine Organisation kann sich heute leisten, den Input von Menschen zu ignorieren, die ihr Wissen mitteilen wollen. Die Ära des Industriezeitalters – mit strengen vertikalen Hierarchien, mit Vorgesetzten, die ihren Leuten nicht zuhörten, und Arbeitnehmern, die zuhauf vom Land in die Stadt strömten und glücklich waren, wenn sie einen Job fanden – ist ein für alle Mal Geschichte. Heute weiß der Leiter der IT-Abteilung mehr als der Vorstandsvorsitzende darüber, wie das Unternehmen funktioniert.

Führungspersönlichkeiten können eine Vision für ein Unternehmen haben, aber wenn sie nicht zuhören können, dann »legen sie sich nur selbst lahm«, wie mir erst kürzlich ein deutscher Produzent sagte. Die Menschen aber, die diese Vision umsetzen, verfügen über Informationen aus erster Hand: Sie erfahren, was funktioniert und was nicht, wo die Probleme liegen und welche Trends und Chancen es gibt. Die Mitarbeiter im mittleren Management, mit denen ich arbeite, erzählen mir immer wieder, dass sie nur dann gut informiert sind, wenn sie mit ihren Mitarbeitern das Gespräch unter vier Augen suchen. So erfahren sie, was für das Unternehmen wirklich wichtig ist.

Man könnte das nicht besser formulieren als ein CEO, mit dem ich jahrelang zusammengearbeitet habe: »Joe, ich kann die Antwort auf jede mögliche Frage heute sofort im Internet finden oder von einem Berater bekommen. Aber nur die Leute, die meine Anweisungen tatsächlich ausführen, können mir sagen, was die Lieferkette verlangsamt, von dem Moment, in dem wir einen Auftrag erhalten, bis zur Auslieferung der Produkte. Kein Computer weiß, was diese Menschen wissen.«

Sie können ziemlich schnell verzichtbar werden, wenn Sie keine vertrauensvollen, engen Beziehungen zu jenen Menschen unterhalten, die für das Unternehmen am wichtigsten sind: den Leuten, die ihren Finger am Puls haben. Führungspersönlichkeiten, die sich nicht raus ins Feld wagen, wie Direktor Freeh es beim morgendlichen Jogging getan hat, verlieren den Kontakt zur Lebensenergie der Organisation.

Selbstzufriedenheit ist im Grunde ein Mangel an fürsorglicher Zuwendung. Dieser zeigt sich in der fehlenden Bereitschaft, anderen zuzuhören und ihre Meinung ernst zu nehmen, ihnen für ihr Wissen und ihre Aufrichtigkeit Anerkennung zu schenken.

Doch es gibt noch einen gravierenderen Kostenfaktor: Wenn andere merken, dass sie uns egal sind, dann reagieren sie letztlich genauso. Sie können von anderen Menschen nicht erwarten, dass sie Ihnen die Wahrheit sagen, wenn Sie nicht dafür Sorge tragen, dass offene Kommunikation zur DNA Ihres Umfelds gehört. Vertrauen beginnt und endet mit Kommunikation. Es gibt keine andere Möglichkeit.

Anderen Bestätigung zu geben ist nicht leicht. Aber es ist der einzige Weg, gesunde, von Vertrauen getragene Beziehungen zu schaffen – ob nun zu Hause oder am Arbeitsplatz. Aber es gibt noch ein anderes – leises – Instrument, das außergewöhnliche Menschen einsetzen, um ihre Bereitschaft zu verdeutlichen, sich um andere zu kümmern. Und dieses Instrument führt unausweichlich zur Transformation.

Rechtschaffenheit

Waren Sie schon mal mit einem Menschen zusammen, in dessen Gegenwart Sie sich wohlgefühlt haben, nur weil die Person da war? Eine Person, der Sie sofort nacheifern wollten, weil Sie das Gefühl hatten, sie sei ein besserer Mensch als Sie selbst? Eine Person, die Sie nur durch ihr Vorbild inspirierte? Ich schon. Und ich habe solche Menschen in allen möglichen Lebensbereichen kennengelernt. Anständige Menschen, gütige Menschen, Menschen, denen man vertrauen konnte, die anderen mit leichter Hand neuen Mut gaben. Und das kostet diese Menschen keinerlei Anstrengung. Sie sind einfach so.

Falls Sie je einen solchen Menschen kennengelernt haben – haben Sie sich jemals auch die Frage gestellt, ob das wesentliche Kennzeichen dieser Leute vielleicht Rechtschaffenheit sein könnte? Dass es das ist, was sie uns kommunizieren? Rechtschaffenheit ist keine altmodische Vorstellung. Es geht dabei einfach darum, das Richtige zu tun. Es handelt sich um ein moralisches, aufrichtiges, ethisches und ehrbares Verhalten. Wir mögen dieser Eigenschaft im Laufe der Jahrzehnte jeweils andere Namen gegeben haben, aber das, was wir wertschätzen, ist immer Rechtschaffenheit. Das ist es, was wir bei getreuen Menschen suchen. Warum bestrafen und verachten wir denn korrupte Beamte, Trainer, Politiker oder Unternehmensführer? Weil es ihnen an Rechtschaffenheit fehlt. Wir haben unser Vertrauen in sie gesetzt, und sie haben uns enttäuscht. Rechtschaffene Menschen enttäuschen uns nicht.

Rechtschaffenheit hat damit zu tun, wie Sie sich jeden einzelnen Tag verhalten – wie Sie der Welt zeigen, dass Sie Verantwortung übernehmen; dass Sie ein sinnvolles Leben führen; dass Sie sich nicht aufspielen; dass Sie keine Tricks anwenden, nicht lügen und betrügen; dass Sie bewusst nichts tun, was andere gefährden könnte; dass Sie solche Dinge für unmoralisch, unethisch oder illegal halten und sich deshalb davon distanzieren. Rechtschaffenheit ist der alltägliche Ausdruck von Selbstdisziplin (siehe Kapitel 1). Es ist das, was wir durch unser Verhalten zeigen, und zwar nicht nur, wenn wir einen guten Tag haben oder es uns gerade passt. Rechtschaffenheit ist eine Entscheidung für eine bestimmte Lebensweise.

Dabei ist Rechtschaffenheit nicht nur eine äußere Haltung. Wie oft habe ich Sätze wie den folgenden von Personalchefs und Geschäftsführern gehört: »Wir haben ihn wegen seiner Qualifikationen eingestellt, ihm aber wegen seiner Haltung gekündigt.« Eine positive Haltung ist natürlich wichtig, aber Rechtschaffenheit geht darüber hinaus.

Rechtschaffenheit hat mit Charakterzügen zu tun, die signalisieren, dass ein Mensch verlässlich und vertrauenswürdig ist, dass er die Bücher nicht fälscht und nicht in die Kasse greift und sich mit Geldern davonmacht, die ihm nicht gehören. Dass er andere nicht betrügt, sich selbst nicht immer ein bisschen mehr zugesteht als anderen, die Regeln nicht bricht, nicht mit Tricks arbeitet und keine illegalen Abkürzungen einschlägt. Solche Menschen kommunizieren durch ihre Haltung und ihr Handeln, dass wir auf sie zählen können, dass wir ihnen vertrauen können, dass wir uns darauf verlassen können, dass sie uns nicht enttäuschen. Ich kenne Menschen, die das nicht einmal von ihren Familienmitgliedern sagen können, geschweige denn von ihren Kollegen. Daher sind solche Menschen gerade im Geschäftsleben – einer Welt, in der das große Fressen herrscht – ein wahrer Schatz.

Wer sein Leben rechtschaffen führt, weiß, dass eine ethische Lebensführung nicht nur schlicht richtig ist, sondern auch enormen Einfluss entfaltet. Menschen entscheiden sich aus den unterschiedlichsten Gründen für ein rechtschaffenes Leben – aus religiösen Motiven, weil ihre Familie oder ihre Mentoren sie das gelehrt haben oder weil sie ihren Ruf bewahren wollen –, doch letztlich üben sie damit einen positiven Einfluss aus. Was auch immer ihr Beweggrund sein mag, ist nicht wichtig. Hier zählt nur, dass sie stets rechtschaffen leben und handeln. Das macht sie zu einflussreichen und bemerkenswerten Menschen.

Ich würde dieses Thema gar nicht aufgreifen, gäbe es nicht so viele Menschen, die uns im Stich lassen, die eben kein rechtschaffenes Leben führen, sodass wir zu ihnen jederzeit sagen würden: *Ich vertraue Ihnen hier die Schlüssel zu meinem Haus an, die Aufsicht über meine Kinder. Bitte geben Sie meiner Mutter ihre Medizin, wenn ich nicht da sein kann. Oder führen Sie in meinem Namen schwierige Verhandlungen durch.* Viele Menschen haben zwar Vertrauenspositionen inne, doch das heißt nicht, dass man ihnen auch tatsächlich vertrauen kann. Man muss sich nur mal vor Augen halten, wie viele Menschen in Vertrauensstellungen andere ausnutzen oder Unterschlagungen begehen. Man hätte diesen Menschen besser nicht vertraut, weil es ihnen eben an Rechtschaffenheit fehlt.

Wir sind, was wir Tag für Tag tun, ob jemand uns dabei zuschaut oder nicht. Außergewöhnliche Menschen führen ein exemplarisches Leben, weil sie *zu jeder Zeit* verbal und nonverbal Rechtschaffenheit ausstrahlen – und nicht nur vor laufender Kamera, wenn die Bürotür offen steht oder die Bilanz gut aussieht. Nein, auch hinter verschlossenen Türen, wenn niemand zusieht, nach Büroschluss und vor allem auch unter Stress. Dass diese Menschen auch dann nicht wanken, ist das Kennzeichen echter Rechtschaffenheit.

Rechtschaffenheit beginnt mit einer geistigen Einstellung – als Philosophie, wenn Sie so wollen. Aber sie kann nur Bestand haben, wenn sie aktiv durch Worte und Taten vermittelt wird. Ist Rechtschaffenheit Ihnen einmal zur zweiten Natur geworden, dann können Sie, wenn Sie in eine schwierige Lage geraten, auf Ihren guten Ruf setzen und auf eine Antwort zählen, wenn Sie um Hilfe bitten. Man glaubt Ihnen und hört auf Sie, eben weil Sie als rechtschaffener Mensch bekannt sind. DAS ist Einfluss. Oder wie Albert Schweitzer sagte: »Ein gutes Beispiel zu geben ist nicht der wichtigste Grund, warum wir Einfluss auf andere haben. Es ist der einzige.« Und ein machtvoller noch dazu.

Wie aber kommunizieren Sie Ihre Rechtschaffenheit? Indem Sie in Worten und Taten vorführen, dass Sie sich an höchste Maßstäbe halten, dass Regeln und Gesetze für Sie nicht nur Worte sind, dass es Grenzen gibt und diese respektiert werden sollten, dass alle Geschöpfe unsere Achtung verdienen und dass Sie für etwas stehen. Dass Ihr Charakter und Ihr Ruf Ihnen mehr wert sind als alle materiellen Vorteile der Welt. Dass Sie nicht – nicht einmal andeutungsweise – an die Grenzen dessen gehen, was Gesetz oder Moral erlauben, weil Sie einfach nicht so sind.

Kurz gesagt: Sie signalisieren Rechtschaffenheit, indem Sie Ihr Leben so leben, als würde Ihnen ständig jemand über die Schulter sehen, als wollten Sie ein Beispiel geben – und genau das tun Sie auch.

Mein Vater war der rechtschaffenste Mensch, den ich je gekannt habe. Er hatte einen kleinen Eisenwarenladen in Miami und stellte sich doch an wie die anderen Kunden, als er feuerverzinkte Schrauben brauchte, um einen Zaun zu reparieren. Er hätte sie einfach nehmen können. Das wäre vermutlich nicht mal aufgefallen, schließlich war es sein Laden – aber er lebte nun mal Ehrlichkeit, jeden einzelnen Tag. Er musste mir keine Vorträge über Integrität halten. Sein ganzes Leben war ein leuchtendes Vorbild. Oft sagten Leute zu mir: »Dein Vater ist so ein feiner Kerl, ein durch und durch ehrlicher Mensch.« Seine Rechtschaffenheit war ein Vorbild für alle Menschen, die er persönlich kannte, aber auch für andere, die nur von ihm gehört hatten. Er war ein bescheidener Mann, der niemals fluchte und nie schlecht über andere redete. Für seine Familie hätte er alles getan, solange es korrekt war. Er war ein echtes Vorbild.

Aber inwiefern kann Rechtschaffenheit andere Menschen beeinflussen? Dazu fällt mir spontan Nelson Mandela ein, der im Gefängnis Zwangsarbeit leisten musste. In seinem Buch *Der lange Weg zur Freiheit* schreibt er über die Zeit, als der Gefängnisdirektor ausgewechselt wurde. Es kam ein

Mann, dem der Ruf der Härte vorauseilte. Er machte den Gefangenen das Leben zur Hölle, ließ sie bis zur Erschöpfung arbeiten und verweigerte ihnen Bettzeug oder Decken, sodass sie ständig froren. Doch Mandela besaß etwas, das man ihm nicht nehmen konnte: seine Rechtschaffenheit. Er war der festen Überzeugung, dass das, wofür er einstand, das Richtige war, und dass seine Gefängniswärter auf der falschen Seite der Geschichte standen. Nelson Mandela beugte sich nicht, wenn man Druck auf ihn ausübte, zum Beispiel wenn man die Besuche seiner Frau verbot, ihm warme Kleidung wegnahm und die Essensrationen kürzte. Wenn das Essen knapp war, stellte er sicher, dass die anderen Gefangenen zuerst versorgt wurden. Als es nicht genug Decken gab, sorgte er dafür, dass die Bedürftigsten zuerst versorgt wurden, auch wenn er frieren musste. So wehrte er jeden Versuch der Gefängnisleitung ab, ihn in die Knie zu zwingen. Er gab einfach nicht auf, wofür er und die anderen politischen Gefangenen standen. Er war entschlossen, unerschütterlich, der Inbegriff der Rechtschaffenheit, auch für alle, die mit seiner Politik nicht übereinstimmten.

Mandelas Rechtschaffenheit war mächtiger als alle Strafmaßnahmen, die man gegen ihn und seine politischen Mitgefangenen verhängte. Sein Beispiel wurde zum Mythos. Im Gefängnis wussten selbst die Wärter, dass er ein besonderes menschliches Wesen war. Wie unmenschlich man ihn auch behandeln mochte, er erwies seinen Schergen stets die gleiche Menschlichkeit. Als Mandela nach 32 Jahren Gefängnis schließlich entlassen wurde, waren jene Menschen, die ihn zu unterdrücken versucht hatten, die ihn ins Gefängnis geworfen und ihm die Bürgerrechte verwehrt hatten, zu begeisterten Anhängern geworden. Die Reinheit seines Zieles, sein Glaube an Gleichheit für alle Menschen, war in seinem Charakter begründet, einem Charakter, der sich nicht beugte. Seine Rechtschaffenheit wurde zum Dreh- und Angelpunkt des Wandels und überzeugte am Ende selbst seine Feinde – die Menschen, die ihn ins Gefängnis gesteckt hatten.

Die meisten von uns werden sich nie mit Umständen auseinandersetzen müssen, die denen von Nelson Mandela gleichen. Lassen Sie uns daher untersuchen, auf welche Weise wir Rechtschaffenheit ausstrahlen können.

Sagen Sie Ihre Meinung

Außergewöhnliche Menschen setzen sich für das Richtige ein, und sie warten nicht darauf, dass Zeit und Ort passen. Als Martin Luther King jr. am Lincoln Memorial sprach, hinterließ er der Welt eine Rede, die die Dinge nicht besser hätte beschreiben können. Aber er ergriff das Wort auch in den Städten des Südens, wo weiße Polizisten Knüppel schwangen und man auf schwarze Menschen, die für ihre Bürgerrechte kämpften, Schäferhunde ohne Maulkorb hetzte. Er nahm kein Blatt vor den Mund, selbst wenn die Situation bedrohlich war. Er wusste nie, wann man ihn festnehmen oder schlagen würde, wann man auf ihn schießen oder Brandbomben schleudern würde. Er hätte gut und gerne ein Schwarzer mehr sein können, der nachts von rassistischen Schlägern ermordet wurde.

Aber wie sagte er doch: »Es kommt eine Zeit, in der man Position beziehen muss. Eine Position, die weder sicher noch populär ist. Aber man muss es tun, weil das Gewissen einem sagt, dass es das Richtige ist.« Und genau das tat er dann auch – voll Würde und Respekt für jene, die ihm selbst keine Achtung entgegenbrachten.

Dr. King, der sich intensiv mit Mahatma Gandhi und seinem gewaltfreien Kampf für die indische Unabhängigkeit auseinandergesetzt hatte, wusste, dass Botschaften nicht nur mit Worten vermittelt werden, sondern auch durch unser Verhalten – etwas, das wir heute nonverbale Präsenz nennen.

King duckte sich nicht in den Schatten. Er agierte auch nicht aus Hass, unter dem Deckmantel der Finsternis, wie dies die Kapuzenmänner des Ku-Klux-Klans taten, die gegen ihn kämpften. Er stand in der ersten Reihe, gab ein Beispiel und kommunizierte auf diese Weise offen und gewaltfrei seinen Glauben daran, dass alle Menschen gleich sind. Auch er war eine gütige Seele.

Wo auch immer King auftauchte, war er stets makellos gekleidet, so, als würde er eine Sonntagspredigt halten – und in gewisser Weise tat er das ja auch. Wie heiß und schwül es auch sein mochte, ob die Polizei nun mit Wasserwerfern wartete oder Hunde an der Leine zerrten, um ihre Zähne in Stoff und Fleisch zu graben, wie viele zornige Weiße ihn und seine Anhänger auch bespucken und mit Müll bewerfen würden, er war da – würdevoll, gelassen, ohne ein Zeichen von Angst. Sein Hemd war gebügelt, seine Schuhe glänzten und seine Worte verdeutlichten voller Gewissheit, dass Rassismus ein »hasserfülltes Krebsgeschwür« im Herzen Amerikas ist. Und ob uns das nun schmeckte oder nicht: Amerika hatte seine Botschaft nötig.

Er gab niemandem Anlass, ihn respektlos zu behandeln, weil er selbst jene respektierte, die ihn am Boden sehen wollten. Die bewegenden Bilder von ihm, wie er unerschütterlich Demonstrationen anführte, sich seinen Gegnern stellte und sich auch im Angesicht der Macht in seinem Engagement für die Wahrheit nicht beirren ließ, gingen um die ganze Welt. Sie sind noch heute ein elektrisierendes Beispiel für die Macht nonverbaler Signale und ein Lehrstück über die Wichtigkeit, seine Meinung zu sagen, wenn die Sache es erfordert.

Außergewöhnliche Führungspersönlichkeiten, die ihre Stellung zu Recht innehaben, warten nicht auf den passenden Moment, um ihre Meinung zu sagen. Sie ergreifen das Wort dann, wenn die Umstände dies erfordern. Wie sie ihre Botschaft kommunizieren, unterscheidet sich von Person zu Person. Doch sie entscheiden sich dafür, gesehen, gehört und bemerkt zu werden.

Denn es ist unsere Pflicht, den Mund aufzumachen, wenn die Situation dies gebietet. Stellung zu beziehen gegen die Mobber, Tyrannen und sozialen Beutegreifer dieser Welt, gegen staatliche Organe und alle, die andere schädigen. Wenn ein Manager unmissverständlich zu verstehen gibt: »Ich werde kein Mobbing und keine sexuellen Anspielungen oder Übergriffe, gleich welcher Art, dulden«, dann ist dies ein starkes Signal. Solche Führungsgestalten zeigen ihren Mitarbeitern, dass ihr Wohlergehen ihnen nicht gleichgültig ist. Und sie machen denen, die solche Übergriffe begehen, deutlich, dass man ein Auge auf sie hat. Sie wertschätzen Mitarbeiter, die Mobbern entgegentreten und sagen: »Hör gefälligst auf damit.« Und nicht jene, die danebenstehen und nichts tun.

Das Asperger-Syndrom (eine milde Form von Autismus), mit dem die junge Greta Thunberg zur Welt kam, hat sie schließlich auch nicht davon abgehalten, die Führer dieser Welt auf die Gefahren des Klimawandels aufmerksam zu machen. Die giftigen Repliken, die selbst Staatschefs ihr entgegenschleuderten, haben sie nicht beeindruckt. Wie alle außergewöhnlichen Menschen weiß sie instinktiv, dass der richtige Moment, um über den Klimawandel zu reden, genau jetzt ist. Sie weiß, dass es einen Punkt gibt, ab dem keine Umkehr mehr möglich ist. Und dass deshalb sofort gehandelt werden muss. Also macht sie jetzt ihre Meinung deutlich. Nicht erst, wenn sie ihren Uniabschluss gemacht hat oder sonst irgendwann später, wenn es gerade mal passt.

Jetzt ist die Zeit, das Wort zu ergreifen, denn wenn *wir* es nicht tun, wer dann? Wenn Sie die Welt verändern wollen, dann müssen Sie den Mund aufmachen. Wollen Sie ein außergewöhnlicher Mensch sein, so erheben Sie Ihre Stimme dann, wenn Ihre Worte am dringendsten gebraucht werden.

Vermeiden Sie es zu lügen

Im Wortschatz außergewöhnlicher Menschen haben Lügen keinen Platz. Wenn eine einzelne Person, ein Industriezweig oder eine Regierung Lügen verbreiten, dann haben gerade außergewöhnliche Menschen die Pflicht, diesen entgegenzutreten. Das gilt umso mehr, wenn einer aufrichtigen Kommunikation zusätzliche Hindernisse in den Weg gestellt werden, indem man Misstrauen sät und Menschen diskreditiert, die die Wahrheit sagen.

Nehmen wir zum Beispiel die Tabakindustrie, die jahrzehntelang Märchen verbreitete, was die Gefahren des Rauchens anging. Das ging so weit, gefälschte Forschungsergebnisse zu produzieren, um das Rauchen weiter zu fördern, obwohl längst bekannt war, dass es Krebs verursacht. Oder Lance Armstrong, dem man seine sieben Siege bei der Tour de France aberkannte, nachdem er fälschlich behauptet hatte, keinerlei Dopingmittel genommen zu haben. All diejenigen, die ihm diesen Vorwurf gemacht hatten, hatte er darüber hinaus vehement angegriffen. Das war nicht etwa blamabel. Blamabel ist es, wenn Sie vergessen, Ihrem Kind ein Geburtstagsgeschenk zu besorgen. Menschen anzugreifen und zu bedrohen, die die Wahrheit sagen, ist schlicht kriminell.

Wer gewohnheitsmäßig Lügen in die Welt setzt und verbreitet, wer die Wahrheit verdreht, um Unfrieden zu stiften, und wer seine Kritiker angreift, verdient es, dass man ihn an den Pranger stellt. Wenn ganze Industriezweige, Regierungen oder Präsidenten sich der Lüge verschreiben, schaffen sie ein Umfeld, das die ganze Gesellschaft destabilisiert, welche Gründe sie für ihre Lügerei auch immer haben mögen (der Schutz von Gewinnen oder Aktionären, das Verfolgen von persönlichen Interessen oder politischen Zielen). Die Folge ist, dass die Menschen zynisch werden, weil sie das Vertrauen in die eigenen Institutionen verlieren. Um es mit den Worten von Albert Einstein zu sagen: »Wer es in kleinen Dingen mit der Wahrheit nicht so genau nimmt, dem kann man auch in großen Dingen nicht vertrauen.« Ein Umfeld, in dem die Rechtschaffenheit ausstirbt, wird zur Gefahr für die ganze Menschheit.

Sehen wir uns mit der Lüge konfrontiert, so haben wir die Verantwortung, diese als solche zu benennen. Keinesfalls dürfen wir sie wiederholen. Das ist für unseren sozialen Zusammenhalt ein ganz wesentlicher Punkt. Daher kürte das *Time Magazine* 2002 drei Frauen zu den wichtigsten Personen des Jahres, weil sie mächtige Persönlichkeiten der Lüge überführt haben.

- **Coleen Rowley, Anwältin des FBI:** Sie sagte aus, dass ihre Vorgesetzten beim FBI-Hauptquartier frühe Hinweise auf den Anschlag am 11. September gehabt, aber ignoriert hatten. Später wurde behauptet, es habe keine solchen Hinweise gegeben. Rowley ergriff das Wort, weil sie die Welt wissen lassen wollte, dass Agenten des FBI ihre Arbeit korrekt getan hatten. Sie hatten das Puzzle zusammengesetzt, nur hatte das Hauptquartier nicht reagiert.
- **Cynthia Cooper, Chef-Buchhalterin bei Worldcom:** Sie deckte in der Buchhaltung des Telekomkonzerns Worldcom Unregelmäßigkeiten (man könnte sie auch »Lügen« nennen) im Wert von 3,8 Milliarden US-Dollar auf und wies so auf eine dreiste, bis heute im Wert unübertroffene Korruption hin. Ihre Arbeit

brachte einen Betrugsskandal ans Licht, der die Aktionäre Millionen kostete.

- **Sherron Watkins, Enron:** Sie warnte ihren Vorgesetzten, dass Enron vor dem finanziellen Zusammenbruch stünde. Und so war dem auch. Das Management log und betrog, blies den Börsenwert von Enron künstlich auf und brachte die Mitarbeiter dazu, in das Unternehmen zu investieren, obwohl dieses schon kurz vor der Pleite stand. Watkins hatte recht.

Diese gewissenhaften Whistleblowerinnen entschlossen sich, die Mächtigen mit der Wahrheit zu konfrontieren. Was zeigt, dass sie außergewöhnliche Menschen sind. Sie behielten stets im Hinterkopf, was das Herzstück der Ethik ist – das zu tun, was anderen nützt, ob es nun um Staaten, Mitarbeiter, Aktionäre oder den Durchschnittsbürger geht. Sie fühlten sich diesen Menschen so verpflichtet, dass sie die Wahrheit sagten, obwohl dies bedeutete, dass sie den Unmut der Mächtigen auf sich ziehen würden. Auch sie hätten den Mund halten können. Aber das ist nicht die Art außergewöhnlicher Menschen. Wenn Sie rechtschaffen sind, dann erweisen Sie sich als der Situation gewachsen, weil Sie sich jeden einzelnen Tag rechtschaffen verhalten – auch an jenem Tag, an dem es geboten ist, den Mund aufzumachen.

Kommunizieren Sie, um zu inspirieren

Die meisten Menschen müssen ihre ethische Integrität nicht vor aller Welt unter Beweis stellen oder Herausforderungen meistern wie die, vor denen Nelson Mandela und Martin Luther King standen. Sie müssen sich auch nicht entscheiden, ob sie es auf sich nehmen, zum Whistleblower zu werden wie die drei oben genannten Frauen. Doch jeder von uns hat die Kraft, andere durch seine kommunikativen Fähigkeiten zu inspirieren, auch wenn wir uns da oft unterschätzen.

Ich habe das Glück, mit Menschen aus aller Welt in Verbindung zu stehen, ob nun bei Vorträgen oder durch Videos, Blogposts, Bücher und Gespräche. Tausende von Menschen haben mir geschrieben, wie sehr sie sich durch etwas, was ich gesagt oder geschrieben habe, inspiriert fühlten. Dass dieser oder jener Satz ihr Leben verändert hätte. Dass sie daraus für sich wichtige Einsichten gezogen oder beschlossen hätten, weiter zu lernen. Ich fühle mich zutiefst geehrt, dass ich anderen Menschen auf diese Weise helfen konnte. Wenn ich mit Sätzen ringe und um die richtigen Worte kämpfe, dann denke ich nur daran, dass ich mein Wissen bestmöglich kommunizieren möchte. Erst wenn dann solche E-Mails oder Briefe bei mir eintrudeln, merke ich, dass wir tatsächlich nicht wissen, wie weit unsere Worte reisen werden und welchen Einfluss sie auf andere Menschen entfalten mögen.

Inspiration für andere zu sein hat nichts mit hochtrabender Rhetorik oder heroischen Lebensentscheidungen zu tun. Dieser Effekt stellt sich mitunter schon ein, wenn wir nur jeden Morgen einen Nachbarn mit Namen begrüßen. Oder wenn wir jemanden ermutigen, an einer Sache dranzubleiben, regelmäßig zu lernen, mehr zu lesen, die eigenen Gedanken schriftlich festzuhalten, den Mund aufzumachen, etwas auszuprobieren, einen anderen Weg einzuschlagen, das eigene Leben umzustellen, das eigene Verhalten zu ändern oder etwas besser zu machen. Das können ganz simple Worte sein wie: »Du hast die richtige Entscheidung getroffen – gut gemacht!« Das kann jemanden inspirieren, der an sich gezweifelt hat. Weil Sie ihn bestätigen. »Du solltest stolz auf dich sein. Du hast so hart gearbeitet.« Und schon haben Sie dieser Person den Tag verschönt.

Wir werden nie wissen, welche Wirkung unsere Kommunikation auf andere hat. Vor vielen Jahren arbeitete ich in der Außenstelle des FBI in Tampa, Florida. Als ich nach der Mittagspause ins Büro zurückkam, sagte man mir, die Telefonzentrale vom Hauptquartier habe durchgerufen. Da solche Anrufe eher selten sind, fragte ich nach, wer etwas von mir gewollt hatte. Es hieß, der Anruf sei von einer Agentin gekommen, die gerade zur Ausbildung in Quantico weilte. Sie wollte mich unbedingt sofort sprechen, also rief ich zurück.

Am anderen Ende der Leitung meldete sich eine mir vollkommen unbekannte Stimme. Sie sagte: »Agent Navarro, hier spricht Kylie. Sie werden sich wohl nicht mehr an mich erinnern.« (Genau!) »Ich war zusammen mit Ihrer Tochter in der achten Klasse.« Ich konnte mir immer noch kein Bild von ihr machen. »Ich wollte Ihnen nur sagen: Ich lege morgen meine Abschlussprüfung ab. Und ich wollte Ihnen danken, denn Sie haben mich inspiriert, zum FBI zu gehen.«

Ich kann Ihnen nicht mal ansatzweise sagen, wie sehr ich mich über diesen Anruf gefreut habe. In den 25 Jahren meiner Laufbahn beim FBI habe ich immer wieder an den Orten, an denen ich stationiert war, Vorträge in den Schulen gehalten. Ich hätte mir nie vorstellen können, dass danach mal jemand sagt: »Super, das will ich auch machen.« Was hatte ich gesagt, das diese junge Frau dazu bewogen hatte, die nächsten 25 Jahre ihres Lebens dem FBI zu dienen? Oder war es vielleicht eher die Art, wie ich war? Das ist das Schöne und Geheimnisvolle an unserem positiven Einfluss auf andere Menschen. Jedermann erinnert sich an einen Menschen, dessen Kommunikation ihn überzeugt hat. Und diese Kraft besitzt ausnahmslos jeder.

Wenn Sie einen Vortrag in der Schule Ihrer Kinder halten, inspirieren Sie vielleicht den Nachwuchs, mal Feuerwehrmann zu werden, Ingenieur, Arzt, Tierarzt, Künstler, Sänger, Forscher, Sportler, Elektriker, Bibliothekar oder einfach nur ein besserer Mensch.

Auf meinen Reisen habe ich viele Leute kennengelernt, die nach der Arbeit die Fußballmannschaft ihrer Tochter trainieren, mit Kindern klettern gehen, Gitarrenstunden geben, im Verein Sport unterrichten, den Schülern die Kunst des Programmierens beibringen und vieles andere mehr. Andere werden im Beruf zu Mentoren und teilen ihre Fähigkeiten bereitwillig mit Kollegen. Als die Covid-19-Pandemie in den USA so richtig zuschlug, gab es Leute, die anderen beibrachten, wie man ein Onlinemeeting veranstaltet, Lehrpläne den veränderten Erfordernissen anpasst, mit neuen IT-Systemen zurechtkommt, die eigenen Dienstleistungen adaptiert und was dergleichen benötigte Soforthilfen mehr waren. Andere teilten Songs, Gebete, Gedichte, Bilder, lustige Clips und andere Dinge mit ihren Mitmenschen. Sie taten das, um sie aufzubauen in einer Lage, wie sie für die meisten von uns schwieriger nicht hätte sein können.

Diese Menschen versuchten, andere zu inspirieren, damit sie wenigstens einen Moment des Friedens genießen konnten, während rundum die Katastrophe ihren Lauf nahm.

Außergewöhnliche Menschen unterrichten, teilen, lehren, führen, ermutigen und unterstützen, nicht weil sie dafür entlohnt werden, sondern weil es einfach richtig ist. Nichts vermittelt besser, dass wir uns kümmern wollen, als wenn wir unsere Gefühle in unser Handeln einfließen lassen. Wenn wir diese Pandemie endlich hinter uns lassen, dann werden wir uns an all diese kleinen Dinge erinnern, die unser Leben ein bisschen besser gemacht haben, selbst wenn es nur ein herzliches Lächeln war.

Keiner weiß, was das Leben noch für uns bereithält, eines aber ist sicher: Wie Sie Ihr Leben führen, kann andere inspirieren. Auf welche Weise genau, das ist eine ganz individuelle Angelegenheit. Wer wird die Person sein, die zu Ihnen sagt: »Sie sind ein ganz besonderer Mensch und ich möchte werden wie Sie.« Das können Sie nicht im Voraus wissen.

Wenn ich Vorträge vor Führungspersönlichkeiten halte, stelle ich immer diese Frage: »Wo auf Ihrem Computer oder Ihrem Schreibtisch ist der Ordner ›Hilfsprojekte‹?« Als Nächstes erkläre ich den Zuhörern, dass ich damit nicht solche Projekte meine, bei denen sie selbst Hilfe brauchen. Sondern einen Ordner, den sie dazu angelegt haben, um nachverfolgen zu können, was sie für andere tun oder getan haben. Dieser Ordner sollte einen wichtigen Platz erhalten, ob nun in elektronischer oder in Papierform. Darin sollten Sie alles vermerken, was Sie sich vorgenommen und was Sie bereits umgesetzt haben. Ein paar Beispiele? Vielleicht haben Sie ja jemandem einen Brief geschrieben, als er ein bisschen Aufmunterung nötig hatte. (Eine Freundin schickte ihrer Nachbarin jede Woche eine handgeschriebene Karte, als diese längere Zeit ins Krankenhaus musste.) Vielleicht haben Sie ja online einem Studenten Nachhilfe gegeben oder einem Jungunternehmer als »Business Angel« gedient. Vielleicht haben Sie einem Kollegen geholfen, einen klassischen Fehler zu vermeiden. Oder einem anderen Menschen bei etwas geholfen, was ihn und seine Kräfte überfordern würde – sei es, dass Sie für eine an den Rollstuhl gefesselte Nachbarin einkaufen oder einem behinderten Menschen beim Umstellen der Möbel helfen. Wenn Ihr Ordner für Hilfsprojekte mächtig dick ist, dann sagt das viel über Ihren Charakter aus.

Sie wollen die Welt verbessern? Sie wollen außergewöhnlich sein? Dann fangen Sie jetzt an, hier und heute. Kommunizieren Sie die Tatsache, dass Ihnen nicht alles egal ist, indem Sie ein rechtschaffenes Leben führen. Dazu brauchen Sie keine Erlaubnis. Und es kostet Sie (normalerweise) auch nichts. Beeinflussen Sie andere durch Ihr Verhalten, und ich verspreche Ihnen: Ihr Leben und das der Menschen in Ihrem Umfeld wird sich zum Besseren wandeln.

Mein Studium des menschlichen Verhaltens und meine Tätigkeit als Managementtrainer haben mich gelehrt, was außergewöhnliche Kommunikatoren in den bereits angesprochenen Fertigkeiten so gut sein lässt. Nachstehend finden Sie einige Tipps, die jedem helfen, der seine kommunikativen Fähigkeiten verbessern will – und zwar nicht nur auf der geschäftlichen Ebene, sondern in allen Situationen, die Zusammenarbeit, Kooperationsbereitschaft, Verhandlungssicherheit und Sensibilität erfordern. Wenn Sie diese Punkte mit den oben beschriebenen Prinzipien verbinden, werden Sie Ihren Einfluss mit Sicherheit steigern.

Das Prinzip der Emotionen

Die oberste Regel außergewöhnlicher Kommunikation lautet: Gehen Sie zuerst auf die emotionalen Aspekte ein – alles andere ergibt sich von selbst.

Emotionen haben Vorrang

Für die meisten Menschen ist diese Forderung schwer zu akzeptieren. Wir wollen schließlich alle logisch vorgehen. Es macht uns nervös, wenn wir Gefühlen erlauben sollen, unsere Kommunikation zu bestimmen. Doch wir müssen uns nun mal zuerst der Emotionen annehmen, bevor die Logik etwas auszurichten vermag. Wenn man über den menschlichen Geist nachdenkt und über die Rolle der Gefühle fürs Überleben, ist das eigentlich nur logisch.

Haben Sie schon mal mit jemandem gestritten, nur damit Ihnen hinterher, wenn die Wogen sich wieder geglättet haben, all die klugen Worte zu Bewusstsein kommen, die Sie eigentlich hätten sagen sollen? Dieses Gefühl kennen wir vermutlich alle. Diese weisen Sätze sind Ihnen nicht eingefallen, weil während der Auseinandersetzung Ihr limbisches System aktiv war. Wenn wir wütend, erschrocken, überdreht sind – oder unter der Einwirkung anderer negativer Eindrücke stehen –, übernimmt jener Bereich des Gehirns das Kommando, in dem unsere Emotionen verarbeitet werden (das limbische System). Es kapert unsere neuronalen Pfade. Das rationale Element tritt zurück zugunsten spontaner Reflexe, die uns zur Flucht (im Sinne von weglaufen, auf einen Baum klettern) oder zum Kampf bewegen, damit wir überleben. Diese neuroelektrochemische Kaskade schaltet sich blitzartig ein und überschreibt alle anderen Schaltkreise und damit alles, was die Reaktion des Gehirns auf eine wahrgenommene Gefahr verhindern oder verlangsamen würde. Nur so konnten wir als Art überleben. Und das ist der eigentliche Grund, warum uns die treffenden Sprüche immer erst nachher einfallen, warum wir unsere PIN-Nummer vergessen, wenn wir es eilig haben, oder zu stottern anfangen, wenn unser Chef uns eine Frage stellt, auf die wir keine Antwort parat haben.

Diesen Vorrang der Gefühle empfinden wir meist als ganz normal. Wenn ein Kind heimkommt und weint, weil sein Freund es geschubst hat, umarmen wir es ganz automatisch und reden ihm gut zu – noch bevor es uns die ganze Geschichte erzählt hat. Doch wenn wir mit Erwachsenen zu tun haben, fällt uns das schon schwerer. Vielleicht weil wir annehmen, dass Erwachsene keinen Trost mehr brauchen. Beobachten wir, wie ein Mitarbeiter emotional zu kämpfen hat, finden wir, dass er doch schließlich kein Kind mehr ist. Falsch. Ob Kind oder Erwachsener, emotionale Bedürfnisse kommen immer zuerst. Nicht umsonst sagen amerikanische Lehrer von ihren Schülern: »Mad or sad, cannot add.« Wer wütend oder traurig ist, kann nicht rechnen. Und das gilt natürlich auch für Erwachsene. Wenn wir emotional unter Stress stehen, können wir nicht denken und liefern nicht gerade unsere beste Leistung ab.

Nonverbale Signale von Kummer oder Ängsten sind übrigens nicht anders zu betrachten, als würde ich zu Ihnen sagen: »Ich habe Probleme.« Dass wir unsere Emotionen meist nonverbal kommunizieren, hat entwicklungsgeschichtliche Gründe. So kann unsere Umgebung auf unsere emotionalen Signale reagieren, ohne dass wir unsere Gefühle artikulieren müssten. Gerade im Geschäftsleben äußern meiner Erfahrung nach viele Menschen ihr Unbehagen schon, lange bevor sie etwas sagen. Übergehen Sie solche Anzeichen nicht, wenn Sie sie sehen, nur weil ein Problem nicht ausdrücklich angesprochen wird. Wenn ein bestimmtes Problem eine Person ständig beschäftigt, verursacht ihr das Stress und zeigt sich in den verschiedensten Verhaltensweisen. Daher sollten wir auf solche Anzeichen reagieren, auch wenn niemand sagt: »Es gibt da etwas, worüber ich mit Ihnen reden muss.«

Während der Covid-19-Pandemie ist Ihnen vielleicht aufgefallen, dass viele Gespräche, selbst mit Fremden, so anfingen: »Nun, wie läuft es denn so bei Ihnen?« Oder: »Ich hoffe, Ihren Lieben geht es gut?« Wir laden unser Gegenüber quasi ein, sich Luft zu machen, und sei es nur für eine Minute, weil wir es dem anderen ansehen, dass ihn etwas bedrückt, oder weil wir am Ton seiner Stimme hören, an seiner Atemlosigkeit, dass er unter Strom steht.

Es gibt unzählige Gelegenheiten, bei denen wir erst der emotionalen Seite Raum geben müssen, bevor wir zu vernünftigem Denken zurückfinden. Außergewöhnliche Kommunikatoren wissen dies.

Eine Kollegin erzählte mir die folgende Geschichte:

Eines Morgens im Büro wurde ich am Telefon von einem meiner Vorgesetzten heruntergeputzt, weil ich über eine bestimmte Situation nicht so schnell berichtet hatte, wie er sich das vorgestellt hatte. Ich war damals schon im gehobenen Management tätig, war schon lange im Unternehmen und wurde im Allgemeinen für meine Arbeit respektiert. Dass jemand so mit mir redete, hat mich total schockiert.

Ich legte auf und starrte erst einmal lange vor mich hin. Ich war so verwirrt, dass ich zunächst gar nichts mit mir anzufangen wusste. Ich machte einfach irgendwas, um den Rest des Tages hinter mich zu bringen. Plötzlich läutete das Telefon. Es war mein Chef (der mich wirklich nicht oft anrief). Er bat mich, in sein Büro zu kommen. »Na, toll«, dachte ich, »was wird diesen Vormittag noch alles schiefgehen?«

Ich trabte in sein Büro, ging rein, wir begrüßten uns, ich setzte mich. Stille. Wir saßen ein paar Sekunden einfach nur da. Dann sagte er: »Nun, wie geht es Ihnen?« Und ich antwortete: »Ähm, gut.« (In Gedanken fragte ich mich: Was soll das jetzt? Schließlich ruft einen der Chef gewöhnlich nicht, um zu plaudern. Was kommt denn jetzt noch?) Dann wieder Schweigen. Schließlich fragte er mich, ob heute Morgen etwas passiert sei. Daraufhin brach ich – ich schäme mich fast, das zu sagen – in Tränen aus.

Ich erzählte ihm nicht alles, was der andere zu mir gesagt hatte, aber das musste ich auch nicht. Der andere Vorgesetzte hatte auch ihn angerufen. (Ich habe mich später gefragt, ob er vielleicht gefürchtet hatte, ich würde mich über ihn beschweren. Vielleicht tat ihm aber auch nur leid, wie grob er war.) Jedenfalls berichtete er von dem Gespräch. Mein Chef und ich sprachen darüber, was sich da machen ließe. Seine ruhige Haltung zeigte mir, dass er sich keine Sorgen machte, weder was meine Stellung noch unsere Arbeitsbeziehung anging. Ich ging zurück in mein Büro, setzte die Vorgaben um und wir redeten nie wieder darüber.

Ich wusste es zu schätzen, dass er sich aktiv darum gekümmert hatte, wie es mir ging. Er hatte nicht abgewartet, ob ich mich beschwerte und das Problem so auf seinem Schreibtisch landen würde. Vielleicht kannte er mich auch gut genug, um zu wissen, dass ich das Ganze einfach für mich behalten und weitergemacht hätte. Wie auch immer, er hätte mir nicht sagen müssen, dass er über den Vorfall Bescheid wusste. Aber er entschied sich dafür, sich um mich zu kümmern.

So einfach ist das. Sie können nicht zum Tagesgeschäft übergehen, bevor Sie sich nicht um die Gefühle der Beteiligten gekümmert haben.

Ehe wir auf der Ebene der Logik aufnahmefähig für sachliche Inhalte werden, müssen wir zuerst emotional die Wogen glätten. Menschen sind nun mal keine Wasserhähne, die man nach Belieben auf- und zudrehen kann. Die Signalkaskade des limbischen Systems verläuft automatisch über bestimmte Stufen, bevor wir zur Normalität zurückkehren können. Wenn es Schwierigkeiten gibt, hören wir natürlich lieber eine beruhigende Stimme: »Kann ich Ihnen helfen?«, »Geht es Ihnen gut?«, »Sollen wir ein andermal darüber sprechen?«, »Möchten Sie sagen, was Sie beschäftigt?«, »Keine Sorge, du schaffst das.« Was wir nicht hören wollen, sind Sätze wie: »Nehmen Sie sich doch zusammen. Wir sitzen alle im selben Boot, also erledigen Sie das.« Oder: »Junge, schalt mal einen Gang runter.« Und: »Reißen Sie sich am Riemen, bevor der Chef kommt.« Oder schlimmer noch: »Bitte heulen Sie doch in Ihrem eigenen Büro.« Das sind alles Sätze, die mir Betroffene aus eigener Erfahrung berichtet haben.

Solche Reaktionen zeigen nur, dass unser Gegenüber uns nicht zu schätzen weiß, uns kein Mitgefühl entgegenbringt und keine Akzeptanz. Wenn unsere Gefühle auf diese Weise entwertet werden, bringt uns das gewöhnlich noch mehr auf – wir spüren plötzlich eine innere Leere. Ein Mensch, dessen Emotionen nicht akzeptiert werden, vergisst das auch nicht so schnell. Vielleicht haben Sie das ja selbst schon erlebt.

Suchen Sie also bei Ihren Kollegen oder Kunden nach Anzeichen für negative Gefühle, wie wir sie in Kapitel 2 besprochen haben. Halten Sie Ausschau nach Signalen, die Ihnen zeigen: »Ich bin gerade nicht in guter Stimmung.« Aufeinandergepresste Lippen, eine gerunzelte Stirn, Augen, die sich zu Schlitzen verengen, oder eine angespannte Kieferregion können viele Gründe haben. Vielleicht ist die Person zu spät zur Besprechung gekommen, weil sie im Verkehr festsaß. Möglicherweise hat sie sich aufgeregt, weil sie sich noch mehr verspätete, als sie am Empfang den Ausweis vorzeigen und ein Foto machen lassen musste, damit man ihr ein Namensschild aushändigen konnte. Ein guter Kommunikator erkennt diese Zeichen und erkundigt sich, zum Beispiel so: »Sind Sie gut hierhergekommen?« So geben Sie der betreffenden Person die Möglichkeit, ihre Geschichte zu erzählen: »Tut mir leid, dass ich zu spät bin. Es hat einen Unfall auf der Autobahn gegeben, was den ganzen Verkehr aufgehalten hat. Und dann standen unten am Empfang gleich mehrere Besucher, sodass ich warten musste.« Das ist unser Stichwort. Nun können Sie dem Besucher signalisieren, dass Sie seine Erfahrungen anerkennen: »Ach, das tut mir aber leid. Ich bin auch schon auf der Autobahn stecken geblieben. Und die ganze Prozedur am Empfang ist manchmal wirklich lästig.« Nun versuchen Sie, das Ganze zu lindern: »Bitte, setzen Sie sich doch. Kann ich Ihnen etwas zu trinken anbieten?«

Manchmal braucht jemand nur kurz die Gelegenheit, seinen Gefühlen Luft zu machen: »Ach, ich bin genervt, weil ich keinen Parkplatz in der Nähe gefunden habe. Und jetzt bin ich natürlich vollkommen durchnässt.« Signalisieren Sie der Person als Erstes Bestätigung: »Ja, das würde mir auch so gehen. Warten Sie mal, ich nehme Ihnen den Mantel ab. Möchten Sie sich vielleicht frisch machen? Der Waschraum befindet sich am Ende des Ganges auf der linken Seite.« Dann können Sie sich wieder geschäftlichen Dingen zuwenden.

Die Quintessenz: Immer wenn jemand auf Schwierigkeiten trifft, sind Gefühle mit im Spiel. Ermutigen Sie diese Person, Ihnen zu erzählen, was sie stört. Gehen Sie nicht darüber hinweg, auch wenn es sich nur um eine Kleinigkeit handelt. Signalisieren Sie Bestätigung für ihre Gefühle. Möglicherweise ist das aktuelle Erlebnis nur die Spitze des Eisbergs. Vielleicht hat es in Ihrem Verhältnis zueinander schon mehrere solcher Kleinigkeiten gegeben, und nun kocht alles hoch. Hören Sie zu, was die betreffende Person zu sagen hat. Lassen Sie zu, dass ihre Emotionen zur Sprache kommen, wie sie auch immer aussehen mögen. Vielleicht ist die Person perplex, wütend, aufgeregt, enttäuscht, müde, traurig, verletzt, besorgt, frustriert, nervös oder hungrig. Das Geschäftliche kann einen Moment warten. Kümmern Sie sich zuallererst um die Gefühle der Beteiligten.

Wenn Sie der betreffenden Person ein Stichwort geben, worauf diese nicht eingeht, sollten Sie nicht weiter nachbohren. Kurzfristiger Verdruss vergeht auch wieder, und manche Menschen sind nun mal eher reserviert.

Aber wenn jemand weiterhin Anzeichen von Unzufriedenheit zeigt, sollten Sie darauf vielleicht später eingehen. Den richtigen Zeitpunkt erkennen Sie, wenn die Person locker im Sessel sitzt, den Kopf schiefgelegt, und wenn sie zu Ihren Worten nickt oder vielleicht gar Ihr Verhalten nachahmt – das sind nonverbale Signale, die zeigen, dass Sie jetzt vielleicht nachhaken können.

Wenn Sie sich zuerst darum kümmern, was Ihr Gegenüber fühlt, stärken Sie Ihre sozialen Bindungen. Wenn Sie auf diese Weise Interesse signalisieren, weiß Ihr Gegenüber, dass Sie seinem Befinden Beachtung schenken und nicht nur eine geschäftliche Transaktion abwickeln wollen. Das ebnet Ihnen den Weg zu Vertrauen und besserer Kommunikation. Wenn Sie bezweifeln, dass es eine derartige Wirkung entfalten kann, die Gefühlslage anderer zu spiegeln, dann denken Sie nur zurück an Tony Haywards mittlerweile berüchtigtes Versagen nach der Ölkatastrophe der Deep Water Horizon, die so viele Menschen und Tiere das Leben gekostet hat: »Ich will mein Leben zurück.« Ist nach einer derart katastrophalen Kommunikation noch eine Schadensbegrenzung möglich? Meist nicht.

Beziehungen aufbauen: Die Macht des Einklangs

Warum fühlen wir uns in Gegenwart mancher Menschen so wohl? Sie kennen doch sicher auch solche Leute: Wenn sie sich verabschieden, hat man immer noch ein Lächeln im Gesicht, mehr Energie und Selbstsicherheit. Ja, man fühlt sich verstanden und gehört. Was aber machen solche Menschen anders als der Durchschnittsmensch?

Sie schenken uns ihre ungeteilte Aufmerksamkeit und stärken so die Beziehung zu uns. Wir gehen gerne auf solche Menschen zu und verbringen Zeit mit ihnen: weil wir uns in ihrer Gegenwart wohlfühlen.

Im Allgemeinen halten wir den Aufbau guter Beziehungen für eine einmalige Angelegenheit, die bei Kontaktaufnahme stattfindet. Dem ist aber nicht so. Außergewöhnliche Menschen arbeiten an ihren Beziehungen bei jeder Begegnung mit einem anderen Menschen. Gerade deshalb fühlen wir uns ja als etwas Besonderes, wenn wir uns von dieser Person wieder verabschieden.

Ich kenne Eltern, die das täglich mit ihren Kindern im Teenageralter machen. Sie wissen, dass sie an dieser Beziehung arbeiten müssen und dass diese Arbeit täglich anders aussieht, abhängig von der Stimmung und den Bedürfnissen ihres Kindes. Eines aber soll ihr Verhalten auf jeden Fall deutlich machen: »Ich bin da und ich kümmere mich um dich.« Manchmal müssen Sie Ihrem Sprössling vielleicht Raum geben, ihn um seine Meinung bitten, eine bestimmte Frage mit ihm besprechen oder darauf hinweisen, dass Wünsche und Bedürfnisse nicht dasselbe sind. Doch egal, was es ist, Sie signalisieren: »Ich weiß dich und deine Ideen zu schätzen, aber vor allem bist du mir als Mensch wichtig.«

Auch kluge Paare arbeiten an ihrer Beziehung, denn Lebensumstände, Arbeit, Finanzen und Verantwortlichkeiten treiben mitunter einen Keil zwischen sie. In manchen Familien stärkt man die Beziehung, indem man sich regelmäßig zum Abendessen trifft, wobei sämtliche digitalen Kommunikationsmittel ausgeschaltet werden. Das Gespräch fördert die Harmonie zwischen den Beteiligten. Wenn Sie und Ihre Familie immer zu unterschiedlichen Zeiten essen, kann eine solche geplante Gemeinsamkeit ein probates Mittel sein, um die Bindungen zu stärken.

Seien wir mal ganz ehrlich: Ablenkungen (ein enger Terminplan, digitale Kommunikation) gibt es heute überall, und wir lassen uns nur zu gerne verlocken. Das kann schon mal passieren. Aber wenn Sie eine Beziehung aufbauen wollen, die Raum hat für Mitgefühl, Verständnis und eine Kommunikation, und die dem anderen Bestätigung schenkt, dann sollten solche Ablenkungen abgestellt werden. Eine Hedgefonds-Managerin in meinem Bekanntenkreis schaltet immer ostentativ und für alle sichtbar ihr Handy aus, wenn es etwas Wichtiges oder Privates zu besprechen gibt. Mit der Zeit haben sich das alle ihre Mitarbeiter angewöhnt. Sie wissen es zu schätzen, dass ihre Chefin sich ganz aufs Hier und Jetzt konzentriert und sich ihnen privat oder in der Gruppe ohne Ablenkung widmet. Viele Mitarbeiter auf der Managementebene sagen mir, dass dies eine einfache, aber sprechende Geste ist, die dem anderen signalisiert: »Du bist für mich wichtig. Du hast meine ungeteilte Aufmerksamkeit.«

Sie wären vermutlich höchst erstaunt, wie häufig im Beruf an den Beziehungen untereinander gearbeitet werden muss. Man verlässt sich auf die gegenseitige Hilfe, obwohl man nie Gelegenheit hatte, sich besser kennenzulernen. Man sieht sich viel zu selten oder arbeitet auf unterschiedlichen Stockwerken. Manchmal muss die Beziehung auch konkret repariert werden. Wenn es Spannungen gab oder sich Misstrauen eingeschlichen hat, sollten wir das ausräumen, damit die Beziehungen langfristig weiterhin auf Vertrauen basieren. »Es ist dumm, erst auf ein geplantes Teambuilding zu warten. Ich kümmere mich jeden Tag darum«, sagt der Abteilungsleiter eines Servicenetzwerks für Haushaltsgeräte. Er wartet nicht den optimalen Zeitpunkt ab oder die vom Unternehmen organisierte (jährliche) Schulung. Er baut gute Beziehungen zu seinem Team auf, indem er mit den Leuten auf dem Flur plaudert oder nötigenfalls zum Telefon greift, wenn es etwas zu besprechen gibt. Warum? Weil man Teambuilding nicht planen kann – es muss dann stattfinden, wenn es nötig ist.

Dabei fängt auch das Teambuilding mit emotionalen Befindlichkeiten an. Die dahinterstehende Botschaft ist: *Was Sie erlebt haben, ist mir wichtig. Damit Sie wissen, dass ich Verständnis für Ihre Gedanken und Gefühle habe, signalisiere ich Ihnen Bestätigung.*

Bei Besprechungen mit Kollegen gab es immer wieder Momente, in denen ich sagen musste: »Ich weiß, dass dich das nervt. Ich sehe ja, dass du wütend bist. Also sag mir, was genau dich stört.« Und ich habe dadurch eine Menge zu hören bekommen. Wir mussten diesen Prozess durchlaufen, weil wir ja weiterhin zusammenarbeiten mussten. Und ich wollte, dass meine Mitarbeiter mir offen sagten, was sie störte, statt ständig hinter meinem Rücken zu schimpfen. Wenn wir darüber reden konnten, lief es unweigerlich besser.

Der Begriff »Einklang« kommt Ihnen in diesem Zusammenhang vielleicht merkwürdig vor. Aber im Grunde beschreibt er sehr gut, worum es beim Teambuilding geht.

»Einklang« bedeutet, dass wir alle Fähigkeiten einsetzen, über die wir bislang gesprochen haben. Wenn Sie wiederholt andere Menschen beobachten, ihnen mit positiver Neugier begegnen und die Kunst der nonverbalen Kommunikation beherrschen, stellt sich diese gemeinsame Basis von Verständnis und Beziehung ein.

Da ich immer wieder Kriminelle oder Spione zur Kooperation oder zum Überlaufen bewegen musste, war ich Tag für Tag damit beschäftigt, diesen Einklang herzustellen. Im Umgang mit solchen Menschen müssen Sie sich auf ihre Ideen, Gedanken, Sorgen und Ängste einlassen. In diesem Augenblick denken Sie nicht in Kategorien von »ich« versus »der andere«. Sie sehen sich als Wir. Sie teilen die Gedanken dieser Menschen, Sie sind eins mit ihnen, und das wiederum spüren die anderen. Wenn sie aus Angst zögern, haben Sie Verständnis. Sie können mit ihnen mitfühlen. Wenn sie entscheiden sollen, ob sie kooperieren oder nicht, dann bestätigen Sie sie darin, dass diese Entscheidung schwierig ist, egal, wie sie am Ende ausfällt. Und natürlich geht am Ende einer ins Gefängnis und der andere nach Hause, aber vorher haben Sie eben diese Beziehung aufgebaut, die es Ihnen erlaubte, Ihre Aufgabe zu erledigen. In diesem Moment waren Sie mit Ihrem Gegenüber eins, weil Sie sich verstanden haben, auch wenn es am Ende vielleicht eine Enttäuschung gibt. Das funktioniert nur, wenn Sie eine Beziehung aufbauen und sich mit dem anderen im Einklang befinden.

Sie können durch verbale und nonverbale Kommunikation eine Basis schaffen, von der aus jeder die Perspektive des anderen versteht, indem Sie über gemeinsame Sorgen und Wünsche sprechen und Verständnis für die Gefahren und Konsequenzen dieser Situation zeigen. Hier ist ein Gespräch, das ich mit einem Mann führte, der im Colorado-Indian-Tribes-Reservat in Parker, Arizona, wegen Totschlags verhaftet wurde:

»Aber wenn ich gestehe, muss ich ins Gefängnis.«

»Das stimmt. Aber der Grund, weshalb ich hier vor Ihnen sitze, ist ja, dass wir genug Beweismaterial haben, um Sie anzuklagen.«

»Es könnte ja auch sein, dass ich freigesprochen werde, oder?«

»Ja, aber Sie wissen ja, dass das eher eine Sache von Glück wäre.«

»Schon möglich.«

»Da gibt es kein ›möglich‹. Ich sitze hier in Ihrem Haus. Ich würde mal sagen, das ist ausgesprochenes Pech.« [Er kichert.] »Dennis, was glauben Sie, ist meine Aufgabe?«

»Kriminelle zu verhaften.«

»Nein, meine Aufgabe ist es, Fakten zu sammeln, die ich dann dem Staatsanwalt übergebe.«

»Und?«

»Dieser Staatsanwalt wird mich fragen: ›Hat Ihnen der Beschuldigte Ihre Aufgabe leichter oder schwerer gemacht?‹ Was soll ich ihm dann sagen, in Ihrem Fall, Dennis? Haben Sie mir meine Aufgabe leichter oder schwerer gemacht?«

»Ich werde jedenfalls kein Geständnis unterschreiben.«

»Das ist okay. Aber Sie sehen, in welcher Zwickmühle ich hier stecke, oder? Was sage ich dem Staatsanwalt im Hinblick auf Sie? Ich möchte ja sagen: ›Nun, Dennis hat Mist gebaut, aber er hat seinen Fehler eingesehen und gestanden.‹ Das würde ich gerne sagen.« [Schweigen] »Dennis, in dieser Stadt bin ich vermutlich der Einzige, der sich nicht über Sie aufregt. Alle anderen, vom Bürgermeister über die Stammesführer bis hin zu Ihren Nachbarn, sind wütend auf Sie. Ich bin das nicht. Und das wissen Sie. Ich sitze hier bei Ihnen, und ich bin nicht wütend. Wir reden ja miteinander, aber im Moment ist das Gespräch recht einseitig. Sie möchten, dass all das aufhört? Aber es kann nicht aufhören. Es wird nicht aufhören. Wir müssen da gemeinsam durch. Aus diesem Grund bin ich hier. Also sagen Sie mir, wie wir das angehen sollen? Helfen Sie mir bitte, mich hier durchzufinden.« [Längeres Schweigen]

Nun sind die nonverbalen Signale an der Reihe. Ich neige den Kopf leicht seitlich, während ich Dennis ansehe. Meine Miene ist neutral. Ich bin geduldig, als würde ich darauf warten, dass mein Gegenüber seinen Kaffee austrinkt, damit wir aufbrechen können. Wir sehen uns schweigend an. Dennis schweigt instinktiv: Er will nicht ins Gefängnis. Ich habe ihm deutlich gemacht, dass ich sein Zögern verstehe. Aber ich lasse ihn auch wissen, in welcher Lage ich mich befinde: Meine Aufgabe ist es, innerhalb der Gesellschaft für Sicherheit zu sorgen. Es geht hier nicht um persönliche Dinge. Ich hege gegen Dennis keinen persönlichen Groll. Und wir haben klare Beweise. Ich habe ihm das gesagt, gleichzeitig aber Verständnis für seine Lage geäußert. Allmählich fängt er an, über meine Worte nachzudenken.

Am Ende steht er vom Tisch auf, verschränkt seine Arme, atmet tief ein und aus und sagt:

»Schreiben Sie es auf. Ich weiß nicht, wie ich das anstellen soll.«

»Ich verstehe. Ich werde es aufschreiben, aber es müssen Ihre eigenen Worte sein, Dennis.«

»Okay.«

Bei unserem Austausch, der insgesamt rund zwei Stunden dauerte, entwickelte ich Verständnis für Dennis' Zögern. Ich wies aber auch deutlich darauf hin, in welcher Situation ich mich befand – ich verstand, dass er nicht ins Gefängnis wollte, aber ich musste eben auch meine Aufgabe erledigen. Am Ende schüttelten wir uns die Hand und danach streckte er mir die Handgelenke entgegen, sodass ich ihm Handschellen anlegen konnte. Wir befanden uns im Einklang.

Im Geschäftsleben kann der Aufbau von Beziehungen viele Formen annehmen. Sie können einem Kollegen helfen, der in Arbeit versinkt, oder im Meeting seine Meinung unterstützen. Oder Sie zeigen sich kooperativ, wenn Sie mit anderen zusammenarbeiten. Nett und qualifiziert zu sein ist sicher nützlich, aber nichts ist wichtiger, als sich als vertrauenswürdiger Zeitgenosse zu erweisen. Ob Sie nun zusammenarbeiten oder jemanden verhören, wie ich es bei dem Verdächtigen tat, von dem ich eben erzählt habe: Glaubwürdigkeit wird Ihnen in jedem Fall zum Erfolg verhelfen und für eine gute Beziehung sorgen. Für einen erfolgreichen Einstieg in jede Interaktion braucht es schon im Vorfeld Vertrauen. Ist diese erste Hürde genommen, tragen alle Schritte zur Vertrauensbildung dazu bei, dass die Beteiligten aufeinander zugehen. Mit der nötigen Bereitschaft können gegnerische Parteien so Differenzen überbrücken, ihre Beziehung stärken und gegenseitig Vertrauen aufbauen.

Wenn wir jemanden aus unserem Netzwerk anrufen, weil wir wissen möchten, was er über unseren neuen Chef oder unseren neuen Kunden denkt, geht es bei dieser Frage letztlich immer darum, ob wir dieser Person vertrauen und mit ihr gut zusammenarbeiten können – das heißt, ob eine gute Beziehung zu ihr möglich ist. Wenn ein Anwalt einen anderen Anwalt anruft oder ein Manager frühere Kollegen befragt, was sie über eine bestimmte Person wissen, stellen sie viele Fragen: »Kann ich ihr vertrauen?«, »Wie ist sie so im Umgang?«, »Ist er kompromissbereit?«, »Wie weit können wir da wohl gehen?«, »Kann man gut mit diesem Mann zusammenarbeiten oder ist er ein Arschloch?« Letztlich aber laufen all diese Fragen nur auf eines hinaus: Wie wird sich die Beziehung zu dieser Person vermutlich gestalten und ist sie vertrauenswürdig?

Wollen wir zu jemandem ein so gutes Verhältnis haben, dass daraus letztlich Einklang entsteht, müssen wir Energie investieren. Das ist nicht immer leicht. Begegnen auch Ihnen immer wieder Menschen, die einfach das pure Gift sind: unfähig zur Zusammenarbeit und absolut nicht vertrauenswürdig? Natürlich, und es gibt auch keine geheime Formel für den Umgang mit solchen Leuten, weil diese einfach so sein wollen, wie sie sind. Möglicherweise können Sie zu diesen Menschen nie eine Beziehung aufbauen. Das ist in Ordnung. Sie tun, was Sie können, ohne sich zu kompromittieren. Protokollieren Sie Ihre Begegnungen und achten Sie darauf, dass Ihnen niemand in den Rücken fallen kann. Es werden wieder bessere Tage kommen und auch bessere Menschen – Menschen, die Ihres Vertrauens würdig sind, die Sie stolz machen, weil sie Ihre Kollegen, Nachbarn oder Freunde sind. Wenn Sie solchen Menschen begegnen, werden Sie dank Ihrer Glaubwürdigkeit und Ihres Geschicks beim Aufbau von Beziehungen sehr schnell zu einem harmonischen Ganzen verschmelzen und können so das gemeinsam Erreichte genießen.

Präsent sein

Ich habe einmal ein Gespräch mit einem ehemaligen sowjetischen Geheimdienstoffizier (was die meisten Menschen unter »Spion« verstehen) geführt, der auf seine Art ein ganz wunderbarer Mensch war: sympathisch, gebildet - mein Erzfeind zwar, aber trotzdem sehr charmant. Ich fragte ihn: »Ich habe in der Akte gelesen, dass Sie nach Wien gereist sind, um mit Ihrer Quelle [einem amerikanischen Offizier, der für ihn spionierte] zu reden. Dadurch haben Sie sich völlig unnötig in Gefahr gebracht. Warum? Sie hätten das doch nicht tun müssen.« Er antwortete: »Ich musste das persönlich begutachten. Ich musste ihm in die Augen schauen. Ich wollte es mit seinen eigenen Worten hören. Kein Bericht, wie gut er auch geschrieben ist [Videoberichte gab es damals noch nicht], kann mir vermitteln, was ich bei einer solchen Begegnung sehe. Sie müssen Ihre Freunde riechen können, wenn Sie sie schätzen wollen.«

Ich werde diese Worte nie vergessen: »Sie müssen Ihre Freunde riechen können, wenn Sie sie schätzen wollen.« Was für ein tolles Bild für die persönliche Beziehung und dafür, präsent zu sein und mit Hand anzulegen. Seine Abteilung wollte eine langfristige Beziehung zu dem angeworbenen Amerikaner aufbauen. Das war ihm die Reise und den persönlichen Kontakt wert, auch wenn er damit das Risiko einging, als Kontaktmann identifiziert zu werden - was für jemanden im Spionagegeschäft der Super-GAU ist.

Um eine Beziehung aufzubauen, unsere Zuwendung zu kommunizieren und andere zu verstehen, müssen wir präsent sein. Um mitfühlen zu können, müssen wir da sein, sehen, nachspüren und eifrig beobachten. Wir müssen Teil der Erfahrung werden. Das war es, was Direktor Freeh uns vermittelte, als er mit uns laufen ging. Seine Präsenz sagte lauter als jedes gesprochene Wort: *Ich bin für euch da.*

Präsenz zu zeigen erfordert Zeit. Sie müssen vielleicht reisen, damit Sie physisch mit anderen Menschen in einem Raum sein können. Oder Videotelefonie bemühen. Sie müssen vielleicht früh aufstehen oder lange wach bleiben, um mit jemandem zu sprechen, der in einer anderen Zeitzone lebt. Sich auf die Zeit des anderen einzulassen zeigt, dass Sie präsent sein und mit ihm im Einklang stehen wollen. Eben das tut George Logothetis, wenn er seine Teams in den Büros der Libra Group besucht.

Zehn Möglichkeiten, mehr zu sagen, als mit Worten möglich ist

Worte sind wichtig. Aber wenn wir beweisen wollen, dass uns etwas oder jemand wichtig ist, dann findet der Großteil dieses Kommunikationsstrangs nonverbal statt. Wenn Sie mit Worten geschickt sind, dann nutzen Sie diese Gabe. Aber von dem Lächeln, das wir schon als Kinder so anziehend finden, über die Freude in der Stimme bis hin zu der starken Reaktion unseres Nervensystems, wenn jemand uns über den Rücken streicht oder unsere Hand hält, wenn wir ängstlich, traurig oder krank sind – Zuwendung beginnt und endet mit nonverbalen Gesten. Nachstehend finden Sie zehn Beispiele solcher nonverbalen Gesten, die einen unauslöschlich positiven Eindruck hinterlassen – oder zumindest einen kühlen oder skeptischen Empfang verhindern. Sie werden Ihnen unschätzbare Dienste leisten, wenn Sie eine Beziehung aufbauen möchten.

1. **Kleine Gesten, große Wirkung.** Die Gesten, mit denen wir andere Menschen willkommen heißen, die guten Manieren, mit denen wir sie in unser Haus oder unser Büro einladen, gehören alle zur nonverbalen Kommunikation.

   So winzig das Signal auch sein mag – ein freundliches Winken, das Hochziehen der Brauen, mit dem Sie morgens Ihren Nachbarn gegenüber begrüßen –, es verdeutlicht, dass Sie die andere Person wohlwollend bemerkt haben. Auch mit Armen und Händen signalisieren Sie einem anderen Menschen, dass er Ihnen willkommen ist. Sie winken einen Näherkommenden heran und laden ihn damit ein, an Ihrem Gespräch teilzuhaben. All das sagt: *Komm. Schließ dich uns an. Sei Teil dessen, was wir hier teilen wollen.*

Selbst mit den Füßen können Sie eine Einladung ausdrücken. Wenn wir mit anderen Leuten reden, weisen die Fußspitzen gewöhnlich auf unseren Gesprächspartner. Wir drehen uns in der Hüfte, wenn wir jemand anderen begrüßen wollen, aber erst wenn wir die Fußspitzen in seine Richtung drehen, signalisieren wir, dass wir ihn zum Gespräch einladen.

Außergewöhnliche Menschen bemühen sich, anderen Menschen ein gutes Gefühl zu verschaffen und sie wissen zu lassen, dass sie wichtig sind. Sich die Zeit zu nehmen, jemanden zu grüßen oder zu einer Gruppe Menschen Hallo zu sagen, kann viel bedeuten, vor allem wenn Sie Manager oder Vorstandsvorsitzender sind.

2. **Prompte Antworten.** Achten Sie darauf, zeitnah zu reagieren. Gerade im Geschäftsleben ist dies wichtig. Wir zeigen, dass wir andere wertschätzen, wenn wir auf ihre Nachrichten reagieren und schnell antworten. Das gehört mit zum Beziehungsaufbau: Wenn eine Nachricht für den Absender bedeutsam ist, ist sie das auch für mich. Niemand, wirklich niemand mag es, wenn er auf eine Antwort lange warten muss. Manche Leute lassen sich vor allem dann ewig Zeit, wenn ihre Antwort Nein lautet. Aber ein schnelles Nein ist besser als eine späte oder gar keine Reaktion. Auch abschlägige Botschaften sollte man nicht endlos hinausschieben, sobald man weiß, was man dem anderen sagen will.
3. **Geben Sie dem anderen Raum, um Dampf abzulassen.** Wenn die Emotionen hochkochen oder die Anspannung unerträglich wird, dann können Sie eines tun: Lassen Sie zu, dass der andere seinen Gefühlen Luft macht. Vergessen Sie nicht: Emotionen haben Vorrang. Bevor wir die Lage durch ein Gespräch bereinigen können, sollten wir die Gefühle der Beteiligten klären. Menschen reagieren immer positiv, wenn sie sich auf diese Weise in ihren Gefühlen bestätigt sehen. Erst unlängst wurde ich am

Flugplatz Zeuge dieser Szene: Einer der Passagiere hatte seinen Anschlussflug verpasst. Er war natürlich stocksauer und fauchte den Mann am Gate entsprechend an. Die Erfahrung zeigt, dass es hilft, wenn jemand Dampf ablassen kann, solange ihn sein limbisches System am Wickel hat.

Wenn Sie Zeuge einer solchen Szene oder gar selbst zur Zielscheibe des Ärgers werden, können Sie Folgendes tun:

1. Vergrößern Sie den Abstand zwischen sich und der Person, die sich ärgert. Treten Sie einfach unauffällig einen oder zwei Schritte zurück. Und stellen Sie sich nicht frontal vor den anderen, sondern drehen Sie sich leicht seitlich in einem Winkel, der sich für Sie gut anfühlt.
2. Lassen Sie den Blick auf dem Gesicht Ihres Gegenübers ruhen, ohne zu fokussieren. Sehen Sie dem anderen nicht direkt in die Augen. Das trägt dazu bei, den Ärger zu reduzieren.
3. Was nicht funktioniert, sind Sätze wie: »Jetzt beruhigen Sie sich doch!« Besser ist es, Sie sprechen leise und ruhig.
4. Atmen Sie tief durch. Wir fühlen uns meist automatisch angezogen von Leuten, die sich im Griff haben. Dieser tiefe Atemzug, nachdem Sie lange ausgeatmet haben, setzt meiner Erfahrung nach ein unbewusstes Signal, das auf den anderen ebenfalls beruhigend wirkt.
5. Schützen Sie Ihre Grenzen. Sie wollen dem anderen zeigen, dass sein Befinden Ihnen nicht egal ist, aber ohne sich zum menschlichen Kauknochen zu machen. Wenn das Dampfablassen vernünftige Grenzen überschreitet, dann wird es Zeit, das Gespräch zu beenden, auch wenn das Ergebnis nicht vollkommen befriedigend ist. Gehen Sie auf Distanz. Wie ich bereits in meinem Buch *Die Psychopathen unter uns* verdeutlicht habe: Es ist nicht Ihre Pflicht, sich zum Opfer machen zu lassen.

4. **Die Sitzordnung.** Die Kommunikationsforschung sagt uns, dass Menschen (und auch Primaten) sich wohler fühlen, wenn sie sich nicht direkt gegenübersitzen oder -stehen, sondern leicht schräg

zueinander. Während meiner Zeit beim FBI achtete ich immer darauf, meinen Gesprächspartnern nie genau vis-à-vis zu sitzen. Und meist hat sich das bewährt, denn diese Platzierung schafft ein entspannteres Gesprächsklima. Auch was das Geschäftsleben angeht, besteht für die Forscher kein Zweifel: Wir sind produktiver, wenn wir schräg zueinander sitzen. Achten Sie daher, wenn Sie ein wichtiges Gespräch führen oder vielleicht sogar eine Besprechung leiten müssen, immer darauf, dass Sie den richtigen Sitzwinkel einnehmen.

5. **Die Kopfhaltung.** Neigen Sie den Kopf leicht, wenn andere Personen sprechen. Auf diese Weise bringen Sie Ihr Gegenüber dazu, Ihnen mehr Zeit zu widmen. Und Sie vermitteln Ihren Gesprächspartnern das Gefühl, dass Sie aufmerksam und interessiert zuhören.
6. **Verhalten spiegeln.** Die »Spiegelung« oder das »Körperecho« ist sozusagen das Tastaturkürzel, das uns Zugang zum Unbewussten des Gesprächspartners verschafft. Dass Synchronie ein harmonisches Gesprächsklima erzeugt, ist weitgehend bewiesen. Wenn wir mit anderen Menschen sprechen, spiegelt unser Körper deren Verhalten, sofern wir im Großen und Ganzen mit ihnen harmonieren. Auf der psychischen Ebene stellt sich dadurch ein Gefühl des Wohlbefindens ein. Wir können dieses Spiegeln bei Mutter und Kind beobachten, zwischen guten Freunden oder Kollegen in einer produktiven Unterhaltung. Aber wir sehen es auch bei frisch Verliebten, die sich im Café innig in die Augen blicken.

Wenn wir das Verhalten unserer Gesprächspartner spiegeln, dann reden sie offener und freier mit uns. Dabei geht es natürlich nicht darum, wie im Zeichentrickfilm jede einzelne Bewegung zu kopieren, sondern dem allgemeinen Rhythmus des Bewegungsmusters unseres Gegenübers zu folgen: Wenn unser Gegenüber sich zurücklehnt, dann tun wir das ein wenig später auch. Wenn der Gesprächspartner etwas zu trinken bestellt, bestellen wir ebenfalls ein Getränk. Bei einem Gespräch sind Sie Gast im psychischen Raum eines anderen Menschen: Sie sind entspannt und aufmerksam, Sie befolgen die Regeln des Gastgebers bereitwillig und voller Wärme – so als würden Sie einen Bekannten zu Hause besuchen.

Wenn wir andere richtig spiegeln, fügt unser Verhalten sich nahtlos in das des anderen ein. Wenn ich beim FBI Einsatzbesprechungen zu leiten hatte, war die Spiegelung das beste Mittel, um meine Kollegen zur Mitarbeit zu motivieren.

Sie können Verhaltensmuster spiegeln, wie Direktor Freeh das tat, wenn er mit uns Laufen ging. Gehen Sie in die Kantine, holen Sie sich das Essen auf dem Tablett und fragen Sie Ihre Mitarbeiter, ob Sie sich zu ihnen setzen können. Stellen Sie sich in der Cafeteria an wie alle anderen … Bringen Sie ein Lunchpaket mit ins Meeting … Fahren Sie mit den anderen im Bus, statt den eigenen Wagen zu nehmen … Treiben Sie Sport mit Ihren Kollegen … Schauen Sie in der Produktion vorbei und fragen Sie die Leute, wie es denn so läuft.

7. **Sprache spiegeln.** Auch die Wortwahl eines anderen zu spiegeln ist ein wichtiges Kommunikationsinstrument. Wenn wir uns unterhalten und ich verwende Begriffe wie »Schwierigkeit, Familie, Charakter«, Sie aber reden von »Problem, Frau und Kinder, Persönlichkeit«, dann kommunizieren wir nicht wirklich synchron. Unbewusst empfange ich so die Botschaft, dass die Bedeutung und das Gewicht, das ich den Wörtern »Schwierigkeit, Familie, Charakter« gebe, nicht geschätzt oder nicht verstanden werden. Ja, wir unterhalten uns, aber wir kommunizieren nicht effektiv – ganz sicher nicht im Einklang. Damit eine effektive Kommunikation zustande kommt, müssen wir zeigen, dass wir den Wert akzeptieren, den unser Gegenüber bestimmten Wörtern beimisst. Wenn Sie über »Kirche«, »Enkel« oder ihr »Baby« (Hundewelpe) reden, haben diese Wörter eine spezielle Bedeutung für Sie. Unterstreichen wir diesen Wert, indem wir die gleichen Wörter be-

nutzen, herrscht in unserer Kommunikation größerer Einklang. Der berühmte Psychotherapeut Carl Rogers fand vor mehr als 60 Jahren heraus, dass wir durch den Gebrauch der gleichen Wörter beim andern eine Schicht des Geistes ansprechen, die für diese Art von Synchronie besonders empfänglich ist.

Beim FBI habe ich immer wieder auf die Kunst des verbalen Spiegelns gesetzt. Den einen Tag arbeitete ich in San Luis im mexikanischen Bundesstaat Sonora, den nächsten an der Upper East Side in Manhattan, wo ich mit einem sowjetischen Überläufer oder einem ostdeutschen Flüchtling sprach. Oder ich war in Miami, wo uns der Kampf gegen den Kokainschmuggel in Kontakt mit Jamaikanern, Kolumbianern, Kubanern oder Puerto Ricanern brachte. In jedem Fall mussten wir uns anpassen, ob wir nun mit Informanten, Zeugen, Opfern, deren Familien und Nachbarn, den Verdächtigen oder anderen Personen sprachen, die Informationen für uns hatten. Und dabei war eben nicht nur das Beherrschen der Sprache gefragt. Es ging um die inhaltliche »Aufladung« der Wörter, die wir verwendeten, um ein Band zu unseren Gesprächspartnern zu knüpfen.

Sprache zu spiegeln heißt nicht, dass wir nur die Ausdrücke verwenden sollen, die unser Gesprächspartner gebraucht. Schließlich werfen manche Leute auch mit Schimpfwörtern und abstoßenden Beleidigungen um sich. Es gibt also Momente, in denen wir nicht auf Harmonie abzielen. Aber auch in diesem Fall müssen wir das Wertesystem erkennen, das sich für andere mit bestimmten Begriffen verbindet.

8. **Betonungen und Wiederholungen.** Achten Sie nicht nur auf das, was gesagt wird, sondern auch darauf, in welcher Satzstellung (Betonung) und wie oft (Wiederholung) bestimmte Wörter verwendet werden. Diese Aspekte liefern Ihnen wichtige Hinweise darauf, was Ihren Gesprächspartner belastet, was ihm wichtig ist oder welche Themen ihm durch den Kopf gehen. Wenn ein Thema häufig wiederkehrt oder ein Begriff immer wieder fällt,

sollten Sie das registrieren. Solche Wiederholungen signalisieren, was unter der Oberfläche des Gesagten wirklich wichtig ist. Eventuell kann dies sogar erste Hinweise auf pathologische Zustände bei Ihrem Gegenüber geben.

9. **Schreiben Sie mit.** Bei wichtigen Gesprächen sollten Sie sich Notizen machen, vor allem im Geschäftsleben. Richard Branson ist ein höchst vielseitiger Unternehmer, und als solcher hört er nicht einfach nur zu. Er redet mit jedem seiner Mitarbeiter, und zwar regelmäßig, wenn er mit ihnen zusammentrifft. Doch damit lässt er es nicht bewenden: Er macht sich Gesprächsnotizen. In meinen Augen zeigt das, dass ihm die Informationen seiner Leute wichtig sind. Die Botschaft ist klar: *Ich habe die Information erhalten, und sie ist mir ebenso wichtig wie Ihnen. Ich werde darauf reagieren.*

   Stellen Sie sich nur mal vor, wie sehr sich Kommunikation und Beziehungen verbessern würden, wenn unsere Vorgesetzten, Manager, Mentoren und Chefs es ebenso halten würden. Wie oft haben Sie schon mit einem Vorgesetzten gesprochen und sich hinterher gefragt, ob von dem Gesagten irgendetwas bei ihm angekommen ist? Oder ob er sich daran erinnern wird, wo er sich doch keine Notizen gemacht hat?

   Aber es gibt noch einen weiteren guten Grund, sich Dinge aufzuschreiben: Wenn es Probleme gibt – und die gibt es in jeder Organisation –, behält am Ende der Recht, der die bessere Dokumentation vorweisen kann. Ich habe beim FBI gelernt, wie wichtig es ist, sich Notizen zu machen, weshalb ich das auch bei meiner Arbeit als Consultant tue. Unser Arbeitsgedächtnis, wie es genannt wird, funktioniert nicht perfekt, deshalb erinnern wir uns immer wieder falsch. Und niemand ist gegen Vergesslichkeit gefeit. Aber Sie können nicht vergessen, was in Ihrem Notizbuch oder auf Ihrer To-do-Liste steht. Also schreiben Sie alles auf – für Sie zur Erinnerung an Unerledigtes, zur Inspiration, aber auch zu Ihrem Schutz.

Und noch einen Vorteil hat es, Notizen anzufertigen. Dank der heutigen Technologie können wir mit Kunden in aller Welt Gespräche von Angesicht zu Angesicht in Echtzeit führen. Häufig geht es dabei um Probleme, die den Gesprächspartner gerade belasten. Ich höre den Leuten zu, ersuche sie dann aber, ihre Gedanken aufzuschreiben und mir zu schicken. Nicht, weil ich schreibfaul bin. Ich mache mir natürlich auch Notizen. Aber es schafft Klarheit, wenn jeder noch mal darüber nachdenkt, was ihn beschäftigt, was er gesehen oder gehört hat und was er tatsächlich zu Papier bringen möchte.

Wiederholt habe ich festgestellt, dass sich dadurch nach reiflichem Nachdenken die Prioritäten der Betreffenden verändert hatten – und das ausnahmslos zum Besseren. Was sie als Erstes vorbrachten, war später vielleicht an den Schluss gerückt. Andere Faktoren kamen ans Licht. Mit weniger Emotionen und mehr Logik traten die Fakten klarer zutage.

Emotionen beeinträchtigen unsere Beobachtungsgabe. In Gesprächen mit meinen Kunden gebe ich ihnen Raum, ihren Emotionen Luft zu machen, damit wir – genauer gesagt sie – erkennen, was die eigentlich wichtigen Punkte sind. Und nur diese finden Eingang in die schriftliche Fassung. Hinterher stellt sich vielleicht heraus, dass ohnehin ein Protokoll gebraucht wird. Warum also nicht gleich alles schriftlich festhalten?

Das ist vor allem wichtig bei Personalproblemen, wo das Temperament ja stets eine entscheidende Rolle spielt, und auch wenn für das Unternehmen kritische Punkte angesprochen sind. Meiner Erfahrung nach hilft es Kunden, zuerst Dampf abzulassen und das Problem zu schildern, um anschließend sofort ihre Gedanken und Beobachtungen schriftlich festzuhalten. Das wirkt besänftigend, und die Dinge klären sich schnell.

Sowohl als Mensch als auch als Führungskraft können wir nur dann klar kommunizieren, wenn wir klar verstehen. Wir müssen also zwischen reinen Emotionen und Fakten unterscheiden können. Wir müssen den Unterschied erkennen zwischen dem, was jemand denkt, dem, was er weiß, und dem, was er vermutet. Und um das klar auseinanderhalten zu können, gibt es keine bessere Methode, als es zu Papier zu bringen.

10. **Zustimmen und hinzufügen.** Vor vielen Jahrzehnten habe ich in Quantico ein Seminar über den Aufbau von Beziehungen besucht. Der Seminarleiter hatte einen interessanten Ansatz, denn er arbeitete fürs Theater, genauer gesagt war er Stand-up-Comedian. Eine Technik der improvisierten Comedy sei, so erklärte er uns, die Agree-and-Add-Methode.

    Im Prinzip funktioniert diese so: Jemand sagt etwas zu Ihnen, zum Beispiel: »Das ewige Pendeln nervt!« Daraufhin sagen Sie: »Ja, es nervt echt [zustimmen, *agree*], vor allem, wenn es einen Unfall gegeben hat [hinzufügen, *add*].« So lassen Sie Ihren Gesprächspartner mit einem Satz wissen, dass Sie zuhören, ihn akzeptieren und verstehen. Oder Ihr Gegenüber sagt: »Der Typ ist so ein Besserwisser.« Und Sie antworten: »Ja, nicht wahr? Er muss immer das letzte Wort haben.« Sie haben wiederholt, was gesagt wurde, und der letzte Satz macht klar, dass Sie Ihr Gegenüber verstehen und mit ihm einer Meinung sind. Ist das nicht besser, als wenn jemand nur sagt: »Ja.« Oder: »Stimmt.« Und: »Mhhm.« Oder gleich bloß nickt. Natürlich ist ein Nicken mitunter Bestätigung genug, aber wenn Sie Akzeptanz für die Gedanken und Gefühle des anderen signalisieren wollen, ist die Agree-and-Add-Methode die effektivere.

    Das soll nun nicht heißen, dass Sie nie anderer Meinung sein dürfen. Wenn Sie nicht übereinstimmen und die Meinung des anderen bedenklich finden, dann sollten Sie das frei von der Leber weg sagen. Aber es gibt Möglichkeiten, das nuanciert zu machen. Ich nenne das die Agree-Add-and-Affirm-Methode. Sie stimmen zu (*agree*) und fügen etwas hinzu (*add*), dann aber unterstreichen (*affirm*) Sie noch mal Ihre eigene Meinung. Um im Beispiel zu bleiben: »Ja, das Pendeln nervt wirklich, vor allem im

Winter.« Ein paar Sekunden später hängen Sie noch an: »Aber ehrlich gesagt ist es schon bemerkenswert, wie schnell heute nach starkem Schneefall die Straßen geräumt werden.« Oder: »Ich bin ganz Ihrer Meinung. Die Pendlerei ist schon mühselig, aber es ist doch besser als letztes Jahr um diese Zeit.«

Dass Sie Ihr Interesse am anderen signalisieren, heißt nicht, dass Sie sich dessen Meinung bedingungslos beugen. Natürlich ist da auch Raum für Ihre Ansichten. Aber wenn Sie Harmonie herstellen wollen, dann ist es klüger, zuzustimmen, etwas hinzuzufügen und trotzdem die eigene Meinung zu unterstreichen.

Ich kenne ganz wunderbare, intelligente Menschen, die das einfach nicht begreifen. Sie bereiten eigentlich angenehmen Gesprächen ein jähes Ende, weil sie pedantisch ein unbedeutendes Detail korrigieren oder unüberhörbar ihren Widerspruch bekunden. Nun kommt bei jedem Gespräch mehr heraus, wenn jeder das Gefühl hat, sagen zu können, was er denkt, und auch die Zusammenarbeit profitiert davon. Wir müssen nicht immer korrigieren oder verbessern, was andere sagen. Wenn Sie anderen ständig widersprechen, erreichen Sie damit nur, dass die Leute irgendwann von Ihnen die Nase voll haben.

Die Methode des Heilers

Die im Folgenden beschriebene Kommunikationstechnik wende ich schon seit Jahren an; ich habe sie insbesondere bei Ärzten beobachten können. Trotzdem habe ich sie bislang noch nicht in meinen Büchern beschrieben. Doch mittlerweile ist sie für meine Arbeit so wichtig geworden, dass ich ihr hier einen eigenen Abschnitt widmen möchte. Ich nenne sie die *Methode des Heilers*, aber sie lässt sich auf weit mehr Bereiche anwenden, als der Name vermuten lässt.

Da ich ein leidenschaftliches Interesse für die Anthropologie hege, habe ich die Techniken von Schamanen und Heilern in aller Welt studiert. Eine gute seelische und körperliche Gesundheit ist eine unverzichtbare Voraussetzung für Wohlbefinden. Gewöhnlich wirken die Methoden von Schamanen und Heilern auf der seelischen Ebene. Durch Tänze, Gesänge, Tieropfer, das Hantieren mit schamanischen Objekten, das Auflegen der Hände, die Macht der Suggestion, Drogen und natürlich den Placeboeffekt stellen sie ein Gefühl der Geborgenheit her, das in manchen Fällen eine Heilung herbeiführt.

Nachdem ich diese Techniken, die in vielen Kulturen Anwendung finden, studiert hatte und nachdem ich auch viel mit Ärzten gearbeitet hatte, die ihre Kommunikation mit ihren Patienten verbessern wollten, stieß ich auf das, was einen guten Heiler auszeichnet. Tatsächlich wendeten jene Ärzte diese Technik unbewusst an, die anschließend gute Bewertungen von ihren Patienten erhielten, weil diese sich gut therapiert fühlten.

Die Methode des Heilers setzt auf folgende Kommunikationswege: *visuell, vokal, verbal, taktil.*

1. **Visuelle Kommunikation.** Wie eine Mutter – die erste Heilerin/Helferin/Bezugsperson, die die meisten Menschen kennenlernen – ihr Baby allein dadurch schon beruhigt, dass sie den Raum betritt, so erhielt medizinisches Personal, das mit Stethoskop oder weißem Kittel (oder anderen ärztlichen »Insignien«) ausgestattet war, von den Patienten die besten Bewertungen. Warum? Weil das die Ausstattung ist, die wir in der westlichen Welt von heute mit einem Heiler in Verbindung bringen, mit jemandem, der den Menschen hilft. Ein Arzt oder eine Krankenschwester ist eine archetypische Gestalt. Das Lächeln des Arztes ist starke Medizin. Es zaubert auch dem Patienten ein Lächeln auf die Lippen. Mutter Teresa wusste das genau. Sie meinte einmal: »Wir werden nie herausfinden, wie viel Gutes ein einziges Lächeln bewirken kann.«
2. **Vokale (stimmliche) Kommunikation.** Gleich nach dem visuellen Eindruck erfolgt der stimmliche – der Tonfall des Heilers: interessiert, engagiert und sympathisch. So bringt man ein Ge-

spräch in Gang, das den Patienten das Gefühl vermittelt, gut aufgehoben zu sein. Nehmen wir als Beispiel einen Arzt in Tampa im Bundesstaat Florida, der mich auf seine Visite im Krankenhaus mitnahm und seine Patientin mit den Worten begrüßte: »Wie geht es Ihnen, Mrs. Garza? Ist die Schulter in Ordnung?« Der Ton ist beruhigend. Der Arzt wirkt nicht hektisch oder gleichgültig – er signalisiert vielmehr ein aufrichtiges Interesse an der Antwort seiner Patientin.

3. **Verbale Kommunikation.** Was der Arzt dann konkret sagt, trägt weiter zum therapeutischen Effekt bei: Er kümmert sich um diese Frau, kennt ihre Beschwerden und nennt sie beim Namen. Dieser Arzt fragte dann weiter: »Können Sie die Schulter heute ein wenig mehr bewegen? Sehen wir doch mal, wie weit Sie den Arm heben können.« Er lächelte und zeigte ihr, wie sie den Arm bewegen soll. »Das sind ja tolle Fortschritte«, meinte er und untersuchte sie weiter. Er zeigte ihr, dass sie ihre Sache gut gemacht hatte. Erst dann machte er sich Notizen.
4. **Taktile Kommunikation.** Dann nahm der Arzt die Hand seiner Patientin, als wäre sie seine Großmutter. (Waagerecht. Er streckte ihr nicht etwa die Hand entgegen, wie man das mit einem Geschäftspartner machen würde.) Und er wünschte ihr weiter gute Fortschritte bei der Heilung. Dann klopfte er sachte mit der anderen Hand auf ihren Arm und versprach: »Ich schaue heute noch mal herein, bevor ich meinen Dienst beende.« Dabei lächelte er sie an, und Mrs. Garza erwiderte sein Lächeln. Obwohl sie offensichtlich noch Schmerzen hatte, lobte sie den Arzt in den höchsten Tönen. Als sie ihren Schmerz auf einer Skala von eins bis zehn einstufen sollte, nannte sie die Drei. Vor der Visite hatte sie ihn noch mit »fünf« angegeben.

Ich würde behaupten – und die meisten Ärzte stimmen mir da wohl zu –, dass die therapeutische Wirkung nicht nur auf die Medikamente zurückzuführen ist, die der Arzt den Patienten verschreibt. Sie beginnt vielmehr schon mit der verbalen und nonverbalen Kommunikation: dem visuellen Kontakt zwischen Ärzten, Klinikpersonal und Patient. Und was ebenso wichtig ist, sind die Erwartungen, die der Patient im Zusammenhang mit seiner Heilung hat und erfüllt sehen möchte, und das Bild, das der Heiler von sich selbst vermittelt. Der (möglichst aufrichtige und ernsthafte) Tonfall spielt bei diesen Gesprächen eine entscheidende Rolle. Das Gleiche gilt für die Worte, die Ermutigung und Interesse signalisieren sollten. Dazu kommt dann die Berührung, die für unsere Art lebenswichtig ist und ebenfalls zur Heilung beiträgt. Oder in den Worten der amerikanischen Schriftstellerin Helen Keller, die bereits im Alter von 19 Monaten ihr Seh- und Hörvermögen verlor: »Das Paradies öffnet sich durch Berührungen.«

So einfach ist das. Kein großes Geheimnis. »Nur« ein Mensch, der sich voll und ganz auf einen anderen einstellt. Der weiß, dass Kommunikation so viel mehr ist als nur die bloßen Worte. Wir beeinflussen einander ständig visuell, durch unsere Worte und unseren Tonfall und durch Berührungen. Das lernen wir schon als ganz kleine Kinder von unseren Eltern. Durch ihre Präsenz, ihren Tonfall, ihre Worte, ihre Zärtlichkeiten. Und schon fühlen wir uns besser. Wenn wir ins Flugzeug steigen und die Pilotin in ihrer perfekten Uniform begrüßt uns mit einem warmen Lächeln, einem freundlichen Hallo und vielleicht noch einer Berührung am Arm, dann folgt auch sie der Methode des Heilers. Sie vermittelt uns jene Geborgenheit, die vor allem Erstflieger so dringend brauchen. Vier einfache Schritte, die eine positive Wirkung auf andere ausüben: einfach nachzumachen, aber richtig angewandt extrem wirksam.

Wir haben in diesem Kapitel viel geschafft. Die grundlegende Botschaft aber lautet: Außergewöhnliche Menschen bemühen sich, auf ihre zutiefst persönliche Art zu kommunizieren, dass sie sich kümmern. Direktor Freeh stand früh auf, um seine Agenten auf der Straße zu treffen – außerhalb von Meetings, außerhalb eines formellen Rahmens, dort, wo wir frei von der Leber weg mit ihm reden konnten.

Wir führen ein rechtschaffenes Leben und erweisen uns als vertrauenswürdig. So legen wir den Grundstein für jene Glaubwürdigkeit, die wir brauchen, wenn wir anderen signalisieren wollen, dass sie uns nicht gleichgültig sind. Wir wissen um den Vorrang der Emotionen und setzen dieses Wissen ein, zusammen mit der nonverbalen Kommunikation, die unsere Gesprächspartner sich wohlfühlen lässt und zur Offenheit anregt. Wir schenken anderen Bestätigung und kommunizieren authentisch. Das zeigt, dass wir am anderen interessiert sind.

Diese positive Zuwendung inspiriert, motiviert, beruhigt und ermutigt. Jeder Mensch besitzt diese Fähigkeit. Wenn unser Gegenüber diese Gewissheit hat, dass wir wirklich an ihm interessiert sind, dann nimmt die Kommunikationen einen anderen Ton an: Sie wird von der Information zur Transformation, die unser Leben verwandelt. Dann können wir gemeinsam Berge versetzen.

KAPITEL 4

Handeln

Rechtzeitig, ethisch und sozial

Wenn wir um die ethischen und sozialen Aspekte des richtigen Handelns wissen, können wir lernen, das Rechte zur rechten Zeit zu tun, wie außergewöhnliche Menschen das machen.

Tue dein Werk und ich werde dich daran erkennen.

Ralph Waldo Emerson

»Haltet sie auf! Sie haben uns ausgeraubt!«

Ich weiß nicht mehr, wie ich den Telefonhörer auflegte. Es war ein lauer Frühlingsabend, und ich jobbte in einem Kaufhaus in Miami. Es war mein letztes Jahr an der Highschool, die Abschlussprüfungen standen vor der Tür. Das Einzige, was mich beschäftigte, waren die Stipendien für Footballspieler und an welche Universität ich wohl am besten ginge. Doch die paar Sekunden, in denen die Stimme meines Chefs durch den Laden schallte, sollten meinem ganzen Leben eine andere Richtung geben.

Ich rannte los Richtung Ausgang, um die Räuber aufzuhalten. Die beiden Männer sahen, dass ich den Ausgang blockierte, daher trennten sie sich, um sich durch zwei verschiedene Türen davonzumachen. Der, der auf mich zulief, zögerte keine Sekunde. Er stürmte einfach weiter und hielt dabei immer noch das Anglermesser mit der 30 Zentimeter langen Klinge gezückt. Damit hatte er die Kassenkräfte bedroht und sie gezwungen, das Geld herauszugeben. Ich sah das Messer aufblitzen und drehte mich in letzter Sekunde weg. Das Messer bohrte sich zwei Mal in meinen linken Oberarm und durchtrennte (wie ich später erfahren sollte) Bizeps, Trizeps, die Oberarmarterie, den Ellennerv, den Mittelarmnerv, die unteren Hautnerven und den Oberarmmuskel. Die Sehnen zogen an durchtrennten Muskeln und das Blut spritzte nur so, als ich zu Boden ging.

Zuerst spürte ich überhaupt keinen Schmerz. Als die Muskeln jedoch kontrahierten, durchfuhr mich ein unerträglicher Schmerz und mein ganzer Körper krümmte sich. Das Blut spritzte aus der Wunde wie eine Fontäne, sodass der Erste, der mir zu Hilfe eilen wollte, in der Blutlache ausrutschte. Zum Glück war da schon ein Polizist anwesend, denn an der Kasse hatte jemand den versteckten Alarmknopf gedrückt. Durch den starken Blutverlust war ich schon dabei, das Bewusstsein zu verlieren, doch das ließ der Mann einfach nicht zu. Er fasste in die offene Wunde und drückte die Blutgefäße ab. Er rettete mir das Leben.

Die Lokalzeitung schrieb später, ich sei ein Held. Die Politiker, die an mein Krankenbett kamen, sagten dasselbe. Richard Nixon, der damalige Präsident, machte sich die Mühe, mir einen Brief zu schreiben und mir für mein »mutiges Eingreifen« zu danken.

Diese Geschichte kennt tatsächlich einen Helden, aber das war nicht ich. Was war denn wirklich passiert? Ein Siebzehnjähriger handelte kurz entschlossen, weil er helfen wollte, doch ohne Erfolg.

Ich hatte die Räuber ja nicht aufhalten können. Sie konnten entkommen, das geraubte Geld wurde nie gefunden. Ich versagte, weil ich meiner Familie die emotionale Belastung zumutete, mich drei Wochen lang im Krankenhaus zu besuchen, mich danach bei der Reha zu unterstützen und damit zurechtzukommen, dass meine Zukunft nach dieser Sache ungewiss war. Als die 23 Angebote für ein Football-Stipendium, die ich bekommen hatte, über Nacht zurückgezogen wurden, war ich nicht sicher, ob ich in dem Jahr überhaupt ein Studium anfangen konnte. Ganz sicher nicht mit einem Football-Stipendium: Mein Arm war mit mehr als 150 Stichen genäht worden, außen und innen.

So also lagen damals die Dinge. Aber um all das geht es hier nicht. Der Punkt ist: Selbst wenn wir in der besten Absicht handeln, heißt das noch nicht, dass wir auch Erfolg haben. Die Lektion, die ich an jenem Tag in Miami lernte, war: Du kannst alles »richtig« machen, kannst die Erwartungen übertreffen, dich an das Gesetz halten – und kannst doch scheitern. Das ist die Problematik, wenn man ein bestimmtes Handeln zur Norm macht. Das klappt vielleicht in der Fabrik, aber nicht im richtigen Leben mit seinen Wechselfällen.

Im richtigen Leben kann man nicht per Verordnung sicherstellen, dass in jeder Situation so reagiert wird, wie es die Umstände verlangen. Manchmal muss man einfach handeln, genauso wie der Pilot »Sully« Sullenberger es tat, als er feststellte, dass seine Maschine defekt war: Man muss versuchen, die Kontrolle über das Flugzeug erlangen, obwohl beide Motoren ausgefallen sind, und es zu landen. Das Ganze macht man mithilfe der Fähigkeiten, die man bis zu diesem Zeitpunkt erworben hat … doch gibt es keine Garantie.

Theodore Roosevelt sagte: »Im Moment der Entscheidung ist das Beste, was du tun kannst, auch das Richtige. Und das Schlimmste ist, einfach nichts zu tun.« Der Managementguru Peter Drucker meinte: »Manager machen die Dinge richtig. Führungspersönlichkeiten aber tun das Richtige.« Niemand würde diesen Aussagen wohl widersprechen. Aber woher weiß man, was »das Richtige« ist? Was ist ein der Situation angemessenes Handeln? Das ist eine Frage, mit der wir als Menschen, als Eltern, als Bürger und ganz sicher als Führungskräfte konfrontiert sind – jeden einzelnen Tag.

Was wir Tag für Tag tun, prägt unser Leben: Unser Handeln schafft Glaubwürdigkeit oder untergräbt sie, es gewinnt uns Freunde oder macht uns Feinde, es öffnet uns einen schnellen Zugang zum Markt oder lässt uns straucheln und im Staub liegen bleiben.

Daher ist wichtig, welche Gründe hinter Ihrem Handeln stehen. Sind es Freude, Begeisterung, Eifer und Interesse für andere Menschen? Sie bestimmen nicht nur, *was* Sie tun, sondern auch, *wie* Sie etwas tun.

Suchen Sie nach der schnellsten Methode, andere für sich zu gewinnen, dann müssen Sie aufs Handeln setzen, dem eine ganz eigene Bedeutung zukommt. Hier kommen die nonverbalen Signale ins Spiel, mit denen Sie ausdrücken: *So bin ich. Das ist mir wichtig. So stehe ich zu mir selbst und zu anderen Menschen.* Ihr tägliches Handeln definiert, wer Sie sind. Der Philosoph William James Durant hatte völlig recht, als er meinte, dass wir sind, was wir immer wieder tun.

Daher sollten wir uns folgende Frage stellen: Habe ich die Kontrolle darüber, in welche Richtung mein Leben geht, oder gerate ich unter die Räder der Ereignisse? Der einzige Weg, um unser Leben zu verändern und unsere Welt in den Griff zu bekommen, führt über unsere Taten. Ich würde tatsächlich sagen, dass Charakter die Gesamtheit unserer Handlungen ist – das, was wir in jedem Moment unseres Lebens tun, und die Auswirkungen, die das auf andere hat.

Womit wir wieder bei der Frage sind, was es eigentlich heißt, »das Richtige« zu tun. Das ist nämlich leichter gesagt als getan. Kein Mensch ist vollkommen. Jeder von uns hat schon mal das Falsche getan – oder richtig gehandelt, doch das Ergebnis entsprach so gar nicht unseren Erwartungen. Außergewöhnlichen Menschen ergeht es da nicht anders. Sie handeln und auch sie scheitern mitunter. Die polaren Kriterien von Erfolg und Scheitern reichen nicht aus, um die Folgen einer Handlung in ihrer ganzen Bandbreite zu bewerten. Wenn wir richtig handeln, entfalten unsere Taten eine einzigartige Kraft. An diesem Punkt erkennen wir allmählich, was das Handeln außergewöhnlicher Menschen auszeichnet.

In diesem Kapitel werden wir uns mit den ethischen und sozialen Grundlagen angemessenen Handelns beschäftigen. Ich werde Ihnen einen Plan vorstellen, mit dessen Hilfe Sie in den unterschiedlichsten Lebenslagen zu einer Entscheidung finden können. Die Grundpfeiler dieses Plans sind die Bereitschaft zu handeln, Verantwortung zu übernehmen und die Initiative in einer Form zu ergreifen, die anderen nützt. Warum? Weil außergewöhnliche Menschen und würdige Führungskräfte dies nun einmal tun. Dabei werden Sie lernen, wie Sie sich positiv von anderen Menschen unterscheiden können. Ihre Stimme wird ein Gewicht bekommen, von dem andere nur träumen können.

Unsere Taten definieren, wer wir sind

Alle paar Tage kam ein Mann in einem Pferdekarren in die kleine kubanische Stadt, in der ich lebte, bis ich acht war. Er hielt vor jedem Haus und fragte nach Essensabfällen – für seine Schweine. Das Recycling funktionierte recht gut: Nichts wurde verschwendet. Er machte seine Tour schon seit Jahrzehnten, und jeder nannte ihn *el guajiro* (der Kleinbauer).

Der alte Mann roch nicht eben gut, und seine Kleidung war schmutzig, aber er lächelte immer. Ich freute mich, wenn ich ihn sah, denn er ließ mich *la yegua* (sein Pferd) streicheln. Manchmal durfte ich sogar aufsitzen und konnte so tun, als wäre ich ein amerikanischer Cowboy.

Am lebhaftesten jedoch ist mir das Bild vor Augen geblieben, wie meine Mutter oder meine Großmutter vors Haus gingen, um dem alten Mann draußen unter der glühenden kubanischen Sonne ein Glas Eiswasser zu bringen. Auf demselben Tablett, auf dem unser Abendessen serviert wurde. Und nicht in einem x-beliebigen Glas, sondern einem mundgeblasenen aus der Tschechoslowakei.

Das konnte ich so häufig beobachten, dass ich eines Tages meine Mutter fragte: »Warum bekommt der *guajiro* Wasser in unseren besten Gläsern, wenn wir selbst sie nur zum Abendessen benutzen dürfen?«

»Porque se lo merece«, antwortete sie mir. Weil er es verdient.

Das war meine erste Lektion in der Art von Handeln, um die es hier gehen soll: ein verlässliches Handeln, das wir nicht nur an den Tag legen, weil wir gerade Lust dazu haben, sondern weil es nötig ist und das Leben anderer verbessert. Ein Handeln, das sich dem anderen zuwendet, gleichgültig, wie seine Stellung ist.

Meine Mutter und meine Großmutter achteten darauf, dass unser Gast, wie einfach, schmutzig und wenig wohlriechend er auch sein mochte, von uns nur das Beste bekam.

Das Beste geben: Das ist das ungeschriebene Gesetz, das außergewöhnliche Menschen ihrem Leben zugrunde legen.

Jahrzehnte später fragte ich meine Mutter wieder, warum sie mit dem *guajiro* so umgegangen war, wie sie es getan hatte, weil mich die Sache interessierte. »So wurde ich einfach erzogen«, antwortete sie. »Dass wir anderen Menschen gegenüber eine Verantwortung haben, dass wir uns um sie kümmern müssen.« Wie ich immer wieder sage: Ein Mensch muss sich daran messen lassen, wie er mit denen umgeht, die ihm keinerlei Vorteile verschaffen können. Diese Lektion lernte ich schon in jungen Jahren von meiner Mutter.

Unser Antrieb zum Handeln rührt aus den unterschiedlichsten Wurzeln. Oder wie der Biologe Alan Jasanoff in seinem klugen Buch *The Biological Mind* schreibt: Wie wir handeln, hängt ab von unserer Biologie, von der Geschlechteridentität und von unserer DNA, aber genauso von dem, was wir durch Sozialisation lernen, von unseren Eltern und Freunden, in der Schule und anderen Einrichtungen, etwa religiösen Institutionen. Ich hatte das Glück, in eine liebevolle Familie hineingeboren zu werden, die ihre Verantwortung für andere ernst nahm. Dass man sich für andere einsetzte, wurde mir wiederholt vorgelebt. So viel Glück haben nicht alle Menschen. Aber wir alle haben unseren freien Willen. Und wir besitzen die Fähigkeit, für andere aktiv zu werden: uns sozial zu verhalten, menschlich, anständig und gütig, auch wenn unsere Erziehung und unser Hintergrund uns dabei Knüppel zwischen die Beine werfen. Wir müssen nur wollen. Und das liegt allein an uns.

Es gibt da diesen ausdrücklichen, aber ungeschriebenen Sozialvertrag, der so offenkundig wie selbstverständlich ist: Überleben und Gedeihen gelingen besser, wenn wir uns umeinander kümmern. Diesen Sozialvertrag findet man, mit ganz wenigen Ausnahmen, in fast jeder bekannten Kultur.

Unsere Vorfahren haben ihn über die Jahrtausende mehr als einmal unter Beweis gestellt. In den letzten 300 000 Jahren hätte der Homo sapiens ohne ihn nicht überleben können. Um unser Überleben sicherzustellen, hat die Natur uns einen neuronalen Belohnungsmechanismus für prosoziales Verhalten eingebaut. Das sogenannte Kuschelhormon Oxytocin wird ausgeschüttet, wenn wir mit anderen Menschen eine Bindung eingehen. Die Dopaminausschüttung steigt, wenn wir anderen gegenüber rücksichtsvoll, gütig und großzügig sind. Das erklärt, warum wir zu Babys spontan eine Bindung herstellen können und warum wir uns gut fühlen, wenn wir jemandem geholfen haben. Die Kinderpsychologin Ellen Galinsky erinnert uns in ihrem Buch *Mind in the Making*, dass selbst Kleinkinder den Impuls zu helfen verspüren. Dieses Verhalten zeitigt positive soziale Konsequenzen, zieht aber auch eine nicht zu übersehende physiologische Belohnung nach sich.

Die meisten Menschen halten sich an diesen ungeschriebenen, aber lebenswichtigen Vertrag oder versuchen es zumindest. Wenn jemand sich verlaufen hat, erklären wir ihm den Weg. Wenn jemand hinfällt, helfen wir ihm auf. Wenn jemand niedergeschlagen ist, wird er getröstet. Wenn jemand schwach ist, unterstützen wir ihn. Was aber beeinflusst unsere Entscheidung, ob und wie wir handeln, vor allem in schwierigen Situationen, die ein schnelles Reagieren erfordern? Nun, das hängt ganz davon ab, wie sehr Sie sich für Ihre Mitmenschen interessieren.

Tun oder Nichtstun, das ist hier die Frage

Sie können noch so oft behaupten, dass Sie jemanden schätzen, lieben, dass Sie so oder so sind – solange sich dies nicht konkret in Ihrem Verhalten niederschlägt, sind es nur leere Worte. In meiner Tätigkeit fürs FBI musste ich unzählige Male vor Gericht auftreten. Wie oft konnte ich da hören, dass Zeugen versicherten, der oder die Angeklagte sei ein guter Vater, eine gute Mutter, ein guter Sohn oder eine gute Nachbarin. Bis schließlich jemand in den Zeugenstand trat und schilderte, welche Handlungen der Angeklagte begangen hatte. Und schon fiel die Fassade des »Gutseins« in sich zusammen.

Was unsere Handlungen, vor allem solche zum Wohle anderer betrifft, so spielen hier verschiedene Faktoren herein, und zwar schon lange, bevor wir eine Entscheidung darüber treffen, was wir tun sollen und was nicht. Diesen Faktoren kommt sowohl im privaten als auch im beruflichen Leben eine wichtige Rolle zu.

Wir haben schon in Kapitel 1 darüber gesprochen, dass emotionales Gleichgewicht die Grundlage für eine vernünftige Selbstdisziplin darstellt. Um weise handeln zu können, brauchen wir ein realistisches Bild unserer Stärken und Schwächen. Andernfalls sitzen wir nur allzu leicht einer Täuschung auf und bilden uns ein, dass wir gut vorbereitet und handlungsfähig sind und dass wir unsere Alternativen fehlerfrei einschätzen. Vielleicht beruhen unsere Schlussfolgerungen auf falschen Annahmen oder wir kennen unsere blinden Flecken einfach nicht. Vielleicht berücksichtigen wir auch nicht, was andere zu sagen haben, oder wir sind zu stur oder ignorant, um zu erkennen, was die beste Option ist. Und schon fallen wir dem zum Opfer, was man in der Psychologie den Dunning-Kruger-Effekt nennt.

Die Sozialpsychologen David Dunning und Justin Kruger haben herausgefunden, dass inkompetente Menschen (denen es an Selbstdisziplin fehlt – weil sie sich ihrer selbst und ihrer Fähigkeiten nicht gewahr sind) »zu falschen Schlussfolgerungen gelangen und ungünstige Entscheidungen treffen, aufgrund ihrer Inkompetenz aber unfähig sind, dies zu erkennen«. Ihr meist ungerechtfertigtes Selbstbewusstsein verleitet sie zu »übertriebenen Vorstellungen über ihre Leistung und ihre Fähigkeiten«. Bevor sie überhaupt einen Finger rühren, haben sie schon die falsche Entscheidung getroffen, da ihnen entgeht, wie unzureichend ihre Überlegungen sind. Aufgrund dieses fehlenden Realitätsbezuges halten sie ihre Maßnahmen selbst dann noch für richtig, wenn sie damit scheitern, da es ihnen an der Fähigkeit zur Introspektion fehlt. Es braucht Selbstgewahrsein und die daraus entstehende höhere Fähigkeit zur Selbstdisziplin, um zu begreifen, wo es uns an den erforderlichen Fähigkeiten und Kenntnissen fehlt. Das Gütesiegel einer guten, intelligenten Entscheidung ist »zu wissen, was wir nicht wissen«, und zu wissen, welche Richtung wir besser nicht einschlagen sollten – auch wenn alle anderen Faktoren zu stimmen scheinen.

Das andere Extrem ist, wenn wir aus lauter Angst vor Fehlern gar nichts mehr in Angriff nehmen. Im einen wie im anderen Fall stattet uns Selbstdisziplin (Kapitel 1) mit den nötigen Voraussetzungen aus, um unser Handeln auf die Wirklichkeit und unsere tatsächlichen Fähigkeiten zu gründen. Beobachtung (Kapitel 2) ermöglicht uns, eine Situation im größeren Kontext zu begreifen, sodass wir adäquat handeln können. Und durch geschickte Kommunikation (Kapitel 3) können wir die notwendigen Informationen beschaffen und weitergeben, um eine Mission zu einem erfolgreichen Ende zu führen. Außergewöhnliche Menschen besitzen all diese Fähigkeiten, die es ihnen erlauben, angemessen zu handeln. Dies ist vor allem im Geschäftsleben wichtig, wo Untätigkeit schnell katastrophale Konsequenzen haben und ein Unternehmen unwiderruflich schädigen kann.

Ein Beispiel gefällig? Die Boeing 737 MAX.

Als ich mit der Arbeit an diesem Buch begann, stand gerade der Boeing-Konzern vor Gericht. Boeing wurde vorgeworfen, die Sicherheit von Crew und Passagieren vernachlässigt zu haben, obwohl Piloten über Softwareprobleme berichtet hatten, die dazu führten, dass die Boeing 737 MAX sich in bestimmten Situationen nicht einwandfrei verhielt. Zwei Maschinen dieses Typs stürzten deswegen ab, wobei mehr als 350 Menschen ums Leben kamen. Boeing verlor jeden Tag Millionen, weil die Maschinen weltweit mit einem Flugverbot belegt wurden. Und natürlich büßte der Konzern auch das Vertrauen seiner Kunden ein.

Ist unsere Angst vor dem Handeln stärker als unser Interesse an unserem Produkt, dann unterziehen wir es vielleicht keiner gründlichen Endkontrolle. Es ist uns gleichgültig, was unsere Kunden denken oder wie uns die Öffentlichkeit wahrnimmt. Wir wechseln die Windeln unseres Kindes nicht, bringen es nicht rechtzeitig zum Arzt, lassen die schmutzigen Teller stehen und tun ganz allgemein nicht, was man von uns erwartet. Wir lassen die Flugzeugopfer im Stich und tun so, als wäre alles in Ordnung. Wir schieben die Antwort auf dringende Anfragen hinaus. Untätigkeit heißt immer Desinteresse.

Auch untätig zu bleiben definiert uns, allerdings nur als schäbige menschliche Wesen. Wer verzögert, leugnet, zaudert, aufschiebt, Gelegenheiten verpasst, den Kopf in den Sand steckt oder sich hinter seinem Schweigen versteckt, wenn er Fehler gemacht hat, wird am Ende einen hohen Preis bezahlen. Jene Regierungen, die während der Covid-19-Pandemie von 2019 bis 2021 nicht reagierten, haben den unnötigen Tod von Abertausenden Menschen verursacht.

Im persönlichen Umfeld hinterlassen die »Rückstände« einer derartigen Untätigkeit bei Kindern und Ehepartnern sowohl kurz- als auch langfristig ihre Spuren: Frustration, mangelndes Vertrauen, Rückzug, ja selbst Depression. Tag für Tag verlieren Kinder das Vertrauen in ihre Eltern, schleicht sich Entfremdung zwischen Partnern ein, verabschieden sich Kunden und werden Politiker aus dem Amt gewählt – weil sie untätig blieben.

Ich werde nicht müde, den Unternehmensführern, die ich berate, zu wiederholen: Wenn jemand für Sie arbeitet, dem sein Job egal ist, dann sind Sie es, der den Preis dafür bezahlen wird. Solche Leute tun vielleicht, was man von ihnen verlangt, aber immer ohne Begeisterung, ohne das Engagement, das Sie selbst aufbringen würden, und vermutlich nicht mal annähernd so kompetent wie Sie. Solche Leute kann man einstellen, aber Sie dürfen von ihnen nicht erwarten, dass sie vollen Einsatz zeigen und Leistung bringen, wenn Sie sie brauchen.

Richtiges Handeln hängt nicht bloß vom Was ab, sondern auch vom Wie. Verhalten und Auftreten sind wichtige nonverbale Botschaften, die lauter sprechen als Worte. Fühlen Sie sich nicht auch wohler dabei, wenn jemand eifrig, gewissenhaft, gründlich, aufmerksam und begeistert arbeitet? Statt seine Aufgaben apathisch, widerwillig und planlos, vielleicht sogar mit Verachtung zu erledigen?

Interessant an diesem Grundpfeiler des Außergewöhnlichseins ist, dass wir uns immer darauf stützen können, selbst wenn alles andere fehlschlägt. Doch nur die wenigsten Menschen verstehen, wie bedeutsam diese Haltung ist und welchen Einfluss sie ausüben kann. Hier fällt mir einmal mehr Nelson Mandela ein. Im Gefängnis erfuhr er in nahezu jeder Hinsicht Einschränkungen. Doch seine innere Haltung hatte er unter Kontrolle. Da sein Handeln seiner Einstellung entsprang, gelang es ihm schließlich, aus seinen Feinden Unterstützer werden zu lassen.

Nur Sie können bestimmen, wie Sie handeln. Aber eines sollten Sie wissen: Ihre Umwelt wird es bemerken und entsprechend darauf reagieren.

Heißt das nun, dass Sie nie einen schlechten Tag haben dürfen? Es wird durchaus vorkommen, dass wir nicht oder nicht rechtzeitig aktiv werden – dann müssen wir uns notgedrungen den Folgen stellen. Aber ein schlechter Tag allein bestimmt noch nicht unsere ganze Einstellung, auch wenn er dazu führen kann, dass wir unser Handeln oder unser Nichtstun bedauern und andere uns künftig nicht mehr ganz so bereitwillig folgen. Möglicherweise müssen wir die da gemachten Fehler ausbügeln. Doch nur was wir gewohnheitsmäßig tun, definiert uns. Das Leben ist ein Film, keine Momentaufnahme. Was machen außergewöhnliche Menschen, wenn sie einen schlechten Tag hatten? Sie beschließen, es beim nächsten Mal besser zu machen.

Eine Freundin erzählte mir, was ihr Vater immer zu ihr sagte: »Wenn du mit einer Entscheidung so lange wartest, bis du alle Informationen hast, die du haben willst, gibt es vielleicht nichts mehr zu entscheiden.«

Es stimmt schon: Wir müssen häufig Entscheidungen treffen, obwohl wir nicht annähernd die Informationen besitzen, die wünschenswert wären. Aber außergewöhnliche Menschen wissen, dass irgendwann der Moment kommt, in dem es besser ist, aktiv zu werden und das Ergebnis zu akzeptieren, wie auch immer dieses aussehen mag. Besser jedenfalls, als sich um eine Entscheidung zu drücken, alles hinauszuzögern, aufzuschieben oder zu warten, bis alles bis ins kleinste Detail geklärt ist – oder aus Angst vor einem Fehlschlag gar nichts zu tun.

Wie aber wägen solche Menschen ihre Optionen ab? Sie verlassen sich auf Wissen, Vorgeschichte, Fallstudien, Beobachtung und persönliche Erfahrung. Sie orientieren sich an moralischen Prinzipien und an ihrem Wissen darüber, was für sie und andere außergewöhnliche Menschen früher schon funktioniert hat.

Dank der Menge an Information, über die sie verfügen, sitzen sie nicht dem Dunning-Kruger-Effekt auf und können Entscheidungen besser und schneller treffen. Andere warten vielleicht, bis alle Punkte abgehakt sind, doch selbst wenn sie alles richtig machen, kommen ihre Maßnahmen möglicherweise zu spät.

Der ethische Aktionsplan

Es wäre natürlich toll, wenn wir einen Aktionsplan hätten, der unter allen Umständen auf jede Situation passt. Aber das ist unmöglich. Vielleicht lautet das Motto im Ritz Carlton deshalb einfach: »Wir sind Ladies und Gentlemen, die Ladies und Gentlemen bedienen.« Die Hotelkette meint dazu: »Dieses Motto steht für den vorausschauenden Service, um den sich unser ganzes Personal bemüht.« Dieses knapp gehaltene Motto zeigt sehr schön, wie man dort denkt. Um Ladies und Gentlemen zu bedienen, müssen Sie wissen, wie das vonstattengeht. Sie müssen beobachten und im Voraus erkennen, was gewünscht wird. Ihr Handeln muss dem entsprechen, wie eine Lady und wie ein Gentleman handeln würden – voller Engagement und Respekt. Mit dieser Einstellung wurde die Hotelkette zum Inbegriff für guten Service – der die Erwartungen der Gäste übertrifft und ihnen Behaglichkeit vermittelt.

Wenn es aber kein Regelwerk für die Entscheidungsfindung gibt und wir auch kein persönliches Motto haben, was machen wir dann?

In meiner Zeit beim FBI wurden uns Entscheidungen mitunter leichter gemacht, weil es klare Regeln gab. Man musste nur fragen: Ist unser Handeln gesetzeskonform? Ist es ethisch? Entspricht es den Kriterien der Justiz oder des Justizministeriums? Im Leben haben wir leider nur selten so klare Richtlinien zur Verfügung. Der ethische Aktionsplan (den ich zusammen mit Toni Sciarra Poynter entwickelt habe mit dem Ziel, die Entscheidungsfindung zu erleichtern, wenn es keine klare Handlungsstrategie gibt) besteht aus einer Reihe von Fragen, die ich nützlich finde, wenn man herausfinden will, ob das geplante Handeln der Situation angemessen ist:

1. Tragen mein Tun und mein Verhalten dazu bei, Vertrauen zu bilden?
2. Tragen mein Tun und mein Verhalten dazu bei, einen Mehrwert zu schaffen?
3. Tragen mein Tun und mein Verhalten dazu bei, andere zu inspirieren oder positiv zu beeinflussen?
4. Sind mein Tun und mein Verhalten sozial?

Natürlich sind diese Fragen nicht für jede Situation gleich relevant. Aber über die Jahrzehnte habe ich immer wieder festgestellt, dass sie ein nützlicher Ansatz sein können, vor allem, wenn genug Zeit ist, um sich auf eine Situation vorzubereiten oder darüber nachzudenken. Oder wenn die Lage besonders kompliziert und unklar ist. Je nach Umständen können diese Fragen einen praktischen Rahmen für unsere Entscheidungsfindung liefern. Also gehen wir die Fragen am besten der Reihe nach durch.

Tragen mein Tun und mein Verhalten dazu bei, Vertrauen zu bilden?

Als ich meinen Abschied vom FBI nahm, sagte Brian Albritton, der künftige US Attorney für das Bundesbezirksgericht im Mittleren Distrikt von Florida, etwas zu mir, was mich immer noch beschäftigt: »Joe, nun wo Sie sich vom FBI zurückziehen, wird man mit allerlei Angeboten auf Sie zukommen. Eines dürfen Sie darüber nicht vergessen: Ihr guter Ruf ist Ihr wichtigstes Kapital.«

Ich hatte mein Bestes gegeben und mir beim FBI einen guten Ruf erworben, der mir unschätzbare Dienste erwiesen hatte. Wenn selbst Kriminelle sich auf Ihr Wort verlassen, wissen Sie, dass Sie es geschafft haben. Ich erinnere mich noch an einen Verdächtigen, der mich, als wolle er meine Ehrlichkeit prüfen, fragte: »Komme ich jetzt ins Gefängnis?«

»Natürlich«, antwortete ich, »wenn ich beweisen kann, dass Sie schuldig sind. Aber das wussten Sie ja schon vorher.«

»Na ja, wenigstens haben Sie nicht versucht, mir irgendeinen Scheiß zu erzählen.« Ich hatte ihm ehrlich geantwortet und so bewiesen, dass ich glaubwürdig war. Es war wohl kein Zufall, dass er mich später bat, seiner Familie mitzuteilen, dass man ihn verhaftet hatte. Er glaubte wohl nicht, dass seine wenig vertrauenswürdigen Freunde das für ihn tun würden. Ich informierte also seine Familie, die mir dafür bei anderen Dingen half.

Als ich nun nach 25 Jahren FBI plötzlich frei und ledig war, hatte ich das Gefühl, mich von Neuem beweisen zu müssen. Ich konnte ja nicht mehr einfach meinen Dienstausweis zücken zum Nachweis, dass ich die Vereinigten Staaten von Amerika vertrat und direkt dem Justizminister unterstellt war. Als Zivilist habe ich heute keine andere Qualifikation, als Sie sie auch haben. Worin liegt aber unsere gemeinsame Qualifikation? In nachweislicher Vertrauenswürdigkeit. Dass andere Leute Sie und mich zu sich nach Hause oder in ihr Büro einladen, dass sie uns alles Mögliche anvertrauen, von den Kindern bis zur Buchführung, ist einzig und allein in dieser Qualifikation begründet – in Vertrauen, das auf unserer Leistung basiert.

Im Geschäftsleben verschmelzen Vertrauenswürdigkeit und Glaubwürdigkeit zu Ihrem beruflichen Leumund. Wenn Sie glauben, dass die Leute, mit denen Sie zu tun haben, Ihre Reputation nicht prüfen, dann täuschen Sie sich. Ob sie nun Referenzen sehen wollen, Sie in den sozialen Medien überprüfen oder einfach jemanden anrufen, mit dem Sie mal zusammengearbeitet haben: Ihre Geschäftspartner wollen wissen, mit wem sie es zu tun haben. Es ist ihnen wichtig.

Stephen R. Covey meint dazu: »Wenn Sie Vertrauen haben wollen, dann seien Sie vertrauenswürdig.« Wie aber sieht Vertrauenswürdigkeit im Alltag aus? Sie basiert auf all dem, was Sie bis hierher gelesen haben. Wir werden vertrauenswürdig, wenn wir zu jeder Zeit unzweifelhaft zeigen, dass andere Menschen uns wichtig sind, dass wir unsere Verpflichtungen erfüllen und zuverlässig so agieren, dass andere davon profitieren.

Rufen Sie sich doch kurz Situationen ins Gedächtnis, in denen Sie von jemandem enttäuscht wurden. Als eine andere Person nichts getan oder vielmehr unüberlegt, zögerlich, zu langsam oder gleichgültig gehandelt hat. Oder noch schlimmer: als sie Ihnen bewusst Schaden zugefügt hat. Vermutlich reagieren Sie emotional oder körperlich, wenn Sie nur an diese Erfahrung denken.

Jetzt lenken Sie Ihr Augenmerk einmal auf die gegenteilige Situation: Eine Person hat sich um Ihre Bedürfnisse gekümmert und Ihnen das Leben erleichtert, indem sie Ihnen eine schwere Bürde abgenommen hat. Oder diese Person hat Ihnen das Gefühl gegeben, ein besonderer Mensch zu sein, umsorgt oder beschützt zu werden. Macht sich in Ihrem Inneren dabei vielleicht eine gewisse Wärme bemerkbar? Auch das hängt damit zusammen, dass jemand etwas getan hat – vielleicht nicht in perfekter Weise, aber *in der Absicht, Ihnen zu signalisieren, dass Sie dieser Person vertrauen können.* Das ist es, was vertrauenswürdige Menschen von anderen unterscheidet. Ich kann mich über die Jahrzehnte hinweg an eine ganze Reihe Menschen erinnern, die nie ins Wanken gerieten, auf die man sich stets verlassen konnte, die zuverlässig waren und konsequent. Und ich denke an diese Leute immer gerne zurück. Es ist ein Geschenk, verlässliche Menschen kennenzulernen, die immer in unserem Interesse handeln – Menschen, denen wir glauben können, dass wir ihnen nicht gleichgültig sind.

Tragen mein Tun und mein Verhalten dazu bei, einen Mehrwert zu schaffen?

Außergewöhnliches Handeln orientiert sich nicht nur an den aktuellen Bedürfnissen. Es will verbessern, verfeinern, steigern und erhöhen, und das nicht nur jetzt, sondern auch für die Zukunft. Wenn unser Handeln einen Mehrwert schaffen soll, dann muss dieses Handeln sich auf Werte gründen – ob diese nun greifbar oder abstrakt sind. Es kann sich auch um Einsichten handeln, um Fachwissen, um Kreativität, Führungsqualitäten, Finanzierungen, Energie, Durchhaltevermögen oder fachliche Kompetenz. Oder Sie tun etwas für andere, was diese selbst nicht erledigen können.

Außergewöhnliche Menschen leben nicht nach dem eigensüchtigen Motto *quid pro quo*, das heißt, sie erwarten keine Gegenleistung für ihre Hilfe. Sie helfen, weil Hilfe für sie ein Wert an sich ist. Wenn ich einer Nachbarin, mit der ich noch nie gesprochen habe, dabei helfe, etwas in ihren Wagen zu laden, erwarte ich dafür keine Belohnung. Vielleicht findet sie mich danach ja netter. Sie mag mich für eine zuverlässige Person halten, aber das ist nicht der Grund, warum ich ihr helfe. Ob es nun um mich geht, um Sie oder um ein Unternehmen: Entgegenkommen ist ein Wert an sich, aber dieser setzt sich auch in der Außenwelt fort. Oder wie Adam Grant in seinem Buch *Geben und Nehmen* schreibt: Die Geber stehen am Ende immer besser da als die Egoisten.

Ich kann mich noch gut an eine Verhaltensanalyse in der Firma eines Kunden in New York erinnern. In jeder Abteilung hieß es: »Ah, aber Sie müssen unbedingt Henry kennenlernen.« Das ging zwei Tage lang so. Aber Henry war nie greifbar oder hatte zu viel zu tun. Am dritten Tag sagte ich dann schließlich: »Ich würde Henry wirklich gerne kennenlernen.« Die Mitarbeiter waren erstaunt, dass das nicht schon längst geschehen war. Nun war ich wirklich neugierig geworden. Ich ließ Henry zu mir rufen.

»Ein Mensch wie alle anderen«, dachte ich nach unserer ersten Begegnung. Dann aber fiel mir wieder ein, dass jeder, der Henry erwähnte, dabei ein Lächeln im Gesicht hatte. Irgendetwas war hier definitiv interessant.

Henry war ein zurückhaltender Typ, aber er erzählte mir trotzdem von sich. Er hatte sich die Arbeit mit Computern selbst beigebracht und nun leitete er die IT-Abteilung, obwohl er nie studiert hatte. Während wir uns unterhielten, kamen mehrere seiner Kollegen am Büro vorbei. Alle blieben stehen und grüßten Henry. Und er hatte für jeden Kollegen ein Lächeln oder eine lustige Geschichte auf Lager.

Am Ende wusste ich, warum mir alle gesagt hatten, ich müsse Henry unbedingt kennenlernen. Der Wert, den er für das Unternehmen schuf, ging weit hinaus über die IT-Abteilung und seine Hilfe bei Computerproblemen – er unterstützte sogar noch die Gattinnen seiner Kollegen bei der Anmeldung ihrer Bluetooth-Gadgets. Was er tat, machte ihm einfach Freude. Er bot den Leuten nicht einfach nur seine Fachkenntnisse an. Er tat das voller Vergnügen, und dieses Vergnügen teilte er mit den Leuten. Ich würde wetten, dass in seiner Stellenbeschreibung nirgendwo von »Freude« die Rede war. Aber genau das war es, was Henrys Arbeit ausmachte. Und die Ergebnisse waren phänomenal.

Ich hatte den Eindruck, dass die Kollegen Henry regelmäßig konsultierten, als würden sie eine tägliche Dosis von ihm brauchen. Wenn er im Urlaub war, so hieß es, vermisste man ihn in der Cafeteria. Als ich mich am

Ende dieser Woche mit den drei Managern des Unternehmens traf, waren wir uns einig, dass Henry weit mehr war als nur ein Techniker. Der CEO sagte sogar: »Meine größte Angst ist es, dass er eines Tages kündigt. So jemanden findet man auch in zehn Jahren nur dann, wenn man richtig Glück hat.« Und er hatte recht damit.

So werden selbst alltägliche Routineaufgaben zu einem Vergnügen, an das man sich gerne erinnert. Eine Kollegin erzählte mir mal von einem Besuch in der örtlichen Apotheke, wo sie nach einem bestimmten Produkt suchte. Während sie noch den Inhalt der Regale inspizierte, vernahm sie hinter sich eine Stimme: »Suchen Sie etwas Bestimmtes?« Ja, das tat sie. Die Apothekenhelferin sagte ihr nicht nur, wo das Produkt zu finden war. Sie führte sie hin und machte meine Kollegin noch darauf aufmerksam, dass sie es billiger bekäme, wenn sie zwei statt einem nähme. Allerdings nur, wenn sie eine Kundenkarte hätte.

Meine Kollegin hatte keine und wollte an sich auch keine: »Diese Dinger machen mich nervös und ich habe es normalerweise ja eilig. Ich will keine Probleme haben, und außerdem habe ich keine Zeit für so was.« Aber den Rabatt fand sie natürlich interessant. Sie erzählte weiter: »Die Apothekenhelferin begleitete mich zur Kasse und sorgte dafür, dass das Ausfüllen schnellstens vor sich ging. Es waren ja nur ein paar Fragen, und fertig. Sie war einfach so entspannt und alles war so simpel. Bevor ich noch wusste, wie mir geschah, hatte ich diese Kundenkarte!«

Die nette Apothekenhelferin wartete, während die Kassiererin die Einkäufe eintippte. Da fiel meiner Kollegin noch etwas ein: Gewöhnlich zahlte sie an der Selbstzahlerkasse, weil das schneller ging. Ihr kamen Bedenken, ob da ihre Kundenkarte überhaupt funktionieren würde.

Jetzt sprang die Kassiererin helfend ein. Sie erklärte meiner Kollegin nicht nur, dass die SB-Kasse abfragte, ob man eine Kundenkarte besaß. »Nein, sie bot mir an, mich zur SB-kasse zu begleiten und mir zu zeigen, wie das funktioniert. Und das hat sie tatsächlich getan!«

Meine Kollegin verließ die Apotheke mit einem Vorrat des Produkts, das sie hatte kaufen wollen, und das zu einem guten Preis. Sie fühlte sich nach diesem vorbildlichen Service super beraten und betrachtete die Apotheke künftig als »ihre« Apotheke. Die Apotheke wiederum verkaufte ein Produkt mehr und konnte eine Kundin für die Mailingliste gewinnen. Na, wenn das keine Win-win-Situation ist!

Aber es wird noch besser. Am Abend bekam meine Kollegin eine E-Mail vom Servicecenter der Apothekenkette mit der Bitte, den Service zu bewerten. Meine Kollegin gab ein gutes Feedback und berichtete, wie ihr Einkauf gelaufen war. Irgendwann nach 21 Uhr erhielt sie eine persönliche E-Mail vom Leiter der Apotheke, der ihr für das positive Feedback dankte. Er schrieb weiter, dass die Apothekenhelferin schon seit Jahren in dieser Filiale arbeitete und den Kontakt mit Kunden einfach liebte. Er wisse momentan zwar noch nicht, wer an der Kasse gestanden habe, doch habe er ihr Feedback an sein Team weitergeleitet als Beispiel dafür, dass gute Arbeit sehr wohl einen Unterschied macht. Abschließend bat er die Kundin, sich jederzeit mit Feedback und Vorschlägen an ihn zu wenden oder ihn deswegen in der Apotheke persönlich anzusprechen.

Wie gesagt: Dem Handeln kommt eine ganz eigene Bedeutung zu. Welche Geschichten erzählen Ihre Kunden, Kollegen oder Freunde über die Erfahrungen, die sie mit Ihnen und Ihrem Unternehmen gemacht haben? (Sie glauben tatsächlich, dass es da nichts zu berichten gibt?)

Es überrascht Sie vielleicht, dass auf diese Weise Werte geschaffen werden. Natürlich werden Werte auch durch spezielle Fähigkeiten geschaffen, aber qualitative Verbesserungen hängen nicht allein davon ab, was wir tun, sondern *wie* wir es tun – von unserer Haltung und unserer Einstellung. Das gewisse Quäntchen mehr abzuliefern ist eine persönliche Entscheidung. Einsatz für eine großartige Leistung und der Stolz auf Ihre Arbeit – diese Haltung schafft Mehrwert bei allem, was Sie tun. Und sie inspiriert andere Menschen. Oder wie Martin Luther King jr. sagte: »Wenn ein Mann Straßenkehrer ist, dann sollte er Straßen kehren, wie Michelangelo malte oder Beethoven komponierte oder Shakespeare dichtete. Er sollte seine Straßen so gut kehren, dass die himmlischen und irdischen Heerscharen innehalten und sagen: ›Hier lebte ein großartiger Straßenkehrer, der seine Arbeit gut machte!‹« Beim Handeln, wie wir es verstehen – und wie außergewöhnliche Menschen es praktizieren –, geht es nicht nur darum,

Ihre Pflichten zu erledigen. Nein, beim außergewöhnlichen Handeln gehen wir einen Schritt weiter, indem wir in allem, was wir tun, einen Mehrwert schaffen, vor allem, wenn unser Tun anderen Menschen hilft, ob sie es nun merken oder nicht.

Tragen mein Tun und mein Verhalten dazu bei, andere zu inspirieren oder positiv zu beeinflussen?

Am 27. Mai 1992 explodierte in Sarajevo eine Granate in einer Gruppe Menschen, die sich unter dem Feuer der Heckenschützen zu einer Bäckerei durchschlugen. Es waren die ersten Tage des Bosnienkrieges, und nur in dieser einzigen Bäckerei gab es Brot. Der Bosnienkrieg kostete Tausende Menschen das Leben. Er war geprägt von Grausamkeit, ethnischen Säuberungen und Unmenschlichkeit. Ein einzelner Mann aber deutete diese grausame Tat um.

Die Granate schlug um 16.00 Uhr ein, gerade, als die letzten Tagesrationen Brot verkauft wurden. 22 Menschen waren sofort tot, über 100 wurden verletzt. Die Häuser der Umgebung waren bis zum dritten Stock hinauf befleckt von Blut, Hirnmasse und menschlichem Gewebe. Der Geruch nach Blut, Sprengstoff, verbrannten Kleidern und menschlichem Fleisch hing noch Tage später in der Luft – eine Übelkeit erregende Erinnerung an das Trauma.

Dieser Akt der Grausamkeit – einer unter vielen und keineswegs der letzte – wurde verübt an hungrigen, verzweifelten und eingeschlossenen Menschen. Granaten, Entführungen, Massenhinrichtungen und die Kugeln der Heckenschützen dezimierten die Bevölkerung immer weiter.

Doch ein Mann wagte sich mitten hinein in diese Hölle. Vedran Smailović besaß kein Gewehr. Er war kein Soldat. Er konnte nicht mit den gleichen Waffen zurückschlagen. Aber es gab zwei Dinge, auf die er setzen konnte: Er war der erste Cellist an der Oper von Sarajevo gewesen, einem durchaus bekannten Opernhaus. Und er wollte etwas tun.

Er musste einen Weg finden, seinen Landsleuten, die 24 Stunden zuvor getötet oder verwundet worden waren, Respekt zu erweisen. Und so tat der Siebenunddreißigjährige das Unvorstellbare. Er riskierte sein Leben, um den Toten die letzte Ehre zu erweisen und den Lebenden Trost zu spenden. 22 Tage lang stellte er in Gedenken an jeden einzelnen Getöteten jeden Tag einen Stuhl neben das Loch, das die Granate gerissen hatte, und nahm darauf mit seinem Cello Platz. Dann spielte er, in den Smoking gekleidet, den er normalerweise bei seinen Auftritten trug, Albinonis *Adagio in G-Moll*, eines der gefühlvollsten Stücke, das je geschrieben wurde, und legte die gleiche Leidenschaft hinein, als würde er im Konzertsaal auftreten.

Warum er das tat? Weil es notwendig war. Inmitten dieser unvorstellbaren, mörderischen Gewalt zeigte dieser Mann, wie sehr ihm seine Mitmenschen am Herzen lagen. Das Einzige, was er tun konnte, war, ihnen musikalisch die Ehre zu erweisen. Zugleich spendete er damit seinen verängstigten, vom Krieg bedrückten Mitbürgern Trost und Inspiration.

Wie alle außergewöhnlichen Menschen fragte er sich: *Was braucht es jetzt? Was kann ich tun? Wie kann ich helfen?* Ein anrührendes Musikstück, das Geist und Schmerz besänftigte – das war sein Geschenk an seine Nachbarn.

Gebot sein Spiel dem Bosnienkrieg Einhalt? Nein. Der Krieg sollte noch drei weitere Jahre dauern. Rettete Vedran Smailović mit seinem Spiel Leben? Schwer zu sagen. Aber sein Spiel ließ jeden Tag für sieben Minuten die Menschen rundum Terror und Leid vergessen und verschaffte ihnen eine kurze Atempause. Indem er Albinonis Noten mit Liebe, Hingabe und Zartheit zum Leben erweckte, zeigte er, dass es, inmitten von Tod und Verderben, immer noch Menschlichkeit und Güte gab – und er gab seinen Mitbürgern Hoffnung. Darüber hinaus lenkte er den Blick der Welt auf das, was in Bosnien geschah.

Später wurde Vedran Smailović von Journalisten gefragt, warum er das getan hatte. Seine Antwort war einfach: »Ich bin Musiker. Ich bin ein Teil dieser Stadt. Und wie jeder andere Mensch mache ich das, was ich kann.«

Das tun, was wir können – das müssen keine Heldentaten sein. Ja, es muss noch nicht einmal etwas Kompliziertes sein. Wie sieht Ihr Leben aus? Können Sie Ihre Welt ein wenig verbessern? Zum Beispiel, indem Sie den Müll aufsammeln, den jemand in Ihrem Viertel aus dem Auto geworfen hat? Oder indem Sie einem Flüchtlingskind helfen, lesen zu lernen? Können Sie Nachhilfe geben, damit ein Junge nicht von der Schule gehen muss? Oder einem Vorübergehenden zulächeln? Können Sie zu einem Kollegen sagen: »Ich kann das übernehmen. Du hast ja gerade viel zu tun.« All das sind keine Heldentaten. Aber es gibt immer etwas, was wir tun können, um die Welt ein wenig besser zu machen.

Und positive Handlungen wirken immer nach zwei Seiten: Einerseits beeinflussen sie, wie andere Menschen Sie wahrnehmen. Gleichzeitig motivieren Sie dadurch andere, selbst positiv zu handeln und eine positive Einstellung zu pflegen. Wenn Sie einem anderen Menschen Kraft geben, geben Sie ihm zugleich Gelegenheit zu entdecken, wie er diesen Schatz in sich selbst heben kann. Positive, altruistische Taten helfen unseren Mitmenschen, schlimme Zeiten zu überstehen. Das fand auch Vedran Smailović heraus, als er sein Cello nahm und den Toten ebenso wie den Lebenden die Ehre erwies.

Sind mein Tun und mein Verhalten sozial?

Wir tun den ganzen Tag über Dinge, die für unser Leben und unser Wohlbefinden wichtig sind. Aber wir haben auch mehr als einmal Gelegenheit, andere in den Mittelpunkt unseres Handelns zu stellen. Wenn wir etwas für andere tun, dann ist dies soziales Verhalten.

Soziales Verhalten geht über das bloße Kümmern hinaus. Wir versuchen vielmehr, das Leben dieser Menschen zu *verbessern*. Und genau das tun außergewöhnliche Menschen.

Ein außergewöhnlicher Mensch achtet auf seine Umgebung, auf andere Menschen – und er versucht, Dinge zu verbessern, ohne dass man ihn dazu auffordern muss. Nicht weil das sein Job ist, sondern weil es ihm wichtig ist, sein Bestes zu geben.

So wie Curtis Jenkins das jeden Tag tut, wenn er sich hinter das Steuer seines knallgelben Schulbusses setzt. Niemand hat ihn gebeten, seinen Job so zu machen, wie er ihn macht. Seine größte Befriedigung zieht er nicht aus dem Gehaltsscheck, den er jeden Monat bekommt, obwohl er den sicher auch nicht verachtet. Nein, sein Wunsch ist es, das Leben jedes einzelnen Kindes, das mit seinem Bus zur Lake-Highlands-Grundschule im texanischen Dallas fährt, ein bisschen besser zu machen.

Er kennt die Namen der Kinder und weiß, wann jedes von ihnen Geburtstag hat. Er weiß, was die Kinder interessiert, was sie geleistet haben, wer in welchen Fächern Probleme hat, wer an diesem Tag ein bisschen Zuspruch braucht, wo es Ärger zu Hause gibt und wer ein bisschen mehr Motivation nötig hat oder ein Lächeln extra. Sein Beruf ist Busfahrer. Er hat also die Aufgabe, seinen Bus sicher und pünktlich zur Schule und wieder zurück zu chauffieren. Das ist alles. Aber Mr. Jenkins ist ein außergewöhnlicher Mensch und spielt deshalb für all diese Kinder und die Schule eine wichtige Rolle, weil er sich nicht damit begnügt, seine Pflicht zu tun. Er macht das Leben jedes einzelnen Kindes besser, weil er sich seiner Bedürfnisse und Sorgen annimmt. Ein Wort der Ermutigung hier, eine wohlüberlegte Frage da, damit das schüchterne Mädchen von ihrer letzten Eins in der Klasse erzählt. Oder ein kleines Geschenk für einen künftigen Schriftsteller.

Wenn Sie mit den Kindern in diesem Schulbus reden, dann merken Sie schnell, dass die kleinen Geschenke nur die Kirsche auf der Torte sind. Was ihnen an Curtis Jenkins guttut, ist die Tatsache, dass er da ist. Sein Lächeln, seine freundlichen Kommentare, sein Interesse, seine Freude, wenn die Kinder einen guten Tag hatten. Und die Liebe, die er jedem einzelnen der Kinder entgegenbringt – daran zeigt sich ohne eine Spur von Zweifel, dass er ihr Leben verschönern will. Curtis Jenkins ist die Verkörperung des Willens zur Verbesserung.

Außergewöhnliche Menschen ahnen Probleme voraus, noch bevor sie entstehen – oder sich verschlimmern. Sie wissen, welche Auswirkungen bestimmte Situationen oder emotionale Erfahrungen haben können. Sie scheinen direkt ins Herz der Problematik zu blicken, die Sorgen der anderen zu verstehen und gerade deshalb die passende Antwort parat zu haben. Am Arbeitsplatz brauchen sie kein Handbuch zur Personalführung. Ihr soziales Handeln wurzelt in der Achtung vor anderen Menschen und dem Wunsch, deren Bedürfnissen und Neigungen gerecht zu werden. Sie sind wahrhaft aufmerksam. Und letztlich zählt für sie nur eines: ob ihr

Handeln auf andere Menschen Rücksicht nimmt. Das ist das Fundament jeder Ethik. Wenn wir sagen, dass jemand mehr getan hat, als von ihm verlangt war, dann ist damit häufig die soziale Qualität seines Handelns gemeint – die Zeit, Energie und Fürsorge, die er aufgewendet hat, um ein Resultat zu erzielen, auf das sein Unternehmen stolz sein kann. Sprechen wir jenen Anerkennung aus, die sich für Obdachlose oder für das örtliche Tierheim engagieren, die Kindern bei den Hausaufgaben helfen oder älteren oder behinderten Menschen zur Hand gehen, dann würdigen wir außergewöhnliche Menschen, die sozial handeln.

Wenn es um soziales Handeln geht, geraten die Motive der Betreffenden in den Blick. Wir alle kennen Leute, die sich sozial engagieren, weil sie sich dafür im Gegenzug etwas ausrechnen. Echtes soziales Handeln aber kennt keine Hintergedanken. Es ist ein Geschenk, das im Schenken besteht.

Nicht immer wissen wir, was wir durch soziales Handeln bewirken – aber das ist auch nicht weiter wichtig, weil der Lohn ja im Tun selbst liegt. Es ist eines der wunderbaren Mysterien des Lebens, dass wir diese Fähigkeit besitzen: Wir engagieren uns in der Welt, und die Auswirkungen pflanzen sich fort wie die Wellen auf einem Teich, in den wir einen Stein geworfen haben. Vielleicht hat sich auch Ihnen die Erinnerung an einen Menschen eingebrannt, der an einem bestimmten Punkt Ihr ganzes Leben verändert hat. Für mich war dieser Mensch Mrs. Lightbourne.

Mrs. Lightbourne und ihr Sohn Michael lebten in meiner Kindheit ein paar Blocks von uns entfernt. Ihr Haus war nicht gerade ein Schmuckstück und die Möbel hätten schon längst ausgetauscht werden müssen, aber uns Kindern aus der Nachbarschaft war das egal. Denn was Mrs. Lightbourne im Überfluss besaß, war Liebe – für uns alle. Und das war es, was zählte. Wir hingen ständig bei ihr herum, weil das ein wunderbarer Ort war, an dem wir uns treffen, lachen und spielen konnten. Wir mussten nicht mal klopfen. Wir waren immer willkommen, und sie hatte immer einen kleinen Imbiss für uns. Woher sie das Geld nahm, diese Schar von Teenies zu füttern, blieb ihr Geheimnis. Und Teenager putzen ganz schön was weg. Sie kannte uns alle in- und auswendig, und sie wusste immer, was sie sagen musste, fragen musste oder wie sie uns zum Lächeln bringen konnte.

In den Monaten nach meiner Messerverletzung hatte ich echte Probleme. Ich lag drei Wochen im Krankenhaus und meine Genesung zog sich in die Länge, weil so viele Nerven geschädigt waren, ich einen massiven Blutverlust erlitten hatte und obendrein auch noch eine Infektion bekam. Die Schmerzen im Arm, die Tatsache, dass ich meine Finger nicht koordiniert bewegen konnte, das letzte Jahr an der Highschool verpasste und nicht wusste, was die Zukunft für mich bereithielt, da die Stipendien schließlich weg waren – all das belastete mich enorm. Zum ersten Mal in meinem Leben war ich seelisch niedergeschlagen. Ich konnte mich nicht konzentrieren und verlor jegliches Interesse an meiner Umwelt. Es war keine gute Zeit. Was ich damals nicht wusste: Ich litt unter einer Posttraumatischen Belastungsstörung, aber so nannte man das damals noch nicht. Neben einer mittelschweren Depression verdankte ich jener Messerattacke ein zusätzliches Problem: Sobald ich jemanden mit einem Messer in der Hand sah, und sei es nur in der Küche, fing ich an zu zittern. Ich bekam Panikattacken. Ich versuchte zwar, so zu tun, als wäre nichts, aber das stimmte eben nicht. Wie hätte es mir auch gut gehen können? Ich glaube, ein paar Leuten in meinem Umfeld entging das nicht.

Mrs. Lightbourne hatte mich gleich nach meiner Einlieferung ins Krankenhaus besucht, aber seitdem hatte ich sie nicht mehr gesehen. Nach meiner Entlassung musste ich weiter täglich zur Physiotherapie, damit ich wieder lernte, Arm und Finger zu bewegen. Ansonsten ging ich allen Leuten aus dem Weg. Doch irgendwie schaffte es Mrs. Lightbourne, über meine Fortschritte auf dem Laufenden zu bleiben, wenn auch nur über Freunde. Am Tag vor der Abschlussfeier rief sie mich an. »Steh auf«, sagte sie, »geh raus und schnapp ein bisschen frische Luft. Und dann kommst du zu mir, ich möchte dich sehen.«

Das versüßte mir meinen Tag enorm, und in kürzester Zeit hatten wir uns alles erzählt, was passiert war. Sie erkundigte sich, wie es mir denn ginge, und meinte, sie hätte gehört, ich sei nicht ganz auf dem Damm. Ich erzählte ihr, dass ich mich ziemlich zurückgezogen hätte und dass die Uni mir mittlerweile wie ein ferner Traum vorkäme, weil ich ja keine Chance auf ein Sportstipendium mehr hatte. Meine Eltern hatten nicht genug

Geld, um mir ein Studium zu bezahlen. Ich erzählte ihr, wie ich versucht hatte, den versäumten Stoff für die Schule nachzuholen. »Es wäre echt ein Wunder, wenn ich den Abschluss schaffe«, dachte ich bei mir. Irgendwann holte sie zu meiner Überraschung ein paar selbst gebackene Brownies aus der Küche. Sie wusste wohl noch, dass das immer meine Lieblingsleckerei gewesen war. Diese Geschichte hätte schon ein schönes Ende, wenn sie hier, mit meinem Lieblingskuchen, aufhörte.

Aber sie ging noch weiter. Gegen Ende unserer Unterhaltung, nachdem ich fast alle Brownies verdrückt hatte, verließ Mrs. Lightbourne das Wohnzimmer und kam mit einer kleinen Schachtel zurück, die fast aussah wie ein Ringetui vom Juwelier. Sie hatte sie in die gleiche Alufolie gewickelt, mit der sie die Brownies abdeckte. Ich sagte ihr, ich würde kein Geld nehmen. Sie entgegnete, sie habe gar kein Geld, das sie mir geben könnte. Es wäre nur einfach eine Erinnerung an sie.

Ich versprach Mrs. Lightbourne, dass ich ihr Geschenk, so wie sie es wünschte, erst am Tag meiner Abschlussfeier öffnen würde. Wir umarmten uns, aber nur kurz, weil ich meinen Arm ja immer noch in der Schlinge trug. Meine linke Schulter war noch geschwollen, und ich spürte die Stiche an der Innenseite des Armes. Ich war zwar gespannt darauf, was in der Schachtel war, aber ich machte sie nicht auf – wie versprochen.

Schließlich kam der Tag der Abschlussfeier. Für mich war das ein Glückstag, denn ich hatte es tatsächlich geschafft, alles nachzuholen. Ich hatte die Prüfung bestanden. Zu Hause herrschte ein Riesenwirbel, bis endlich alle bereit zum Aufbruch waren. Kurz bevor wir losfuhren, fragte meine Mutter mich, ob ich Mrs. Lightbournes Geschenk schon geöffnet hätte. Hatte ich nicht, und so holte ich das auf der Stelle nach, vor aller Augen.

Ich schälte das Schächtelchen aus der Alufolie – die sie extra schön gefaltet hatte. Das Erste, was wir entdeckten, war, dass sie das Schächtelchen offensichtlich aus einem alten Schuhkarton selbst gebastelt hatte. Ein paar der Buchstaben waren noch zu sehen. Sie hatte die Pappe exakt so zugeschnitten, dass sie daraus mit etwas Klebeband ein schönes Schächtelchen von fünf mal fünf Zentimetern machen konnte. Wie lange sie gebraucht hatte, um das kleine Meisterwerk herzustellen, kann ich nur raten, aber schnell war das bestimmt nicht gegangen.

Als ich die Schachtel dann aufklappte, lag darin ein funkelndes 10-Cent-Stück auf einem Bett aus Watte. Darunter lag ein winziges Zettelchen, auf dem geschrieben stand: »Wenn du je etwas brauchen solltest, dann zögere nicht, mich anzurufen.« Und für diejenigen, die das nicht mehr wissen: Ein 10-Cent-Stück war damals alles, was man brauchte, um ein Gespräch aus einer Telefonzelle zu führen.

Meine ganze Familie starrte das Geldstück ein paar Sekunden lang an. Dann sahen meine Lieben zuerst mich an, dann wieder das 10-Cent-Stück und schließlich wischten wir uns alle die Tränen aus den Augen.

Es war nur eine 10-Cent-Münze in einer selbst gebastelten Pappschachtel. Aber selbst jetzt, fünfzig Jahre später, ist dies das einzige Geschenk aus meiner Jugend, an das ich mich glasklar erinnere. Weil es für mich kostbar war und ich es so sehr zu schätzen wusste. Es erinnerte mich immer daran, dass Mrs. Lightbourne meinetwegen nicht einfach nur besorgt war. Allein die Aufmachung sagte mir, dass ich ihr am Herzen lag. Sie hatte getan, was außergewöhnliche Menschen tun – und was jeder von uns tun kann, selbst, wenn es Kleinigkeiten sind. Sie hatte meine emotionalen Bedürfnisse gesehen und aus der winzigen Gabe etwas gemacht, was mein Leben verändert hatte, weil sie mir zeigte, dass ich anderen Menschen etwas wert war.

Bereit zu außergewöhnlichen Taten

Stellen Sie sich vor, Sie sind 33 Jahre alt und mehrere Kollegen aus dem ganzen Land, von denen jeder sein eigenes Spezialgebiet hat, kommen zu Ihnen und sagen in etwa: »Wenn du gerade nicht zu viel zu tun hast, könntest du da vielleicht eine Unabhängigkeitserklärung ausarbeiten? Wir müssen dem König von England zeigen, dass wir nicht länger seine Untertanen sein wollen. Und sie muss unsere Sicht absolut überzeugend darstellen, sodass (hoffentlich) jeder dahintersteht. Arbeite vor allem ganz deutlich heraus, wie wir unsere Forderung begründen und wofür wir eintreten. Und vergiss nicht, diese neue und im Moment sonst nirgends vertretene Idee im Text unterzubringen, dass ›alle Menschen gleich geboren‹ sind. Wenn es nicht zu viel Mühe macht, dann sollte das Dokument diese Ideen mit zwingender Logik und überzeugender Rhetorik vortragen. Außerdem muss eine so stichhaltige moralische Begründung hinein, dass für jeden nachvollziehbar ist, warum wir dieses Dokument unterzeichnen und nach seinen Grundsätzen leben müssen, obwohl wir damit Hochverrat gegen einen Herrscher begehen. Ach ja, und noch was: Du musst es mit einem Federkiel abfassen (Gans, Schwan, Truthahn, wie du willst), auf Pergament und möglichst fehlerfrei. Und natürlich in Schönschrift, damit es auch jeder lesen kann.«

Wer von uns würde sich solch einer Herausforderung gewachsen zeigen, damals wie heute?

Es stellte sich heraus, dass es 1776 einen solchen Menschen gab. Nur Thomas Jefferson, der »Weise aus Monticello«, brachte das zuwege – weil er zu außergewöhnlichem Handeln bereit war. Oder wie Lincoln 1859 schrieb:

> *Diese Ehre gebührt einzig Jefferson – dem Mann, der unter dem Druck des Kampfes um die nationale Unabhängigkeit eines einzigen Volkes die Gelassenheit, Voraussicht und Begabung besaß, einem rein revolutionären Dokument eine abstrakte Wahrheit einzuschreiben, die sich für alle Menschen und alle Zeiten als anwendbar erweisen sollte …*

Heute wird diese Unabhängigkeitserklärung in der Library of Congress in Washington aufbewahrt, hinter Panzerglas. Der Behälter ist mit Argongas gefüllt und ruht auf einem Rahmen aus Titanium. Dieser ist auf einer Transportvorrichtung befestigt, die das fast heilige Dokument jederzeit in eine Kammer tief in der Erde befördern kann. Letztere, so hat man mir versichert, würde sogar einem Atomangriff auf unser Land standhalten. Es gibt kein anderes Dokument auf dieser Erde – oder im uns bekannten Universum –, das so sehr verehrt und geschützt wird. Doch warum? Weil ein Mensch bereit war, eine außergewöhnliche Tat auszuführen.

Was hat Jefferson darauf vorbereitet, solch ein Dokument verfassen zu können, das für jeden Unterzeichner ein Todesurteil bedeutete? Und doch war es so ausgezeichnet formuliert, dass es die Beteiligten in ihrer Entschlossenheit stärkte und die Zeit überdauerte. Es wurde zum Prüfstein für alle, die ihr Leben riskierten, um für Freiheit und Gleichheit einzutreten.

Jefferson besaß das Rüstzeug der Selbstdisziplin, mit dem wir uns bereits beschäftigt haben. Aber das war noch nicht alles: Er war bereit zu außergewöhnlichen Taten. Wie er das zuwege brachte? Er nahm sich jeden Tag eine solche Tat vor und führte sie aus.

Wenn wir über Taten sprechen, dann denken wir immer an konkrete, sichtbare Schritte, die wir in der äußeren Welt vollziehen. Das mag für frühere Jahrhunderte so gestimmt haben, aber unsere heutigen Taten sind meist intellektueller Natur – wir überlegen, analysieren und entwickeln. Wir lösen Probleme, treffen Entscheidungen und schaffen Neues. Dazu brauchen wir unsere tägliche Dosis Wissen und Information. Wenn wir heute Erfolg haben wollen, beginnt unser Handeln mit dem, was Louis Pasteur einen »vorbereiteten Geist« nannte.

Der Visionär Buckminster Fuller wies 1950 darauf hin, dass sich das menschliche Wissen bis ins 20. Jahrhundert alle 100 Jahre verdoppelt hat. Nach dem Zweiten Weltkrieg aber verdoppelte sich das Wissen alle 25 Jahre. Je nachdem, in welchem Bereich Sie tätig sind, wächst das Wissen an wie ein Tsunami, schneller und intensiver als je zuvor. In der Nanotechnologie verdoppelt sich die Information alle zwei Jahre. Ärzte geben an, dass medizinisches Wissen sich alle 18 Monate erneuert. Andere Schätzungen gehen von 73 Tagen aus. Sie sind nicht in einem so hochspezialisierten Beruf tätig? Trotzdem sind Sie vom Anwachsen des Wissensschatzes der Menschheit betroffen: Experten schätzen, dass sich unser Wissen alle 13 Monate verdoppelt, andere meinen, dass das alle 24 Stunden geschieht.

Das muss man sich nur mal vorstellen: Morgen um diese Zeit hat das Wissen der Welt um 100 Prozent zugelegt. Wir können nur Schritt halten, indem wir es machen wie Thomas Jefferson. Er hatte seinen Finger stets am Puls der Zeit, indem er sich mit Ideen, philosophischen Vorstellungen sowie technischen und wissenschaftlichen Neuerungen auseinandersetzte: Er las täglich. Lesen ist die beste Technologie, die uns zur Verfügung steht. Weil Thomas Jefferson seinen Geist stets vorbereitet hatte, konnte er eine außergewöhnliche Tat vollbringen, als sich die Notwendigkeit stellte: Er ließ all sein Wissen in dieses Dokument einfließen und machte einen Quantensprung, als dieser gefordert war.

Wenn Sie auf außergewöhnliche Weise handeln und sich so die Chance sichern möchten, in egal welchem Geschäftszweig konkurrenzfähig zu bleiben, dann bleiben Sie dran: am Wissen, an Neuerungen, Trends, Entdeckungen und neuen Ideen. Das war schon immer wichtig, heute aber, wo sich das Wissen mit Lichtgeschwindigkeit verändert, zeigt sich ebenso schnell, ob Sie mit der Entwicklung Schritt halten können. Oder wie die Schriftstellerin Mary Renault einmal sagte: »Es gibt nur eine Art von Schock, der schlimmer ist als das völlig Unerwartete: die Konfrontation mit etwas, auf das wir uns nicht vorbereiten wollten.«

Als man den Vier-Sterne-General des Marine Corps und ehemaligen Verteidigungsminister James Mattis fragte, wieso er sich die Zeit nahm, jeden Tag zu lesen, antwortete er: »Ich lese, weil ich auf diese Weise auf jede Situation reagieren konnte und immer wusste, wie Probleme früher (erfolgreich oder nicht) angegangen wurden. Lesen liefert mir nicht auf jede Frage eine Antwort, aber es erhellt doch den häufig dunklen Pfad zu meinen Füßen.« Mattis, der unter Präsident Trump zum Verteidigungsminister ernannt wurde, führt seinen Erfolg als Führungskraft nicht darauf zurück, dass er ein fähiger General war, sondern auf seine »Lesegewohnheiten«.

General Mattis gab an, dass er als General Fehler vermeiden konnte, die andere gemacht hatten, weil er darüber gelesen hatte. Was für viele militärische Führungskräfte neue Taktiken waren, kannte er bereits aus Schriften des 3. Jahrhunderts n. Chr. oder noch älteren Texten aus der Zeit des Peloponnesischen Krieges.

Als Bill Gates noch an der Spitze von Microsoft stand, genehmigte er sich »Denkwochen« – Tage der Einkehr, in denen er Vorschläge seiner

Mitarbeiter studierte, die über die neuesten Trends auf dem Markt berichteten. Und obwohl er schon eine umfassende Bildung besitzt und einer der reichsten Männer der Welt ist, liest er immer noch viel, wie er immer wieder in den sozialen Medien durchblicken lässt. Sein Beispiel zeigt, dass man, je mehr Verantwortung man für andere trägt (im Fall von Bill Gates für ein Unternehmen und seine humanitären Bemühungen), das eigene Handeln auf Wissen gründen sollte, das man aktiv anstrebt. So schaffen wir uns unsere höchstpersönliche Quelle der Weisheit.

Wie Sie Ihre tägliche Dosis Wissen erwerben – was Sie lesen, was Sie sich anhören oder ansehen, welche Vorträge oder Seminare Sie belegen –, ist allein Ihre Entscheidung. Aber um hier und heute außergewöhnlich handeln zu können, müssen Sie Ihre Kenntnisse immer auf dem aktuellen Stand halten, was auch immer dazu in Ihr Ressort fallen mag: Regeln, Gesetze, Vorschriften, Trends, Erfindungen, Umstände, Marktkräfte, die politische Lage, mögliche Instabilität, sich wandelnde Erwartungen und Anforderungen, soziale Bewegungen, philosophische Ideen. So jedenfalls halten es außergewöhnliche Menschen mit der schnell anwachsenden Wissensmenge.

Was heute Helden ausmacht

Es gibt unzählige Bücher über Menschen, die vom US-Kongress mit der *Medal of Honor* ausgezeichnet wurden, der höchsten militärischen Ehrung, die die Vereinigten Staaten zu vergeben haben. Normalerweise wird sie Menschen verliehen, die ihr Leben riskiert haben, um ein anderes zu retten. Wenn Sie die Geschichten dieser Menschen lesen, stellen Sie bald eine Gemeinsamkeit fest: Keiner von ihnen wollte je ein Held sein. Ihre Taten waren heldenhaft, weil sie einen starken Katalysator hatten: den Impuls, sich ihrer Mitmenschen anzunehmen. Sie kümmerten sich um ihre Kameraden, ihre Freunde, um die Soldaten, die neben ihnen kämpften und die gleiche Uniform trugen. Um ihre »Band of Brothers«. Es gibt kein Helden-Gen in unserer DNA. Es gibt keinen Schalter, den man umlegen kann, und schon ist man ein Held. Die einzige Voraussetzung für Heldentum ist, dass einem an seinen Mitmenschen gelegen ist. Auch ich wollte kein Held sein, als ich versuchte, die beiden Räuber aufzuhalten. Ich wollte einfach etwas tun – sicherstellen, dass nicht noch jemand ausgeraubt oder vielleicht sogar verletzt wurde. Wenn Ihre Mitmenschen Ihnen wichtig sind, dann finden Sie auch den Mut zum Handeln. Nicht umgekehrt.

Interesse an unseren Mitbürgern lässt sich definieren als soziales Handeln, das dann erfolgt, wenn es dringend gebraucht wird; das anderen zum Vorteil gereicht, ihnen Wertschätzung und Anerkennung gibt. Anders formuliert: Wir ehren andere durch unser mitfühlendes Handeln.

Ebendiese innere Einstellung liegt allen außergewöhnlichen Taten zugrunde. Sie versetzt einen Menschen in die Lage, sich in einem Kriegsgebiet hinzusetzen und auf dem Cello eine Elegie zu spielen. Sie ermöglicht es Menschen, als Whistleblower unrechtes Handeln aufzudecken. Sie macht uns zu Menschen, die, auf ihre je eigene Art, die Welt verbessern – ob wir nun Busfahrer sind, Manager oder Präsident.

Die meisten von uns werden nie Dinge vollbringen wie jene Soldaten, die mit der *Medal of Honor* ausgezeichnet werden. Doch der Alltag bietet immer wieder Gelegenheiten, aktiv zu werden. Und manchmal vollbringen wir dabei Taten, die andere als bemerkenswert, ja außergewöhnlich oder sogar heldenhaft empfinden. Manchmal ist der Grund dafür das, was wir getan haben. Dann wieder – wie im Falle von Henry oder Curtis Jenkins – steht das Wie im Vordergrund. Entscheidend in beiden Fällen ist jedoch stets, wie sehr unsere Mitwelt uns am Herzen liegt.

Je öfter wir dieser Verpflichtung nachkommen, desto leichter fällt sie uns. Und schließlich kommt es zu einer Transformation: Wir sind zu Menschen geworden, die dafür bekannt sind, dass sie sich für andere engagieren. Nicht weil wir ständig herauskehren, was wir für andere tun. Nein, *sondern weil das, was wir tun, zeigt, dass wir uns kümmern.*

So zu agieren beeinflusst, wie wir von anderen wahrgenommen werden – auch wenn wir, wie das nun mal passieren kann, scheitern. Unser altruistisches Handeln kann andere auf eine Weise beeinflussen, wie wir uns das nie hätten vorstellen können. Manchmal erfahren wir noch nicht einmal davon. Ein Scheitern darf nicht dazu führen, dass wir aufgeben. Wir müssen den Entschluss fassen, aus Fehlschlägen zu lernen, statt uns mit Selbstvorwürfen zu quälen oder uns in unser Schneckenhaus zurückzuziehen. Der Spitzen-Basketballer Michael Jordan sagte einmal: »Ich habe in meinem Leben mehr als 9000 Fehlwürfe gemacht. Ich habe fast 300 Spiele verloren. 26 Mal sollte ich einen Matchball werfen und habe nicht getroffen. Ich habe in meinem Leben immer und immer wieder versagt. Eben deshalb habe ich so viel Erfolg.« Er hatte Erfolg, weil ihm das Spiel wichtig war: Er trainierte hart, spielte konsequent auf Sieg und triumphierte immer wieder, auch wenn er zwischendrin mal verlor.

Wenn Sie eine Niederlage einstecken mussten, so wie ich damals in Richard's Department Store, dann sollten Sie sich die folgenden Worte ins Gedächtnis rufen, die Theodore Roosevelt vor der Abschlussklasse einer Polizeischule in Paris sprach, genau 61 Jahre, nachdem ich niedergestochen wurde:

> *»Es ist nicht der Kritiker, der zählt. Nicht der Mann, der mit dem Finger auf den Stolpernden zeigt. Nicht der, der den Akteur darauf hinweist, was er hätte besser machen können. Die Ehre gebührt dem, der sich in die Arena wagt; dessen Gesicht von Staub, Schweiß und Blut gezeichnet ist; der sich tapfer bemüht; der fehlt und trotzdem wieder von vorne beginnt. Denn es gibt keine Anstrengung ohne Irrtum und Fehler. Die Ehre gebührt jenen, die tun, die sich voller Begeisterung bemühen, sich voller Hingabe einer großen Sache verschreiben und die im besten Fall den Triumph einer großartigen Leistung erfahren und im schlechtesten scheitern im leidenschaftlichen Wagnis. Dieser Ort wird nie von jenen erfüllt sein, deren Seelen kalt und zaghaft bleiben, die niemals Sieg noch Niederlage kennen.«*

Diese Worte haben mir stets Trost gespendet. Denn wir mögen zwar versagen, doch wir haben wenigstens etwas getan. Roosevelts »Hingabe an eine große Sache« ist es, was wir heute unter mitfühlendem Handeln verstehen.

Wenn es um Menschen geht, zählt am Ende nur eines: dass diese Menschen Ihnen wirklich wichtig sind. Warum das so ist und wie man diese mitfühlende Zuwendung in seinem Leben und Handeln verstärkt, darum geht es im nächsten Kapitel.

Die erste Frage, die wir uns in diesem Kapitel gestellt haben, war die nach dem Wie unseres Tuns. Wenn Sie aber mitfühlende Zuwendung für andere entwickelt haben, müssen Sie sich darum gar nicht mehr kümmern. Denn Sie haben Ihre Entscheidung bereits getroffen. Dann müssen Sie nur die Kreativität, das Talent, die Leidenschaft, das Wissen und die Fähigkeiten freisetzen, die Sie in Herz und Geist eifrig genährt haben.

KAPITEL 5

Psychologisches Wohlbefinden

Die größte Stärke des Menschen

Sobald wir die grundlegende Wahrheit erkannt haben, dass der Mensch stets nach psychologischem Wohlbefinden strebt, haben wir auch erkannt, was alle außergewöhnlichen Menschen ohnehin wissen: Am Ende ist immer der erfolgreich, der anderen Menschen durch mitfühlende Zuwendung eben dieses Gefühl vermittelt.

> *Ich glaube, jeder Mensch fühlt sich gut, wenn er anderen helfen kann.*
>
> Thomas Jefferson

Als 2008 der Aktienmarkt einbrach und sich Volkswirtschaften weltweit in rasanter Talfahrt befanden, kontaktierten Investoren allenthalben ihre Finanzberater. Doch auch diese tappten im Dunkeln, weil buchstäblich niemand vorhersagen konnte, was als Nächstes passieren würde. Aber irgendetwas mussten sie ihren Kunden ja erzählen.

Die meisten Beratungsfirmen legten sich mächtig ins Zeug. Sie verschickten E-Mails, boten Telefonkonferenzen an und versuchten, ihre Einschätzung durch historische Kursdaten, Charts und andere Plattitüden zu untermauern. Und diese Einschätzung lief mehr oder weniger auf Folgendes hinaus: »Wir wissen, dass es im Moment schlecht läuft. Wir haben auch keine Antwort parat, aber die Zahlen der Vergangenheit geben Anlass zur Hoffnung.« Das war es aber nicht, was die Investoren hören wollten. Sie suchten vielmehr nach etwas ganz anderem.

Die Lage war so schlecht, dass einige dieser Beraterfirmen mich kontaktierten und fragten: »Sie sind doch Kommunikationsexperte. Was können wir tun, um unsere Kunden und Investoren zu beruhigen und nicht zu verlieren?« Meine Antwort lautete stets gleich: »Hören Sie auf zu reden und fangen Sie an zuzuhören. Ihre Klienten brauchen Zuspruch, keine Ratschläge.«

Man holte mich sogar per Flugzeug nach New York, um den Leuten diesen meinen Rat persönlich zu erläutern. Weil man dachte, dass es doch nicht so simpel sein könne. Aber das war es nun mal in diesem Augenblick der Krise. Nachdem ich jahrzehntelang Menschen in Krisensituationen beobachten konnte, wusste ich eines mit Sicherheit: Wenn es hart auf hart kommt, dann brauchen wir Menschen keine Fakten, sondern Trost.

Anfangs waren die hochgradig nervösen Manager nicht überzeugt. Sie hatten sich mächtig ins Zeug gelegt und für ihre Kunden alle möglichen Informationen beschafft, wie sie das immer getan hatten. So glaubten sie, am besten »helfen« zu können.

Information ist ein kostbares Gut, sagte ich. Aber wenn wir Angst haben, dann brauchen wir jemanden, der uns zuhört. Ich empfahl den Leuten also, die wichtigsten Kunden zu besuchen und sie nötigenfalls zu umarmen, wenn sie das brauchen sollten. (Was einige tatsächlich brauchten.) Vor allem aber sollten sie für die Ängste ihrer Kunden ein offenes Ohr haben. Die Leute scharen sich um jene Menschen, die sie beruhigen können, die ihnen Zuspruch spenden. Und diesen Menschen halten sie dann auch die Treue.

Und genau diesen Rat befolgten die Manager dann auch. Sie spekulierten nicht länger wild herum und hörten den Menschen dafür zu. Drei Jahre später, als der Finanz- und Immobilienmarkt sich wieder konsolidierte, kam einer von ihnen bei einer Konferenz auf mich zu und sagte: »Sie hatten recht. Wir wussten absolut nicht, was da ablief, und unseren Kunden entging das nicht. Aber sie waren uns dankbar, dass wir für sie da waren und ihnen zuhörten.«

Interessanterweise wiederholte sich diese Situation, als im Jahr 2020, ich schrieb gerade an diesem Buch, die COVID-19-Pandemie wütete. Innerhalb weniger Wochen wurde unser aller Leben so durcheinandergewirbelt, dass viele sich fragten, ob unser soziales und berufliches Leben je wieder so sein würde wie zuvor. Zu Beginn trafen uns die tragischen Fotos aus den Leichenhallen von Bergamo und New York. Die massiven wirtschaftlichen Auswirkungen beherrschten die Nachrichten und bald auch die sozialen Medien. Dieses todbringende Virus, das vor keiner Grenze haltmacht, hat uns alle in Ungewissheit versetzt. Wir wissen nicht, wie wir ihm entgehen und wie wir die Erkrankten behandeln können. Von den Beschäftigten im medizinischen Bereich, mit denen ich in den letzten Monaten gesprochen habe, sagte mir jeder, dass Angststörungen, Panikanfälle und häusliche Gewalt zunehmen.

Je unsicherer die Zeiten und je schlimmer die Belastung, desto wichtiger ist das psychologische Wohlbefinden. Die Welt kämpft mit dem sozialen und wirtschaftlichen Fallout dieser Pandemie. Gleichzeitig versuchen wir, die sich bildenden Hotspots wieder einzudämmen. Diese Pandemie wird uns zeigen, wer von unseren politisch Verantwortlichen die Menschen zu sozialem Zusammenhalt motivieren kann. Denn mehr sozialer Zusammenhalt bedeutet nicht nur geringere Ansteckungsgefahr, sondern auch wieder mehr psychologisches Wohlbefinden.

Außergewöhnliche Ereignisse wie Finanzkrisen oder Pandemien belegen, dass wir psychologisches Wohlbefinden brauchen. Tatsächlich gilt dies aber nicht nur für Krisenzeiten, sondern für jeden einzelnen Tag. Aus zwei Gründen bildet dieses Grundbedürfnis den krönenden Abschluss dieses Buches. Zum einen, weil seiner Erfüllung so große Bedeutung zukommt, dass ich Ihnen dies als bedeutsamste Botschaft ans Herz legen möchte. Zum anderen, weil ich zu Hunderten Bücher über Führungsqualitäten studiert habe, die einen Punkt immer zu vergessen scheinen: Wer anderen Menschen psychologisches Wohlbefinden vermittelt, hat schon gewonnen.

Dies zu verstehen, ist eine Sache. Daraus eine täglich geübte Gewohnheit zu machen, eine andere. Psychologisches Wohlbefinden kennt viele Ausdrucksformen und nimmt, je nach Ausgangslage, unterschiedliche Gestalt an. Manchmal genügen schon ein paar beruhigende Worte oder ein zustimmender Blick. Dann wieder ist ein aufmunterndes Schulterklopfen gefragt, ein freundliches Wort, eine anerkennende Äußerung, eine lange hinausgeschobene Aussprache, eine warme Decke, eine Tasse heißer Tee, ein Kuss auf die Stirn, eine Dankeschönkarte oder ein Lächeln. Mitunter ist es wichtig, einen Neuankömmling vom Flughafen abzuholen, für die Nachbarin ein Paket zu tragen und zu fragen, ob sie noch etwas braucht.

Psychologisches Wohlbefinden umfasst als Oberbegriff viele Dinge. Um anderen dieses Gefühl verschaffen zu können, braucht es von unserer Seite den Willen und die Bereitschaft dazu. Wir müssen in der Lage sein, zu erkennen oder zu erahnen, was jemand braucht und was zu seinem Wohlbefinden beiträgt. Und dies dann in Handlung umsetzen. Hier nun formen die vier Grundpfeiler des Außergewöhnlichseins ein elegantes Ganzes: Selbstdisziplin, Beobachtung, Kommunikation und Handeln bilden ein Feedbacksystem, mit dessen Hilfe Sie die höchsten Stufen von Einfluss, Wohlwollen und der so kostbaren Vertrauenswürdigkeit erklimmen. All das aber beginnt und endet mit der Fähigkeit, anderen Menschen psychologisches Wohlbefinden zu vermitteln.

In diesem Kapitel werden wir uns zunächst mit den wissenschaftlichen Grundlagen dieser Fähigkeit beschäftigen, weil sie für unser Leben zentral ist. Danach sehen wir uns ein Modell an, das ich entwickelt und jahrelang erfolgreich eingesetzt habe. Es zeigt auf, wie wir für psychologisches Wohlbefinden sorgen können, während wir gleichzeitig die Verwirklichung unserer Ziele anstreben.

Psychologisches Wohlbefinden: ein Grundbedürfnis

Wir sind alle Babys.

Sehr wahrscheinlich fragen Sie sich, was dieser Satz in diesem Buch hier soll. Er bedeutet, dass wir alle das Bedürfnis nach Geborgenheit nie verlieren.

Es äußert sich schon kurz nach der Geburt. Babys schreien, um Unbehagen zu signalisieren: Hunger, Kälte, nasse Windeln, Schmerzen. Unser Körper nimmt ständig winzige Anpassungen vor, um uns Wohlbehagen zu verschaffen – er kühlt durch Schwitzen, wärmt durch Zittern. Er stellt eine Homöostase her, ein dynamisches Gleichgewicht. Viele nonverbale Gewohnheiten verschaffen uns ebenfalls psychologisches Wohlbefinden, ob wir nun als Babys am Daumen lutschen oder als Erwachsene Kaugummi kauen.

Während wir heranwachsen, nimmt unser Streben nach Geborgenheit andere Formen an. Wir tauschen die tröstliche Sicherheit in den Armen unserer Eltern ein gegen die Kuscheldecke und später gegen eine liebevolle Umarmung oder die Wärme unseres weichen Betts. Was zuerst beruhigendes Glucksen und Spiel mit den Eltern war, wandelt sich beim Erwachsenen zur Stimme des Geliebten oder zum Gesicht der Angebeteten. Wir verlieren nie das Bedürfnis nach Berührung, nach sozialem Kontakt, nach einer guten Zeit mit anderen Menschen – es drückt sich nur in den unterschiedlichen Lebensphasen jeweils anders aus. Das Winken der Spielgefährten wird zum Like in den sozialen Medien. Das Lieblingsstofftier und die Schmusedecke, die uns als Kinder überall hinbegleiteten, werden später zum Kätzchen auf dem Schoß oder zum Welpen auf dem Sofa. Wir entspannen uns auf der Couch, wo wir früher in der Wiege lagen.

Wir Menschen sind eine Art, die sich unzählige Möglichkeiten hat einfallen lassen, um ihr Bedürfnis nach psychologischem Wohlbefinden zu befriedigen. Wir schlürfen unseren Morgenkaffee oder surfen im Internet. Wir spielen Karten oder gucken suchtmäßig Netflix – auf jeden Fall streben wir aktiv nach dem Kuschelfaktor. Ich zum Beispiel sitze gerne mit einem guten Buch in der Sonne, während ich über meine Kopfhörer den

Celloklängen von Ennio Morricone lausche. Und sicher haben auch Sie Ihre ganz persönliche Form der Entspannung gefunden. Wenn wir es wollen, können wir auch anderen dazu verhelfen. Tatsächlich ist es das, was wir mit Vorliebe für andere tun, wenn wir gütig und großzügig veranlagt sind.

Was aber meine ich mit »psychologischem Wohlbefinden« nun genau? Ich definiere es als einen Seinszustand, in dem all unsere biologischen, körperlichen und emotionalen Bedürfnisse erfüllt oder sogar übererfüllt werden, in dem weder Angst noch Anspannung Platz haben. Wir sind ganz ruhig und genießen den Augenblick oder die Erfahrung durch und durch.

Deshalb beruhigen wir unser Baby, massieren unseren Nacken, wenn wir die Steuererklärung machen, schaukeln gemütlich in der Hängematte, betrachten den Sonnenuntergang, umarmen nach einem großartigen Fußballspiel unser Töchterchen oder praktizieren, was die Holländer *niksen* nennen: die Kunst des Nichtstuns. Zumindest erklärt das die Verhaltensspezialistin Anne-Maartje Oud so. Deshalb berühren wir uns selbst auch so oft – wir streichen uns übers Kinn, wickeln eine Haarsträhne um den Finger, fahren uns durchs Haar, massieren die Ohrläppchen. All diese Gesten beruhigen und trösten uns. Sie schaffen psychologisches Wohlbefinden. Dieses ist für unsere Art so wichtig, dass unsere Hinterbliebenen nach unserem Hinscheiden unseren Leichnam in einen luxuriös ausgestatteten Sarg legen und ihm zur letzten Ruhe ein seidenes Kissen unter den Kopf schieben. Eine rein symbolische Geste, die zeigt, wie wichtig uns dieses Wohlbefinden ist: Um andere zu ehren, schenken wir es ihnen selbst noch im Tode.

Psychologisches Wohlbefinden bestimmt auch eine ganze Reihe unserer Alltagsentscheidungen. Haben Sie sich je gefragt, warum Sie immer die gleiche Zahnpasta kaufen, obwohl es da doch eine grenzenlose Auswahl gibt? Freilich, die eine bietet mehr dies, die andere mehr jenes, aber im Grunde dienen doch alle demselben Zweck. Aber ich wette, Sie greifen immer wieder zur gleichen Marke. Genauso wie Sie immer die gleiche Seife, das gleiche Deo, das gleiche Shampoo etc. verwenden. Wie Sie zu dieser Auswahl gelangten, entweder durch Versuch und Irrtum oder die Empfehlung Ihrer Eltern, zeigt deutlich das menschliche Bedürfnis nach etwas, das ich »bevorzugte Variabilität« nenne. Ihre bevorzugte Variabilität – Ihr Kreisen um eine bestimmte Auswahl von Nahrungsmitteln, Snacks, Toilettenartikeln, Schuhen und so weiter – spiegelt jene Vorlieben wider, die Sie im Laufe Ihres Lebens entwickelt haben. Sie greifen immer wieder zu bestimmten Dingen, weil sie Ihnen Geborgenheit vermitteln.

Wann immer wir psychisches Unbehagen empfinden – und zwar wirklich *immer* –, wenden wir uns ab oder widersprechen. Groll baut sich auf, negative Eindrücke entstehen und wir sind im günstigsten Fall enttäuscht, schlimmstenfalls ärgerlich oder frustriert. Unsere Abneigung kommt schnell und unmissverständlich. Auch hieran erkennen wir die Bedeutung des psychologischen Wohlbefindens – und den Grund, warum ich mir dieses Kapitel für den Schluss aufgespart habe.

Psychologisches Wohlbefinden umfasst körperliche und mentale Faktoren. Wir müssen mit beidem umgehen können. Es fühlt sich toll an, Kleidung zu besitzen, die perfekt sitzt, in einem schönen Haus zu leben oder an einem feinen Sandstrand in der Sonne zu liegen. Das glasklare, blaue Wasser um uns herum erfreut unsere Augen und kühlt unseren Körper. Doch im Leben geht es um mehr als körperliches Wohlbefinden. Wenn Sie wütend darüber sind, wie man an Ihrer Arbeitsstelle mit Ihnen umspringt oder wie Ihre Beziehung läuft, dann wird alles andere nebensächlich. Weil es Ihnen an psychologischem Wohlbefinden fehlt.

Wenn Sie hören, dass Stress ein Killer ist, dann ist das keine Metapher. Stress trägt bei zu Herz-Kreislauf-Erkrankungen. Er schädigt unser Immunsystem und andere Körpersysteme. Was aber ist Stress anderes als das Gegenteil von psychologischem Wohlbefinden?

Die Forschung belegt es: Wir sind körperlich und seelisch, ja sogar kognitiv gesünder, wenn wir uns wohlfühlen. Wir schneiden bei fast allen Aufgaben besser ab, wir denken besser und leben länger und gesünder, wenn wir uns wohlfühlen. Schon die Tatsache, dass wir ein Haustier haben, verlängert unser Leben um mehrere Jahre. Einen Partner zu haben, der uns unterstützt, verlängert die Lebenserwartung genauso wie ein erfüllendes Hobby. Ob wir Stress bewältigen, indem wir uns mit anderen Menschen treffen und unsere Aufmerksamkeit auf etwas anderes richten oder indem wir die Macht der Berührung anwenden, die für eine gesteigerte Oxytocinausschüttung sorgt: All das trägt zu einem gesünderen und glücklicheren Leben bei.

Aber psychologisches Wohlbefinden ist mehr als nur gut drauf zu sein und Produkte zu verwenden, die unseren jeweiligen Vorlieben entsprechen. Es ist vielmehr das Fundament unserer geistigen und körperlichen Gesundheit und jeder dauerhaften Beziehung. Und es prägt, wie wir noch sehen werden, unseren Umgang mit einer sich ständig verändernden und prekären Welt. Das belegen vor allem zwei klassische Experimente.

Die visuelle Klippe

Beim ersten Experiment wird ein Baby im Alter von neun bis zwölf Monaten auf einen Tisch gesetzt, der mit einer Plexiglasplatte bedeckt ist. Darunter scheint ein Schachbrettmuster auf. Das Baby krabbelt, angelockt von einem Spielzeug auf der anderen Seite, über die durchsichtige Tischplatte, wo sich unter ihm scheinbar ein Abgrund auftut. Dieser Abgrund ist eine optische Illusion und das Werk der Versuchsleiter. Das Kind ist also zu keinem Zeitpunkt in Gefahr. Doch wenn es sich dem nähert, was aussieht wie ein Abgrund, hält es stets inne. Was zeigt, dass Kinder schon in diesem Alter wissen, dass ein Abgrund gefährlich ist. Es nähert sich also zentimeterweise dem Abgrund … und hält dabei nach seiner Mutter Ausschau, die auf der anderen Seite des Tisches beim Spielzeug wartet. Lächelt die Mutter und nickt dem Kind aufmunternd zu, dann fasst das Kind Mut und krabbelt über das Glas auf die Mutter zu. Schaut die Mutter es nicht an oder runzelt gar die Stirn (worin sich Sorge spiegelt), dann bleibt das Kind, wo es ist, oder krabbelt sogar zurück. Indem sie ihrem Kind nonverbal signalisiert, dass alles in Ordnung ist, schenkt sie ihm psychologisches Wohlbefinden. Es ist ihre mitfühlende Zuwendung, die das Kind anregt, seine Erkundungsreise fortzusetzen.

Psychologisches Wohlbefinden ist eine so starke Kraft, dass sogar so kleine Gesten wie ein ermutigender Blick oder ein Lächeln ausreichen, damit wir selbst als Babys etwas wagen, was gefährlich scheint. So groß ist der

Einfluss, den ein einfaches Lächeln entfalten kann. Es kann uns helfen, unsere Angst zu überwinden.

In ausgesprochenen Stresssituationen wird unsere Suche nach Wohlbefinden entsprechend stärker. Wenn unser Flugzeug in Turbulenzen gerät, die Gepäckfächer aufspringen, die Passagiere nach Luft schnappen, weil die Maschine so trudelt – dann sehen wir uns automatisch nach der beruhigenden Miene der Flugbegleiter um oder nach einem Fluggast, der uns beruhigt: »Das wird schon wieder!«

Manchmal ist es auch eine schwierige Aufgabe, die wir uns nicht zutrauen, die von uns Opfer fordert oder die uns bedrückt. Wenn uns jedoch ein anderer Mensch Zuspruch signalisiert, schaffen wir es doch. Und genau hier setzen außergewöhnliche Menschen an. Sie besitzen die Weisheit und das Geschick, uns zu inspirieren und zu ermutigen. Irgendwie wissen sie immer, was gerade gebraucht wird: bestimmte Worte, ein beruhigender Blick. Nur ein paar Sekunden, aber sie geben uns den nötigen Schwung zum Weitermachen. Im Grunde ist das wie bei dem Baby, das seinen Blick fragend auf die Mama richtet, um herauszufinden, ob es über den künstlichen »Abgrund« krabbeln kann.

Umgekehrt können wir einer Person den Tag ruinieren, ihr Selbstbewusstsein untergraben und sie negativ beeinflussen, wenn wir ihr dieses Lächeln, diese Anerkennung versagen. Wie oft haben wir schon hilfesuchend den Blick auf einen geliebten Menschen oder einen Vorgesetzten gerichtet, ob der uns bestärkt oder auch nur bemerkt, und diese Person hat weggesehen? Oder schlimmer noch: Sie hat uns mit Verachtung gestraft oder durch uns hindurchgesehen, als wären wir ihrer Aufmerksamkeit nicht würdig. Überlegen Sie nur mal: Wir nehmen solche Botschaften von Kindesbeinen an auf. Das gibt einem schon zu denken. Welche Auswirkungen können solche gleichgültigen, kalten Blicke haben, die wir als Kinder, zu Hause, in der Schule und im Beruf bekommen? Wer kann deren negative Effekte messen, die im Keim erstickten Bemühungen, die Ziele, Projekte und Träume, an die wir uns wegen dieser Blicke nicht herangetraut haben?

Das ausdruckslose Gesicht

Das sogenannte Still-Face-Experiment wurde in den 1970er-Jahren von dem Entwicklungspsychologen Edward Tronick zusammen mit dem Kinderarzt T. Berry Brazelton entwickelt. Eine Mutter und ihr Kind (die Versuchspersonen waren unterschiedlichen Alters) sitzen sich von Angesicht zu Angesicht gegenüber und spielen. Die Mutter wendet sich ein paarmal ab, um danach aber gleich wieder gurrend und lachend weiterzuspielen. Auf ein Signal hin aber sieht die Mutter weg, und wenn sie sich dem Kind wieder zuwendet, bleibt ihr Gesicht ausdruckslos – sie zeigt keinerlei Reaktion.

Für das Kind ist das ein Moment, in dem es sich fragt, was plötzlich los ist. Es sieht die Mutter an und wartet auf das übliche Lächeln und den liebevollen Blick (mit weit geöffneten, auf das Kind gerichteten Augen). Aber nichts. Die Mutter zeigt keinerlei Ausdruck. Das Kind sieht wieder hin, wendet sich ab, dreht sich wieder zur Mutter hin. Es versucht, ihre Aufmerksamkeit zu erregen – vergebens. An diesem Punkt, so Dr. Tronick, »brechen manche Kinder förmlich zusammen« oder sie »verlieren die Kontrolle über ihre Haltung« – sie strampeln mit Händen und Füßen. Manchmal »werfen sie der Mutter Blicke aus dem Augenwinkel zu«, als würden sie ihr misstrauen. »Aber sie wenden sich ihr nicht zu«, wie sie das normalerweise tun würden. Sie wirken traurig und »hilflos«. Es ist tragisch, so etwas mitanzusehen: Innerhalb weniger Sekunden wird aus einem fröhlichen Kleinkind ein ängstliches, ja untröstliches Kind.

Die ersten dieser Experimente wurden mit zwei Monate alten Kindern durchgeführt. Dass diese schon zu Beginn ihres Lebens einen Gesichtsausdruck entschlüsseln können, erstaunte damals die wissenschaftliche Community. Das Still-Face-Experiment zeigt, dass uns die Suche nach beruhigenden nonverbalen Signalen angeboren ist, weil sie uns etwas absolut Lebenswichtiges vermitteln – psychologisches Wohlbefinden. Können wir keine solchen Signale empfangen, wirkt sich das negativ auf unsere Psyche aus. Man kann davon ausgehen, dass diese Kinder das Vertrauen in die eigene Mutter verlieren, wenn diese ihnen mimisch keine Bestätigung gibt.

Das trifft natürlich nicht nur auf Babys und Kleinkinder zu. Ich habe dieses Experiment in den letzten 20 Jahren immer wieder in meinen Körperspracheseminaren durchgeführt. Da ich mich gewöhnlich nett und freundlich verhalte, wirkt mein Gegenüber verunsichert, wenn ich mich ihm mit versteinerter Miene zuwende. Die Person rutscht auf dem Stuhl herum, zeigt Zeichen von Anspannung und wirft den anderen Teilnehmern Blicke zu, als wolle sie fragen, ob sie etwas falsch gemacht habe. Innerhalb von Sekunden verschwindet die positive Stimmung aus unserer Interaktion und mein Gegenüber versucht herauszufinden, was schiefgegangen ist – und das nur, weil ich ihm nicht das psychologische Wohlbefinden vermittle, das wir vom Gesicht eines Menschen ablesen können, der normal agiert.

So beeindruckend beide Experimente sind, den überzeugendsten Beleg für die Macht psychologischen Wohlbefindens finden wir in den Erfahrungen von Kindern, die unter Nicolae Ceauşescus Herrschaft in Rumänien (in den 1980er- und 1990er-Jahren) im Waisenhaus aufwuchsen. Das Land wurde damals nach sowjetischem Muster regiert, was bedeutete, dass man sich um diese Kinder nicht kümmerte. Dazu kam ein dauerhaftes Missmanagement: zu wenig Personal, zu wenig Geld, Korruption, Amtsvergehen, Mangelernährung und keinerlei adäquate medizinische Versorgung. Der größte Schaden aber wurde dadurch angerichtet, dass man den Kindern jede liebevolle Berührung versagte – keine Umarmung, ja nicht einmal eine flüchtige Berührung. Niemand nahm sie in den Arm, wenn sie weinten.

Wissenschaftler untersuchten die Kinder und stellten fest, dass sie keinerlei psychologisches Wohlbefinden kannten. Sie waren unterentwickelt, zeigten selbststimulierendes Verhalten, zum Beispiel indem sie ständig vor und zurück schaukelten, wobei ihre Hände unkontrolliert flatterten. Während sie aufwuchsen, vertrauten sie Erwachsenen wenig bis gar nicht. Auch war ihr Gehirn ständig übererregt, als befänden sie sich in höchster Gefahr. Sie nahmen die Welt und Erwachsene als Quelle der Angst wahr. Viele von ihnen erholten sich nicht mehr, selbst dann nicht, als man sie adoptierte. Sie hatten neurologische und psychische Probleme, waren unfähig, sich anzupassen, und hatten fast immer Lernschwierigkeiten. Ihr Gehirn war für immer von dieser Erfahrung geprägt. Sie konnten keine vertrauensvollen Bindungen aufbauen.

Natürlich ist dies eine Extremsituation, aber sie zeigt drastisch, worum es hier geht. Wir Menschen brauchen psychologisches Wohlbefinden und können uns nur so gut entwickeln. Bleibt es uns versagt, dann werden wir zu zögerlichen, ängstlichen Menschen und behalten mitunter dauerhafte Schäden zurück. Kurzfristiges und gelegentliches Fehlen von psychologischem Wohlbefinden kann uns sogar resilienter machen. Wird es uns aber wiederholt versagt (depressive Eltern, unaufmerksamer Chef, institutionelle Gleichgültigkeit), verletzt dies unsere Seele. Wenn es uns, in welcher Form auch immer, an liebevoller Zuwendung fehlt, wirkt sich dies verheerend aus – auf Kinder, Familien, Organisationen und Gemeinden. Fehlendes psychologisches Wohlbefinden zeigt sich in Misstrauen, Apathie, Unfähigkeit, sich in eine Gemeinschaft zu integrieren, anderen Menschen zu helfen oder für sich selbst einzutreten. Viele dieser Menschen wollen sich nicht engagieren, ja sie gehen nicht einmal wählen.

In der ganzen Welt erleben Kinder und Erwachsene immer wieder, dass es für sie kein psychologisches Wohlbefinden gibt, weil sie in Kriegsgebieten leben, Flüchtlinge sind oder sie Eltern, Arbeitgeber oder Regierungen haben, die sich nicht kümmern. Der daraus entstehende Schaden ist kaum zu kalkulieren. Außergewöhnliche Menschen merken, dass sie stark sein müssen, wo andere versagen. Sie wissen, dass es ihre Aufgabe, dass es ihre Pflicht ist, für psychologisches Wohlbefinden zu sorgen. Schließlich würden wir Verdurstenden ja auch Wasser reichen oder Kranke mit Sauerstoff versorgen.

Sich kümmern: Die Brücke zum psychologischen Wohlbefinden

Wir haben uns bisher damit auseinandergesetzt, wie außergewöhnliche Menschen beobachten und kommunizieren und wie sie mitfühlend handeln – nicht um ein bestimmtes Resultat zu erzielen, sondern weil andere Menschen ihnen wirklich am Herzen liegen. Was aber macht diese mitfühlende Zuwendung so wichtig? Nun, sie ist der Katalysator, mit dessen Hilfe wir anderen Menschen psychologisches Wohlbefinden vermitteln können. Wenn wir uns um andere kümmern, dann ist das psychologische Wohlbefinden, das wir dadurch stiften, überfließend, fühlbar, bedeutsam, es entfaltet eine tiefe Wirkung, und das genau dann, wenn es gebraucht wird. Ich rede hier nicht von der Art Wohlbefinden, wie bestimmte Institutionen, zum Beispiel Hotels, es bieten. Ich spreche von psychologischem Wohlbefinden zwischen zwei Menschen. Denn nur dieses entfaltet eine dauerhafte Wirkung.

Unsere angeborene »Standardprogrammierung« ist der Grund, dass wir uns stets nach psychologischem Wohlbefinden sehnen. Daher braucht es auch keine großen oder kostspieligen Gesten – nur einfach die richtigen. Der berühmte Schriftsteller und Menschenrechtsaktivist Alexander Solschenizyn hat seine schlimmen Erlebnisse im russischen Zwangslager in seinem Buch *Der Archipel Gulag* ausführlich beschrieben. Die Zwangsarbeit, der sibirische Winter, die Grausamkeit der Aufseher und die Hungerrationen belasteten ihn mental, körperlich und geistig. Seine Situation war, so wie die vieler politischer Gefangener, aussichtslos. Er hatte nur wenig Grund, weiterleben zu wollen.

Doch seine Verzweiflung blieb nicht unbemerkt. In seinem finstersten Moment, so Solschenizyn, als er alles für verloren hielt, kam ein klapperdürrer alter Gefangener auf ihn zu, hockte sich neben ihn und zeichnete – ohne ein Wort – ein christliches Kreuz in den Schlamm. Dann stand er auf und ging zurück an seine Arbeit. Er sagte nichts und blickte Solschenizyn auch nicht an.

Doch allein dieses Zeichen sagte ihm, dass er nicht allein war in seinem Kampf gegen die Sowjetmacht. Dass er nicht als Einziger ein ethisches Bewusstsein hatte. Das gab ihm wieder Hoffnung. Selbst ein Symbol kann, zur rechten Zeit, psychologisches Wohlbefinden signalisieren – in diesem Fall motivierte es Solschenizyn dazu, »noch einen weiteren Tag« leben zu wollen.

Diese Geschichte sagt wirklich alles. Vielleicht kennen auch Sie einen Menschen, der im richtigen Moment das Richtige sagte und damit Ihr Leben veränderte. Für mich waren dies Mrs. Lightbourne und ihr 10-Cent-Stück, das sie mir mit einer Notiz in einer einfachen Pappschachtel schenkte. Eine gute Freundin erzählte mir, dass in der dunkelsten Stunde ihrer Krebsbehandlung ein Arzt mit ihr sprach und das Richtige zur richtigen Zeit sagte. Dabei blieb er nur stehen und fragte, wie es ihr denn gehe, während sie in der Eingangshalle saß und sich ausruhte, bevor sie wieder nach Hause ging. Was für einen Menschen eine kleine Geste in guter Absicht ist, kann für einen anderen das Leben bedeuten. Das ist das Mindeste, was wir für jemanden tun können – das rechte Wort zur rechten Zeit. Daher dürfen wir gerade damit nicht zögern. Wir sollten anderen signalisieren, dass sie uns am Herzen liegen. So können wir ihr Leben ein kleines bisschen besser machen. Aber geht da nicht noch mehr?

Manchmal vollbringen wir aus dem Wunsch, anderen zu helfen, sogar Taten, die wir uns nie hätten vorstellen können. Aber es ist nun einmal genau das, was gebraucht wird.

Während ich an diesem Buch arbeitete, habe ich über ein Kind gelesen, das an einer autistischen Störung leidet. Bei einem Besuch im Universal-Themenpark in Orlando erlitt es, wie seine Mutter sagte, einen »autistischen Zusammenbruch«. Dabei windet das Kind sich auf dem Boden, als krümme es sich vor Schmerzen. Es weint, schreit, schaukelt hin und her, hyperventiliert und ringt um Luft.

Reizüberflutung kann bei autistischen Kindern derartige Reaktionen auslösen. Wer das noch nie miterlebt hat, empfindet es meist als erschreckend. Und normalerweise lässt sich dagegen auch nicht viel tun als zu versuchen zu verstehen, was da gerade passiert. Doch Jennifer Whelchel,

Mitarbeiterin in einem der Fahrgeschäfte und mit Sicherheit ein außergewöhnlicher Mensch, tat ein bisschen mehr als das: Sie gab dem Kind sein psychologisches Wohlbefinden zurück.

Jennifer legte sich neben den Jungen und ließ ihn weinen, so viel er wollte. Dabei half sie ihm, immer ruhiger zu atmen. Weil sie direkt neben ihm auf dem Boden lag, signalisierte sie den Vorübergehenden, dass alles in Ordnung war und für das Kind alles getan wurde, was nötig war. Gaffer jedoch oder Leute, die auch nur wagten, ein zweites Mal hinzugucken, wurden von ihr höflich aber bestimmt angewiesen, bitte weiterzugehen und keine Fotos zu machen.

»Sie redete ihm ganz ruhig zu, und während er immer noch schrie und schluchzte, sagte sie zu ihm, er solle nur einfach alles rauslassen.« Innerhalb kürzester Zeit beruhigte sich der Junge. Er setzte sich auf, trank einen Schluck Wasser und schon war sein emotionales Gleichgewicht wiederhergestellt. Was war dafür nötig gewesen? Auf jeden Fall niemand, der ihn ausschimpfte und ihm befahl, sich anders zu benehmen, der ihn verurteilte oder versuchte, sein Verhalten zu ignorieren. Nein, er brauchte jemanden, der ihn verstand und der ihm durch seine Körpersprache und seinen ruhigen Tonfall das nötige psychologische Wohlbefinden vermittelte.

Jennifer Whelchel hatte es nicht eilig. Ihr Ziel war keineswegs, diese Störung im normalen Ablauf schnell wieder abzustellen. Stattdessen wandte sie sich dem Kind fürsorglich zu und signalisierte ihm Bestätigung für das Auf und Ab seiner Gefühle.

Jennifer als ungewöhnlichen Menschen zu bezeichnen, wäre wohl zu kurz gegriffen. Sie wollen wissen, wie außergewöhnliche Menschen handeln? Genau so. Wie dieses Juwel von einem Menschen. Selbstlose Aufmerksamkeit für andere, die ohne zu zögern effektiv psychologisches Wohlbefinden vermittelt, wenn es am meisten gebraucht wird.

Sind wir alle vorbereitet, aufmerksam und willens, so zu handeln wie Jennifer? Was, wenn alle Führungskräfte so wären wie sie? Denn Jennifer ist genau das und mehr. Sie ist, was ich einen wertvollen Menschen nennen würde, einen Menschen, der würdig ist, die Führung zu übernehmen.

Nicht jemand, der zur Führungskraft ernannt wird, sondern jemand, der würdig ist zu führen. Es gibt nur wenige solche Menschen.

In einem Interview sagte Jennifer später, sie habe sich zu dem Jungen hingelegt, um leichter Verbindung herstellen zu können. Gleichzeitig habe sie ihm seinen Raum lassen wollen. Jennifer ist keine Sonderpädagogin. Sie ist auch keine ausgebildete Psychologin. Sie hat selbst zwei Kinder und arbeitet seit sechs Jahren im Themenpark. Im Jahr darauf wollte sie mit dem Jurastudium beginnen. Sie hatte zwar ein Sensibilitätstraining durchlaufen, war jedoch noch nie in einer Situation wie dieser gewesen. Und doch erkannte sie, was zu tun war, um effektiv etwas zu bewirken und den Jungen auf nicht konfrontative Weise zu unterstützen. Sie verstand, dass es bei autistischen Kindern zu solchen Zusammenbrüchen kommt, dass dieser Junge nicht war, was die meisten Leute dachten – nämlich ein verzogenes Balg, das sich aufführt. Sie begriff, dass dies ein vorübergehendes emotionales Ereignis war, das vorbeigehen würde, wenn man ihm die nötige Aufmerksamkeit schenkte.

Wieso erregen Taten wie diese mediale Aufmerksamkeit? Vermutlich, weil sie so selten sind. Nur wenn wir das Streben nach psychologischem Wohlbefinden für uns und andere zu unserer Standardeinstellung machen, zu unserem *modus vivendi*, zu einem Teil unseres Charakters, können wir uns tatsächlich als außergewöhnlich bezeichnen.

Jennifer brauchte niemanden, der ihr das beibrachte. Sie besaß bereits die katalytische Zuwendung, die dafür nötig war. Sie tat, was sie in diesem Moment für richtig hielt. Hätten Sie und ich genauso gehandelt? Vermutlich nicht. Aber das ist eben das Schöne am Beobachten mit situativer Wahrnehmung, an der Kommunikation und dem schnellen und sozialen Handeln, das sich sensibel für die Bedürfnisse anderer Menschen zeigt. Unsere Reaktion muss nicht perfekt sein. Sie muss nur im Sinne des Betroffenen eine Verbesserung schaffen. Menschen wünschen sich nämlich nicht Perfektion, sondern psychologisches Wohlbefinden.

Außergewöhnliche Menschen lernen, die Bedürfnisse und Vorlieben anderer Leute zu entschlüsseln und sich so anzupassen, dass daraus psychologisches Wohlbefinden entsteht. Wie Sie in diesem und den vorangehenden Kapiteln sehen konnten, gibt es dafür unendlich viele Möglichkeiten, sowohl große als auch kleine. Einfühlungsvermögen, Bescheidenheit, Güte, ethisches Verhalten, Anstand, Ehrlichkeit, Großzügigkeit, Stabilität, Konsequenz, Vertrauenswürdigkeit, eine positive Haltung, Mitgefühl, eine menschenfreundliche Einstellung, Kooperation, Großherzigkeit oder Humor – all das kann zu psychologischem Wohlbefinden beitragen. Es liegt an uns, uns für das Richtige zu entscheiden.

Natürlich inspirieren uns Handlungen außergewöhnlicher Menschen, die psychologisches Wohlbefinden erzeugen. Wie aber reagieren wir im Alltag? Wie können wir die Macht des psychologischen Wohlbefindens im Austausch mit anderen oder für Besprechungen im Beruf nutzen?

Das empathische Modell sozialer Interaktion

Als jungem FBI-Agenten sagte man mir, dass die Akademie mir das nötige Handwerkszeug vermitteln würde, um meinen Job zu machen – wenn ich darin aber wirklich gut werden wollte, müsste ich mir in Eigeninitiative besondere Fähigkeiten aneignen.

Darüber, was mein Job erforderte, war ich mir nie im Unklaren. Ich wusste, welche Resultate von mir erwartet wurden: die Wahrheit herauszufinden, ein Geständnis zu bekommen, Dokumente oder andere Beweise aufzuspüren oder jemanden zu einem kleinen Zugeständnis zu bewegen, das uns in einem bestimmten Fall weiterbrachte. Dazu brauchte es Fähigkeiten, die nichts mit dem Sammeln von Beweisen, der Festnahme eines Verdächtigen oder der Leitung einer Geiselbefreiung zu tun hatten. Es ging vielmehr darum, im Kontakt mit der Öffentlichkeit kritische soziale Interaktionen erfolgreich zu bewältigen, und es ging um intensive Verhandlungen mit Kriminellen, die häufig unter schwierigen Bedingungen stattfanden, bei denen man unter Zeitdruck stand oder nur schwer Kontakt herstellen konnte.

Eine Fähigkeit, die mir dabei gute Dienste leistete, war, dass ich andere Menschen schnell richtig einschätzen, ihre Bedürfnisse, Wünsche, Sehnsüchte, Absichten und vor allem ihre Sorgen und Ängste erkennen konnte. Das verdankte ich vor allem meinen frühen Studien in nonverbaler Kommunikation. Das konnte ich schon an meinem ersten Arbeitstag feststellen, als ich zu einem Bankraub in Phoenix gerufen wurde: Wenn Sie lange brauchen, um andere Menschen einzuschätzen, entgehen Ihnen Gelegenheiten, die sich in der Form vielleicht nie wieder bieten. Die Dame am Schalter war unglaublich nervös, während unsere Agenten sie befragten, ja sie hatte regelrecht Angst. Wohingegen sie während des eigentlichen Bankraubs die Ruhe selbst gewesen war. Wie sich herausstellte, war es ihr Freund, der die Bank ausgeraubt hatte. Sie hatte ihm sogar extra große Scheine mitgegeben. Als ich mir die Aufnahmen der Überwachungskamera angesehen hatte, war mir nicht aufgefallen, wie ruhig sie war, daher kam bei meinem Verhör nicht gerade viel heraus. Ich schwor mir, dass ich so einen Hinweis nie wieder übersehen würde. Das Leben wartet nicht, bis bei Ihnen endlich der Groschen fällt. Die Dinge nehmen einfach weiter ihren Lauf, und das ziemlich schnell. Daher müssen wir stets zum Beobachten und Handeln bereit sein.

Wie wir in Kapitel 2 und 3 festgestellt haben, erhalten wir durch Beobachtung und Kommunikation Antworten auf wichtige Fragen, wenn wir uns nur die Zeit nehmen, diese zu stellen: Soll ich diese Person jetzt einstellen oder lieber noch warten? Welche Signale zeigen mir, dass der andere offen ist oder zumacht? Wie überbringe ich schlechte Nachrichten? Wie kann ich meinem Gegenüber zeigen, dass ich seine Sorgen verstehe? Wie bringe ich am besten zum Ausdruck, dass ich Mist gebaut habe, aber alles wieder in Ordnung bringen werde? Wie finde ich eine gemeinsame Basis mit diesem Menschen? Wie bringe ich meine Botschaft rüber? Wie kann ich diese Person überzeugen, in meine Idee zu investieren oder meinen Vorschlag zu akzeptieren? Habe ich etwas gesagt, was mein Gegenüber gegen mich aufgebracht oder misstrauisch gemacht hat? Gerade in Geschäftsbeziehungen ergeben sich Fragen dieser Art und es ist sinnvoll, sie zu stellen, vor allem wenn wir mit Leuten zu tun haben, die wir kaum kennen.

Ob wir nun FBI-Agent sind oder Geschäftsfrau, wir alle wollen doch unsere Unternehmungen erfolgreich abschließen. Wie aber bringen wir ein Projekt in trockene Tücher?

Basierend auf meiner langjährigen Erfahrung im Einschätzen menschlichen Verhaltens, im Abwägen der Modalitäten eines Zugriffs, damit, wie man am besten eine Vertrauensbasis herstellt und andere dazu bewegt, zu kooperieren, habe ich ein Modell entwickelt, womit sich diese Fragen beantworten lassen: das *empathische Modell sozialer Interaktion (EMSI)*. Es ist ein einfacher, aber durchstrukturierter Ansatz für den effektiven Umgang mit Menschen – ob wir diese nun kennen oder nicht.

Das EMSI ist eine Drei-Phasen-Rückkopplungsschleife. Mit ihrer Hilfe gründen wir unseren Umgang mit anderen auf aktive Beobachtung der realen Situation und nicht auf starre Routinen. Selbst versierten Außendienstmitarbeitern passiert es nämlich immer wieder, dass sie unbedingt auf einen Abschluss zusteuern wollen und dabei übersehen, dass ihr Gesprächspartner es eilig hat, nicht in Stimmung ist, das Interesse verliert, nicht sonderlich beeindruckt ist oder seinen Entschluss schon gefasst hat.

Während meiner Tätigkeit als FBI-Agent konnte ich dank des EMSI-Modells selbst Menschen zu einer Kooperation bewegen, die zunächst einmal mit mir nichts zu tun haben wollten. Als ich das FBI verließ, entdeckte ich, dass das Modell im Geschäftsleben genauso funktioniert. Je besser Sie im aktuellen Kontext Ihr Gegenüber einschätzen und auf dessen Bedürfnisse eingehen können, desto eher können Sie mit einem erfolgreichen Abschluss rechnen.

Empathische soziale Interaktion

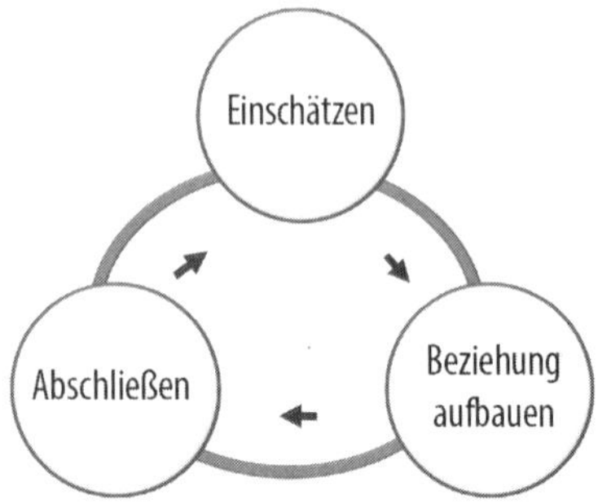

Einschätzen

Stellen Sie sich vor, Sie betreten Ihr Büro, und jemand knallt Ihnen zur Begrüßung einen Bericht auf den Tisch mit den Worten: »Hallo, der Bericht ist gerade zurückgekommen – wir müssen diese Last-Minute-Budgetpläne einarbeiten und den aktualisierten Bericht bis Mittag wieder abliefern.« Oder Sie kommen nach einem langen Arbeitstag nach Hause und Ihr Partner oder Ihr Kind erzählt Ihnen etwas Wichtiges, um das Sie sich sofort kümmern müssen.

Das Leben ist voller solcher Momente, in denen unmittelbares Handeln gefragt ist. Im Prinzip ist dies der Grundzustand seit der industriellen Revolution, an dem sich vielerorts nichts geändert hat.

Wollen Sie andere jedoch zu einem bestimmten Verhalten bewegen, dann haben Sie als außergewöhnlicher Mensch bessere Möglichkeiten. Auch das habe ich während meiner Arbeit für das FBI gelernt. Natürlich kommt dem Lösen eines Falls die oberste Priorität zu, aber es führen nun mal viele Wege nach Rom. Meiner Ansicht nach ist der sinnvollste Weg ein humaner, das heißt ein empathischer.

Schnell erkannte ich, wie wichtig es war, die Befindlichkeit der Person, mit der ich zu tun hatte, in jedem Moment richtig einzuschätzen, um mit ihr effektiv kommunizieren zu können. Der Erfolg meiner Arbeit hing schließlich zum Teil von der psychischen Verfassung meines Gesprächspartners ab. Wurde der von Stress, Angst, Anspannung, Misstrauen oder Argwohn beherrscht, so hinderte mich das, meine Aufgabe zu erledigen. Dass ich genug Interesse für diese Menschen aufbrachte, um sie zu verstehen, gleichgültig wie schändlich ihre Taten waren, gestattete mir, die Dosis psychologisches Wohlbefinden zu vermitteln, die eine Zusammenarbeit ermöglichte.

Immer und immer wieder machte ich die Erfahrung, dass wir die besten Ergebnisse dann erzielten, wenn es gelang, dieses psychologische Wohlbefinden und damit den bestmöglichen Einklang zwischen uns herzustellen. Wie ich bereits sagte: Einklang heißt Harmonie. Sicher verfolgten ich und die Leute, die ich verhörte, entgegengesetzte Ziele, aber dadurch, dass ich wenigstens auf emotionaler Ebene einen Gleichklang herstellen konnte, wurden diese Gespräche produktiver.

Die wenigsten Menschen werden ständig von FBI-Agenten verhört. Normalerweise werden sie durch solche Verhöre eingeschüchtert. Sie haben Angst, in irgendetwas hineingezogen zu werden, haben Bedenken, wie sich das auf ihren Job auswirkt, was die Nachbarn wohl denken mögen oder ob sie ihren guten Ruf verlieren. Diese Fragen kamen sogar aufs Tapet, wenn wir uns nur kurz an einer Straßenecke trafen. Wir hätten nur unsere und ihre Zeit verschwendet, hätten wir versucht, eine Beziehung zu einer Person aufzubauen, die gestresst, gedanklich mit anderen Dingen befasst oder extrem misstrauisch war.

Sobald man einmal im Verhörraum des FBI sitzt, möchte man doch annehmen, es gehe in erster Linie um die Aufdeckung der Fakten. Für mich aber war es genauso wichtig herauszufinden, was im Kopf meines Gesprächspartners ablief, und nicht nur darum, was er gesehen oder getan haben mochte.

Was interessierte mich nun speziell, wenn ich versuchte, mein Gegenüber einzuschätzen? Im Grunde waren es die gleichen Fragen wie heute auch: Mit wem habe ich es zu tun? Wie ist diese Person emotional gerade drauf? Ist sie schweigsam oder redselig? Ist sie verschlossen oder offen? Wie sieht die Vorgeschichte dieses Menschen aus? Worauf will er hinaus?

Was will er? Ist er Vernunftgründen zugänglich? Wovor hat er Angst? Was weiß er, was weiß er nicht? Spielt die Tageszeit bei dem Gespräch eine Rolle? Brauchen wir eine Pause? Will mein Gegenüber über etwas anderes reden, bevor wir zu meinem Anliegen kommen? Erkenne ich während des Gesprächs Anzeichen, die mir signalisieren, dass mein Gegenüber sich unwohl fühlt, zögert oder besorgt reagiert? Zeigt es Anzeichen von Abneigung oder will es gar weg? Oder wirkt die Person interessiert, entspannt, locker, nachdenklich, nicht auf Konfrontation bedacht, sondern kooperativ?

Alles, was Menschen im Verhörraum verbal oder nonverbal ausdrückten, war von Bedeutung. In jedem Stadium des Gesprächs (Begrüßung, Aufklärung über den Zweck des Gesprächs und so weiter) bemühte ich mich, so viel Information wie möglich zu sammeln: welche Worte fielen, ob ein Zögern zu bemerken war oder bestimmte Körpersignale, zum Beispiel die Handhaltung des Betreffenden (Daumen oben – selbstsicher, Daumen unten – weniger sicher). So konnte ich entscheiden, wie ich meinen Gesprächspartner motivieren konnte, um mein Ziel zu erreichen (die Abschlussphase): ihn zu einem offenen Gespräch bewegen oder zu einer anderen Form der Zusammenarbeit.

Natürlich sind im Geschäftsleben die Ziele andere, aber es gibt doch eine grundlegende Ähnlichkeit. Ob es nun um einen Verkauf geht, einen Vertragsabschluss oder die Zusammenarbeit bei einem Projekt oder einem Unternehmen: Es wird zu keinem Abschluss kommen, wenn die Parteien sich nicht öffnen und zusammenwirken. Und das geht nur, wenn sie sich gegenseitig verstehen und respektieren. Was wiederum nur dann passiert, wenn die Beteiligten sich wohlfühlen.

Dieses Einschätzen der Befindlichkeit ist ein andauernder Beobachtungsprozess, bei dem die situative Wahrnehmung eine gewichtige Rolle spielt. Sie bleiben aufmerksam und suchen nach Zeichen des Wohlbefindens und – noch wichtiger – des Unbehagens. Diese bemerken Sie nur, wenn Ihre Antennen ständig auf Empfang gepolt sind. Achten Sie auch auf nonverbale Signale, die persönliche Vorlieben offenbaren (setzt sich lieber auf den Stuhl als auf die Couch) oder die Distanz aufzeigen, bei der sich das Gegenüber wohlfühlt. (Die meisten Menschen gehen stärker auf Distanz, als wir gewöhnlich annehmen.) Erkennen Sie auch Zeichen zunehmenden Wohlbefindens (jemand lehnt sich zurück, streckt die Arme, »spricht« mehr mit den Händen und nimmt eine offene Sitzhaltung ein). Es gibt auch wichtige Hinweise darauf, dass jemand bereit ist, sich auf das Geschäft einzulassen oder nachzugeben. Das ist dann die Gelegenheit, in der Sie Ihr Anliegen vorbringen und die Abschlussphase einleiten können.

Außergewöhnliche Menschen sind auf Empfang, solange die Begegnung mit einem anderen Menschen dauert. Bleiben Sie wachsam für das Befinden des anderen, selbst wenn Sie sich verabschieden. Man weiß nie, welche Signale jemand noch senden mag, selbst wenn alles längst unter Dach und Fach ist.

Schlüsselfragen zur Einschätzung einer Situation

Über folgende Punkte sollten Sie vor und auch nach einer Besprechung nachdenken.

- **Was weiß ich über meine Gesprächspartner?** Die sozialen Medien – LinkedIn, Twitter, Facebook, YouTube, TikTok usw. – bieten zahlreiche Recherchemöglichkeiten. So sehen Sie nicht nur, wie jemand aussieht, sondern erfahren auch einiges über den Hintergrund der Leute. Das dort veröffentlichte Bild- und Tonmaterial liefert Ihnen die Informationen, die wir in diesem Buch besprochen haben. Podcasts, Interviews und Videos geben Ihnen Auskunft über Gesprächsstil, Interessen, Erfolge und Persönlichkeit. Mit solchen Informationen können Sie schneller eine Beziehung knüpfen, wenn Sie wissen, worüber Sie reden können und welche Themen Sie besser meiden sollten, während Sie bei Ihrem Gegenüber auf Zeichen des Wohlbefindens oder Unbehagens achten.

- **Gibt es Regeln für das Treffen?** Nötigenfalls greife ich zum Telefonhörer und erkundige mich, wie viel Zeit ich einplanen sollte. Das prüfe ich dann nochmals kurz nach der Ankunft. Normalerweise sind Assistenten, Sekretärinnen und Kollegen eher auskunftsbereit. Im Voraus zu wissen, wo das Treffen stattfindet (Büro, Konferenzraum, direkt am Arbeitsplatz, im öffentlichen oder im virtuellen Raum), ist ebenfalls nützlich. Da ich dies schreibe, während die Covid-19-Pandemie uns im Griff hat, sollte man sich auch wegen eventueller Hygieneregeln erkundigen (etwa wenn es darum geht, eine Maske zu tragen). Auch kulturelle Besonderheiten sollte man vorher abklären.
- **Wie viel Raum brauchen die Gesprächspartner?** Bevor wir den Teilnehmern die Hand schütteln (mehr dazu weiter unten), sollten wir prüfen, wie viel Raum jeder braucht. Wenn jemand in unseren persönlichen Raum eindringt, fühlen wir uns unwohl. Manchmal erinnern wir uns dann nicht einmal, was unser Gegenüber gesagt hat. Um uns vor den negativen Eindrücken zu schützen, die eine Verletzung des persönlichen Raums bewirkt, müssen wir klären, welche kulturellen Normen hier ins Spiel kommen (in manchen Kulturen steht man durchaus nah beieinander, beispielsweise in der Karibik) oder welche persönlichen Vorlieben unser Gegenüber hat. (Ich zum Beispiel mag es nicht, wenn jemand in weniger als einem Meter Distanz zu mir steht.) Hier spielt natürlich auch die konkrete Situation eine Rolle: Bei einer Party lasse ich Leute näher an mich heran als bei einem geschäftlichen Meeting. Und für Fremde auf der Straße gelten noch einmal andere Regeln. Um uns mehr Zeit für persönliche Gespräche zu verschaffen, ist es von entscheidender Bedeutung, dass wir die Distanzregeln unseres Gegenübers nicht verletzen.

So können Sie schnell und unverfänglich abschätzen, welche Distanz als angemessen empfunden wird: Wenn ich jemandem die Hand schüttle (wenn das für den Betreffenden grundsätzlich in Ordnung ist, außer es geht gerade die Grippe um und der andere möchte das deswegen nicht – aber das finden Sie ja durch eine kurze Frage heraus), beuge ich mich vor, achte aber darauf, dass mein Oberkörper mindestens einen Meter Abstand zu meinem Gegenüber hat. Dann muss der andere seine Hand etwa einen halben Meter ausstrecken. Lächelt der Betreffende dann und zieht die Hand nach der Berührung mit meiner zurück, bleibt aber stehen, dann weiß ich, dass die Distanz richtig ist. Tritt mein Gegenüber jedoch einen Schritt zurück, ist klar, dass er mehr Distanz braucht. Ich respektiere das. Wenn die Person näher kommt, weiß ich, dass sie diese Distanz vorzieht. Der Raumbedarf jedes Menschen, auch Ihrer, ist von entscheidender Bedeutung. Wenn Sie also selbst einen Schritt zurücktreten wollen, dann tun Sie das.

Ein weiterer Tipp dazu, welcher Abstand und wie viel Raum als richtig empfunden wird: Meiner Erfahrung nach ist es günstiger, wenn man sich nicht frontal gegenüber aufpflanzt, sondern sich ein wenig zur Seite dreht.

Im Laufe eines Gesprächs verändern die Teilnehmer ihre Position. Sie legen mehr oder weniger Distanz zwischen sich und die anderen Teilnehmer. Auch dies sollten Sie nicht übersehen, sondern in Ihre Einschätzung des psychologischen Wohlbefindens und der Vertrauensbildung einbeziehen.

› **Was läuft sonst noch ab?** Achten Sie darauf, was jemanden aus seiner Komfortzone herausholt. Die üblichen Verdächtigen: Zeitnot, Abneigung gegen Meetings, Hunger, Müdigkeit, Nikotinentzug. Bei einem Treffen bemerkte ich, dass einer der Teilnehmer die ganze Zeit unruhig auf seinem Stuhl hin und her rutschte. Er schien absolut ruhelos zu sein. Anfangs dachte ich, es handle sich um simple Müdigkeit. Bis ich die Nikotinflecken an seinen Fingern bemerkte. Er wollte eine Zigarette. Und so machten wir eine Pause.

Manchmal entsteht Unbehagen auch aus Erlebnissen, die mit dem Meeting an sich nichts zu tun haben. Trotzdem lesen wir es an der Miene der Gesprächsteilnehmer ab. Vielleicht ist jemand genervt, weil er das Büro nicht gefunden hat. Auch die Anreise ist nicht jedermanns Sache. Möglicherweise musste die betreffende Person auch die ganze Nacht bei einem kranken Kind Wache halten. Bleiben Sie aufmerksam.

Manchmal geht es auch darum, dass die Teilnehmer schon unangenehme Begegnungen miteinander hatten, dass sie Unannehmlichkeiten erlebt haben oder dass das Gesagte den anderen aufbringt.

Wie auch immer das Gespräch verläuft, vergessen Sie nie, dass unser Körper stets unsere wahren Gefühle verrät. Bleiben Sie sensibel, was die Bedürfnisse der anderen angeht. Fragen Sie, ob eine Pause nötig ist, ob jemand vielleicht in Ruhe telefonieren muss oder ob man das Treffen vielleicht früher beenden sollte, weil ein Schneesturm heraufzieht. Haken Sie nach, ob die Gesprächsteilnehmer gerne Erfrischungen oder etwas zu essen hätten. Tun Sie alles, um die Situation zu verbessern. Wie Sie wissen, bringt aktives Handeln am meisten.

Manchmal können Sie allerdings lediglich das Unwohlsein des anderen akzeptieren, aber selbst das bringt uns unbewusst einander näher. Vergessen Sie nicht: Durch Verständnis und Bestätigung signalisieren Sie anderen Anerkennung.

› Was kann ich tun, damit alle sich wohlfühlen?

Unterschätzen Sie nie die Wirkung einfacher Gastfreundschaft. Wenn Sie etwas zu trinken anbieten oder einen bequemen Sitzplatz, wenn Sie dem anderen Zeit lassen, um seine Gedanken zu sortieren, oder wenn Sie ihm die Möglichkeit geben, sein Handy aufzuladen – all diese schlichten, höflichen Gesten verlangen uns kaum etwas ab, aber sie prägen das Gesprächsklima. Dass Sie einen erfolgreichen Abschluss anstreben, sollte Sie nicht daran hindern, durch bewusste Gastfreundschaft psychologisches Wohlbefinden herzustellen.

Und wo wir schon bei der Gastfreundschaft sind: Auch die Umgebung, in der das Gespräch stattfindet, trägt zum Wohlbefinden bei. Ein lautes, hektisches Umfeld, in dem es keinerlei Privatsphäre gibt, kann ein Meeting scheitern lassen. Dann ziehen die Gesprächsteilnehmer sich schnell zurück und behalten Sie in schlechter Erinnerung. Möglicherweise geht man Ihnen künftig sogar aus dem Weg. Im Geschäftsleben gilt: Je höher der Status unseres Gesprächspartners, desto aufmerksamer sollten wir den Ort unseres Treffens wählen.

Bedenken Sie zudem, dass mit dem ersten Einschätzen der Befindlichkeit des anderen nicht alles getan ist. Als ich noch fürs FBI tätig war, habe ich zu keinem Zeitpunkt aufgehört, auf entsprechende Signale bei meinem Gegenüber zu achten. Und bei Geschäftsbesprechungen ist das nicht anders: Auch wenn wir schon in der Motivationsphase angelangt sind, stelle ich mir im Hintergrund weiter Fragen wie die folgenden: Was sehe und höre ich? Wie läuft es? Machen wir Fortschritte? Hat sich etwas verändert? Wohin führen uns all diese Fragen? Warum unterscheidet sich die Körpersprache von Vorstandsvorsitzendem und Finanzchef? Was wird *nicht* angesprochen? Entspannt mein Gegenüber sich? Zeigt es Anzeichen von Wohlgefühl? Baut sich Vertrauen auf? Stehen wir im Einklang? Sorgt das Thema für Spannungen? Sollte ich jetzt ein anderes Thema ansprechen? Wie reagieren meine Gesprächspartner darauf? Habe ich Fragen, die ich noch nicht gestellt habe? Vielleicht öffnet sich mein Gegenüber mehr, wenn ich den Augenkontakt vermeide (was manchmal super funktioniert)?

Warum der ganze Aufwand? Weil man uns beim FBI Folgendes eingehämmert hat: Sie haben nur eine Chance – nutzen Sie sie. Bei meinen zahlreichen Gesprächen mit Geschäftsleuten aus aller Welt habe ich die gleiche Erfahrung gemacht. Wir bekommen häufig nur einmal die Chance, ein gutes Verhältnis zu jemandem herzustellen. Wir sollten sie also ergreifen. Wie? Indem wir ständig einschätzen, was abläuft, worauf wir achten sollten, welche Themen sich abzeichnen und ob das Interesse und die Neugier wachsen oder nachlassen.

Beziehung aufbauen

Lesen Sie sich die folgenden Beschreibungen durch. Was haben sie gemeinsam?

- Steve Jobs war noch in der Highschool, als er das Telefonbuch von Palo Alto durchblätterte und beschloss, Bill Hewlett anzurufen, den Vorsitzenden und Mitbegründer von Hewlett-Packard … zu Hause. (Erstaunlicherweise stand er ganz normal im Telefonbuch.) So bekam er eine Lehrstelle und Kontakt zu einigen der besten Ingenieure der Welt.
- Als ein FBI-Agent in Miami erfuhr, dass die Frau des Mannes, den er verdächtigte, im Krankenhaus lag, schickte er ihr Blumen. Das sorgte für eine positive Beziehung. In der Folge entschied der Mann sich für die Zusammenarbeit mit dem FBI und sagte gegen andere Kriminelle aus.
- Detective Mike Willet bekam einen Fall auf den Tisch, bei dem eine Verdächtige schon mehrfach ergebnislos verhört worden war. Sie gab an, dass ihr Baby auf dem Parkplatz eines Supermarkts entführt worden war, in den wenigen Sekunden, die sie brauchte, um sich einen Einkaufswagen zu holen. Als man Willet den Fall übertrug, setzte er sich neben die Verdächtige auf eine Bank in der Halle. Schweigend sahen die beiden zu, wie die Menschen vorübergingen. Nach einer Weile sagte Willet: »Kommen Sie. Jetzt suchen wir Ihr Baby.« Die Verdächtige stand auf und ging mit zu Willets Wagen. Während sie vor dem Stoppschild am Ausgang des Parkplatzes standen, fragte Willet: »Nach rechts oder nach links?« »Nach links«, antwortete sie. Danach führte sie ihn an den Ort, wo sie ihr Kind vergraben hatte, nachdem sie es selbst getötet hatte.

Was haben diese so unterschiedlichen Fälle gemeinsam? Klugen Beziehungsaufbau. Was normalerweise als »über den Tellerrand blicken« bezeichnet wird, ist letztlich nur kreatives Denken, das Umstände, Kontext, Persönlichkeit oder Gelegenheit mit in den Blick nimmt.

Jobs suchte einen Weg ins Technologie-Business, und er wollte bei den besten Ingenieuren von HP lernen. Das war lange, bevor es Praktika gab, die der Industrie halfen, neue Talente zu finden. Jobs beschritt nicht den üblichen Weg, sondern fand eine Möglichkeit, die richtige Person zur richtigen Zeit anzusprechen. Was mit Sicherheit einen großen Unterschied machte.

Meist wissen Kriminelle, wenn das FBI ihnen auf den Fersen ist. Der Gangsterboss John Gotti ließ, so erzählte mir mal ein Kollege, seinen Bewachern Sandwiches servieren. Das war seine Art auszudrücken: »Ich weiß, dass ihr da seid.« So zeigen Kriminelle den Strafverfolgungsbehörden, dass sie vor ihnen keine Angst haben. Ein Agent in Miami war schon lange hinter einem Verdächtigen her. Dann fand er heraus, dass dessen Frau krank war. Verdächtig oder nicht, wir wissen alle, wie viel Angst es uns macht, wenn ein geliebter Mensch krank ist. Also schickte er Blumen. Dass er die Gefühle des Verdächtigen anerkannte, stellte eine persönliche Beziehung her, die letztlich zu offener Kommunikation führte.

Detective Willet stellte so eine Beziehung zu einer Verdächtigen her, die schon mehrfach verhört worden war, immer ohne Erfolg. Statt sie in den Verhörraum zu bringen, mit der üblichen Sitzordnung, ging er zu ihr. Und er setzte sich neben sie. Dabei fing er kein Gespräch an, wie man es hätte erwarten können. Er sagte nichts. Gemeinsam sahen sie zu, wie die Welt an ihnen vorbeizog. Statt die Frau weiter mit Fragen zu bedrängen, tat er etwas völlig Unerwartetes. Er machte ihr den Vorschlag, gemeinsam etwas zu unternehmen: »Kommen Sie. Jetzt suchen wir Ihr Baby.« Eine kluge Strategie. Als ich Mike fragte: »Woher wusstest du denn, was du tun solltest?«, antwortete er mir: »Das wusste ich nicht. Ich wusste nur, dass alles, was die anderen versucht hatten, nicht funktioniert hatte.« Also probierte er etwas anderes – einfallsreiches Engagement.

Das soll nun nicht heißen, dass Sie auf Biegen und Brechen etwas Ungewöhnliches unternehmen sollen, nur um nicht nullachtfünfzehn zu sein. Ich möchte Ihnen nur vorschlagen, dass Sie, bevor Sie zum Abschluss übergehen, sich überlegen: Was ist die beste Methode, um in diesem Moment zu diesem Menschen eine Beziehung aufzubauen?

Vielleicht ist ja ein anfängliches Telefongespräch von Nutzen, wie bei Steve Jobs. Oder eine E-Mail. Ich persönlich schätze handgeschriebene Nachrichten. Vielleicht schauen Sie auch mal auf einen Sprung im Büro vorbei, um zu sehen, wie beschäftigt die Person ist. Oder wie ein sehr erfolgreicher CEO eines Unternehmens mit Dependancen in 17 Ländern mir sagte: »Als ich anfing, habe ich viel darüber nachgedacht, wie ich auf Banker zugehe, wenn ich eine Finanzierung für ein Projekt brauche, und tue das heute noch. Und ich kann Ihnen sagen, dass kein Mal wie das andere war, damals nicht und heute nicht. Unweigerlich hängt alles davon ab, um welches Land es geht, um welche Persönlichkeit, ja selbst die Tageszeit spielt eine Rolle.«

Es lohnt sich, vorab zu klären, was die andere Person schätzt oder wie sie die Dinge sieht. Das erinnert mich an eine Geschichte, als FBI-Agenten mit Kaffee und Donuts zu einer wichtigen Befragung anrückten, die bei dem Betreffenden zu Hause stattfinden sollte. Der Mann ließ sie ein, aber als man ihm von den Mitbringseln anbot, sagte er: »Ich bin Chinese. Ich trinke Tee. Und wir essen keine Donuts.« Die Agenten erzählten mir später, dass von da an alles nur noch bergab ging. Wir bekamen danach nie wieder die Chance, mit dem Mann zu reden. Der Aufbau einer Beziehung funktioniert nur, wenn er psychologisches Wohlbefinden erzeugt, und zwar auf der Seite Ihres Gesprächspartners.

Der Aufbau einer Beziehung, nicht der letztendliche Abschluss, ist der wichtigste Aspekt jeder Begegnung. Wie wir uns in jedem Augenblick aufeinander einstellen – was wir kommunizieren, wie wir uns verhalten –, festigt Beziehungen und sichert letztlich auch einen erfolgreichen Abschluss.

Vor jeder derartigen Begegnung frage ich mich stets als Erstes: *Wie will ich jetzt gerade rüberkommen?* Wenn ich all die Vorarbeiten erledigt habe, über die wir in den vorangegangenen Kapiteln gesprochen haben (das heißt, wenn ich mich selbstdiszipliniert auf das Gespräch vorbereitet habe, meine Beobachtungsgabe und situative Wahrnehmung geschärft habe, um fähig zu sein, in Echtzeit zu reagieren, wenn ich mich voller Neugier und

Mitgefühl dem Betreffenden zuwende und mich rechtschaffen verhalte, sodass der andere weiß, dass er mir vertrauen kann), dann verlasse ich mich auf diese solide Basis. Ich weiß, dass ich für die Begegnung einen guten Start finde, weil ich weiß, worüber ich mich mit meinem Gegenüber unterhalten kann oder was wir gemeinsam haben. Häufig ist es schon ein guter Anfang, wenn Sie äußern, wie dankbar Sie für die Möglichkeit zu diesem Gespräch sind.

Wenn Sie sich also in allen Fähigkeiten eines außergewöhnlichen Menschen geübt haben, dann sollten Sie sich keine Gedanken um den exakten Wortlaut machen, wie Sie auf Ihr Gegenüber zugehen wollen. Sie kommunizieren ohnehin schon sinnvoll durch die Art, wie Sie sich präsentieren. Die Tatsache, dass Sie sich auf das Gespräch gründlich vorbereitet haben, gibt Ihnen das Selbstvertrauen, um Ihre Botschaft erfolgreich zu vermitteln.

Dabei ist der Beziehungsaufbau ebenso wie das Einschätzen der Befindlichkeit des anderen ein Prozess, bei dem wir ständig nachjustieren müssen, je nachdem, was unsere Einschätzung uns sagt. Während das Gespräch fortschreitet, sagen Ihnen Ihre Beobachtungen, wie Sie reagieren können, wenn Sie sich wie ein außergewöhnlicher Mensch verhalten: So kann ich diese Person ansprechen, die mir nonverbal zu verstehen gibt, dass sie nicht viel Zeit hat oder unsicher ist. Mein Gegenüber spricht schnell und weicht dem Small Talk aus, also komme ich gleich zur Sache. Durch meine Recherchen weiß ich, dass diese Investorengruppe einem nur 20 Minuten Zeit gibt. Ich muss mir also überlegen, wie ich diese am besten nutze, denn danach ist unwiderruflich Schluss. Also wiederhole ich meine Argumente 10- bis 15-mal. Wenn ich mit diesem Arzt nur sprechen kann, indem ich besonders nett zur Mitarbeiterin am Empfang bin, dann ist sie die Person, zu der ich eine Beziehung aufbauen muss. Ein künftiger Kunde will wissen, woher meine Familie stammt. Ich sage es ihm. Das Handy meiner Kundin klingelt, und sie hat schon zweimal den Blick darauf gerichtet – also frage ich, ob sie das Gespräch annehmen möchte, und schlage eine kurze Pause vor. Wenn jemand Wasser braucht (einen trockenen Mund hat, des Öfteren schluckt oder hüstelt), biete ich es an, bevor die Person danach fragt.

Natürlich will ich hier etwas Bestimmtes erreichen. Ich will ein Geschäft machen. Aber ich bin mir ebenso bewusst, was gebraucht wird und wie die Dinge sich entwickeln. Ich bin nämlich auch im Personengeschäft.

Wenn ich während des Beziehungsaufbaus bemerke, dass jemand Anzeichen von Anspannung zeigt, konzentriere ich mich darauf, ihm mit Haltung, Verhalten, Stimme, Tonfall und Handeln Vertrauen einzuflößen. Als ich noch beim FBI Verhöre durchführte, war mir immer am wichtigsten, eine Gelegenheit zu direktem, persönlichem Austausch zu bekommen. Das war ein ganz entscheidender Punkt. Ohne diese Möglichkeit kam es nie zur Abschlussphase und auch nicht zu einem weiteren Gespräch. Wenn der andere sich gut fühlte, dann war die Wahrscheinlichkeit höher, dass er mehr Zeit mit mir verbringen wollte, mich also zu einem weiteren Gespräch einlud.

Um einen positiven ersten Eindruck zu verbessern, würde ich nach dem Händeschütteln dafür sorgen, meinem Gesprächspartner nicht direkt gegenüberzustehen, sondern ich würde mich eher leicht schräg zu ihm stellen. Ich würde auch einen etwas leiseren Tonfall wählen als gewöhnlich. Und ich würde, sobald es von der Standposition her ginge, meine Beine kreuzen. Das entspannt Menschen auf der unbewussten Ebene stärker, als wenn Sie Ihre Beine nebeneinander stellen. Dazu können Sie noch den Kopf leicht schräg legen – wodurch der empfindliche Hals entblößt wird. So zeigen Sie, dass Sie zuhören und auf das Gesagte gespannt sind. Diese Körperhaltung veranlasst die Menschen gewöhnlich dazu, sich weiter zu öffnen. Gekreuzte Beine, ein leicht geneigter Kopf – das sind unbewusste Signale, die Menschen veranlassen, Ihnen mehr Zeit zuzugestehen. Lächeln Sie, entspannen Sie Ihr Gesicht und nicken Sie an passender Stelle. So habe ich jedenfalls versucht, den zeitlichen Rahmen für den Beziehungsaufbau auszuweiten oder andere zu mehr Offenheit zu ermutigen. Meiner Erfahrung nach sprechen Menschen länger miteinander, wenn sie in einer leicht rechtwinkligen Position zueinander stehen. Das funktioniert im Geschäftsleben ebenso wie beim FBI – solche Kleinigkeiten sorgen dafür, dass Sie eine bessere Beziehung aufbauen und länger mit Ihrem Gesprächspartner reden können.

Wichtig für den richtigen Beziehungsaufbau

Hier ein paar Tipps, wie Sie Ihre Beziehung zu Ihrem Gesprächspartner verbessern können.

- **Spiegeln Sie sein Verhalten.** Wenn die Person Ihnen gegenüber sich gerne unterhält, während sie an der Wand lehnt, tun Sie dasselbe. Wenn sie Kaffee trinkt, bestellen Sie sich auch einen. Oder zumindest trinken Sie etwas. Im Sitzen können Sie die Position des anderen nachahmen: Beugt er sich vor und legt die Hände auf den Tisch? Oder lehnt er sich zurück und neigt den Kopf? Ihre Position muss nicht identisch sein, lediglich ähnlich.
- **Spiegeln Sie seine Worte.** Wenn jemand zu Ihnen sagt: »Das könnte richtige Probleme bereiten«, sagen Sie nicht: »Aber daran können wir doch arbeiten.« Wenn Sie die Wortwahl Ihres Gegenübers aufnehmen (»Probleme«, nicht »Schwierigkeiten«), dann sorgt das für Harmonie. Wenn die Person Begriffe aus dem Sport verwendet, arbeiten Sie damit, auch wenn Sie das normalerweise nicht tun. Wenn jemand »ein Tor schießen« will oder »Punkte erzielen« oder »den Puck versenken«, dann sollten Sie diese Begriffe ebenfalls verwenden, um dem anderen zu signalisieren, dass sie verstehen, was er sagen will.
- **Passen Sie sich seinem Sprechtempo an.** Wir können die Sprechgewohnheiten anderer Menschen ohnehin nie nachahmen, aber wenn jemand gerne schnell redet, sollten Sie sich bemühen, mit ihm Schritt zu halten. Spricht die Person hingegen eher langsam und betont, dann sollten Sie wiederum Ihr Sprechtempo zügeln. Ich bekomme oft Beschwerden über Menschen zu hören, die »zu schnell reden«.
- **Wenn Sie technische oder andere Fachbegriffe und Schlagwörter benutzen, sollten Sie darauf achten, ob sie von allen verstanden werden.** Kolloquiale Ausdrücke wie »dumm wie Brot« oder »Da legst dich nieder!« und »Mach mal Butter bei die

Fische« werden vielleicht nicht überall verstanden. Außerdem hat jede Generation ihre Lieblingswörter. Fast alle jungen Leute verstehen ein »nice«, wenn etwas schön ist. Seien Sie vorsichtig und glauben Sie nicht, dass diese Art von Slang allen verständlich ist. Das Gleiche gilt natürlich auch für Fachbegriffe.

› **Achten Sie auf nonverbale Signale, die auf Einklang hinweisen.** Das ist sozusagen schon die höhere Schule, aber wenn Sie feststellen, dass Ihr Publikum im selben Rhythmus atmet und blinzelt wie Sie, dann haben Sie diesen Einklang vermutlich erreicht. Und das ist gut! Wenn Ihre Zuhörer sich zurücklehnen und die Arme nicht verschränken, sind dies positive Signale. Auch wenn sie den Blick abwenden, während Sie sprechen, ist das gut – es heißt, dass Ihre Zuhörer sich wohlfühlen und Sie nicht dauernd beobachten müssen, weil sie Sie als Freund betrachten.

› **Lassen Sie sich nicht von stereotypen Verhaltensmustern ablenken.** Viele Menschen zeigen automatische Verhaltensweisen. Ich wippe zum Beispiel häufig mit dem Fuß. Andere Menschen drehen den Bleistift zwischen den Fingern oder nesteln an ihren Knöpfen herum. Auf diese Weise beruhigt man sich und überbrückt Momente der Anspannung. Wenn jemand allerdings dabei noch mit den Fingerspitzen trommelt, dann signalisiert das eher Ungeduld oder Langeweile. Was genau ein Signal bedeutet, können Sie durch zusätzliche Beobachtungen herausfinden.

› **Achten Sie auf Signale, die Ihnen anzeigen, dass Sie zum Schluss kommen sollten.** Wenn die Leute anfangen, auf die Uhr oder das Smartphone zu gucken, wenn ihr Blick immer öfter Richtung Ausgang wandert oder die Schuhspitzen wie eine Kompassnadel zur Tür wandern – dann sind sie gedanklich schon woanders. Wenn Sie merken, dass Ihre Zuhörer die Hände auf den Knien ruhen lassen, sollten Sie das Meeting langsam beschließen. Fragen Sie ruhig nach: »Wie sieht es denn mit unserer Zeit aus?« Ihre Zuhörer werden das zu schätzen wissen.

Ein letzter, aber wichtiger Rat: Wenn Sie psychologisches Wohlbefinden sicherstellen wollen, heißt das nicht, dass Sie zum rückgratlosen Jasager werden sollen. Schaffen Sie vielmehr ein Umfeld, in dem die Menschen sich wohlfühlen können, in dem aber gleichzeitig klare Regeln gelten. Ihr Ziel ist psychologisches Wohlbefinden, nicht Liebedienerei und sklavische Unterwürfigkeit.

Abschließen

Als Unterhändler beim FBI ging ich nicht eher zur entscheidenden Phase des Abschlusses über, bis ich zu meinem Gesprächspartner eine Beziehung aufgebaut hatte und er sich erkennbar mehr und mehr entspannte. Natürlich verfolgte ich dabei immer ein bestimmtes Interesse oder Ziel. Die Entscheidung, wann der Zeitpunkt gekommen ist, Nägel mit Köpfen zu machen, ist im Geschäftsleben und bei schwierigen Verhandlungen ebenso wichtig wie bei Verhören oder Gesprächen mit Menschen, mit denen wir zum ersten Mal Kontakt haben.

In der Abschlussphase mag es Ihr Hauptinteresse sein, etwas zu verkaufen, ein Projekt vorzustellen oder das Interesse eines Investors zu gewinnen. Wie auch immer, irgendwann kommt der Punkt, an dem Sie die Beziehung hergestellt haben. Dann wird es Zeit zu handeln.

Die optimale Vorgehensweise ist dabei stets eine so individuelle Angelegenheit wie der Abschluss selbst. Aber auf die Grundpfeiler, die für außergewöhnliche Menschen selbstverständlich sind, können Sie sich auch hier verlassen: Wenn Sie sich auf das Meeting gut vorbereitet haben, wenn Sie als Mensch mit guten Absichten und guten Manieren auftreten, dann haben Sie das Glück auf Ihrer Seite. Wenn Sie entschlossen, respektvoll und handlungsfähig rüberkommen, wenn Sie alle Fragen beantworten können, dann wird man Sie respektieren und schätzen. Wenn Sie dann noch auf die Reaktion Ihrer Gesprächspartner eingehen können, wird man Ihnen soziales Geschick zubilligen. Wenn Sie all diese Voraussetzungen erfüllen, dann nimmt man Sie als vertrauenswürdig wahr. Und wenn Sie sich dieses Vertrauens dauerhaft als würdig erweisen, dann werden Ihnen auch andere Menschen zuhören, Sie akzeptieren und mit Ihnen zusammenarbeiten wollen, damit Sie deren Probleme lösen.

Doch auch wenn Sie in die Abschlussphase eingetreten sind und Ihre Präsentation ein Erfolg war, heißt das nicht, dass Sie Ihre Antennen jetzt einziehen können. Sie beobachten weiter aufmerksam, wie Ihre Worte bei Ihrem Gegenüber ankommen.

Wie oft habe ich Klagen wie die folgenden gehört: »Ich versuchte, mich an alles zu erinnern, was ich sagen wollte, aber ich habe mich ablenken lassen, weil ich nicht ganz verstanden habe, warum die Leute so reagiert haben.« Oder: »Da lief so viel ab, ich habe einfach vergessen, was ich mir zu sagen vorgenommen hatte.« Ich weiß, dass es nicht einfach ist, was da von Ihnen gefordert ist. Ich selbst habe auch schon das eine oder andere nicht mitbekommen. Aus diesem Grund müssen Sie Ihre beobachterischen Fähigkeiten wieder und wieder trainieren. Mit der Zeit geht Ihnen das wachsame Scannen der Gesprächsatmosphäre völlig in Fleisch und Blut über, sodass Sie sich ganz auf den Beziehungsaufbau und den Abschluss konzentrieren können, selbst wenn die Situation sich rasch verändern oder Ihr Umfeld Sie ablenken sollte.

Wie Sie den Abschluss effektiv gestalten

Dazu ein paar Tipps, worauf Sie sich während der Abschlussphase konzentrieren können:

- **Achten Sie auf Signale, die über die reine Körpersprache hinausgehen.** Nehmen Sie die Körpersprache Ihrer Gesprächspartner zur Kenntnis, aber achten Sie auch auf Geschehnisse und Umstände, die den Kontakt unterbrechen, zum Beispiel: Textnachrichten (und die Reaktion darauf), die Zimmertemperatur (Zieht Ihr Gesprächspartner die Jacke aus, krempelt die Ärmel nach oben? Oder im Gegenteil: Legt Ihr Gegenüber einen Schal um und reibt sich fröstelnd die Unterarme?), die Tageszeit (nachmittägliches Energietief, die Sonne, die Ihr Gegenüber blendet), Umgebungslärm (Können Sie die Tür schließen, kurz rausgehen und Ihre Kollegen bitten, leiser zu sein, oder das Meeting in das ruhige Café an der nächsten Straßenecke verlegen?).

- **Achten Sie auf eine veränderte Ausdrucksweise.** Wenn jemand »unser Projekt« sagt statt »das Projekt« oder umgekehrt mit »Ihr Projekt« seine Zweifel kundtut, dann wissen Sie, dass sich etwas verändert hat. Wenn es heißt: »Sie sagten ja, dass …«, dann müssen Sie vermutlich mehr Energie in den Beziehungsaufbau stecken, denn das weist auf nicht geäußerte Befürchtungen hin. Ein Beispiel: »Sie sagten ja, dass wir am 1. Juni einziehen könnten. Was ist da passiert?« Diese Worte signalisieren immer, dass Sie etwas erklären müssen. Dasselbe gilt für »Und wie steht es mit …?« All das sind Hinweise, dass da Klärungsbedarf herrscht, bevor das Projekt abgeschlossen oder weitergeführt werden kann.
- **Wenn jemand signalisiert, dass er genug gehört hat, reden Sie nicht einfach weiter.** Natürlich wollen Sie das Gespräch nicht einschlafen lassen, aber paradoxerweise heißt das auch, einen Gang runterzuschalten, wenn nonverbale Signale anzeigen, dass Ihr Gegenüber seinen Entschluss gefasst hat (geschürzte Lippen, die vielleicht auch noch seitlich verzogen werden) oder mit irgendetwas Probleme hat. Die Lippen zu schürzen, sich im Nacken zu kratzen oder alle Gesten, mit denen Ihr Gegenüber sich Luft verschaffen will (den Hemdkragen lockern), aber auch mahlende Kiefer sind klare Hinweise, dass etwas nicht stimmt. Für Sie ist das ein Signal, eine Pause einzulegen und zu fragen, was Ihr Gesprächspartner denkt oder welche Teilbereiche nicht klar sind. Sie können auch einfach dem anderen das Wort überlassen. So hat Ihr Gesprächspartner zumindest die Möglichkeit, das Gespräch auf jene Dinge zu lenken, die ihn beschäftigen. Wenn Sie erkennen, dass es von seiner Seite Vorbehalte gibt, dann sollten Sie sich klarmachen, dass diese bereits kommuniziert werden, nur eben noch nicht mit Worten. Dass nicht offen widersprochen wird, heißt nicht, dass unser Gegenüber mit allem einver-

standen ist. Ich gehe auf solche Signale am liebsten sofort ein, vor allem, wenn die Zeit knapp ist. Warum sollten wir eine Klärung hinauszögern? Geben Sie Ihren Gesprächspartnern die Möglichkeit, Zweifel zu äußern, indem Sie fragen: »Können Sie sich das vorstellen?« Möglicherweise heißt es dann tatsächlich: »Nein, für uns ist das nichts.« Oder: »Wir hätten das und das gern anders.« Das ist in Ordnung. Wenn Sie eine solche Entscheidung annehmen können, ohne ärgerlich zu werden, wahren Sie Ihren guten Ruf – für eine andere Gelegenheit.

- **Sie wollen erklären, nicht überreden.** Gehen Sie auf Fragen umgehend und ohne zu zögern ein. Sie sind gut vorbereitet, also präsentieren Sie ruhig alle Fakten und Details. Sie wollen Ihre Gesprächspartner ja nicht über den Tisch ziehen. Außergewöhnliche Menschen haben das nicht nötig. Wie andere Ihre Präsentation, Ihr Angebot oder Ihr Produkt einschätzen, hängt von zwei Dingen ab: wie sie Ihr Angebot beurteilen und welchen Eindruck sie von Ihnen als Person haben. Aber Ihre Produkte und Dienstleistungen sprechen schließlich für sich.
- **Kämpfen Sie nicht gegen die Mauer des Desinteresses an.** Was, wenn Ihre Zuhörer, ganz egal, was Sie anstellen, kein Interesse zeigen, Ihnen nicht zuhören oder emotional einfach nicht gut drauf sind? Dann ist es am besten, Sie vertagen sich und vereinbaren einen neuen Termin. Ich warne meine Managementkunden häufig: »Verschwenden Sie nicht Ihre besten Sätze an die schlechteste Gelegenheit.« Weisheit bedeutet auch zu wissen, wann Ihre Worte auf fruchtbaren Boden fallen. Das gilt für alle außergewöhnlichen Menschen.
- **Ganz egal, wie es läuft: Bewahren Sie Ihr Selbstvertrauen.** Sie haben Ihr Bestes getan. Ihre Botschaft ist stark, Sie sind gut vorbereitet, Sie strahlen Begeisterung, Ideenreichtum und Vertrauenswürdigkeit aus. Sie sind an diesen Punkt gelangt durch Selbstdisziplin, Beobachtungsgabe und den Einsatz Ihrer besten kommunikativen Fähigkeiten. Der Rest liegt nicht mehr in Ihrer Hand.

Wie man Ängste abbaut: Eine Pflicht, der außergewöhnliche Menschen sich gerne beugen

Als ich ins FBI-Büro nach San Juan in Puerto Rico versetzt wurde, hatten wir es mit Terroristen, Bankräubern, Kidnappern, Autodieben, Killern und Vergewaltigern auf hoher See zu tun. Und natürlich mit Drogendealern. Gegen diese Leute zu ermitteln oder sie zu verhaften ließ meinen Blutdruck nicht in die Höhe schnellen. Trotzdem hatte ich zu dieser Zeit ein Erlebnis, das mir eine Heidenangst einjagte.

Es war an dem Tag, an dem der Special Agent, der für die Außenstelle in San Juan verantwortlich war, mich »freiwillig« für die SWAT-Meisterklasse im Abseilen anmeldete. Wer diesen Kurs absolviert, lernt nicht nur, wie man sich korrekt abseilt, sondern darf künftig auch andere FBI-Agenten in dieser Kunst unterrichten.

Als man mich dazu verdonnerte, mich an einem Seil an Gebäuden und Berghängen hinunterzulassen, wurde mir bewusst, welche Heidenangst mir große Höhen einjagten. Wir reden also nicht von »Bammel«, »unguten Gefühlen« oder »gewissen Problemen«. Ich bekam dermaßen Angst, dass meine Knie weich wurden wie Butter, meine Gedärme sich zusammenschnürten und ich mental auf dem Stand eines Dreijährigen war.

Ich hatte mich schon mal von einem Berghang in Provo im Bundesstaat Utah abgeseilt, nicht weit von Robert Redfords Sundance-Festival. Was mich nun erwartete, war jedoch eine ganz andere Liga. Sich unter Einsatzbedingungen vom Dach eines Wolkenkratzers zu einem Fenster im achten Stock abzuseilen (mit schusssicherem Helm, Gasmaske und Nachtsichtgerät, mit Feldflasche, schwerer Schutzkleidung, medizinischer Ausrüstung (zwei 500-ml-Beuteln Ringer-Lactat-Lösung), einer MP-5 Maschinenpistole mit vier Extramagazinen, einer SIG-Sauer 226 Halbautomatikpistole mit zwei Extramagazinen, zwei Blendgranaten, einem extrarobusten verschlüsselten Motorola-Funkgerät und einem Titanbrecher) macht keinen Spaß. Das sieht im Fernsehen super aus … aber es ist nicht lustig.

Doch die Sache war nun mal angeleiert. Also hielt ich meinen Mund und fuhr los, mit einem Knoten in der Kehle und in meinen Eingeweiden. Irgendwie hoffte ich, das Ganze schon zu überstehen.

In der Abseilmeisterklasse in Quantico lernten wir die ersten zwei Tage nur, sichere Knoten zu knüpfen und welchem Zweck welches Ausrüstungsteil diente. Armseligerweise war ich froh über diese kurze Galgenfrist. So konnte ich Vertrauen in die Ausrüstung entwickeln und 18 verschiedene Knoten lernen. Wir mussten jeden einzelnen mit geschlossenen Augen schlingen, sogar unter Wasser und nachts. Auf diese Weise konnten wir die Seile sichern. Es ist eine nicht zu überbietende Erfahrung, wenn Sie in 20 Metern Höhe hängen und Ihr Ausbilder ruft Ihnen zu: »Würden Sie sich mit diesem Sicherungsknoten tatsächlich von einem hohen Gebäude abseilen?« Oder aus 12 Metern Höhe aus einem Hubschrauber, um in eine gute Schussposition zu kommen? Da kommt man schon ins Grübeln.

Am dritten Tag kletterten wir auf den sechsstöckigen Abseilturm. Dort übten wir, wie wir effizient und schnell über die Seite nach unten kamen. Anfangs noch ganz traditionell, dann auf »australisch«, das heißt, wir marschierten auf der senkrechten Mauer nach unten, mit dem Gesicht voran. Gesichert ist man dabei nur mit einem Karabinerhaken oder einem D-Ring, mit dem man den Abstieg kontrolliert. Natürlich simulierten wir dabei immer Einsatzbedingungen, zum Beispiel dass wir auf dem Weg nach unten anhalten mussten, auf einer bestimmten Höhe halten, um ein dynamisches Eindringen (durch ein Fenster) vorzubereiten oder – was bei Geiselbefreiungen vorkommt – mit einer Waffe mit Schalldämpfer einen Wächter außer Gefecht zu setzen oder eine Blendgranate zu werfen.

Überrascht stellte ich fest, dass ich gar nicht so viel Angst hatte, wie ich mir in meinen Horrorbildern vorgestellt hatte, sobald ich einmal meinen Knoten vertraute. Das hatte viel mit meinen Instruktoren zu tun. In der Woche darauf war bei allen Kursteilnehmern größere Sicherheit im Abseilen und beim dynamischen Zutritt festzustellen. Wir seilten uns vom elf Stockwerke hohen Jefferson Building in Quantico ab, was schon für Spannung sorgte, erstens, weil das Gebäude sehr hoch war, und zweitens, weil die Aktion während eines Gewitters stattfand. Ein bisschen Muffensausen hatte ich schon, aber damit kam ich zurecht. Manchmal geht es beim Umgang mit Angst genau darum: sie zu akzeptieren und durch Schritt-für-Schritt-Wiederholung und Übung darüber hinwegzukommen.

Zu Beginn der zweiten Woche lernten wir, wie wir uns vom Seil lösen und an die Abseilvorrichtung eines anderen anklinken konnten; wie wir eine Rettungsaktion durchführen mussten, bei der wir den anderen an unser Seil anklinken und seines durchtrennen; und wie wir dann sicher auf den Boden kamen, mit einem weiteren 90 Kilogramm schweren SWAT-Operator im Schlepptau, der eine Person mimte, die angeblich verletzt war (was hieß, dass wir Erste Hilfe leisten mussten) und genauso viel Angst hatte wie wir oder sogar noch mehr.

Ich spürte immer noch einen leisen Anflug von Angst, wann immer ich so schnell wie möglich (um dem Feuer von Heckenschützen zu entgehen) über den Turm nach unten ging. Irgendetwas in Ihrem Unbewussten – vor allem das limbische System – will einfach nicht, dass Sie über diese Wand da absteigen. Aber zumindest behinderte mich meine Angst nicht. Ich hatte gelernt, mit ihr umzugehen. Doch eine Aufgabe lag noch vor uns: das Abseilen in den Bergen. Das war für die letzte Woche geplant und gehörte mit zum Abschluss.

Das miese Wetter, das die ganze Woche vorgeherrscht hatte, begleitete uns nach Seneca Rocks in West Virginia, wo wir unsere letzte Herausforderung zu bestehen hatten. Auch das war kein Spaziergang. Zunächst mussten wir den Berg hinauf, und das in voller SWAT-Montur. Und dann wurde abgeseilt – im Regen, mit einem »Verletzten«, während rund um uns die Blitze zuckten, wir in den Böen der Höhenwinde schaukelten und zwischendrin auch noch Hagel fiel.

Wir hatten kaum mit dem Aufstieg begonnen, als wir schon bis auf die Haut durchnässt waren. Unsere Kleidung und unsere Ausrüstung, die ohnehin schon schwer waren, wurden vom Regen noch schwerer. Die Standard-SWAT-Stiefel, die wir trugen, waren nicht fürs Klettern gedacht. Wir konnten den Gipfel nicht mal sehen, weil er sich hinter niedrig hängenden Wolken verbarg. In der Ferne erhellten Blitze die Landschaft, gefolgt von lauten Donnerschlägen.

Es bestand kein Zweifel, dass wir abstürzen würden. Das gehörte mit zum Programm. Die Frage war nur, aus welcher Höhe und ob wir uns dabei verletzen würden. Dass am Fuße der Felswand ein Krankenwagen stand, war nicht nur ein Ulk.

Und schon war die Panik wieder da. Ich spürte sie, und ich erkannte sie auch in den Gesichtern der anderen.

Angst und psychologisches Wohlbefinden stehen bei Menschen direkt miteinander in Beziehung. Je mehr Angst wir haben, desto mehr brauchen wir psychologisches Wohlbefinden.

Angst bewirkt, dass wir unser Streben nach psychologischem Wohlbefinden verfolgen, koste es, was es wolle. Ein berühmtes Beispiel hierfür sind die »Affenexperimente« des Psychologen Harry Harlow. Er zog junge Rhesusaffen in einem Käfig auf, wo sie die Wahl zwischen zwei Ersatzmüttern hatten: eine aus Draht, die ihnen Nahrung gab, und eine aus weichem Stoff, an die sie sich kuscheln konnten. Sobald die Äffchen unter Stress gerieten, schmiegten sie sich an die weiche Mutter. Nicht, weil sie Stoff lieber mochten als Draht. Nein, weil der weiche Stoff ihre Ängste linderte. Beim Menschen funktioniert das ganz genauso. Wir gehen eine Bindung mit solchen Menschen ein, die uns ein Maximum an Wohlbefinden vermitteln – sei das nun in Partnerschaften oder in anderen Beziehungen, die auf Austausch und Verbundenheit beruhen.

Denken Sie an Zeiten zurück, als Eltern, Lehrer, Trainer oder Kollegen Ihnen durch eine Angsterfahrung halfen. Vielleicht wurde Ihre Angst dadurch ausgelöst, dass Sie eine neue Schule besuchen oder bei einem Wettkampf gegen stärkere Gegner antreten mussten. Oder Sie mussten eine Herausforderung meistern, bei der die Lernkurve steil anstieg und Sie auf keinen Fall scheitern durften, wenn Sie vorwärtskommen wollten. Wenn wir Glück hatten, war dann jemand da, der wusste, was wir in diesem Moment brauchten: Zuspruch, emotionale Unterstützung, eine freundliche oder erfahrene Stimme, die uns in die rechte Richtung lenkte. Wenn uns die Angst überfällt, sind wir wie das verängstigte Äffchen, das sich an etwas festhalten möchte. Oder wie das Baby im Klippenexperiment – oder wie ich an jenem Berghang.

Eine Führungskraft, die dieser Bezeichnung würdig ist, kommt dann auf uns zu und setzt ihre Präsenz, ihren Einfluss, ihre Führungsqualitäten und ihr Ansehen ein, um ihre Mitarbeiter aus der Angst herauszuführen. Und sie versagt, wenn sie Ängste nicht lindern kann. Ein außergewöhnlicher Mensch übersieht Angst bei anderen nicht, weil er weiß, wie zerstörerisch und toxisch sie werden kann.

Viele Menschen denken nicht gern über ihre Ängste nach. Sprechen wollen sie darüber schon gar nicht. Und doch ist Angst in allen möglichen Formen immer da. In vielfacher Hinsicht ist sie der große Zerstörer: das hassenswerte, erdrückende Hemmnis, das uns daran hindert, unser Potenzial zu erfüllen.

Angst treibt uns vor sich her wie kaum eine andere Kraft – doch Angst als Wegweiser führt uns in keine gute Richtung. Sie schränkt uns ein, sodass wir kein erfülltes Leben führen können. Sie führt zu Fehlentscheidungen, zu Trägheit, Vermeidungsverhalten, Prokrastination, Unehrlichkeit, Verschleierungsversuchen, Aggression, Grausamkeit und Unmenschlichkeit.

Angst lähmt uns so sehr, dass wir uns auf Beziehungen nicht einlassen, einen Kurs nicht belegen, kein Unternehmen gründen, uns nicht um eine Beförderung bewerben, nicht fliegen, mit bestimmten Menschen nichts zu tun haben wollen oder uns dagegen wehren, dass bestimmte Gruppen in unsere Nachbarschaft ziehen oder zu Kollegen werden. Natürlich erfinden wir allerlei rationale Begründungen für unser Verhalten, aber letztlich steht dahinter immer nur unsere Angst. Denn das menschliche Gehirn prüft immer vor allem eines: Ist das für mich bedrohlich? Wenn etwas als Gefahr wahrgenommen wird, dann folgt darauf eine Reihe von Überlebensstrategien wie *totstellen, in Ohnmacht fallen, aufgeben, fliehen, kämpfen* oder *vergessen*. All das sind Verhaltensweisen, die in Angst wurzeln. Sie sind nützlich fürs Überleben, aber ein gesundes, erfülltes Leben können sie uns nicht geben.

In der Flut der Bücher, die über Führungsqualitäten und Managementstrategien geschrieben wurden, habe ich zu meinem Erstaunen nicht ein Wort über die Angst gefunden. Daher schreibe ich darüber, weil ich es für notwendig halte, dass wir die Angst als die Massenvernichtungswaffe erkennen, die sie ist. Sie stellt eine reale Bedrohung dar. Angst schränkt Menschen ebenso ein, wie sie es bei Organisationen oder Staaten tut.

Was trieb Stalin, Mussolini, Hitler, Pol Pot, Slobodan Milošević und andere an? Wie konnten diese Diktatoren durch Pogrome und Völkermord so viele Menschen töten? Sie konnten es, weil sie Meister darin waren, die Ängste anderer Menschen zu schüren. Sie machten sich die urtümliche, verstörende Macht der Angst zunutze, um die Massen zu bewegen und Marionetten zu finden, die ihre Vorstellungen umsetzten und schreckliche Verbrechen begingen. Unglücklicherweise ist Angst ein probates Mittel, um Menschen zur Zusammenarbeit zu bewegen.

Aller Hass gründet auf Angst. Niemand wird mit Hass auf dies oder jenes geboren. Aber man kann die Menschen lehren, Angst zu haben und Hass zu entwickeln. Dann macht die Hautfarbe ihnen plötzlich Angst und schon hassen sie andere Menschen, deren Haut heller oder dunkler ist als die ihre.

Der Philosoph Eric Hoffer zeichnet in seinem Buch *Der Fanatiker: Eine Pathologie des Parteigängers* die Methoden der Nazis bis zum Zweiten Weltkrieg nach. Er schreibt: »Der leidenschaftliche Hass gibt einem leeren Leben Bedeutung und Zweck.« Verängstigte Menschen schließen sich mit anderen Menschen zusammen, die ebenso Angst haben. Sie finden zum Einklang im Hass. Diesen Mechanismus haben Potentaten und Diktatoren seit jeher ausgenutzt, ob das nun in Bosnien oder in Ruanda war. Dort eiterten die ethnischen Ängste so lange, bis sich ihr Gift im Völkermord entlud. Und ich hatte gedacht, ich würde so etwas nie wieder erleben. Jeder Völkermord, mit dem ich mich beschäftigt habe, wurzelte in der Angst, die mit gefährlicher Rhetorik zu Hass geschürt wurde.

Auch die Geschichte der USA lehrt uns, dass Angst die Menschen zusammenschweißt – und dass aus Angst schnell Hass werden kann. Wenn wir Angst ungehindert wuchern lassen, kann das böse Folgen haben. Was war wohl der Hintergrund der Lynchmorde an Schwarzen nach dem Bürgerkrieg? Die Angst vor schwarzen Menschen, die gleichberechtigt sind. Es gab Zeiten, da konnte man in New York und Boston Schilder in den Schaufenstern sehen: »Keine Iren erwünscht.« Man hatte also auch Angst vor den Iren. Der Chinese Exclusion Act von 1882 verfügte, dass in den nächsten zehn Jahren keine chinesischen Arbeiter mehr in die USA einwandern durften. Der Grund war die Angst vor der hohen Anzahl chinesischer Arbeiter an der Westküste. Die Angst vor den Juden veranlasste die Regierung der Vereinigten Staaten, 1939 keine Anlegeerlaubnis für die *MS St. Louis* zu erteilen. An Bord des Schiffs waren 900 Juden, die vor der Verfolgung in Europa flohen. Aber die »Reise der Verdammten« fand kein gutes Ende. Das Schiff musste nach Europa zurückkehren und viele der Passagiere starben in den Konzentrationslagern.

Niemand ist immun gegen Angst und ihre verheerenden Auswirkungen. Franklin Delano Roosevelt gilt als einer der größten US-Präsidenten. Er führte uns durch die Weltwirtschaftskrise mit diesen historischen Worten: »Wir müssen nichts fürchten außer die Furcht selbst.« Er steuerte die USA auch durch den Zweiten Weltkrieg. Und doch befolgte er sein eigenes Motto nicht. 1941, nach dem Angriff der kaiserlichen Marine Japans auf Pearl Harbor, gab er der Angst und der Fremdenfeindlichkeit nach und ließ mehr als 120 000 japanischstämmige Amerikaner in Lagern internieren, nur weil sie japanische Vorfahren hatten.

Wohlgemerkt, es wurden zur selben Zeit weder Deutsch- noch Italoamerikaner interniert, obwohl deren U-Boote die Schiffe der Alliierten versenkten. Zum Beispiel die *USS Reuben James*, die 1941 von einem deutschen U-Boot angegriffen wurde, wobei 115 Amerikaner ums Leben kamen. Gleichzeitig hielten Nazi-Unterstützer an der Ostküste große Versammlungen ab, zum Beispiel der German American Bund, der 1939 22 000 Nazi-Anhänger versammelte und dafür extra den Madison Square Garden in New York mietete. Das war offensichtlich in Ordnung, obwohl diese Vereinigung keinen Hehl daraus machte, dass sie Adolf Hitler verehrte. Aber japanische Vorfahren zu haben war ein Problem. Das ist die Gefahr, die von der Angst ausgeht, wenn Führungspersönlichkeiten ihr nicht entgegentreten.

In jüngerer Zeit heizen die Ängste der Menschen in den USA und anderen Ländern der Welt den Rechtsextremismus an. Die Angst vor Veränderung, vor Minderheiten, vor Farbigen, vor dem Abgehängtwerden, davor, den eigenen Job an Einwanderer zu verlieren oder von Flüchtlingen getötet zu werden, und so weiter. Heute fürchtet man Muslime, Mexikaner und Flüchtlinge aus Lateinamerika. Und morgen? Wir wissen nur eines: Die Geschichte hat uns gezeigt, was passieren kann, wenn wir die Wogen der Angst noch stärker aufpeitschen. Wo jemand Ängste schürt, muss gegen diese Ängste etwas unternommen werden.

Es liegt in der Verantwortung von außergewöhnlichen Menschen und würdigen Führungsgestalten, solche Ängste aufzudecken, ob sie nun real oder eingebildet sind, und die Menschen mit Zuversicht zu erfüllen – am Arbeitsplatz, zu Hause, in der Gemeinde oder wo auch immer.

Angst kann Menschen verkrüppeln. Dies haben auch die Forscher herausgefunden, die die bereits erwähnten rumänischen Waisenkinder untersucht haben. Wenn Kinder dauerhaft kein psychologisches Wohlbefinden erfahren, wenn sie ständig in Angst leben, dann können sie sich geistig nicht entwickeln. Ihre neuronalen Schaltkreise sind von der Angst besetzt. Sie sind zu verängstigt, um normale kognitive Fähigkeiten entwickeln zu können.

Selbst Erwachsene leiden darunter, wenn ihr Gehirn ständig von den Botenstoffen der Angst und des Misstrauens überschwemmt wird. Ich habe mit vielen Missbrauchsopfern geredet und weiß, wie sehr sie manchmal kognitiv überfordert sind: Sie können nicht mehr klar denken, ihr Erinnerungsvermögen ist getrübt und sie zeigen keinerlei Interesse mehr am Leben, solange die Angst besteht.

Wenn wir von Führungsqualitäten sprechen, dann verbinden wir damit häufig die Fähigkeit, Ideen zu haben, Visionen zu entwickeln und das Kommando zu übernehmen. Wir vergessen dabei, dass es zu den wichtigsten Aufgaben einer Führungskraft gehört, den Menschen ihre Ängste, gegen die niemand gefeit ist, zu nehmen; den irreleitenden Schleier der Irrationalität zu lichten und auf andere Perspektiven hinzuweisen, uns eine klarere Vision vor Augen zu stellen und uns zu ermutigen, unserem besseren Selbst zu folgen; irrationale Ängste nicht weiter zu schüren, sodass sie uns nicht blockieren, verletzen, ablenken, isolieren oder zerstören können.

Menschen, Gruppen oder Staaten, die in Angst leben, werden von dieser Angst in ihren Möglichkeiten beschnitten.

Eigenen und fremden Ängsten entgegenzutreten ist die Aufgabe außergewöhnlicher Menschen. Es ist die Aufgabe unserer Führungskräfte, aber auch eine Aufgabe, der Sie und ich und alle Menschen sich stellen müssen. Damit wir alle besser werden können. Denn Angst lässt sich nur durch konzentrierte Anstrengung besiegen, durch uns selbst oder mit der Hilfe anderer.

Wir standen da, während der Regen uns durchweichte, und warfen uns verstohlene Blicke zu. Wir lasen die Angst in den Gesichtern der anderen. Wir fürchteten die Angst. Wir richteten unsere Blicke auf den Berg hinter dem Regenschleier und schüttelten den Kopf. Die Angst hatte uns voll im Griff.

In dem Augenblick, in dem mir der heimtückische Gedanke: »Ich könnte einfach ins Büro zurückgehen und würde immer noch dasselbe Gehalt bekommen« durch den Kopf schoss, trat Matt, einer meiner Instruktoren, auf mich zu.

»Wovor hast du denn Angst, Joe?«, fragte er mich geradeheraus. Er redete nicht lange um den heißen Brei herum und deutete meine Blicke auf den windgepeitschten Berg korrekt.

Eine wirklich kluge Motivationsstrategie. Ich kann mich an keine andere Situation, weder vorher noch nachher, in meinem Erwachsenenleben erinnern, in der mir je ein Mensch diese Frage gestellt hätte. Vielleicht war er einfach nur ein Meister im Lesen von Gesichtern. Ich weiß es nicht. Aber er wusste, dass ich genau das brauchte. Das Problem, das wir lösen mussten, war: Wie würde ich mit der Angst in meinem Kopf fertigwerden?

»Ich habe Angst, es zu vermurksen und abzustürzen, nehme ich mal an«, antwortete ich unsicher und tastete dabei zum fünften Mal meine Taschen ab, ob ich wirklich auch alles Nötige eingesteckt hatte. Ich fühlte das kleine Glas Erdnussmus in meinen Cargohosen. Mehr würde ich an diesem Tag nicht essen. Vielleicht wollte ich ja eigentlich sagen: »Ich habe Angst, abzustürzen und zu sterben.« Ich hatte sogar Angst, das nur auszusprechen. Aber ich glaube, Matt verstand mich.

»Du wirst es nicht katastrophal vermurksen«, sagte er und lächelte. »Du weißt, was du zu tun hast. Noch wichtiger: *Ich* weiß, dass du das weißt. Und wenn du tatsächlich was vermurkst, was soll's? Du bist ja schließlich gesichert. Wenn du fällst, dann höchstens ein, zwei Meter. Aber du kannst auch unten bleiben, bei den Kollegen da.« Damit zeigte er auf eine Gruppe von Agenten, die sich weigerten, den Felshang zu erklettern. »Dann halte ich sofort den Mund. Oder du kannst Schritt für Schritt den Aufstieg angehen. Du sollst nur eines wissen, Agent Navarro«, fuhr er fort, und die förmliche Ansprache motivierte mich tatsächlich. »Ich würde dich nicht dort hinauflassen, wenn ich mir nicht sicher wäre, dass du das schaffst.« Er klopfte mir auf die Schulter, lächelte, drehte sich um und ging.

Ich kletterte also den Berg hinauf. Es dauerte fast fünf Stunden, weil wir zwischendrin immer wieder Rettungsaktionen einübten. Ich rutschte tatsächlich ab, aber nur einen Meter oder so. Genug jedenfalls, um mich an die Verhaltensweisen zu erinnern, die es dann zu beachten galt – schrei: »Ich falle!« und schütze Kopf und Hals mit den Armen. Stoß dich mit den Beinen vom Felsen ab. Dann nimmst du wieder Position ein und machst weiter. Kontrolliere, wer jetzt unter dir ist. Atme aus. Lass die Person, die dich sichert, wissen, dass du wieder klettern kannst. Streck die Arme, um die Milchsäure in den Muskeln zu verteilen. Und klettere weiter. Was ich tat. Langsam, vorsichtig, manchmal wenig elegant, stieg ich auf und kam gerade rechtzeitig an der Spitze an, um meine Teamkameraden begrüßen zu können, die aufgrund der Höhenwinde und der schwierigeren Strecken, die man ihnen zugewiesen hatte, mehr Probleme hatten als ich. Wir waren nass, unsere Ausrüstung vollkommen durchtränkt und daher schwer. Bei manchen Kameraden waren die Stiefel aus dem Leim gegangen. Jeder hatte Abschürfungen an Händen und Armen, wir zitterten – aber wir hatten es geschafft.

Da war der persönliche Triumph, einen schwierigen Berg bestiegen und die Angst besiegt zu haben. Der Hochgenuss, ein Glas Erdnussbutter zu futtern und diese mit faltigen, kalten, nassen und schmutzigen Fingerspitzen aus dem Glas zu pulen, weil ich beim Sturz meinen Löffel verloren hatte. Aber das Beste, das unerwartete Geschenk kam noch: Die Sonne brach durch die Wolken und beschien ein umwerfend grünes Tal. Andere mussten für so eine Aussicht bezahlen. Und das Allerbeste war: Als die Sonne die Wolken vertrieben hatte, erblickten wir einen Militärjet, einen Grumman EA 6B Prowler, der im Tiefflug das Tal durchquerte. Und wir schauten tatsächlich auf ihn hinunter. Er kam sogar so nahe, dass wir die vierköpfige Crew und selbst das Kniebrett des Piloten erkennen konnten. So niedrig flog die Maschine und so nah war sie uns. Dass ich meine Angst überwunden hatte, schenkte mir einen Anblick, den ich nie vergessen werde und der für immer in meinem Gedächtnis eingraviert bleiben wird. Und es lehrte mich eine Lektion, die ich zu schätzen wusste: Wir haben eine Verantwortung, wenn wir merken, dass ein anderer Angst hat.

Das Leben ist schon schwer genug mit all diesen Momenten, in denen die Angst uns lähmen kann. Da brauchen wir nicht auch noch jemanden, der diese Ängste zusätzlich schürt. Wir sollten vielmehr jenen Bewunderung zollen, die ihre Angst überwinden und anderen zeigen können, wie das geht. Außergewöhnliche Menschen betrachten es als ihre Pflicht, Ängste zu lindern. Wenn die Aktienmärkte in die Knie gehen, wenn ein neuer Hurrikan im Golf von Mexiko tobt, wenn eine Pandemie unsere gewohnte Lebensweise bedroht, dann werden wir jene Menschen – Frauen, Männer, Einzelne oder Gruppen – zu schätzen wissen, die unsere Ängste besänftigen.

Wie würde die Welt aussehen, hätten wir nicht diese Standhaften, die uns Wohlbefinden schenken und unsere Ängste zerstreuen? Unser Leben ist so viel besser, weil es diese Menschen gibt, so bescheiden sie auch sein mögen – eine Großmutter, eine Tante, ein Lehrer, ein alter Freund, ja selbst ein gütiger Fremder. Menschen jedenfalls, die anderen Wohlbefinden schenken wollen und ihre Ängste lindern.

Aber wie das mit allen sozialen Aktivitäten so ist, hängt es ganz von uns ab, ob wir anderen ihre Ängste nehmen können. Es hängt davon ab, wie gut wir vorbereitet sind und inwieweit wir zum Handeln bereit sind. Dazu braucht es jene Innenschau und jenes Selbstgewahrsein, das nur durch Selbstdisziplin erlangt werden kann. Dann tragen uns unsere Überzeugungen und wir erkennen die Angst, wenn wir sie sehen. Das erfordert eine scharfe Beobachtungsgabe, damit wir herausfinden, was genau der Betreffende braucht und wann. Nur so können wir kommunizieren und sozial handeln.

Wenn wir Ängste lindern und psychologisches Wohlbefinden fördern, helfen wir anderen, ihr volles Potenzial auszuschöpfen. Wir schaffen jene Fundamente, die für das Glück nötig sind. Das erlaubt uns, jene Berge zu überwinden, die sich uns in den Weg stellen mögen.

Angst hat eine klare Funktion – sie soll unser Überleben sichern. Gleichzeitig aber hindert sie uns daran, zu wachsen und zu gedeihen. Das ist nur möglich, wenn wir uns wohlfühlen. Außergewöhnliche Menschen verstehen dies und arbeiten daran, unser Leben zu verbessern: 1) indem sie jene Ängste lindern, die uns lähmen, und 2) indem sie uns das psychologische Wohlbefinden schenken, das uns erlaubt, das Leben in vollen Zügen zu genießen.

Wir kommen also an den Punkt, an dem wir uns selbst gründlich unter die Lupe nehmen müssen. Jeder von uns – ob als Elternteil, als Angestellter, als Manager, als Führungskraft, als CEO, als Vertreter, als Offizier, als Arzt, als Sanitäter, als Bürger – muss sich fragen: Wenn diese beiden Punkte einen außergewöhnlichen Menschen ausmachen, wo stehe ich da? Versuche ich, ihnen a) immer, b) manchmal oder c) selten gerecht zu werden? Sind sie für mein Leben bestimmend – und wenn nicht, warum nicht?

Das sind ernüchternde Fragen, aber wir stehen an einem Punkt, an dem wir uns dieser Selbstprüfung nicht mehr entziehen können. Im 21. Jahrhundert, in einer aufgeklärten Welt ist dies der neue Goldstandard: Wie sehr tragen wir zum psychologischen Wohlbefinden der Menschen bei? Und wie sehr besänftigen wir ihre Ängste?

Es sind zwei starke Konzepte, nur zwei. Aber wenn ich zurückblicke auf fünf Jahrzehnte des Studiums außergewöhnlicher Menschen, dann sind es diese zwei, die alles andere überragen. Sie sind es, die für das Leben und die Welt tatsächlich einen Unterschied bedeuten. Entscheiden Sie sich für diese beiden Leitgedanken, und Ihr Leben wird nicht nur besser sein, sondern auch edler. Und Ihre Mitmenschen werden es Ihnen danken.

Und dann – nur dann – steigen Sie auf in die Reihen der außergewöhnlichen Menschen.

Zu guter Letzt

Wer sind wir, wenn nicht Menschen, die sich an ihrer Wirkung auf andere messen? Denn nur das sind wir wirklich! Wir sind nicht, was wir über uns sagen. Wir sind nicht, wer wir gerne wären – wir sind vielmehr die Summe aller Einflüsse, die wir im Laufe unseres Lebens auf andere ausgeübt haben.

Carl Sagan

Wir haben dieses Buch mit einer Frage begonnen: Was macht einen außergewöhnlichen Menschen aus? Jetzt, da wir uns ausgiebig mit dieser Frage beschäftigt haben, fragen Sie sich vermutlich: Bin ich nun außergewöhnlich oder nicht? Ehe Sie sich für eine Antwort entscheiden, überlegen Sie einen Moment: Wie würde ein außergewöhnlicher Mensch auf diese Frage reagieren?

Als ich mir selbst diese Frage stellte, zögerte ich mit einem Urteil. Meine Schwachstellen erinnern mich ständig daran, dass die Arbeit an einem selbst nie weniger wird, ganz im Gegenteil. Und am Ende sind nicht wir es, die diese Frage beantworten, sondern unsere Mitmenschen.

Wenn dem so ist, wie sollte unsere Selbstbefragung dann aussehen? Welche Fragen würde ein außergewöhnlicher Mensch sich stellen? Möglicherweise die folgenden: Was habe ich bisher gelernt? Und wo gibt es noch Entwicklungsmöglichkeiten?

Außergewöhnliche Menschen lehnen sich nicht zurück, um sich auf die Schulter zu klopfen oder ihre Leistungen in den sozialen Medien aufzulisten. Sie sind viel zu sehr damit beschäftigt, ihre Leistung zu verbessern. Natürlich genießen auch sie hier und da ihren wohlverdienten Erfolg, dann aber gehen sie wieder zur Tagesordnung über. Ein außergewöhnlicher Mensch sein zu wollen ist ein Lebenswerk, kein Turnier, das es zu gewinnen gilt.

Ist es nicht das, was wir an außergewöhnlichen Menschen so anziehend finden? Oder das, was sie ausmacht? Sie geben nie auf, wenn es um Selbstverbesserung geht oder darum, sich selbst und anderen das Leben zu erleichtern.

Das Leben zu erleichtern. Das hört sich nicht sonderlich schwierig an. Auch eine Geige mit ihren vier Saiten und einem Bogen scheint kein besonders komplizierter Gegenstand zu sein – aber darauf eine Weltklasseleistung abzuliefern ist alles andere als einfach. Und dasselbe gilt für den Weg zum Außergewöhnlichsein. Denn was dazu erforderlich ist, ist für alle Menschen gleich: strenge Disziplin, Engagement, Übung. Und die Wertschätzung für alles, was dazu nötig ist.

Außergewöhnliche Menschen werden nicht als solche geboren. Sie arbeiten vielmehr darauf hin. Und das ist gut so – denn es heißt, dass auch Sie oder ich dieses Niveau erreichen können. Aus welch einfachen Verhältnissen wir auch stammen mögen, wir können die Herrschaft über uns selbst erreichen – indem wir fürsorgliche und verantwortungsbewusste Hüter all dessen werden, was wir lernen, denken, wissen, sagen und tun – um dann unsere behütende Hand über die Welt zu halten, damit auch andere davon profitieren können.

Unsere intellektuelle und emotionale Beherrschung macht uns zu ebensolchen Hütern – Menschen, auf die man sich verlassen kann. Unser Handeln zeigt, dass wir uns kümmern, dass wir uns Achtung und Vertrauen verdienen wollen. Wir lehren, inspirieren und führen durch unser Vorbild. Als Hüter geben wir uns Mühe, wir arbeiten, suchen, handeln, lernen, verbessern … und wir hören niemals auf oder bilden uns ein, unser Werk sei ein für alle Mal getan.

Als Hüter der fünf Grundpfeiler bleiben wir nicht einfach stehen, weil wir denken, das Ziel erreicht zu haben. Das Leben kennt solche Zielgeraden nicht. Die Haltung des Hüters muss gehegt, geteilt und vererbt werden, von einem auf den anderen Menschen. Die fünf Grundpfeiler des Außergewöhnlichen haben wir erlernt, vorgelebt und anderen vererbt. Dies ist der große Zyklus des menschlichen Lebens:

- Durch *Selbstdisziplin* schaffen wir die inneren Ressourcen, um unsere Ziele zu erreichen und sie in der Folge höher zu stecken.
- Durch scharfe *Beobachtung* lernen wir, was nötig ist, um Situationen und Beziehungen zu verbessern.
- Wir bauen Beziehungen auf, indem wir rechtzeitig einschätzen und *kommunizieren*, was am wichtigsten ist.
- Auf diese Weise versetzen wir uns in die Lage, sozial zu *handeln*, damit wir unsere positiven Absichten in konkrete Schritte hin zur Veränderung umwandeln können.
- So erreichen wir das letztendliche Ziel: Wir lindern Ängste und schaffen *psychologisches Wohlbefinden* – das wertvollste Geschenk, nach dem die Menschen streben, und unsere größte Stärke, wenn wir auf andere Einfluss ausüben wollen.

Wenn diese fünf Grundpfeiler im Einklang stehen, dann bringen sie etwas hervor, was mehr ist als die Summe ihrer Teile: den außergewöhnlichen Menschen. Sie klingen zusammen, um Sie darauf vorzubereiten, mehr und Besseres zu leisten, sodass Sie Ihr Umfeld positiv beeinflussen können. Gleichzeitig werden Sie so selbst immer stärker: Durch Üben schärfen Sie Ihre Fähigkeit der Selbstdisziplin, der genauen Beobachtung und Analyse, damit Sie rechtzeitig und effektiv handeln können. So lernen außergewöhnliche Menschen vom Leben: indem sie aktiv werden. Die Weisheit, die Sie so ansammeln, schafft die Voraussetzungen, dass Sie ein wertvolleres Leben führen können – und sie macht Sie zu einer würdigen Führungskraft.

Außergewöhnlich zu sein ist etwas, was wir selbst in der Hand haben. Es liegt einzig an uns. Es beginnt in dem Augenblick, in dem wir die Verhaltensweisen und Haltungen kultivieren und einüben, die uns helfen, die fünf Grundpfeiler zu meistern. Wir wissen: Um außergewöhnlich zu sein, müssen wir außergewöhnliche Dinge tun. Und das erfordert einige Anstrengung, wie das bei wichtigen Dingen nun mal so ist. Aber die Vorteile werden, wie wir ohne Übertreibung sagen können, unser Leben verändern.

Sie haben nun eine Landkarte vor sich, die Verantwortung, Authentizität, Transparenz, Vertrauen, Resilienz, Gewissenhaftigkeit, Mitgefühl und Anstand zu einer einzigartigen Landschaft verbindet, und zwar nicht als einzelne Qualitäten, die sich da und dort erheben und auf die Sie zuhalten müssen. Sie bilden vielmehr ein ganzheitliches Modell für ein gelungenes, prinzipientreues Leben. Diese vielgeschätzten Qualitäten gehen einher mit den höchsten Idealen von Menschlichkeit, Mut, Erfindungsreichtum, Führerschaft, Demut, Mitgefühl und Weisheit. Und sie sind für uns in Reichweite. Wir können erfolgreich und menschlich sein, fürsorglich und trotzdem voller hoher Erwartungen an andere, ehrgeizig und innovativ, aber auch aufmerksam und sozial. Und wir müssen unseren Weg dahin keineswegs allein finden. Wir haben ein praktikables Modell für Leistung und für eine Lebensphilosophie, die den Menschen als Hüter dieser Eigenschaften sieht. Es liegt letztlich nur an Ihnen, ob Sie diesen Weg gehen wollen.

Natürlich sind auch wir nur Menschen, und manchmal rutschen wir eben aus. Dann müssen wir einen Schritt zurück tun oder eine Rast einlegen. Aber sich wieder auf den Weg zu machen, fordert uns nicht mehr ab, als lediglich einen Fuß vor den anderen zu setzen. Außergewöhnlich zu sein heißt nicht, dass Sie perfekt sein müssen. Es geht vielmehr darum, dass wir daran arbeiten, in den wichtigsten Dingen besser zu werden, für uns selbst und andere. Und auch wenn wir niemals aufhören könnten, an uns zu arbeiten, auch wenn es noch viel Raum für Verbesserung gibt, so sind die Vorteile, die uns diese Arbeit bringen, es wert, dass wir weiterhin unser Bestes geben.

Fangen Sie noch heute damit an. Zögern Sie nicht eine Minute länger – machen Sie sich auf Ihren persönlichen Weg. Sie haben alles, was Sie brauchen. Forschen Sie, lernen Sie, stellen Sie Fragen. Reisen Sie, bleiben Sie neugierig, lernen Sie neue Menschen kennen und neue Dinge. Bleiben Sie innovativ, helfen Sie anderen, die von Angst oder Problemen geplagt werden. Sorgen Sie bei anderen Menschen für psychologisches Wohlbefinden. Ergreifen Sie die Chance, Ihren positiven Einfluss zu vergrößern – und hören Sie damit niemals auf.

Ich wünsche Ihnen auf diesem Pfad das Allerbeste. Er wird sich vor Ihnen öffnen und Sie werden Gelegenheit haben, hin und wieder zurückzublicken und abzuschätzen, wie weit Sie gekommen sind. Man wird Ihnen verzeihen, wenn Sie mal lächeln, denn es wird genug Menschen geben, die Ihr Lächeln dankbar erwidern. Ein »gut gemacht« ist angebracht für ein besser gelebtes Leben, für ein besser gestaltetes Schicksal. Und dann setzen Sie Ihre Reise fort und freuen sich Ihres Weges. Denn dies ist Ihre Leistung, Ihr Erbe, das, was am meisten zählt – Ihre ganz persönliche Reise dahin, außergewöhnlich zu sein.

Danksagung

Am Ende jedes Schreibabenteuers atme ich tief aus und nutze die Gelegenheit, darüber nachzudenken, welche Menschen mich auf diesem Weg begleitet haben. Meiner Frau Thryth danke ich für ihre liebende Unterstützung, ihre Ermutigung und ihre Geduld mit mir. Meiner Tochter Stephanie danke ich, weil sie mein größter Cheerleader ist. Und meiner Familie nah und fern: Ich stehe mit geneigtem Kopf vor euch und danke euch von Herzen.

In meinem Innersten liegt ein magisches Labyrinth von kostbaren Lehren, die meine Eltern mir erteilten. Auch wenn sie mittlerweile fern sind, sind sie zwei außergewöhnliche Menschen, die mich durch ihr Vorbild und ihre Entscheidungen zu dem machten, was ich wurde. Ich bin ihnen auf ewig zu Dank verpflichtet.

Ich hätte mich nie an dieses Projekt gewagt ohne Toni Sciarra Poynter, die mich dabei unterstützt hat. Sie ist meine Schreibpartnerin und hat mich angeleitet, ermahnt und mich an viele Dinge erinnert, während sie meinen Blick gleichzeitig für andere Perspektiven geöffnet hat. Ohne ihre Einsichten, ihre bohrenden Fragen, ihre Großzügigkeit und ihre Begabung als Ghostwriterin und Redakteurin wäre dieses Buch nie möglich gewesen. Sie ist am Ball geblieben und hat die Entwicklung meiner Ideen von Anfang an begleitet – seit nunmehr fast zwölf Jahren. Danke, Toni! Du bist einzigartig.

Steve Ross (von der SteveRossAgency.com) ist mein Agent und Freund. Ich bewundere seine Weisheit, die dazu beigetragen hat, dass dieses Projekt das Licht der Welt erblickte. Dafür bin ich Dir unglaublich dankbar. Steve ist der Traum eines jeden Schriftstellers – er öffnet dort Türen, wo sie eigentlich verschlossen scheinen.

Nick Amphlett ist mein Lektor bei HarperCollins: Ich danke Dir für ein ganzes Jahrzehnt der Zusammenarbeit. Nick schärft meine Vision, befeuert meine Begeisterung und hat sich mit seiner gütigen Führung und dem sanften Nachdruck zu einer wichtigen Inspiration entwickelt, weil er einfach zu jenen gehört, die sich kümmern. Mit Nick zu arbeiten ist die reinste Freude. Ich schätze mich glücklich, dass er meine Bemühungen unterstützt.

Meine Dankbarkeit geht auch an Liate Stehlik, Herausgeberin, und Ben Steinberg, stellvertretender Herausgeber, bei HarperCollins, die mir auch schon seit Jahren beistehen. Es ist mir eine Freude, dass der Großteil meiner Bücher bei HarperCollins erscheint. Diese beiden sind mit ein Grund dafür.

Kein Buch erblickt je das Licht der Welt, ohne dass eine ganze Reihe Menschen daran beteiligt sind. Das gilt auch für die Herstellerin Andrea Molitor und die Korrektorin Laurie McGee – beide haben dieses Manuskript zum Buch gemacht. Danke! Bianca Flores aus der Werbeabteilung ist immer wieder auf mich zugekommen, um für das Buch eine Kampagne zu finden, die ihrer würdig war. Kayleigh George war für das Marketing zuständig, Rich Aquan hat das Cover gestaltet. Cathy Barbosa-Ross hat sich um die Vermarktung der Lizenzen im Ausland und die Übersetzung bemüht. Ich danke Euch einmal mehr. Gut gemacht! Ein dickes Dankeschön an Euch alle!

Als Schriftsteller ist es meine Verantwortung, Sie richtig und gewissenhaft zu informieren. Ich habe versucht, meine Gedanken und Worte so klar wie möglich zu formulieren. Wenn es trotzdem zu Missverständnissen gekommen sein sollte, dann liegt das allein an mir.

Joe Navarro, Tampa (Florida)

Es ist immer ein Privileg, mit Joe Navarro zu arbeiten. Joe, ich danke Dir, dass Du mich mitgenommen hast auf Deine Reise und dass Du für unsere gemeinsame Arbeit immer Dein Bestes gibst. Du liebst es, mit Ideen zu spielen, kannst es kaum erwarten, die nächste Version durchzuarbeiten und Deine Sicht der Dinge darzulegen – bis hinunter auf die Wortebene. Damit spornst Du mein Denken an, in neue Richtungen zu gehen. Unsere Telefonate, unser Austausch auf dem Papier sind immer hochinteressant. Es war ein Vergnügen, dir zuzusehen, wie Deine Vorstellungen im Laufe des Schreibprozesses Gestalt annahmen. Ich hoffe, dass sie für andere genauso inspirierend sind, wie sie es für mich waren.

An Nick Amphlett: Danke für den scharfen Blick, den Respekt und die Begeisterung, mit denen Du an die Buchredaktion gehst. Diese Eigenschaften sind für jeden Lektor unentbehrlich und hochgeschätzt, sobald ein Manuskript – in dem so viel Arbeit und Herzblut steckt – in andere Hände übergeht. Deine Anmerkungen haben uns geholfen, bestimmte Informationen neu zu sehen. Danke.

An Steve Ross, unseren Agenten: Du hast dieses Projekt an entscheidenden Stellen mitgeprägt. Deine Fürsprache hat es in Druckform gebracht. Danke, Steve.

Ich danke meiner Schwester Leslie, weil sie immer ein offenes Ohr für mich hat, ganz egal, ob ich gerade Unsinn rede oder nicht. Meine Liebe und mein Dank gehen an Dona, Fern und Mackenzie für Eure Ermutigung und Ablenkung, wenn beides nötig war.

Mein Mann Donald unterstützt mich seit jeher auf vielfältige Weise. Du verstehst den kreativen Prozess. Dafür – und wegen unserer unzähligen Gespräche über das Handwerk des Schreibens – schätze ich mich glücklich. Konkret drückt sich das in Abendessen aus, bei denen Du ohne zu klagen kochst, servierst und danach noch das Geschirr abräumst. Du nimmst es mit Humor, wenn die Hausarbeit mal wieder liegen blieb. Und mit Toleranz, wenn ich mich an Gespräche nicht erinnere oder unsere Pläne durch Abgabetermine durchkreuzt werden. Vor allem aber möchte ich Dir danken, weil Du meine gute Seele bist.

Toni Sciarra Poynter, New York

Bibliografie

Abitz, Damgaard et al., »Excess of neurons in the human newborn mediodorsal thalamus compared with that of the adult«, in: *Cerebral Cortex, 17* (11), 2007, S. 2573–2578.

Aburdene, Patricia, *Megatrends 2010: The rise of conscious capitalism*, Charlottesville 2007.

Ackerman, J. M. et al. (2010), »Incidental haptics sensations influence social judgments and decision«, in: *Science* Bd. 328, 25. Juni 2010, S. 1712–1714.

Adlaf, Elena W. et al., »Adult-born neurons modify excitatory synaptic transmission to existing neurons«, in: *eLife* 2017; doi:10.7554/eLife.19886.

Adler, Ronald B., Rodman, George, *Understanding Human Communication*, New York 1988.

Agha, R. A., Fowler, A. J., »The role and validity of surgical simulation«, in: *International Surgery*, *100*(2), 2015, S. 350–357. https://www.ncbi.nlm.nih.gov/pmc/articles/PMC4337453/ (abgerufen am 01.07.2021).

Alessandra, Tony, O'Connor, Michael J., *The Platinum Rule: Discover the Four Basic Business Personalities and How They Can Lead You to Success*, New York 1996.

Allen, David, *Wie ich die Dinge geregelt kriege*, München 2015.

Allport, Gordon, *The Nature of Prejudice*, Cambridge (Mass.) 1954.

Ariely, Dan, *The Hidden Logic That Shapes Our Motivations,* New York 2016.

Arthur, W., Graziano, W. G., »The five-factor model, conscientiousness, and driving accident involvement«, in: *Journal of Personality*. 64(3), 1996, S. 593-618.

Azvolinsky, Anna, »Free Divers From Southeast Asia Evolved Bigger Spleens«, in: *The Scientist*, 19. April 2018, https://www.the-scientist.com/news-opinion/free-divers-from-southeast-asia-evolved-bigger-spleens-30871 (abgerufen: am 01.07.2021).

Babiak, Paul, Hare, Robert D., *Menschenschinder oder Manager*, München 2007.

Bacon, Terry R., Pugh, David, G., *Winning behavior: what the smartest, most successful companies do differently*, New York 2003.

Baer, Drake, »This Personality Trait Predicts Success«, in: *Business Insider*, 30. April 2014, https://www.businessinsider.com/conscientiousness-predicts-success-2014-4 (abgerufen am 01.07.2021).

Bahrampour, Tara, »Romanian Orphans Subjected to Deprivation Must Now Deal with Dysfunction«, in: *The Washington Post,* 30. Januar 2014, https://www.washingtonpost.com/local/romanian-orphans-subjected-to-deprivation-must-now-deal-with-disfunction/2014/01/30/a9dbea6c-5d13-11e3-be07-006c776266ed_story.html (abgerufen am 01.07.2021).

Bailey, Melissa, »5 Bizarre, Low-Tech Tools Surgeons Have Used to Practice Human Operations«, in: *Business Insider,* 25. Januar 2016, https://www.businessinsider.com/low-tech-surgeons-training-2016-1 (abgerufen am 01.07.2021).

Baker, L.M. jr. et al., »Moving Mountains«, in: *Harvard Business Review on The Persuasive Leader*, Boston 2008, S. 51-66.

Ball, Philip, *Critical Mass: How One Thing Leads to Another,* New York 2004.

Barraza, Jorge A., Zack, Paul J., »Empathy Toward Strangers Triggers Oxytocin Release and Subsequent Generosity« in: *Annals Of The New York Academy Of Sciences 1667*, Nr. 1, Juni 2009, S. 182-189.

Bartleby, »Questionable behaviour: companies are relying more and more on psychometric tests«, in: *The Economist*, 5. November 2020, https://www.economist.com/business/2020/11/05/questionable-behaviour?utm_campaign=editorial-social&utm_medium=social-organic&utm_source=twitter (abgerufen am 01.07.2021).

Begley, Sharon, »Racism Studies Find Rational Part of Brain Can Override Prejudice«, in: *Wall Street Journal*, 19. November 2004, S. B1.

Bergland, Christopher, »How Do Neuroplasticity and Neurogenesis Rewire Your Brain? New research identifies how the birth of new neurons can reshape the brain«, in: *Psychology Today Blog* vom 6. Februar 2017, https://www.psychologytoday.com/us/blog/the-athletes-way/201702/how-do-neuroplasticity-and-neurogenesis-rewire-your-brain (abgerufen am 01.07.2021).

Bertrand, Marianne, Mullainathan, Sendhil, »Are Emily and Greg More Employable Than Lakisha and Jamal?«, in: *American Economic Review 94*, 2004, S. 991-1013.

Boorstin, Daniel J., *Die Entdecker: Das Abenteuer des Menschen, sich und die Welt zu erkennen*, Basel 1985.

Borunda, Alejandra, »We still don't know the full impacts of the BP oil spill, 10 years later«, in: *National Geographic*, 20. April 2020, https://www.nationalgeographic.com/science/2020/04/bp-oil-spill-still-dont-know-effects-decade-later/ (abgerufen am 01.07.2021).

Boston Globe, The Investigative Staff, *Betrayal: The Crisis in the Catholic Church*, New York 2002.

Campbell, Joseph, *Der Heros in tausend Gestalten*, Frankfurt a. M. 2011.

Campbell, Joseph, Moyers, Bill D., Flowers, Betty S., *The Power of Myth*, New York 1991.

Campos, Joseph, Clinnert, Mary D. et al., »Emotions as behavior regulators in infancy: social referencing in infancy« in: Plutchik, Robert, Kellerman, Henry (Hrsg.), *Emotion: theory, research, and experience*, New York 1983, S. 57-86.

Canadian Museum of History, *The Maya Calendar*, https://www.historymuseum.ca/cmc/exhibitions/civil/maya/mmc06eng.html (abgerufen am 01.07.2021).

Carnegie, Dale, *Wie man Freunde gewinnt: Die Kunst, beliebt und einflussreich zu werden*, Frankfurt a. M. 2011.

Catlette, Bill, Hadden, Richard, *Contented cows give better milk: The plain truth about employee relations and your bottom line,* Germantown 2001.

Chamberlain, Andrew, »What Matters More to Your Workforce than Money«, in: *Forbes*, 17. Januar 2017, https://hbr.org/2017/01/what-matters-more-to-your-workforce-than-money (abgerufen am 01.07.2021).

Champy, James, Nitin, Nohria, *The Arc of Ambition: Defining the Leadership Journey,* Chichester 2000.

Chokshi, Niraj, »Boeing 737 Max Is Cleared by F.A.A. to Fly Again«, in: *New York Times*, 18. November 2020, https://www.nytimes.com/2020/11/18/business/boeing-737-max-faa.html?campaign_id=60&emc=edit_na_20201118&instance_id=0&nl=breaking-news&ref=headline&regi_id=55934149&segment_id=44807&user_id=a3c307e02448124bd26ace3907d12532 (abgerufen am 01.07.2021).

Christensen, Clayton M., Allworth, James, Dillon, Karen, *How will you measure your life? Finding Fulfilment Using Lessons From Some of the World's Greatest Businesses,* New York 2012.

Churchill, Winston S., *Der zweite Weltkrieg,* Frankfurt a. M. 2003.

Cialdini, Robert B., »Harnessing the Science of Persuasion«, in: *Harvard Business Review on The Persuasive Leader*, Boston 2008, S. 29-51.

Coan, J. A., Schaefer, H. S., Davidson, R. J., »Lending a hand: Social regulation of the neural response to threat«, in: *Psychological Science*, 17, 2006, S. 1032–1039.

Coffey, Wayne, »Novak Djokovic out of U.S. Open after hitting lineswoman with tennis ball«, in: *USA Today Sports*, 6. September 2020, https://www.usatoday.com/story/sports/tennis/open/2020/09/06/novak-djokovic-us-open-default-disqualified/5735697002/ (abgerufen am 01.07.2021).

Collier, Peter, *Medal of Honor: Portraits of Valor Beyond The Call of Duty*, New York 2016.

Collins, Jim, *Der Weg zu den Besten*, Frankfurt a. M. 2011.

Conti, G., Heckman, J. J., »Understanding conscientiousness across the life course: An economic perspective«, in: *Developmental Psychology*, 50, 2014, S. 1451-1459.

Cossar, Rachel, *When You Can't Meet in Person: A Guide to Mastering Virtual Presence and Communication,* Amazon/Kindle 2020.

Covert, Jack, Sattersten, Todd, *Die 100 besten Wirtschaftsbücher aller Zeiten,* Hamburg 2011.

Covey, Stephen M. R., *Schnelligkeit durch Vertrauen,* Leipzig 2020.

Covey, Stephen M.R., *Die 7 Wege zur Effektivität,* Offenbach 2021.

Coyle, Daniel, *The Culture Code: The Secrets of Highly Successful Groups*, New York 2018.

Coyle, Daniel, *Erfolg braucht kein Talent,* München 2019.

Csíkszentmihályi, Mihály, *Kreativität,* Stuttgart 2010.

Csikszentmihalyi, Mihaly, *Flow,* Stuttgart 2017.

Cuddy, Amy, *Ohne Worte alles sagen,* München 2020.

Davidson, Richard, Begley, Sharon, *Warum regst du dich so auf?*, München 2017.

De Becker, Gavin, *Vertraue deiner Angst*, München 2017.

Densen, Peter, »Challenges and Opportunities Facing Medical Education«, in: *Transactions of the American Clinical and Climatological Association*, 122, 2011, S. 48–58, https://www.ncbi.nlm.nih.gov/pmc/articles/PMC3116346/ (abgerufen am 01.07.2021).

Dinich, Heather, *Power, control and legacy: Bob Knight's last days at IU*, ESPN, 29. November 2018, https://www.espn.com/mens-college-basketball/story/_/id/23017830/bob-knight-indiana-hoosiers-firing-lesson-college-coaches (abgerufen am 01.07.2021).

Dreeke, Robin, *It's Not All About Me: The Top Ten Techniques for Building Quick Rapport with Anyone,* Amazon/Kindle 2011.

Dreeke, Robin, *The Code of Trust: An American Counter Intelligence Experts Five Rules to Lead and Succeed,* New York 2017.

Drucker, Peter F., *The Effective Executive: Effektivität und Handlungsfähigkeit in der Führungsrolle gewinnen*, München 2014.

Duhigg, Charles, *Die Macht der Gewohnheit,* München 2014.

Ekman, Paul, *Unmasking the Face,* New Jersey 1975.

Ekman, Paul, *Gesichtsausdruck und Gefühl,* Paderborn 1988.

Ericsson, K. Anders, Krampe, Ralf Th., Tesch-Romer, Clemens, »The Role of Deliberate Practice in the Acquisition of Expert Performance«, in: *Psychological Review 1993*, Bd. 100. Nr. 3, S. 363-406 [1].

Ericsson, Anders, Pool, Robert, *Top: Die neue Wissenschaft vom bewussten Lernen,* München 2016.

Etcoff, Nancy, *Nur die Schönsten überleben*, Kreuzlingen 2001.

Ferrazzi, Keith, *Geh nie alleine essen und andere Geheimnisse rund um Networking und Erfolg,* books4success, 2020.

Frank, Anne, *Tagebuch*, Frankfurt a. M. 2001.

Friedman, H. S., Kern, M. L., »Personality, well-being, and health«, in: *Annual Review of Psychology*, 65, 2014, S. 719-742.

Fronk, Amanda K., »Killer Season«, in: *BYU Magazine*, Bd. 73 (1), 2019, S. 11.

Galinsky, Ellen, *Mind in the Making: The seven essential life skills every child needs*, New York 2010.

Gallace, Alberto, Spence, Charles, »The science of interpersonal touch: An overview«, in: *Neuroscience and Biobehavioral Reviews 34,* 2010, S. 246–259.

Gallo, Carmine, *Talk Like TED: Die 9 Geheimnisse der weltbesten Redner,* München 2016.

Gallo, Carmine, *Was wir von Steve Jobs lernen können*, München 2017.

Gardner, Howard, *Intelligenzen – die Vielfalt des menschlichen Geistes*, Stuttgart 2013.

Gates, Robert M., *Duty: Memoirs Of A Secretary at War,* New York 2014.

Gates, Robert M., *A Passion for Leadership: Lessons on change and Reform From Fifty Years of Public Service,* New York 2016.

Gibbens, Sarah, »›Sea Nomads‹ Are First Known Humans Genetically Adapted to Diving«, in: *National Geographic,* 19. April 2018, https://

www.nationalgeographic.com/science/article/bajau-sea-nomads-free-diving-spleen-science (abgerufen am 01.07.2021).

Givens, David G., *Körpersprache der Liebe,* München 2006.

Givens, David G., *Die Macht der Körpersprache,* München 2011.

Gladwell, Malcolm, *Blink – die Macht des Moments,* Frankfurt a. M. 2005.

Gladwell, Malcom, *Was der Hund sah,* Frankfurt a. M. 2013.

Gladwell, Malcom, *Tipping Point: Wie kleine Dinge Großes bewirken können,* München 2016.

Goldstein, Noah, Martin, Steve J., Cialdini, Robert B., *Yes! Andere überzeugen, 60 wissenschaftlich gesicherte Geheimrezepte,* Bern 2018.

Goleman, Daniel, *EQ – Emotionale Intelligenz,* München 1997.

Goleman, Daniel, *Konzentriert euch – eine Anleitung zum modernen Leben,* München 2015.

Goleman, Daniel, *Soziale Intelligenz*, München 2017.

Goodall, Jane, *Mein Leben mit den Schimpansen*, Reinbek 1991.

Goodall-van Lawick, Jane, *Wilde Schimpansen: 10 Jahre Verhaltensforschung am Gombe-Strom*, Gütersloh 1974.

Gottfried, Sophia, »*Niksen* Is the Dutch Lifestyle Concept of Doing Nothing—And You're About to See It Everywhere«, in: *Time,* 12. Juli 2019, https://time.com/5622094/what-is-niksen/ (abgerufen am 01.07.2021).

Grant, Adam, *Geben und Nehmen*, München 2016.

Greene, Melissa Fay, » 30 Years Ago, Romania Deprived Thousands of Babies of Human Contact. Here's what's become of them«, in: *The Atlantic*, 23. Juni 2020, https://www.theatlantic.com/magazine/archive/2020/07/can-an-unloved-child-learn-to-love/612253/ (abgerufen am 01.07.2021).

Greene, Robert, *Power: die 48 Gesetze der Macht,* Berlin 2013.

Greene, Robert, *Die Gesetze der menschlichen Natur,* München 2019.

Groll, Elias, »Shinzo Abe Regrets but Declines to Apologize for Japan's WWII Actions – The Japanese leader is trying to overhaul his country's constitution to allow for a more assertive military«, in: *Foreign Policy,* 14. August 2015, https://foreignpolicy.com/2015/08/14/

shinzo-abe-regrets-but-declines-to-apologize-for-japans-wwii-actions/ (abgerufen am 01.07.2021).

Grove, Andrew, *Nur die Paranoiden überleben*, München 1999.

Haidt, Jonathan, *Die Glückshypothese*, Kirchzarten 2017.

Hardach, Sophie, »Do Babies Cry In Different Languages?«, in: *The New York Times*, 4. April 2020, https://www.nytimes.com/2020/04/15/parenting/baby/wermke-prespeech-development-wurzburg.html (abgerufen am 01.07.2021).

Hardy, Benjamin, »23 Michael Jordan Quotes That Will Immediately Boost Your Confidence«, in: *INC* 15. April 2016, https://www.inc.com/benjamin-p-hardy/23-michael-jordan-quotes-that-will-immediately-boost-your-confidence.html (abgerufen am 01.07.2021).

Harlow, H. F., Zimmerman, R. R., »Affectional responses in the infant monkey«, in: *Science 130*, 1959, S. 421–432.

Harrell, Keith, *Attitude is Everything*, New York 2005.

Hartman, Steve, »A School Bus Driver's Special Delivery«, in: *CBS Sunday Morning*, 26. Mai 2019, https://www.cbsnews.com/video/a-school-bus-drivers-special-delivery/?ftag=CNM-0010aab6i&linkId=68113756&fbclid=IwAR0e0a3EF3KP0BLaFwCCpYyI_jOUi86B3B-WDHpSJVkUg8sscTNXVuAckbWs (abgerufen am 01.07.2021).

Harvard Medical School, »The power of the placebo effect: Treating yourself with your mind is possible, but there is more to the placebo effect than positive thinking«, *Harvard Health Publishing*, Mai 2019, https://www.health.harvard.edu/mental-health/the-power-of-the-placebo-effect (abgerufen am 01.07.2021).

Harvard University, »Project Implicit« 2007, https://implicit.harvard.edu/implicit (abgerufen am 25.06.2021).

Heathfield, Susan M., »10 Tips to Promote Creative Thinking«, in: *The Balance Careers*, 8. Mai 2019, https://www.thebalancecareers.com/promote-creative-thinking-1918766 (abgerufen am 01.07.2021).

Hebl, Michelle R., Mannix, Laura, »The weight of obesity in evaluating others: a mere proximity effect«, *Personality and Social Psychology Bulletin, Bd. 29,* 2003, S. 28.

Hewlett, Sylvia Ann, *Executive Presence,* New York 2014.

Hoffer, Eric, *Der Fanatiker: Eine Pathologie des Parteigängers*, Reinbek 1965.

Hotz, Robert Lee, »Mars probe list due to simple math error«, in: *Los Angeles Times*, 1. Oktober 1999, https://www.latimes.com/archives/la-xpm-1999-oct-01-mn-17288-story.html (abgerufen am 01.07.2021).

Hsieh, Tony, *Delivering happiness: Wie konsequente Kunden- und Mitarbeiterorientierung einzigartige Unternehmen schaffen,* München 2017.

Huffington, Arianna, *Die Neuerfindung des Erfolgs,* München 2016.

Ingersoll, Geoffrey, »General James ›Mad Dog‹ Mattis Email About Being ›Too Busy To Read‹ Is A Must-Read«, in: *Business Insider,* 2013, https://www.businessinsider.com/viral-james-mattis-email-reading-marines-2013-5 (abgerufen am 01.07.2021).

Isaacson, Walter, *Benjamin Franklin: An American Life*, New York 2003.

Isaacson, Walter, *Leonardo Da Vinci*, Berlin 2018.

Jacobs, Charles S., *Management Rewired: Why Feedback Doesn't Work and Other Surprising Lessons from the Latest Brain Science,* New York 2009.

Jasanoff, Alan, *The biological mind: how brain, body, and environment collaborate to make us who we are*, New York 2018.

»Jefferson's Library«, *Library of Congress, 3.* August 2010, https://www.loc.gov/exhibits/jefferson/jefflib.html (abgerufen am 01.07.2021).

»JFK's back problems: A new look«, in: *Journal of Neurosurgery Publishing Group, ScienceDaily*, www.sciencedaily.com/releases/2017/07/170711085514.htm (abgerufen am 01.07.2021).

Kahneman, Daniel, *Schnelles Denken, langsames Denken,* München 2017.

Kennedy, John F., *Profiles in Courage*, New York 2003.

Klein, Allison, »An Autistic Boy Had a Meltdown at a Theme Park, and an Employee's Simple, Soothing Act of Solidarity Went Viral«, in: *The Washington Post*, 7. Juni 2019, https://www.washingtonpost.com/lifestyle/2019/06/07/theme-park-employee-lay-down-ground-next-an-autistic-boy-having-meltdown-her-act-solidarity-went-viral/ (abgerufen am 01.07.2021).

Knapp, Mark L., Hall, Judith A., *Nonverbal Communication in Human Interaction,* New York (5) 2002.

Kobayashi, Kenji, Ming, Hsu, »Common neural code for reward and information value«, in: *Proceedings of the National Academy of Sciences,* 2019, doi:10.1073/pnas.1820145116

Kolenda, Nick, *Methods of Persuasion: How to Use Psychology to Influence Human Behavior,* Kolenda Entertainment, 2013.

Kruger, Justin, Dunning, David, »Unskilled and Unaware of it: How Difficulties in Recognizing One's Own Incompetence Lead to Inflated Self-Assessments«, in: *Journal of Personality and Social Psychology,* Dezember 1999.

La Ruina, Richard, *Die Kunst der Verführung,* München 2011.

LeDoux, Joseph E., *Das Netz der Gefühle,* München 1996.

LeDoux, Joseph E., *Das Netz der Persönlichkeit,* Düsseldorf 2003.

LeGault, Micheal R., *Think: Why Crucial Decisions Can't be Made in the Blink of an Eye,* New York 2006.

Lejeune, Erich J., *Lebe ehrlich – werde reich,* Heidelberg 2006.

Lemov, Doug, *Teach like a champion. 49 techniques that put students on the path to college,* Hoboken 2010.

Leonard, George, *Der längere Atem: die fünf Prinzipien für langfristigen Erfolg,* München 2006.

Linden, David J., *High: Woher die guten Gefühle kommen,* München 2012.

Lipman–Blumen, Jean, *The Allure of Toxic Leaders: Why we follow destructive bosses and corrupt politicians – and how we can survive them,* New York 2005.

Lloyd, Robin, »Metric Mishap Caused Loss of Nasa Orbiter«, in: *CNN/Tech.*, http://edition.cnn.com/TECH/space/9909/30/mars.metric.02/ (abgerufen am 01.07.2021).

Logan, Dave, King, John, Fischer-Wright, Halee, *Tribal Leadership: Leveraging Natural Groups to Build a Thriving Organization,* New York 2008.

Lutz, Eric, »Reefer Madness: Elon Musk's viral blunt-smoking photo comes back to haunt him«, in: *Vanity Fair*, 8. März 2019. https://

www.vanityfair.com/news/2019/03/reefer-madness-elon-musks-viral-blunt-smoking-photo-comes-back-to-haunt-him (abgerufen am 01.07.2021).

Macias, Amanda, »The extraordinary reading habits of Defense Secretary James Mattis«, in: *CNBC*, https://www.cnbc.com/2018/09/13/defense-secretary-james-mattis-extraordinary-reading-habits.html (abgerufen am 01.07.2021).

Maguire, Daniel C., Fargnoli, Nicholas, *On Moral Grounds: the Art and Science of Ethics*, New York 1991.

Manchester, William, Reid, Paul, *The Last Lion: Winston Spencer Churchill defender of the realm 1940-1965*, New York 2012.

Mandela, Nelson, *Der lange Weg zur Freiheit – Autobiografie*, Frankfurt a. M. 1997.

McCormack, Mark H., *Was Sie an der Harvard Business School nicht lernen*, München 2019.

McCullough, David G., *The Wright Brothers*, New York 2016.

Mandino, Og, *Fairplay beim Verhandeln*, Leipzig 2019.

Medina, Jennifer, Benner, Katie, Taylor, Kate, »Actresses, Business Leaders and Other Wealthy Parents Charged in U.S. College Entry Fraud«, in: *The New York Times*, 12. März 2019, https://www.nytimes.com/2019/03/12/us/college-admissions-cheating-scandal.html (abgerufen am 01.07.2021).

Mlodinow, Leonard, *Subliminal: How Your Unconscious Mind Rules Your Behavior*, New York 2013.

Murphy Jr., Bill, »Want to Live Longer? A Neuroscientist Says These Surprising Daily Habits Make It Much More Likely. ›I have no explanation for it,‹ said the lead researcher. But she's certain it works«, in: *Inc.* vom 21. Februar 2018, https://www.inc.com/bill-murphy-jr/want-to-live-much-longer-a-neuroscientist-says-these-surprising-daily-habits-make-it-much-more-likely-youll-live-past-90.html (abgerufen am 01.07.2021).

Nadler, Amos, Zack, Paul J., »Hormones And Economic Decisions«, in: Reuter, Martin, Montag, Christian (Hrsg.), *Neuroeconomics*, Heidelberg 2016, S. 41-66.

Navarro, Joe, *An Ethologist's Codex: Observations On human Behavior*, Unpublished Manuscript von 1984 (Navarro Collection).

Navarro, Joe, »The Key to Understanding Body Language«, in: *Psychology Today*, 28. Oktober 2009, https://www.psychologytoday.com/us/blog/spycatcher/200910/the-key-understanding-body-language (abgerufen am 01.07.2021).

Navarro, Joe (mit Marvin Karlins), *Menschen lesen. Ein FBI-Agent erklärt, wie man Körpersprache entschlüsselt*, München 2010.

Navarro, Joe, *Allein gegen den Feind. Wie ich den größten Spionageskandal der USA aufdeckte*, München 2017.

Navarro, Joe, *Sehen, was andere denken*, München 2019.

Navarro, Joe (mit Toni Sciarra Poynter), *Die Psychopathen unter uns*, München 2021.

Neffinger, John, Kohut, Matthew, *Compelling People: The Hidden Qualities That Make Us Influential*, New York 2013.

Odobescu, Vlad, »Half a Million Kids Survived Romania's ›Slaughterhouses of Souls.‹ Now They Want Justice«, in: *The World*, 28. Dezember 2015, https://www.pri.org/stories/2015-12-28/half-million-kids-survived-romanias-slaughterhouses-souls-now-they-want-justice (abgerufen am 01.07.2021).

Oud, Anne-Maartje, Navarro, Joe, »Conducting Difficult Interviews or Conversations«, in: *Psychology Today Blog*, 1. Februar 2020, https://www.psychologytoday.com/us/blog/spycatcher/202002/conducting-difficult-interviews-or-conversations (abgerufen am 01.07.2021).

Panksepp, Jaak, *Affective Neuroscience: The Foundations of Human and Animal Emotions*, New York 1998.

Peale, Norman Vincent, *Was Begeisterung vermag*, Zürich 1986.

Peale, Norman Vincent, *Positiv in den Tag*, Bergisch-Gladbach 1993.

Peale, Norman Vincent, *Die Kraft positiven Denkens*, Leipzig 2020.

Peters, Gerhard, Woolley, John (Hrsg.), »Remarks at a Dinner Honoring Nobel Prize Winners of the Western Hemisphere«, 29. April 1962, *American Presidency Project.*

Peters, Thomas J., Waterman, Robert H. jr., *In Search of Excellence,* New York 1982.

Pine, B. Joseph, Gilmore, James, *Erlebniskauf,* München 2000.

Pinker, Steven, *Das unbeschriebene Blatt,* Frankfurt a. M. 2017.

Podles, Leon J., *Sacrilege: Sexual Abuse in the Catholic Church*, Baltimore 2008.

Post, Stephen, *Why Good Things Happen to Good People*, New York 2008.

Povoledo, Elisabetta, »It's never too late to pursue a dream, a graduate says. He can back it up«, in: *New York Times,* 5. August 2020, https://www.nytimes.com/2020/08/05/world/europe/italy-graduate-96.html (abgerufen am 01.07.2021).

Rao, Srikumar S., *Happiness at work: be resilient. Motivated, and successful – no matter what.* New York 2010.

Ratey, John Jay, *A users guide to the brain; perception, attention, and the four theatres of the brain,* New York 2001.

Reed, Anika, »British Airways apologizes to travelers after flight lands 525 miles away from destination«, in: *USA TODAY*, 25. März 2019, https://www.usatoday.com/story/travel/news/2019/03/25/british-airways-flight-lands-525-miles-away-destination-scotland-london-germany/3267136002/ (abgerufen am 01.07.2021).

(Zitat von) Renault, Mary, in: *The Week*, 27. November 2020, S. 19.

Roberts, Andrew, *Hitler and Churchill: Secrets of Leadership*, London 2010.

Roberts, Andrew, *Churchill: Walking With Destiny*, New York 2018.

Robinson, Greg, *By Order of the President: FDR and the Internment of Japanese Americans*, Cambridge 2001.

Roosevelt, Theodore, »*The Man in the Arena*«, Rede an der Sorbonne in Paris, am 23. April 1910, https://www.theodorerooseveltcenter.org/Learn-About-TR/TR-Encyclopedia/Culture-and-Society/Man-in-the-

Arena.aspx. (abgerufen am 01.01.2021 vom Theodore Roosevelt Center an der Dickinson State University)

Ryu, Jenna, »Lea Thompson supports Brad Garrett's claim staff members ›were treated horribly‹ by Ellen DeGeneres«, in: *USA TODAY*, 31. Juli 2020, https://www.usatoday.com/story/entertainment/celebrities/2020/07/31/ellen-degeneres-brad-garrett-calls-mistreatment-common-knowledge/5554831002/ (abgerufen am 01.07.2021).

Sagan, Carl, Druyan, Ann, *Der Drache in meiner Garage oder die Kunst der Wissenschaft, Unsinn zu entlarven,* München 2000.

Sanders, Betsy, *Fabled Service*, San Francisco 1995.

Sanders, Robert, »Enlarged spleen key to diving endurance of ›sea nomads‹«, in: *Berkeley News 19.* April 2018, https://news.berkeley.edu/2018/04/19/enlarged-spleen-key-to-diving-endurance-of-sea-nomads/ (abgerufen am 01.07.2021).

Sandle, Tim, »Op-Ed: Knowledge Doubles Almost Every Day, And It's Set To Increase«, in: *Digital Journal,* 23. November 2018, https://www.digitaljournal.com/tech-science/op-ed-knowledge-doubles-almost-every-day-and-it-s-set-to-increase/article/537543 (abgerufen am 01.07.2021).

Schilling, David Russell, »Knowledge Doubling Every 12 Months; Soon to be Every 12 Hours«, in: *Industry Tap,* 19. April 2013, https://www.industrytap.com/knowledge-doubling-every-12-months-soon-to-be-every-12-hours/3950 (abgerufen am 01.07.2021).

Segev, Tom, *Es war einmal ein Palästina,* München 2005.

Seidman, Dov, *How: Warum WIE wir etwas tun, über alles andere entscheidet*, Weinheim 2013.

Seligman, Martin E. P., *Pessimisten küsst man nicht,* München 2001.

Shane, Scott, *Born entrepreneurs, born leaders: how your genes affect your work life*, New York 2010.

Shankman, Peter, Kelly, Karen, *Nice Companies Finish first: Why cutthroat management is over – and collaboration is in,* New York 2013.

Shiel, William C. jr., »Medical Definition of Synapse«, in: *MedicineNet* (www.medicinenet.com), https://www.medicinenet.com/script/main/art.asp?articlekey=9246 (abgerufen am 25.8.2019).

Silver, Katie, »Romania's Lost Generation: Inside the Iron Curtain's Orphanages«, in: *ABC Radio International*, 23. Juni 2014, https://www.abc.net.au/radionational/programs/allinthemind/inside-the-iron-curtain's-orphanages/5543388 (abgerufen am 01.07.2021).

Simmons, Annette, *Mit guten Geschichten Menschen gewinnen*, München 2004.

Slater, Robert, *Jack Welsh and The GE Way*, New York 1999.

Smith, Robert, *The Leap: How 3 Simple Changes Can Propel Your Career from Good to Great*, New York 2009.

Sobel, Dava, *Galileos Tochter: Eine Geschichte von der Wissenschaft, den Sternen und der Liebe*, Berlin 2008.

Solschenizyn, Alexander, *Der Archipel Gulag*, Frankfurt a. M. 2012.

Sorce, James F. et al., »Maternal emotional signaling: It's effects on the visual cliff behavior of one-year-olds«, in: *Developmental Psychology 21*, Nr. 1 (1985), S. 195-200.

Sorensen, Ted, *Kennedy*, München 1966.

Statt, Nick, » Elon Musk won't be smoking weed in public again, NASA admin says«, in: *The Verge*, 29. November 2018, https://www.theverge.com/2018/11/29/18118769/elon-musk-smoke-weed-nasa-admin-jim-bridenstine-workplace-culture-review (abgerufen am 01.07.2021).

Stavrova, Olga, »Having a Happy Spouse Is Associated with Lowered Risk of Mortality«, in: *Psychological Science*, 30. Mai 2019, doi:10.177/0956797619835147.

Steiner-Adair, Catherine, Baker, Theresa, *The Big Disconnect*, New York 2013.

Stone, Douglas, Patton, Bruce, Heen, Sheila, *Difficult Conversations*, New York 1999.

Sullenberger, Chesley B., Zaslow, Jeffrey, *Man muss kein Held sein: Auf welche Werte es im Leben ankommt*, München 2010.

Sullenberger, Chesley B., Zaslow, Jeffrey, *Sully: Das Wunder vom Hudson,* München 2016.

Sutton, Robert, *Überleben unter Arschlöchern,* München 2018.

Thompson, Terri et. al., »Victims of Lance Armstrong's strong-arm tactics feel relief and vindication in the wake of U.S. Anti-Doping Agency Report«, in: *New York Daily News,* 26. Oktober 2012, https://www.nydailynews.com/sports/more-sports/zone-lance-armstrong-bully-downfall-article-1.1188512 (abgerufen am 29.07.2020).

Tough, Paul, *Die Chancen unserer Kinder,* Stuttgart 2013.

Tracy, Jessica, *Take Pride: Why the deadliest sin holds the secret to human success*, New York 2016.

Tronick, Ed, *Still Face: The Neurobehavioral and Social-Emotional Development of Infants and Children*, New York 2007.

Trout, Jack, Rivkin, Steve, *Differenzierung im Hyperwettbewerb,* München 2009.

Underhill, Paco, *Warum kaufen wir? Die Psychologie des Konsums,* Frankfurt a. M. 2012.

Van Baaren, Rick B. et. al., »Mimicry for money: Behavioral Consequences of Imitation«, in: *Journal of Experimental Social Psychology,* Bd. 39, 2006, S. 393-398.

Van Edwards, Vanessa, *Die Psychologie der Anziehungskraft,* München 2018.

Vedantam, Shankar, *The Hidden Brain: how our unconscious minds elect presidents, control markets, wage wars, and save our lives*, New York 2010.

Vuori, Tim O., Quy N. Huy., »Distributed Attention and Shared Emotions in the Innovation Process: How Nokia Lost the Smartphone Battle«, in: *Administrative Science Quarterly*, 2015, S. 1–43, http://www.enterprisegarage.io/2015/12/case-study-how-nokia-lost-the-smartphone-battle/ (abgerufen am 01.07.2021).

Walker, Rob, *Buying In,* New York 2008.

Watson, Lillian Eichler, *Light From Many Lamps: A Treasury of Inspiration*, New York 1988.

Watzlawick, Paul, *Die Möglichkeit des Andersseins: Zur Technik der therapeutischen Kommunikation,* Bern 2015.

The Week: »*The Impeachment Battle over Witnesses*«, in: *The Week*, 31. Januar 2020, S. 4.

Weisfield, G. E., Beresford. J. M., »Erectness of posture as an indicator of dominance or success in humans«, in: *Motivation and Emotion* 6, Nr. 2, 1982, S. 113-131.

Welch, Jack, Byrne, John A., *Was zählt: Die Autobiografie des besten Managers der Welt,* Berlin 2005.

Wilson, Timothy D., *Strangers to Ourselves: Discovering the Adaptive Unconscious*, Cambridge 2002.

Wiseman, Richard, *Wie Sie in 60 Sekunden Ihr Leben verändern,* Frankfurt a. M. 2014.

Wolfe, Ira, *Understanding Business Values and Motivators,* Atlanta 2004.

Yahr, Emily, »The downward spiral of Ellen DeGeneres's public persona: A complete guide«, in: *The Washington Post*, 3. August 2020, https://www.washingtonpost.com/arts-entertainment/2020/08/03/ellen-degeneres-show-reputation/ (abgerufen am 01.07.2021).

Young, Janette, »Four Ways Having a Pet Increases Your Lifespan«, in: *The Conversation* vom 17. Januar 2018, https://theconversation.com/four-ways-having-a-pet-increases-your-lifespan-88640 (abgerufen am 01.07.2021).

Index